U0731071

2014年

山东省国民经济
和社会发展报告

张务锋 主编

山东人民出版社

全国百佳图书出版单位 国家一级出版社

编辑委员会名单

主 任　张务锋

副主任　薛　克　李关宾　闫作溪　秦　柯　崔建海　赵　东
　　　　段立宏　周宣东　杨丽丽　阮健弘　魏建强　潘好亮
　　　　赵金星　王广利　孟　雷　姜长兴　关兆泉　张素坤
　　　　张妍华　梁文跃　许竹升　赵　锋　李永红　张　玲
　　　　陈　充　刘　冰　李　涛　郭登宇

成 员　王宏志　朱培吉　孙来斌　杨建国　曹明刚　王式亮
　　　　肖培灵　贺永红　闫恂秋　刘　伟　孙　立　冯兆华
　　　　庄光海　邵清泽　葛敬方　杨光军　张培华　张海波
　　　　宋文华　胡　薄　王　栋　孟庆立　焉　杰　王玉华
　　　　李月瑞　宋　伟　郭晓东　王海林　黄　宁　孙永田
　　　　张中英　潘　青　王晓燕　宋文杰　刘国伟　武冬青
　　　　李　青　陈有良　胡　澍　李世志　邵　伟　李守民
　　　　张旭东　张吉成　谭　征　刘新国　李学元　陈清华
　　　　孙亚平　刘　勇　杨兴水　梁金光　王智永　李晓冬
　　　　杨宝远　孙　涛　杨际朝　黄锋社　包自民　顾焕斌
　　　　吴隆杰　吴洪军　唐传营　刘　俊　李景勇　张乐山
　　　　洪之民　张慧萍

主 编　张务锋
副主编　薛　克　李关宾
编 审　李永红　王　栋　孔祥荣　杨云广　刘　客　朱　红
　　　　厉　伟　向志强　宋海明　张　毅　李建楠

目 录

全 省 篇

关于山东省 2013 年国民经济和社会发展计划执行情况与 2014
年计划草案的报告 ……………………………………………… 3

2014 年经济体制改革思路与重点 ……………………………… 17

2014 年农业和农村经济发展思路与重点 ……………………… 26

2014 年工业经济发展思路与重点 ……………………………… 35

2014 年高技术产业发展思路与重点 …………………………… 42

2014 年能源交通业发展思路与重点 …………………………… 49

2014 年铁路建设发展思路与重点 ……………………………… 56

2014 年服务业发展思路与重点 ………………………………… 61

2014 年固定资产投资管理工作思路与重点 …………………… 69

2014 年重点建设项目管理工作思路与重点 …………………… 77

2014 年商品流通调控工作思路与重点 ………………………… 82

2014 年对外贸易发展思路与重点 ……………………………… 88

2014 年利用外资和境外投资发展思路与重点 ………………… 96

2014 年财政金融运行调控工作思路与重点 …………………… 104

2014 年市场价格调控工作思路与重点 ………………………… 110

2014 年环境保护和资源利用发展思路与重点 ………………… 116

2014 年区域经济发展思路与重点 ……………………………… 122

2014 年县域经济发展思路与重点 ……………………………… 131

2014 年社会事业发展思路与重点 ……………………………… 137

2014 年医药卫生体制改革工作思路与重点 …………………… 146

2014 年经济合作发展思路与重点 …………………………………… 150

2014 年对口支援工作思路与重点 …………………………………… 158

地 区 篇

2014 年济南市国民经济和社会发展思路 …………………………… 165

2014 年青岛市国民经济和社会发展思路 …………………………… 178

2014 年淄博市国民经济和社会发展思路 …………………………… 190

2014 年枣庄市国民经济和社会发展思路 …………………………… 198

2014 年东营市国民经济和社会发展思路 …………………………… 207

2014 年烟台市国民经济和社会发展思路 …………………………… 215

2014 年潍坊市国民经济和社会发展思路 …………………………… 222

2014 年济宁市国民经济和社会发展思路 …………………………… 233

2014 年泰安市国民经济和社会发展思路 …………………………… 241

2014 年威海市国民经济和社会发展思路 …………………………… 252

2014 年日照市国民经济和社会发展思路 …………………………… 265

2014 年莱芜市国民经济和社会发展思路 …………………………… 272

2014 年临沂市国民经济和社会发展思路 …………………………… 278

2014 年德州市国民经济和社会发展思路 …………………………… 288

2014 年聊城市国民经济和社会发展思路 …………………………… 296

2014 年滨州市国民经济和社会发展思路 …………………………… 304

2014 年菏泽市国民经济和社会发展思路 …………………………… 311

全 省 篇

关于山东省 2013 年国民经济和社会发展计划执行情况与 2014 年计划草案的报告

—— 2014 年 1 月 17 日在山东省第十二届
人民代表大会第三次会议上

山东省发展和改革委员会

各位代表：

受省人民政府委托，现将 2013 年国民经济和社会发展计划执行情况与 2014 年计划草案的安排意见，提请省十二届人大三次会议审议，并请省政协委员提出意见。

一、2013 年国民经济和社会发展计划执行情况

2013 年，全省人民在中共山东省委正确领导下，认真贯彻党的十八大和十八届二中、三中全会精神，深入落实习近平总书记系列重要讲话和视察山东时重要讲话精神，坚持稳中求进、稳中有为，统筹推进稳增长、调结构、强区域、促改革、惠民生等各项工作，全省经济社会发展总体平稳，稳中有进、稳中向好，省十二届人大一次会议审议批准的国民经济和社会发展计划执行情况是好的，年初确定的主要任务目标顺利完成。

（一）经济保持平稳较快发展。全年实现生产总值 54684.3 亿元，增长 9.6%。粮食连续十一年增产，总产达到 905.6 亿斤；工业运行稳定，规模以上工业增加值增长 11.3%；服务业发展较快，现代物流、文化创意、乡村旅游等行业发展势头良好，全年旅游总收入突破 5000 亿元。投资拉动较强，完成固定资产投资 35876 亿元，增长 19.6%，100 个省重点项目进展顺利，省部会商重大事

项推进落实工作取得积极成效。能源、交通、水利等重大基础设施建设得到加强，华能临沂、华电淄博、天源热电等大型电源项目建成投运，新开工济宁至鱼台等6条高速公路，德大等12个续建和新开工铁路项目加快建设，南水北调东线山东段工程正式通水，胶东调水主体工程基本完工。消费规模持续扩大，实现社会消费品零售总额21744.8亿元，增长13.4%，居民消费价格上涨2.2%。外经外贸形势好转，进出口总额2671.6亿美元，增长8.8%；实际到账外资140.5亿美元，增长13.8%。

（二）结构调整取得积极成效。深入实施农业十大产业振兴规划，"渤海粮仓"科技示范工程加快推进，农民合作社、家庭农场等新型农业经营主体发展迅速。着力提升传统产业，启动过剩产能化解工作，出台了六大传统产业转型升级指导计划，工业技改投资突破1万亿元。大力发展新兴产业，高新技术产业产值占规模以上工业比重达到30.2%。加大服务业发展力度，出台了加快服务业发展的若干意见，服务业增加值占生产总值的比重达到41.2%，同比提高1.2个百分点。加快创新型省份建设，研发投入占生产总值的比重达到2.17%，青岛海洋科学与技术国家实验室等重大创新平台建设取得积极进展，一批关键共性技术实现新突破，全年发明专利授权量达到8913件，同比增长19.6%。

（三）发展质量效益稳步提高。实现公共财政收入4560亿元，增长12.3%；其中税收收入3533亿元，占财政收入的比重达到77.5%，同比提高2.4个百分点。企业整体素质持续提高，主营业务收入过百亿的工业企业达到136家，比上年增加13家；规模以上工业企业主营业务收入、利税分别增长12.5%和11.6%。城镇居民人均可支配收入、农民人均纯收入分别达到28264元和10620元，分别增长9.7%和12.4%。

（四）区域发展布局日趋完善。全面推进"两区一圈一带"规划建设，科学完善的区域协调发展格局基本形成。深入实施"蓝黄"两大国家战略，优势产业集群和特色产业园区快速发展；实施了《泰山学者蓝色产业领军人才团队支撑计划》，人才引进工作取得新突破；加快推进未利用地开发，累计完成开发面积42.2万亩。制定实施了省会城市群经济圈和西部经济隆起带发展规划，启动建设了一批重点产业和基础设施项目，专项规划修编、联席会议制度、宣传推介培训等工作有序展开，"一圈一带"建设实现良好开端。县域经济整体实力持续增强，公共财政收入过10亿的县（市、区）达到112个，比上年增加18个。积极推进新型城镇化,"百镇建设示范行动"深入开展,示范镇、农村新型社区分别新增100个和600个,全省城镇化率达53.75%,比上年提高1.32个百分点。

(五)重点领域改革进一步深化。制定了深入学习贯彻党的十八届三中全会精神的意见,对今后一个时期我省全面深化改革作出了总体安排。34项年度重点改革任务稳步推进。加快政府职能转变和简政放权,省政府取消和下放审批事项230项,行政事业性收费由87项缩减为25项;修订发布了政府核准的投资项目目录(山东省2013年),投资项目省级核准事项减少40%;着力打造国内领先的营商环境,在工商登记、减轻企业负担、扶持中小微企业发展等方面实施了一系列新举措。金融改革发展的22条意见得到较好落实,探索发展多层次地方金融交易市场,建立健全了地方金融监管体系。积极引导各种所有制企业加快建立现代企业制度。深化省以下财政体制改革,实施了"营改增"试点,5个月减轻纳税人税收负担45亿元。启动了农村土地承包经营权确权登记颁证试点。农村宅基地确权登记发证工作基本完成。制定了整合城乡居民基本医疗保险意见;县级公立医院综合改革试点稳步推进,新农合大病保险运行良好。教育、社保、科技、文化等领域改革取得新进展。

(六)生态文明建设迈出较大步伐。实施了大气污染防治规划及一期行动计划,出台了机动车排气污染防治规定和车用成品油升级实施方案。南水北调沿线治污工程全部完工,小清河流域生态环境综合治理扎实推进,淮河、海河流域治污考核实现"六连冠"和"四连冠"。循环经济试点、资源枯竭型城市转型见到新成效。加快调整能源结构,新能源发电装机新增147万千瓦,占比提高到9.5%;关停小火电机组51.7万千瓦。列入国家淘汰落后产能计划的111家企业全部完成设备拆除,淘汰了681万吨立窑水泥装置。万元生产总值能耗降低率超额完成年度和进度目标任务,主要污染物排放总量持续下降。

(七)社会民生事业得到全面加强。实施了基本公共服务体系建设行动计划,各项民生实事全部兑现。全年民生投入占财政支出比重达到57.2%。合并实施新型农村社会养老保险和城镇居民社会养老保险,基础养老金由每人每月不低于60元提高为不低于65元;全省养老机构增加床位8.9万张;东、中、西农村低保省级补助标准分别提高到44元、72元和94元。出台了做好新形势下农民工工作的意见,认真落实促进创业带动就业政策,全省新增城镇就业119.98万人,农村劳动力转移就业133.3万人,城镇登记失业率3.24%。启动了高职、中职与本科教育对口贯通分段培养试点。新开工各类保障性安居工程 28.3 万套，建成 24.6 万套，提前超额完成国家计划。十二届全运会我省蝉联金牌和奖牌榜第一名，"十艺节"务实节俭、成果丰硕。妇女儿童、人口老龄、防灾减灾、民政扶贫、对口支援、经济动员等事业全面发展。

2013 年，在经济下行压力较大的情况下，省委、省政府坚决贯彻中央各项宏观调控政策，更多运用促改革、调结构的办法来稳增长、保就业，推动经济平稳增长、社会和谐稳定。成绩来之不易。这是省委、省政府科学决策、精心谋划的结果；是各级各部门狠抓落实、积极作为的结果；是各级人大及其常委会依法监督、大力支持的结果；是全省人民上下同心、共同努力的结果。

在取得成绩的同时，也要清醒地看到，我省经济发展稳中有忧，面临的矛盾和问题仍比较突出。一是经济稳中回升的基础尚不牢固。新的消费热点不够突出，企业投资意愿不够强，出口竞争优势减弱，有效需求增长动力不足。部分行业和企业效益下滑，财政持续增收压力较大。二是推动转型升级的任务十分艰巨。传统行业特别是重工业占比偏大，部分行业存在严重产能过剩问题。产业链条较短，聚集水平不高，新兴产业规模较小，服务业增加值占比仍低于全国平均水平。三是资源环境约束持续增强。能源结构、产业结构不够合理，统筹能源保障和节能减排的压力加大，防治大气污染、保护耕地任务艰巨。四是体制机制障碍依然较多。非公有制经济规模偏小，资本等要素市场发育不充分，中小企业融资难、融资贵等问题仍未有效缓解。科技教育、收入分配、社会保障、医疗卫生等改革需要加快推进。五是社会民生领域存在薄弱环节。就业结构性矛盾比较突出，公共服务供给能力不足，社会保障体系不够完善，社会治理难度较大，安全生产事故时有发生。对于这些矛盾和问题，我们将采取有效措施，认真加以解决。

二、2014 年经济社会发展总体要求和主要目标

2014 年是认真落实党的十八届三中全会精神、全面深化改革的第一年，也是实现"十二五"规划目标的攻坚之年。总体上判断，国内外经济环境依然错综复杂。世界经济仍处于深度调整期，国际金融市场、世界贸易格局、跨国投资流向、大宗商品价格等走势不明；我国正面临经济增长速度换挡期、结构调整阵痛期和前期刺激政策消化期"三期叠加"，稳增长与调结构的压力很大。同时，我

们更应看到，我省经济社会发展具备不少新的有利支撑和发展机遇。一是国家继续实施积极的财政政策和稳健的货币政策，把提质增效升级作为宏观调控的重要目标任务，把握好经济社会发展预期目标和宏观政策的"黄金平衡点"，为我省巩固经济向好势头提供了有利政策环境；二是我省认真贯彻落实十八届三中全会精神，加大改革攻坚力度，进一步激发市场主体活力，经济增长的内生动力会持续增强；三是深入落实习近平总书记对山东工作"五个切实"和"凤凰涅槃、腾笼换鸟"的新要求，加快在发展理念、发展定位、发展动力、发展途径、考核导向五个方面工作指导的重大转变，经济增长质量和效益将会持续提高；四是全力推进"两区一圈一带"建设，战略红利加速释放，将为可持续发展提供长期后劲；五是我省出台了一系列益当前、利长远的创新性政策，其积极效应将会逐步显现；六是我省实体经济基础扎实，产业体系比较完备，特别是新型城镇化进程加快，内需潜力将得到进一步挖掘，这些都有利于实现经济持续健康发展。

综合考虑各方面因素，做好2014年经济社会发展工作，必须全面贯彻党的十八大和十八届二中、三中全会精神，以习近平总书记系列重要讲话和视察山东重要讲话为指引，按照中央经济工作会议部署，坚持稳中求进工作总基调，把改革创新贯穿于经济社会发展各个领域各个环节，认真落实省委十届七次、八次全体会议部署要求，着力推动工作指导重大转变，坚决打好转方式调结构攻坚战，切实做好保障和改善民生、创新社会治理大文章，着力激发市场活力，努力提高经济发展质量和效益，促进经济持续健康发展和社会和谐稳定，推动经济文化强省建设取得新的进展。

2014年经济社会发展的主要预期目标是：

1. 经济增长。全省生产总值预期增长9%左右，比2013年预期目标调低0.5个百分点；居民消费价格涨幅控制在3.5%左右；固定资产投资增长17%，社会消费品零售总额增长13%，进出口总额增长6%左右，实际利用外资保持稳定增长。这样安排，既考虑了与党的十八大和省第十次党代会精神、"十二五"规划目标充分衔接，又考虑了国内外经济环境仍较复杂的因素，还考虑了扩大城乡就业、改善社会民生、缓解资源环境压力等方面的需要。更重要的是为改革创新和转型发展留出空间，释放"不简单以生产总值论英雄"的明确信号，引导各方面把更多精力放在转方式、调结构、提质量、增效益上来，确保取得实实在在、没有水分和可持续的增长。

2. 结构调整。力争全年粮食再获丰收；传统产业加快转型升级，战略性新兴产业快速增长；服务业增加值占生产总值比重提高 1.5 个百分点左右；研发投入占生产总值比重提高到 2.3% 左右；多元化市场主体协调发展，民营经济市场主体增长 13% 左右。主要考虑是：针对我省经济结构存在的矛盾和问题，进一步突出优化产业结构、增强自主创新能力、大力发展民营经济，加快实现产业转型升级。

3. 质量效益。公共财政收入增长 11% 左右，税收占比进一步提高。城镇居民人均可支配收入增长 10% 左右，农民人均纯收入增长 10% 以上。主要考虑是：经济发展的质量效益要体现到税收结构优化和城乡居民收入增长上来，切实提高经济增长"含金量"，确保实现"两个同步"的目标要求。

4. 生态环境。全面完成国家下达的年度节能减排约束性目标，主要污染物排放量继续减少，大气污染得到初步控制，重点流域水质稳步改善，节能环保产业规模持续扩大，环境安全防控体系进一步健全。主要考虑是：经济发展不能以牺牲资源环境为代价，必须把生态文明理念融入经济社会发展全过程，进一步加大节能减排和环境保护力度，加快建设生态山东、美丽山东。

5. 社会民生。城镇登记失业率控制在 4% 以内，城镇新增就业 100 万人，农村劳动力转移就业 120 万人。人口自然增长率控制在 8.5‰ 以内。社会保障体系不断完善，基本公共服务均等化继续推进。主要考虑是：保障和改善民生是一切工作的出发点和落脚点，虽然经济增速有所放缓，但必须统筹兼顾、量力而行、尽力而为，使发展成果更多更公平惠及人民群众。需要说明的是，人口自然增长率比 2013 年提高 2.5 个千分点，主要是我省人口基数大、惯性增长明显，特别是取消生育间隔和允许单独二孩后，预计近三年可能出现二孩生育集中现象。

上述目标中，节能减排、人口增长等指标是约束性的，必须确保完成；生产总值等指标是预期性的，主要体现政府导向，依靠市场主体的自主行为实现。

三、2014 年经济社会发展的重点及政策措施

第一，深化重点领域改革，进一步破除体制机制障碍。坚持正确、准确、有序、协调推进各项改革，以经济体制改革为重点，制定 2014 年深化经济体制改革的意见，着力在重点领域和关键环节取得实质性进展。（1）加快转变政府职能。深化行政体制改革，加快简政放权，继续减少行政审批事项，"把口袋里的

生产力全都掏出来"，进一步改善营商环境。推动公共资源交易制度改革，构建省级公共资源交易平台。推进政府购买服务工作。加强和改善宏观调控，强化规划计划引导，启动"十三五"规划编制前期研究。（2）深化投资体制改革。加快政府投资条例立法进程，实施好《政府核准的投资项目目录》，完善企业投资项目核准备案管理。改进财政性专项资金管理使用方式。建设投资项目管理信息平台，加强全过程监管。（3）稳妥推进土地管理制度改革。继续扩大农村土地承包经营权确权登记颁证试点范围。健全农村土地流转机制，探索建立农村土地承包经营权和宅基地使用权自愿有偿退出机制。加快农村土地产权交易市场建设。适当增加生活用地特别是居住用地，画定生态红线，推进节约集约用地。深化供销社改革，以土地托管、领办合作社为切入点推进农业服务规模化。（4）大力发展混合所有制经济。制定非公有制企业进入特许经营领域的具体办法，推动民间资本进入基础产业、金融服务、社会服务等方面。制定省管企业改革整体方案，全面建立现代企业制度，调整优化国有资本布局结构。建立以管资本为主的监管机制，提高国有资本收益上缴比例，引导具备条件的国有大型集团公司改组为国有资本控股公司。（5）加快事业单位分类改革。年底前基本完成从事生产经营活动事业单位转为企业或社会组织，积极推进承担行政职能事业单位改革。（6）深化价格改革。完善主要由市场决定价格的机制，健全居民用电、用水、用气阶梯式价格制度。加快销售电价分类改革，探索开展发电企业和大用户直购电交易试点，实施煤电价格联动，完善可再生能源电价补贴机制。调整完善峰谷分时电价政策。提高地表水、地下水水资源费和污水处理费标准。健全促进节能减排的差别价格机制。落实社会救助和保障标准与物价上涨挂钩的联动机制。（7）深化财税体制改革。健全全口径政府预算体系，推进国库集中支付和政府采购制度改革。巩固县以下财政体制改革成果，提高一般性转移支付比重。（8）加强政府性债务管理。把化解地方政府性债务风险作为重要任务，严格举债程序，明确各地政府性债务责任，通过多种方式筹足偿债资金，加强离任审计、终身负责。（9）稳步推进金融体制改革。加快济南区域性金融中心和青岛财富管理中心建设。推进具备条件的民间资本依法发起设立中小型银行等金融机构。全面深化农村信用社改革，深入开展县域金融创新试点。增强齐鲁股权交易中心市场功能，加快建立齐鲁农村产权交易市场。规范发展融资性担保公司。完善农业保险政策，开展农产品价格政策性保险试点。加强金融风险监管。（10）推动建立更加公平可持续的社会保障制度。加快社会保险由"制度全覆盖"向"人员全覆盖"转变。完善养老保险省级统筹以及医疗、失业、工伤、生育保险市级统筹，推动统筹城乡最低生活保障制度，健全城乡社会救助体系。（11）加快科技、教育、文化体制改革。加强区域创新体系建设，建立主要由市场决定项目设立、经费分配和成果评价机制。围绕产业需求组建技术创新战略联盟，推进应用类研究院所市场化改革。实施义务教育免试就近入学政策，完善普通教育与职业教育分类考试制度。健全国有文化资产管理体制。（12）深化医药卫生体制改革。建立居民基本医疗保险制度。搞好居民大病保险。县级公立医院改革试点范围由 30 个扩大到 84 个。加快农村三级医疗卫生服务网络和城市社区卫生服务体系建设。完善突发公共卫生事件应急和重大疾病防控机制。

第二，大力发展现代农业，进一步夯实农业基础地位。深入贯彻落实中央和全省农村工作会议精神，牢牢把握习近平总书记提出的"三个导向"，坚持以工促农、以城带乡、工农互惠、城乡一体，进一步提高农业科技贡献率，加快推进农业现代化进程。（1）切实保障粮食安全。实施以我为主、立足国内、确保产能、适度进口、科技支撑的粮食安全战略，继续为全国粮食安全作出贡献。严守耕地红线，持续推进千亿斤粮食产能建设，大力开展粮食高产创建，推广应用粮食高产高效栽培技术，继续实施"渤海粮仓"中低产田粮食增产工程。（2）大力发展优质安全农产品。做大品牌特色农业，实施农业十大产业振兴规划和五个特色产业发展规划。加强检验检测和行政执法能力，提高农产品质量安全检测合格率。积极发展海水养殖和远洋捕捞业，新认定 60 个省级现代渔业园区。建立最严格的覆盖全过程的监管制度、农产品原产地可追溯制度和质量标识制度。（3）加快构建新型农业经营体系。积极培育专业大户、农民合作社、家庭农场、农业企业等新型农业经营主体；支持农村发展合作经济。扩大新型职业农民培育试点范围。（4）深入推进农业发展方式转变。构建适应高产、优质、高效、生态、安全农业发展要求的技术体系。发展生态友好型农业，整建制推进农产品质量安全区建设。筹建黄河三角洲国家农业高新技术开发区。立足以缓解地少水缺和资源环境约束，大力发展节水节地农业和循环农业。延伸农业产前产后产业链，前端重点抓好农资产业链，提高农业装备和科技水平；后端重点抓好精深加工、流通销售等环节，完善流通链条和市场布局。实施耕地质量提升计划，搞好土壤改良修复、农药残留治理、地膜污染防治、秸秆肥料化利用、畜禽粪污无害化处理和重金属污染修复六项工程。（5）加强农业基础设施建设。全面开工南水北调续建配套工程，开工建设引黄济青改扩建工程，实施好大中型病险水库水闸除险加固、河道治理工程等项目建设。加快推进雨洪资源利用工程。新增灌溉面积 260 万亩，建成"旱能浇、涝能排"高标准农田 385 万亩，解决 280 万农村人口饮水安全问题。

第三，加大结构调整力度，进一步推动产业转型升级。下足"进"的功夫，做好"退"的文章，充分运用市场和环保"倒逼机制"，按照高端高质高效的方向，着力提高服务业、最终产品、绿色环保产品和有记录可追溯产品比重，加快构建现代产业新体系。（1）坚决化解产能过剩。针对钢铁、水泥、平板玻璃、炼油、电解铝、船舶等行业严重过剩产能，加快"消化一批、转移一批、整合一批、淘汰一批"，严控总量规模，严禁新增产能，优化存量结构，引导产能利用回归合理区间。强化环保、安全等标准的硬约束，大幅度提高违法违规成本。做好化解过剩产能中的职工失业、不良贷款上升等工作预案。（2）加快改造传统产业。立足产业链拉长、价值链提升和财税链回报，理清每一个传统行业的调整方向，分地区、分行业摸清底数、制订方案、细化措施。实施好六大传统产业转型升级指导计划，总结推广造纸等行业转型发展经验，推动轻工、纺织、机械、化工、冶金、建材等行业上技术水平。搞好钢铁产业结构调整试点。进一步做好山东名牌产品、著名商标等工作，树立"鲁商、鲁企、鲁货"品牌形象。（3）大力发展战略性新兴产业。加快培育发展新材料、新能源、新一代信息技术、生物制药、环保设备、海洋装备等新兴产业。实施信息化和工业化深度融合专项行动计划，抓好两化融合试验区建设，开展"智慧山东"试点。（4）全力推动服务业科学跨越发展。全面落实加快服务业发展的若干意见。集中政府资源向服务业倾斜，突出发展信息、物流、教育、研发、文化、旅游、养老、医疗、金融以及各种商务服务等行业和领域。出台促进健康服务业发展的具体措施。制定省级服务业创新团队和现代服务业集聚示范区认定和管理办法，推进服务业"千人培训工程"。

第四，深入实施创新驱动战略，进一步增强科技支撑能力。以整合科技资源、加快成果转化为重点，推动科技与经济紧密结合，促进创新型省份建设，努力实现由"山东制造"向"山东创造""山东设计""山东标准"转变。（1）完善以企业为主体的科技创新体系。加大各类创新资源整合力度，重点支持重大关键共性技术开发、技术研发公共服务平台建设等领域。培育创业风险投资基金，引导企业加大科技研发投入。实施好"一企一技术"战略和"育苗扶壮"工程，提高中小微企业公共服务水平。加快科技产业孵化器建设，推动科技型小微企业发展。积极推进国家创新型城市试点，实施省级科技创新平台发展专项。（2）强化成果转化应用。打破阻碍技术成果转化的瓶颈，深入落实加快科技成果转化16条政策和加强知识产权工作12条措施。抓好高技术产业化示范项目建设。健全科技中介服务机构和知识产权公共服务体系。（3）加强创新型人才队伍建设。实施专业技术人才队伍建设中长期规划，深入推进"泰山学者"工程、海外创新创业人才"万人计划"和"外专千人计划"。做好企业职工培训、高技能人才培养引进、企业技能人才考核评价、企业家培养引进等工作。

第五，统筹区域协调发展，进一步释放区域战略红利。按照"面上推开、点上突破、融合互动"的工作思路，优化"两区一圈一带"生产力布局，提高区域政策精准性，形成区域联动升级协同效应。（1）深入推进蓝黄"两区"建设。加快建设海洋和高效生态特色产业园，提高"四区三园"和四大临港产业区集聚和承载能力。实施蓝色产业领军人才团队支撑计划和人才引进项目。大力发展"飞地经济"，推进东营、滨州市未利用地开发综合管理改革。积极运营并规范管理好省级土地指标交易平台。支持半岛城市群成为21世纪海上丝绸之路重要（枢纽）城市群之一，研究支持青岛发挥蓝色经济发展龙头作用的重大事项和政策措施。做好海洋经济发展试点阶段评估工作。（2）全面推进"一圈一带"建设。建立完善联席会议制度，出台重要扶持政策实施细则，完成相关专项规划编制和修编工作。培育引进创业投资和风险投资基金，启动建设一批产业特色鲜明、带动作用强的重大项目。加快推进济莱协作区建设。（3）协调推进沂蒙革命老区和中原经济区建设。编制沂蒙革命老区发展规划，制定省内支持配套措施。积极做好聊城、菏泽两市和泰安东平县享受国家中部地区有关政策的争取工作。（4）强化区域融合互动。完善"两区一圈一带"协调推进机制。省直部门要统筹重大基础设施、生产力布局和生态建设；各市要善借外力、释放潜力，做强县域经济，壮大镇域经济，提升园区经济，激活民营经济。科学安排省级专项资金，运营好"两区"产业投资基金，尽快设立300亿元"一圈一带"投资基金。组织区域发展现场观摩交流，开展集中招商推介。建设好山东区域发展战略主题展馆。（5）突出抓好县域经济。立足资源禀赋和产业基础，引导每个县域精心培育 2-3 个主导产业。坚持开发式扶贫方针，实施深山区、库湖区、黄河滩区重点扶贫攻坚，实现 100 万人脱贫目标。适时召开全省县域整体提升现场经验交流会。选择 10 个左右县（市、区）开展县域科学发展综合试点。（6）扎实做好对口支援西藏、新疆、青海、三峡库区和扶贫协作重庆、对口帮扶贵州等工作。深化与环渤海、长三角、珠三角等地区的经贸合作，积极参与丝绸之路经济带建设。承办好全国工商联执委会暨助推山东转调创投资洽谈会。

第六，着力释放有效需求，进一步促进经济平稳发展。充分发挥内需"压舱石""顶梁柱"作用，努力扩大投资消费需求。（1）增强消费基础作用。大力改善消费环境，通过改善供给质量来激活消费需求，执行好带薪休假制度。编制实施社会信用体系建设规划。落实鼓励消费的各项政策，支持商业模式创新，加快发展电子商务、连锁经营、物流配送等新兴业态。大力实施"信息惠民"工程，抓好信息消费试点，开展好"网络营销年"活动。建立农业种权和农产品期货交易平台，加强城乡流通设施和物流标准化信息化建设，实施好粮食现代物流、农产品批发市场、冷链物流发展规划。（2）增强投资关键作用。引导资金重点投向社会民生、农林水利、高新技术、现代服务业等领域，加大对新一代互联网技术、能源、节能环保、重大装备以及企业设备更新、公益性市场建设等投资支持。严格控制高耗能和产能过剩行业盲目投资扩张。组织实施好省级重点项目和"十二五"规划项目建设。（3）增强重大基础设施支撑保障作用。继续协调推动省部会商重大事项落实。抓好大型电源项目建设，提前做好设备检修等工作，完善用电高峰应急预案，切实保障电力供应。编制出台全省综合交通运输体系中长期发展规划，加快推进济南、青岛国家级综合运输枢纽建设。启动全省快速铁路网规划建设，加快推进济青高铁等重大项目前期工作，建成青烟威荣城际铁路等项目，新增铁路营运里程 1000 公里以上。优化港口布局，加快青岛、日照、聊城、菏泽机场前期工作进度，力争年底前建成投用烟台潮水机场、济南机场南指廊工程。

第七，加快转变外经外贸发展方式，进一步推动开放向纵深发展。坚持以开放促改革、促发展、促转型，加快构建开放型经济新体制。（1）深入实施以质取胜和市场多元化战略。贯彻好促进进出口稳增长调结构的实施意见，确保减费、退税、信保、便利通关等政策落到实处。加快电子口岸建设。深入实施"境外百展市场开拓计划"，筹办好香港山东周、日韩、台湾招商等系列经贸活动。探索推进内外贸一体化，实施好临沂商城国际贸易综合改革试点。（2）提高利用外资质量和园区发展水平。落实放宽外商投资准入措施，拓展利用外资新领域，推进引资与引技、引智有机结合，引导外资参与产业转型升级和区域协调发展。吸引跨国企业战略投资，建设区域和地区研发中心。做好国外优惠贷款争取工作。深化中日韩地方经济合作示范区建设，整合提升海关特殊监管区域。推进园区体制机制创新，加快中德生态园建设，支持符合条件的开发区创建国家级开发区。支持青岛市申办建设自由贸易港区。（3）加快"走出去"步伐。落实境外投资专项扶持政策。制定鼓励开展农业、远洋渔业等境外投资的实施意见。加强境外重点合作园区建设，支持企业建立境外研发中心、资源和生产基地。推动境外承包工程，发展高端劳务。

第八，更加注重城乡统筹，进一步提高城镇化发展水平。突出以人的城镇化为核心，大力推进城乡规划、基础设施、公共服务一体化，走新型城镇化道路，力争城镇化率达到55%左右。（1）完善新型城镇化发展机制。贯彻落实国家新型城镇化规划，编制我省城镇化发展规划，出台加快新型城镇化发展的若干意见；实施城镇化发展试点。强化规划刚性，"一张蓝图抓到底"。推动大中小城市和小城镇协调发展。建立多元可持续的资金保障机制，鼓励社会资本参与城市基础设施建设和运营。（2）推进农业转移人口市民化。坚持自愿、分类、有序，出台差别化的落户政策，推进城乡户籍一体化管理。坚持同工同酬原则，推进进城务工人员在就业、工资、福利等方面与城镇户籍人员平等待遇，推动社保、教育、医疗等基本公共服务逐步覆盖全部城镇常住人口，探索把进城落户农民纳入城镇住房保障体系的办法。建立财政转移支付、建设用地指标同农业转移人口市民化挂钩机制。（3）统筹城乡公共设施建设。强化城市基础设施建设，大力发展公共交通，加强城市供排水、燃气、供热等各类地下管网建设与管理。修编城市排水防涝设施建设规划，加快推进污水和垃圾处理设施建设。抓好农村道路、供水、污水垃圾、公共服务等设施建设。（4）积极推进小城镇和农村新型社区建设。实施好"百镇建设示范行动"，组织好20个经济发达镇扩权改革试点，支持一批经济强镇、区域重镇、文化旅游名镇加快发展。扎实推进农村新型社区建设，开展美丽宜居小镇和村庄示范建设活动，推进村庄人居环境整治和农村危房改造。

第九，加强生态环保建设，进一步改善环境质量。加强生态文明制度建设，牢固树立绿色低碳清洁发展理念，确保完成节能减排目标任务。（1）狠抓大气污染治理。以防治细颗粒物（PM2.5）为重点，认真落实国家和省大气污染防治行动计划，实施好分阶段逐步加严的区域性大气污染排放标准。深化城市扬尘综合整治，搞好裸露地绿化。落实好黄标车提前淘汰补贴管理办法、机动车排气污染防治规定，推动车用成品油升级。强化电力、化工、钢铁、水泥等重点行业治污设施建设，加快推进脱硫、脱硝等减排工程。建立大气污染防治联动工作机制和年度考核机制，完善空气质量信息发布制度，落实重污染天气应急预案。（2）调整优化能源结构。有序推进重点电源项目建设，提高环保、高效大型发电机组比重。加大"外电入鲁"争取实施力度，推动内蒙古、陕西等省区向我省送电通道规划建设，力求锡林郭勒盟向我省送电工程获得国家核准并开工建设。稳妥推进海阳核电一期工程。支持发展分布式光伏发电等太阳能利用，科学开发风电、生物质能等可再生能源。科学适度实施"煤改气"，加快天然气输气管道和LNG接收站规划建设。（3）毫不放松节能减排。严格实行能源消费强度和总量"双控制"，完善节能评估和审查制度，推动工业、建筑、交通、公共机构等重点领域节能。分行业制定和严格执行强制性能耗限额标准，开展千家重点用能企业节能低碳行动。加快发展节能环保产业，开发推广一批环保关键技术和装备。抓好循环经济示范园区和示范企业建设，推行清洁生产。（4）切实抓好生态工程建设。坚持"谁受益、谁补偿"原则，建立健全生态补偿机制。以南水北调沿线和小清河流域为重点，加强水质监管和治污项目建设，巩固提高流域水污染防治水平。规划实施沿高速公路和省界绿化带大造林工程。持续推进"两湖一河一海"环境综合治理。搞好生态湿地、煤炭塌陷地等生态脆弱区和退化区生态修复和保护。积极推进资源型城市可持续发展。

第十，坚持社会民生优先，进一步织好保障民生安全网。坚持把人民幸福作为根本价值取向，加快健全基本公共服务体系，完善社会托底政策，着力办好民生实事。（1）坚持教育优先发展。完善义务教育均衡发展机制，实施素质教育重点项目推进计划。部署第二轮学前教育三年行动计划。加快现代职业教育体系建设，扩大"3＋2""3＋4"分段贯通培养招生规模，推进职业教育教学标准、行业技术规范、职业资格标准有效对接。实施名校建设、高等学校质量与教学改革等工程，加快建立现代大学制度。支持民办教育发展。（2）实施更加积极的就业政策。完善公共就业服务体系，健全就业失业动态监测和失业实名登记制度。发挥好就业专项资金和创业扶持资金的引导作用，搞好扩大失业保险基金使用范围试点。实施高校毕业生就业能力提升计划和创新创业推进行动。制定新一轮《加强就业培训提高就业与创业能力五年规划》。统筹做好城镇困难人员、退役军人等群体就业工作。(3) 促进文化、体育、人口等事业全面发展。深度挖掘和整合文化资源，推动文化与科技、旅游、制造业融合发展，培育壮大文化龙头企业。完善覆盖城乡的公共文化服务体系，提高基层文化设施条件。组织好第三届中国非物质文化遗产博览会。建立全民健身公共服务标准和规范，筹办好山东省第二十三届运动会和第四届全民健身运动会。严格落实人口目标管理责任制，努力稳定低生育水平，提高出生人口素质。加强以居家为基础、社区为依托、机构为支撑的社会养老服务体系建设，推进养老保险部分结余基金委托投资运营。搞好国民经济动员和装备动员，推动军民融合深度发展。(4) 完成保障性安居工程建设任务。大力发展公共租赁住房，推动公共租赁住房和廉租住房并轨建设，加快推进棚户区改造。改进公积金归集、使用和监管机制，加强非公企业住房公积金缴存工作，研究逐步将农民工纳入住房公积金缴存范围的办法。(5) 创新社会治理体制。深入推进平安山东建设，加强社会综合治理，严厉打击各类违法犯罪活动。健全预防和化解社会矛盾的体制机制，加强重大决策社会稳定风险评估机制和调解体制建设。推行社区网格化管理，构建立体化社会治安防控体系，做好信访接访工作。健全社会救助制度，发展慈善事业。深刻汲取重大安全事故教训，完善隐患排查治理和安全预防控制体系，全面强化安全生产管理。强化交通智能和网络社会管控体系建设。按照"标本兼治、先急后缓"原则，采取有效措施尽快解决城市压覆输油管线等安全问题。加强食品药品安全监督检查。做好救灾减灾和应急工作。

各位代表，做好 2014 年的经济社会发展工作任务艰巨，意义重大。我们将在中共山东省委的正确领导下，全面贯彻落实国家和我省的各项决策部署，认真接受省人大的指导和监督，虚心听取省政协的意见和建议，锐意改革，敢闯新路，坚决打好转方式调结构这场攻坚战，为完成全省经济社会发展任务目标、实现经济文化强省建设新跨越作出积极贡献！

2014 年经济体制改革思路与重点

一、2013 年经济体制改革进展情况

2013 年，全省上下认真贯彻中央和省委、省政府的决策部署，深入落实省政府《批转省发展改革委关于 2013 年深化经济体制改革重点工作的意见的通知》精神，围绕"推动经济转型、不断改善民生、促进社会公正、激发市场主体活力"，积极推进重点领域和关键环节的改革，各项改革取得了新进展，为促进全省经济社会发展增强了活力。

（一）农村改革持续推进。加快推进农村集体土地所有权、土地承包经营权、宅基地使用权、集体建设用地使用权确权登记颁证，开展了农村土地承包经营权确权登记颁证试点，全省 129 个涉农县（市、区）全部开展试点，1.5 万多个村完成确权登记任务，占行政村总数的 21.7%。加快构建新型农业经营体系，家庭农场、农民合作社、农业龙头企业等新型经营主体进一步发展。积极稳妥推进农村土地规范有序流转，土地流转形式呈现多样化、管理趋于规范化、服务体系初步建立。进一步推进节约集约用地，推进集体建设用地使用制度改革。国家发改委和国家林业局正式批复了我省国有林场改革试点方案，泰安、临沂两市已在国有林场职工工资、人员编制等方面取得积极进展。省政府出台《关于进一步做好新形势下农民工工作的意见》，制定了与农民工相关的工资、社保、教育、医疗、就业、户籍、住房保障等一系列政策措施，促进同工同酬和基本公共服务均等化。积极推进新型城镇化，省委办公厅、省政府办公厅出台《关于加强农村新型社区建设推进城镇化进程的意见》，从资金扶持、用地保障、税费支持和信贷支持四个方面对农村新型社区建设予以政策支持。"百镇建设示范行动"深入开展，

新增 100 个"百镇建设示范行动"示范镇,每年再安排 10 亿元示范镇建设专项资金。全省城镇化率达到 53.75%,比 2012 年提高 1.32 个百分点。

(二)金融体制改革不断深化。省政府出台《关于加快全省金融改革发展的若干意见》,支持、推动金融市场创新发展。推进农村信用社等地方金融机构改革,民营金融机构以及面向小微企业、"三农"的中小金融机构加快发展,金融组织体系建设不断完善。进一步深化小额贷款公司试点工作,鼓励小额贷款公司通过资产证券化等方式,借助资本市场依法合规开展直接融资。齐鲁股权托管交易中心完成公司制改造,全省股权交易市场框架初步形成。山东首家全国性寿险公司——中德合资德华安顾人寿保险有限公司挂牌开业。着力加强多层次资本市场体系建设,积极探索发展股权投资基金和创业投资基金。我省首次开展自行发债试点,共成功发行五年期和七年期地方政府债券各 56 亿元。省政府出台《关于进一步规范发展民间融资机构的意见》,率先在全国从省级层面全面推开民间融资规范引导工作。民间资本管理机构超过 100 家。地方金融机构改革进程加快,启动建立地方金融监管体系。

(三)资源环境价格改革加快推进。继续深化资源环境价格改革,在供水、供电、供气、供热等公用事业价格改革中,对群众基本需求部分保持价格基本稳定,对低收入群众需求部分实施一定的价格补贴,对超出基本需求部分初步建立了阶梯式价格机制。进一步完善了差别化价格政策。加快煤炭行业淘汰落后产能工作力度,超额完成国家下达任务。实施了大气污染防治规划及一期行动计划,积极构建大气污染联防联控机制。出台了机动车排气污染防治规定,制定了我省实行最严格水资源管理制度考核办法。着力抓好重点流域污染综合治理,全面完成南水北调沿线治污项目,扎实推进小清河流域生态环境综合治理,实现淮河、海河流域治污考核"六连冠"和"四连冠"。全年万元生产总值能耗下降 5% 左右,主要污染物排放总量持续下降。

(四)企业改革继续深化。不断深化国有企业改革,加快国有企业股权多元化改革步伐,国有资本布局结构调整继续推进,产业结构升级步伐加快,区域布局不断优化。积极推进企业兼并重组,生产集约化程度和生产力水平进一步提高。国资监管体制进一步完善。进一步支持小微企业发展,通过落实小型微型企业贷款风险补偿奖励资金、提高贷款担保额度、增加综合授信、增加政府面向中小企业采购额等多种措施,促进小微企业发展。

（五）社会事业改革继续强化。省政府办公厅出台《关于促进创业带动就业的意见》，进一步加大对创业就业的支持力度。深化社会保障制度改革，新型农村社会养老保险和城镇居民养老保险合并实施，参保农村居民和城镇居民的养老保险待遇将实现同步发放同步增长。进一步提高城镇居民基本医疗保险和新农合政府补助标准，提高了最低工资标准，上调了企业工资指导线。调整了农村最低生活保障省级补助标准，进一步健全低保标准与居民基本生活费用价格指数联动机制，动态、适时调整低保标准，逐步缩小城乡、区域差距。《山东省价格调节基金管理办法》公布，因价格大幅度上涨而影响到低收入群体基本生活等五种情形可使用价格调节基金予以补贴。

深化教育领域综合改革，各级各类教育全面发展。试行职业教育与本科教育对口贯通分段培养，青岛、潍坊等地推进中小学校取消行政级别试点，山东农业大学、临沂大学等完善治理结构的探索取得成效。大力实施创新驱动战略，一批重大创新平台和关键核心技术取得突破性进展，科技创新能力不断增强，全社会研发投入比重预计达到2.17%。青岛海洋科学与技术国家实验室启动建设。深化文化体制改革，继续完善山东演艺集团组织架构，形成规范的法人治理结构，积极做好院团整合及人员身份转换工作，理顺转企改制院团经营管理体制。在全国率先以省为单位推行新农合大病保险，选择30个县开展公立医院综合改革试点，启动了城乡居民基本医疗保险整合工作。

（六）行政体制改革继续深化。继续深化行政审批制度改革，省政府分三次取消和下放审批事项230项，投资核准事项减少40%。清理、取消省级行政事业性收费项目，由原来的87项缩减为25项，减少70%以上。进一步改善营商环境，改革工商登记制度，最大限度简政放权、降低市场准入门槛，新增市场主体69万户，增长22%。按照国家部署，积极推进省政府机构改革与职能转变。正式施行《山东省政府采购管理办法》，我省成为全国第三个出台政府采购地方规章的省份。省政府出台《政府向社会力量购买服务办法》，明确了政府向社会力量购买服务的具体措施和指导目录。

（七）财税体制改革继续推进。深化财税体制改革，自8月1日起，在交通运输业和部分现代服务业领域正式启动营业税改征增值税试点，为纳税人减负45亿元。加快推进部门预算改革，首次向社会公布了省级"三公"经费预算总额及95个省政府组成部门和直属机构单位的部门预算。省政府下发《关于进一步深化省以下财政体制改革的意见》，下划部分省级税收，健全激励约束机制，积极构建省与市县财力同步稳定增长机制。扎实推进事业单位分类改革，全面实行事业单位公开招聘制度，探索实行领导人员聘任制，进一步完善委任、选任等多种选拔任用方式。

二、2014 年经济体制改革形势分析

2014 年是贯彻落实十八届三中全会精神、全面深化改革的重要一年。改革面临新的机遇，同时也面临新的挑战。

从大的环境来看，改革面临前所未有的新机遇。2013 年 11 月 9－12 日，党的十八届三中全会胜利召开，审议通过了《中共中央关于全面深化改革若干重大问题的决定》。《决定》描绘了全面深化改革的新蓝图、新愿景和新目标，提出了许多新思想、新论断、新举措，对全面深化改革进行了总体部署，是我国发展新阶段全面深化改革的行动纲领和科学指南。同时，习近平总书记在河北省参加省委班子民主生活会时，对我省提出了实现凤凰涅槃、腾笼换鸟，优化产业结构，继续起到领头雁、火车头作用的新要求。在我省视察时，再次强调指出，山东要锐意改革，敢闯新路，坚决打好转方式调结构这场硬仗，切实做好保障和改善民生、创新社会治理这篇大文章，努力在推动科学发展、全面建成小康社会历史征程中走在前列。习近平总书记的讲话，对我省下一步经济社会发展和深化改革工作提出了更高的要求。当前，山东正处于由经济大省到经济强省战略性转变的新起点上，在新的历史起点上，要破解发展中面临的难题，化解来自各方面的风险挑战，实现经济持续健康发展和和谐稳定、实现人民群众过上更好生活的期待、实现建设经济文化强省的目标，必须坚定不移地全面深化改革。深入贯彻落实全会精神和习近平总书记在山东的讲话精神，省委出台了《关于深入学习贯彻党的十八届三中全会精神的意见》，对今后一段时期我省改革作出总体部署。中央成立了全面深化改革领导小组，省委也相应成立了我省全面深化改革领导小组。可以说，全面深化改革的号角已经吹响，任务已经明确。

同时也要看到，改革仍面临不少困难和问题，一些深层次矛盾问题和事关全局性长远性的改革难题还没有完全解决，仍然存在一些不利于公平竞争的体制机制障碍、不利于转变经济发展方式的体制机制障碍和不利于社会公平正义的体制机制障碍。全面深化改革是一项长期艰巨复杂的重大系统工程，现阶段，改革已

经进入攻坚区和深水区，进一步深化还主要存在几方面的障碍：一是思想观念的障碍。还存在不合时宜的思想"禁区"，存在口头上重视改革、实际工作中忽视改革的惯性，存在惧怕困难、畏首畏尾的思想。二是利益固化的障碍。在很多领域还存在固有利益格局，存在地方保护和部门利益。三是工作推进机制的障碍。当前改革主要由部门主导，还未完全建立相互配合、相互支持的改革工作推进机制。在以改革推进过程中，必须冲破思想观念的束缚，攻克体制机制上的顽瘴痼疾，突破利益固化的藩篱，进一步解放思想、勇于创新，跳出条条框框限制，坚定改革信心，凝聚改革共识，汇聚成推进全面深化改革的强大正能量。要深入落实习近平总书记在视察山东时的讲话精神，正确、准确、有序、协调推进改革，牢牢把握改革的正确方向，积极做好与中央各部委陆续做出的改革部署、改革措施的衔接，结合山东实际，确定好改革的重点、路径、次序、方法。

三、2014 年经济体制改革的思路和重点

2014 年经济体制改革思路是：以邓小平理论、"三个代表"重要思想、科学发展观为指导，深入学习贯彻落实党的十八届三中全会精神，深刻领会习近平总书记对山东工作的重要指示要求，不失时机深化重要领域改革，进一步解放思想、解放和发展社会生产力、解放和增强社会活力，让一切劳动、知识、技术、管理、资本的活力竞相迸发，让一切创造社会财富的源泉充分涌流，推动全省经济社会发展腾笼换鸟、凤凰涅槃，优化结构、提高质量效益，实现由大到强的历史性转变。

（一）深化企业改革，激发和释放各类市场主体活力。进一步深化国有企业改革，制定深化省属国有企业改革完善国有资产管理体制的意见。完善公司法人治理结构。按照市场化原则深化省管企业用工分配改革。调整优化国有资本布局结构，打造国有资本运营平台，以管资本为主加强国有资产监管。探索实施分类管理，引导具备条件的国有大型企业改组为国有资本控股公司。进一步完善省级国有资本经营预算，提高省属国有企业国有资本收益上缴公共财政比例。积极发展混合所有制经济，鼓励国有资本、集体资本、非公有资本等交叉持股、融合发展。大力发展非公有制经济，坚持权利平等、机会平等、规则平等，在市场准入等各方面，对各种所有制企业实行同等待遇。研究制定加快推动非公有制企业进入特许经营领域的具体办法。

（二）加快完善现代市场体系，充分发挥市场在资源配置中的决定性作用。着力清除市场壁垒，反对地方保护、垄断和不正当竞争，推进工商注册制度便利化改革。加强市场监管，研究建立违背市场竞争原则和侵害消费者利益的企业黑名单制度。根据国家统一部署，深化征地制度改革，缩小征地范围，规范征地程序，完善多元保障机制。探索建立国家、集体、个人合理分配集体经营性建设用地流转收益的机制。研究制定农村集体所有土地征收补偿安置条例。改革完善工业用地公益机制，建立有效调节工业用地和居住用地合理比价机制。积极争取国家在我省开展农村集体经营性建设用地使用权入市改革试点、农村宅基地制度改革试点。建设山东省公共资源交易中心，逐步将全省公共资源交易纳入中心统一交易。

贯彻落实加快全省金融改革发展的 22 条政策，着力改善金融生态环境。稳步推进由民间资本发起设立中小银行等金融机构。积极稳妥地推进农村土地承包经营权、集体资产股份、农民住房财产权等抵（质）押贷款业务。推进中小企业私募债券发行试点。推进齐鲁股权交易中心规范化改革。探索推广社区银行、金融超市、金融便利店、"三农"金融服务站等基层服务模式，提高金融服务覆盖面和渗透率。深化县域金融创新发展试点工作。深化农村信用社改革，探索组建山东省农村金融发展公司，推动改制组建农商行工作。继续推动有实力的金融机构批量化发起设立村镇银行。

进一步健全技术创新市场导向机制，强化企业在技术创新中的主体地位，建立主要由市场决定技术创新项目和经费分配、成果评价机制，健全技术市场和技术转移机制。完善科技创新平台和创新载体建设管理方式，支持大型骨干企业建立重点实验室、工程中心、企业大学等高水平研发机构。加强科技计划、财政科技资金管理体制改革。探索建立全省技术成果交易中心平台，推进科技成果转移转化。

（三）加快转变政府职能，更好发挥政府作用。把发挥市场在资源配置中的决定性作用和更好发挥政府作用有机统一起来，强化政府公共服务、市场监管、社会管理和环境保护等职责。继续简政放权，深化行政审批制度改革，再取消和下放一批行政审批事项。改革投资审批制度，继续做好取消和下放审批事项的落实和承接工作，最大限度地缩小省级审批、核准、备案范围，进一步完善企业投资核准备案管理，取消或简化前置性审批。规范行政审批管理，推进"阳光审批"，完善行政审批监督制约机制。统筹推进党政群机构改革，按照中央部署，有序推进事业单位分类改革，2014 年底基本完成从事生产经营活动事业单位转为企业或社会组织。落实省以下财政体制改革方案，进一步明确省以下各级政府事权和支出责任。进一步细化各类预算编制，逐步实现政府性基金预算、国有资本经营预算与公共预算拨款统筹安排、捆绑使用。着力提高财政收入质量，加大专项资金清理整合力度。建立一般性转移支付增长机制，重点增加对经济欠发达地区、革命老区、重点生态功能区的转移支付，均衡省以下财力分布。完善政府购买服务政策体系。完善省级"三公"经费预算管理和公开制度。继续扩大营改增试点行业范围，将营改增试点改革扩围到生活性服务行业。根据中央统一部署，清理规范地方税收优惠政策以及其他违法实行优惠政策行为。

（四）完善城乡发展一体化体制机制，让广大农民共同分享现代化成果。继续深化农村产权制度改革。加快推进农村土地确权登记颁证工作，2014 年全省50% 以上的村、社区完成农村土地承包经营权确权登记颁证。开展农民住房财产权抵押、担保、转让试点。按照国家部署，积极维护好农民在承包地、集体资产、宅基地等方面的各项权利，鼓励土地承包经营权有序流转，鼓励农村发展合作经济。加快构建新型农业经营体系，加快培育农民专业合作社、家庭农场等新型生产经营主体。鼓励引导各种社会资本到农村发展适合企业化经营的现代种养业。探索建立城乡要素平等交换机制，统筹推进城乡基础设施建设和基本公共服务均等化。

（五）优化城镇化健康发展体制机制，推进新型城镇化建设。完善城镇化发展格局，加快发展县域经济，加快以人为核心的城镇化步伐。有序推进农业转移人口市民化，实施差别化户口迁移政策，建立居住证制度，对符合条件的农民工及其子女，分阶段、有重点地纳入居住地基本公共服务保障范围。深化和扩大经济发达镇行政管理体制改革试点。创新农村社区建设模式，完善服务体系，将符合条件的农村新型社区纳入城镇化管理。完善区域协调发展机制，落实"两区一圈一带"区域发展规划，创新各区域重大基础设施互联互通和产业交流合作机制，探索建立区域经济利益分享和补偿机制。

（六）深化社会事业改革，解放和增强社会活力。按照国家和省有关部署要求，研究制定关于深化收入分配制度改革的实施意见，完善初次分配机制，健全再分配机制，规范收入分配秩序，努力增加中低收入者收入，推动形成橄榄型分配格局。健全促进就业创业体制机制，实施更加积极的就业政策，建立经济发展和扩大就业的联动机制，健全城乡均等的公共就业服务制度和面向全体劳动者的职业培训制度，完善创新创业政策和服务体系，促进以高校毕业生为重点的青年就业和农村转移劳动力、城镇困难人员、退役军人就业。坚持教育优先发展，深化教育领域综合改革，加快推进考试招生制度改革，促进区域、城乡、校际义务教育资源均衡配置，加快建立现代职业教育体系。健全社会保险制度体系。进一步推进新农保和城镇居民养老保险并轨政策落实，研究城乡居民养老保险制度和企业职工基本养老保险制度间的衔接办法。健全企业职工养老保险待遇确定和调整机制，合理调度资金，落实好企业退休人员养老金提高 10% 的政策。进一步规范完善基本养老保险省级统筹制度。深化医药卫生体制改革，按照省政府的统一部署，积极推进新农合与城镇居民基本医疗保险制度整合。全面开展城乡居民大病保险工作，做好现行新农合大病保险、城镇居民医保大额医疗费用补助政策与城乡居民大病保险制度的衔接，切实解决参保群众因病致贫、因病返贫问题。开展医师多点执业试点，支持举办非营利性医疗机构。

（七）完善生态文明制度体系，促进生态山东美丽山东建设。加快自然资源及其产品价格改革，推进居民用电、用水、用气阶梯式价格制度，加快销售电价分类改革，探索开展发电企业和大用户直购电交易试点，实施煤电价格联动，完善可再生能源电价补贴机制。提高地表水、地下水水资源费和污水处理费标准。建立促进资源节约和循环利用制度体系。按照国家部署，实行最严格的源头保护制度、损害赔偿制度和责任追究制度。加大主体功能区制度实施力度，开展以县级行政区为单位的资源环境承载能力评价。健全生态环境保护管理体制机制，完善分阶段逐步加严的地方污染物排放标准体系，探索建立陆海统筹的生态系统保护修复和区域污染联防联控机制。进一步完善排污费制度体系，研究制定全省环境空气质量生态补偿暂行办法、城市施工工地扬尘排污费征收管理办法，建立跨区域、跨流域和部门的日常联合执法机制。

（八）构建开放型经济新体制，继续扩大对外开放。落实放宽投资准入措施，依照国家部署，探索实施外商投资准入前国民待遇加负面清单的管理模式。扩大金融、教育、文化、医疗等服务业领域对外开放，大力引进国际知名育幼养老、建筑设计、会计审计、商贸物流、电子商务等服务业态，加快引进高端制造、高新技术、战略性新兴产业项目。完善境外投资的审批变更，实行备案为主、核准为辅的管理方式，研究制定山东境外投资管理实施意见、山东省境外经贸合作园区考核管理办法（试行）。逐步改革国际工程和劳务合作项目的审批核准事项。支持和推动临沂商城国际贸易综合改革试点，推动威海中韩商品贸易中心、鄄城人发市场、金乡大蒜市场等建设内外贸一体化发展大市场。加快推动青岛自由贸易园区建设。积极推进中日韩地方经济合作示范区建设。继续推进青岛、济南口岸大通关建设，推进关检合作，深化"属地申报、口岸验放"的通关模式改革，深化通关无纸化改革。

2014 年农业和农村经济发展思路与重点

2013 年，全省各级认真贯彻党的十八大、十八届三中全会精神和"三农"工作各项决策部署，按照"保供增收惠民生，改革创新添活力"的总体要求，全面落实强农惠农富农政策，着力夯实农业基础，不断深化农村改革，积极推动城乡统筹发展，全省农业农村经济保持了平稳健康发展态势。全年实现第一产业增加值 4742.6 亿元，同比增长 3.8%。

一、2013 年农业农村经济发展基本情况

（一）种植业生产形势较好，粮食实现"十一连增"。全省粮食播种面积 10941.9 万亩，比上年增长 1.3%；粮食总产 905.6 亿斤，增加 3.3 亿斤，实现"十一连增"。经济作物中，受市场价格持续低迷影响，植棉效益下滑，产量连年下降，棉花总产 62.1 万吨，同比下降 11.1%；油料总产 349.6 万吨，下降 0.4%；蔬菜总产 9658.2 万吨，增长 2.9%；园林水果 1601.5 万吨，增长 5.1%。

（二）畜牧业逐步走出低谷，渔业、林业发展态势平稳。受生猪价格持续低迷、速生鸡、H7N9 禽流感疫情等多重因素叠加影响，全省主要畜禽生产遭遇严重冲击，生产形势波动较大，各级采取有力措施、积极应对，下半年以来生猪、家禽生产逐步走出低谷，基本恢复正常状态。生猪存栏 2931.4 万头，出栏 4797.7 万头，同比分别增长 1% 和 4.3%；家禽存栏 62103.9 万只，出栏 183726.7 万只，分别下降 2.7% 和 2.5%。猪牛羊禽肉产量 763.3 万吨，增长 1.4%；禽蛋、牛奶产量 396.2 万吨、271.4 万吨，分别下降 1.4% 和 4.4%。渔业生产总体平稳，全年水产品总产量 851.9 万吨，增长 2.8%，其中，海水产品 688.2 万吨、淡水产品 163.7 万吨，分别增长 2.3%、5.1%；远洋捕捞 11.8 万

吨，增长49.3%。林业生产稳定发展，全年共完成植树造林330万亩，其中水系生态造林189万亩。

（三）重大项目建设加快推进，支撑保障能力显著增强。以支撑全省农业农村经济发展的重大建设项目为抓手，创新办法，加快进度，全面提升农业基础设施保障能力。水利建设方面，南水北调山东段干线工程正式通水，续建配套工程进展顺利；胶东调水工程试通水成功；引黄济青改扩建工程基本具备开工条件，山东"T"型水网体系初步形成；完成了省政府确定的2154眼山丘区找水打井任务；农村饮水安全工程加快推进，解决400万人口的饮水安全问题。加快推进41个县的千亿斤粮食产能项目建设，可建设高产稳产粮田155万亩，启动了国家级粮食产能规划良种繁育和科技支撑项目建设；全面推开市级农产品综合质检中心建设；基层农技推广服务体系建设实现全覆盖。海洋渔船更新改造项目顺利实施，已有157艘建成派出，专业远洋渔船达到402艘，居全国第3位；对济宁、泰安两市的2010户以船为家渔民实施上岸安居工程。重点防护林、湿地保护与修复工程成效显著，406个生猪和57个奶牛标准化养殖场改扩建有序推进。

（四）农民收入稳步增加，农产品进出口平稳增长。全省农村居民人均纯收入10620元，同比增长12.4%，其中，工资性收入5127元，增长17%；家庭经营性收入4525元，增长6.9%；财产性收入284元，增长10.4%；转移性收入684元，增长19.6%。全省农村劳动力转移就业133.3万人，完成年度计划的110.8%。外出农民工998万，增长1.6%，人均月收入2695元，增长14.5%。农产品贸易平缓增长，进出口总额达409.8亿美元，增长11.7%，其中，出口152亿美元，增长1.2%；进口257.8亿美元，增长19%。

（五）主要农产品价格总体趋升，农资价格涨幅明显回落。全省居民消费价格总水平总体平稳，同比上涨2.2%，低于全国0.4个百分点。全省食品价格同比上涨4.8%，涨幅较上年扩大1.3个百分点。粮食价格持续上行，上涨7.3%，涨幅较上年扩大4.8个百分点。油脂价格先升后降，上涨2.6%，较上年回落4.9个百分点。由于猪肉价格变动及禽流感等因素影响，肉禽及其制品价格先降后升，逐步趋稳，上涨3.2%。蔬菜价格大幅波动，上涨9.1%。蛋价小幅上涨，上涨2.2%。农资价格涨幅明显回落，上涨1.2%，较2012年回落4.8个百分点。

（六）农业投入持续加大，强农惠农富农政策全面落实。2013年，省级预算安排"三农"方面的资金389.5亿元，比上年增加66亿元，增长20.4%。国家下达我省农口中央预算内投资计划 67.5 亿元，其中中央预算内资金 28.6 亿元，共安排涉农项目 25 类、199 项、1956 个。全省粮食直补和农资综合补贴标准每亩达到 125 元，共兑付补贴资金 78.63 亿元。小麦、玉米、水稻良种补贴实现全覆盖，落实花生良种补贴资金 8700 万元。落实农机购置补贴资金 14.5 亿元（含青岛），补贴各类机械 30.8 万台，受益农民 22.4 万户。

（七）积极稳妥推进土地流转，新型生产经营主体快速发展。全省 129 个涉农县（市、区）全部开展了农村土地承包经营权确权登记颁证试点，1.5 万多个村完成了确权登记任务，占行政村总数的 21.7%。全省土地流转面积达 1567.9 万亩，占家庭承包经营耕地面积的 16.9%。深入推进农业产业化"五十百千万工程"，出台文件，落实政策，积极培育新型生产经营主体。全省规模以上农业龙头企业达到 9100 家，其中省级以上龙头企业 831 家、国家级 89 家，销售收入突破 1.4 万亿元。工商登记注册的农民专业合作社达到 9.9 万户，数量居全国第一，出资总额 1850 亿元，成员总数 118.3 万个。工商登记注册的家庭农场发展到 3 万户。

（八）新农村建设扎实推进，农村民生持续改善。全省村村通柏油路、通自来水、通电视、通信息网络"四通"任务基本完成，建制村通柏油路率达到 99.8%，自来水普及率达到 93%。建制镇生活垃圾处理率达到 80% 以上，农村生活垃圾无害化处理率达到 43.9%。村镇建设完成投资 1470 亿元，比上年增长 11%。新建农房 55 万户、改造危房 12 万户。全面推行农村社区化服务与管理，已建成社区综合服务中心 14170 个，80.2% 的农村实现社区化服务与管理。

二、2014 年农业和农村经济发展形势分析

今年是我省深入推进农村改革、加快农业转型升级的关键一年，是全面贯彻落实党的十八大和十八届三中全会精神，特别是认真落实习近平总书记关于"三农"工作系列重要讲话和视察山东重要讲话精神的一年，各方面对"三农"工作充满期待、寄予厚望。在经济企稳回升基础仍不够牢固的大背景下，全省农业农村经济发展，有利条件和不利因素并存，机遇大于挑战。其有利条件：

（一）农村发展活力将会进一步释放。近几年，国家就深化农村改革连续出台重大政策，特别是党的十八届三中全会对全面深化农村改革作出重大战略部署，以及今年中央和省委 1 号文件对 2014 年和今后一个时期的农业农村改革发

展作出安排部署，在加快构建新型农业经营体系、赋予农民更多财产权利、推进城乡要素平等交换和公共资源均衡配置、完善城镇化健康发展体制机制等方面指出了明确方向，提出了明确要求。近年来，我省按照中央决策部署，加快推进改革创新，一些长期制约我省农村改革发展的深层次问题开始破题，农业农村领域的改革红利逐步释放。全省土地承包经营权确权登记颁证试点工作全面展开，2015 年底将基本完成确权登记任务，为促进土地流转和适度规模经营创造有利条件；农村集体产权制度改革、集体林权制度改革、国有林场改革、水价制度改革等向纵深推进；农村金融改革有序推进，农村商业银行、小额贷款公司、资金互助社蓬勃发展，金融生态环境有效改善，"三农"发展融资能力全面增强。

（二）农业发展进入转型升级的"快车道"。近几年，省委、省政府以深入实施粮食、蔬菜等农业十大产业振兴规划为重要抓手，加快调整产业结构，优化发展布局，农业发展的产业基础更加坚实，质量效益明显增强。2014 年初，省政府又印发实施了蜂业、烟叶、茶叶、桑蚕、中药材等特色产业发展规划，进一步推动特色品牌农业发展。随着产业结构的深度调整，农业产业化经营不断深化，链条进一步拉长，产加销一体化、一二三产业融合发展成为趋势，农业作为一个完整产业链进入市场，初步构建起现代农业产业体系。全省有 50% 以上的大宗农产品被龙头企业等产业化组织收购、加工，主要农产品采购值达到 6000 多亿元，有 70% 以上的鲜活农产品主要由龙头企业加工包装运销省内外。

（三）农业科技支撑作用日益突出。农业现代化的关键在于科技进步和创新。习近平总书记视察山东时专程到省农科院参观考察，指出"给农业插上科技的翅膀"。我省多年来通过重科技研发、强推广应用，一批国家和省重点科研平台相继建设，科技进步对农业的贡献份额快速递增，登海种业、鲁研良种等一批"育繁推"一体化重点种业企业发展壮大，主要农作物良种覆盖率达到 97% 以上。科技作为最大增产潜力，成为粮食持续稳定增产的法宝，同时也将在今后农业现代化进程中继续发挥积极作用。

（四）加快城乡发展一体化将进一步拓宽农业农村经济发展空间。城镇化是解决"三农"问题的根本途径。我省坚持新型工业化、信息化、城镇化和农业现代化同步推进，县域、小城镇和新型农村社区立体发展，推动了城乡发展的快速融合、产业的高效对接。近十年来，我省城镇化率以年均 1 个百分点以上的速度增长，2013 年底达到 53.75%，农民纯收入增幅连续四年超过城镇居民。城乡发展一体化启动了广大农村巨大消费需求、用工需求，蕴藏着无限发展潜力，为农业农村经济的发展提供了广阔空间。

今年，我省农业农村经济发展仍面临不小压力，其不利因素：一是资源环境约束日趋刚性。在粮食连年增产、农业持续向好的背后，各种支撑要素已经绷得很紧，主要依靠高投入、高消耗增加农产品产量的发展模式难以为继。目前，我省每年农药、化肥有效利用率仅为 30%–40%，是发达国家利用率的一半左右；不可降解塑料地膜残留严重，残留率约为 20%–30%；土壤酸化、大棚土壤退化等问题尤为突出，胶东地区 pH 值小于 5.5 的酸化面积占到 42.5%、达到 980 多万亩，全省约有 30% 的大棚土壤出现板结现象。二是农业规模化经营水平较低。近年来，我省积极稳妥推进土地流转，取得了显著成效，但土地细碎化、经营规模狭小的问题还没得到有效解决，小农户与社会化大生产之间的矛盾仍很突出。全省土地流转率仅为 16.9%，低于全国 26% 左右的平均水平，更远低于江苏、浙江等省 40% 以上的水平。要加快我省现代农业发展，必须补齐规模化这块"短板"，否则将在新一轮区域竞争中丧失优势。三是国内外农产品市场竞争加剧、不确定性增加。加入世界贸易组织后，我国农业国际化程度不断加深，部分农产品自给率不断下降，尤其是玉米、稻谷和大豆等品种需要大批外调和进口解决，2013 年全省进口大豆 2363.3 万吨，同比增长 34.1%，占全国进口总额的37.2%；进口食用植物油 182.4 万吨，增长 25.4%，占全国进口总额的 21.2%。受全球经济弱势复苏短期难以改观、贸易保护主义抬头的影响，农产品出口面临严峻挑战，农产品出口增速从两位数降到个位数，呈明显放缓态势。四是农村人口老龄化、村庄空心化趋势明显。随着城镇化进程的不断加快，大量有知识、有文化的农村青壮年迅速向城镇转移，留乡务农人员以妇女和中老年为主，农业劳动力素质下降。目前，小学及以下文化程度比重超过 50%，而占农民工总量60% 的新生代农民工不愿意回乡务农，"谁来种地"的问题越来越突出。

三、2014 年农业农村经济计划安排思路及发展重点

（一）总体思路。深入贯彻党的十八大、十八届三中全会精神，以科学发展观为指导，认真落实习近平总书记系列重要讲话和视察山东时重要讲话精神，按照中央和省委有关"三农"工作总体部署，遵循"稳定政策、改革创新、持续发展"的总要求，坚持以工促农、以城带乡、工农互惠、城乡一体，积极推进农

村各项改革，持之以恒强农业、惠农村、富农民，努力实现农村改革有新突破，农民增收有新亮点，农村面貌有新变化，农业现代化建设迈出新步伐，为经济文化强省建设奠定坚实基础。

（二）主要预期目标。第一产业增加值增长 4%；粮食播种面积 1.09 亿亩左右，力争再获丰收；棉花总产 65 万吨；油料总产 340 万吨；瓜菜总产 1.05 亿吨；水果总产 1650 万吨；水产品总产量（含远洋捕捞）890 万吨；造林合格面积 300 万亩；肉、蛋、奶产量分别增长 2%、1%、3%；农民人均纯收入增长 10% 以上；新增农村转移劳动力 120 万人。

（三）发展重点

1. 农业。重点是确保粮食安全和农产品质量安全"两个安全"，即扎实开展千亿斤粮食产能建设，协调推进粮食高产创建和"渤海粮仓"科技示范工程，千方百计争取今年粮食丰产丰收；突出抓好农产品质量安全工作，坚持源头治理、标本兼治，确保人民群众"舌尖上的安全"。①扎实推进千亿斤粮食生产能力建设，深入推进粮食高产创建，全省粮食产能达到 920 亿斤以上，粮食高产创建万亩示范方达到 770 个。适时启动全省高标准农田建设规划编制工作。全省农机总动力达到 1.3 亿千瓦，农作物耕种收综合机械化水平达到 80%。②积极推进 40 处省级以上现代农业示范区建设，并逐步扩大省级现代农业示范区覆盖范围。抓好出口农产品质量安全示范区建设。③深化农村改革，土地承包经营权确权登记颁证试点工作在试点基础上全面铺开，农村产权制度改革向更深层次推进；大力培育新型经营主体。④大力发展低碳农业、生态循环农业和休闲观光农业，加快发展乡村旅游业，拓展农业发展空间。"三品一标"生产基地面积达到 2900 万亩。乡村旅游收入增长 17% 以上。⑤启动实施山东省耕地质量提升计划，在重点流域、区域选择部分县进行试点示范。⑥抓好农产品质量检验检测体系建设，加快德州、泰安等 7 个市级质检中心建设进度，积极争取其他 9 个市级质检中心和 7 个县级质检站纳入国家投资计划。

2. 林业。①加快推进以造林绿化为重点的生态林业建设，建设重点防护林 120 万亩，完成新育苗 35 万亩，中幼龄林抚育 400 万亩，义务植树 1.5 亿株，林业总产值增长 10% 左右。加强湿地自然保护区和湿地公园建设管理，国家级湿地公园达到 40 个，省级湿地公园达到 100 个。②积极推进森林保险和林权抵押贷款等集体林权制度配套改革，稳步推进国有林场改革。③加强航空护林站、森林公安信息化等建设，开展森林防火能力建设达标和示范县创建活动，夯实森林防火基础能力。④加强林地管理，强化林业有害生物防治。⑤继续实施珍稀濒危树种种质资源保护与利用项目，积极推进全国林业信息化示范省建设。⑥启动全省生态保护与建设规划的编制工作，画定生态保护红线。

3. 畜牧。①加强标准化规模养殖场（小区）改扩建建设，规模以上畜禽出栏比重达到 90% 以上，全省标准化饲养比重达到 67%。②加快特色生态畜牧业发展，强化畜禽良种培育和推广，加强畜禽生产调控力度。③加强重大动物疫病防控，加快推进胶东半岛无规定疫病区建设，确保畜产品质量安全。④加快建立健全省市县三级行政管理、行政执法、技术支撑体系。⑤加快推广生态环保养殖模式，全省畜禽粪污无害化处理率达 80% 以上，资源化利用率达 90% 以上。

4. 海洋渔业。①加快渔业结构调整力度，做强养殖业，做大增殖业，优化捕捞业，提升加工业，拓展服务业，全省渔业总产值达到 1600 亿元，增长 10% 以上。②加强省级现代渔业园区建设，年内新认定 60 个，总数达到 200 个以上。加快渔港建设步伐，全面提升渔港建设水平。③加大远洋渔船更新改造力度，强化中央资金监管和使用，确保发挥投资效益。④全面完成 3210 户以船为家渔民上岸安居工程建设。⑤实施渔业"走出去"战略，支持远洋渔业企业在斐济、印尼、斯里兰卡等地建设远洋渔业基地。加快建设"海上粮仓"。

5. 水利。重点抓好现代水网、雨洪资源利用、防洪减灾、农田水利、民生水利"五大工程"，着力突破水资源短缺瓶颈，提高综合利用水平，为全省农业发展提供坚强支撑。①现代水网工程。积极推进南水北调续建配套工程建设，确保年内 38 个供水单元全部开工建设；协调做好引黄济青改扩建工程初步设计的批复工作，力争上半年开工建设；胶东调水工程力争年内实现全线通水。②雨洪资源利用工程。重点抓好威海米山水库等 6 座大中型水库增容；新建枣庄庄里水库等 4 座山丘区水库、菏泽麒麟湖水库等 6 座平原水库；实施沂沭河洪水调配东线工程，争取年内具备开工条件。③防洪减灾工程。加快推进 22 座大中型水库、17 座大中型病险水闸除险加固工程前期工作，争取早日开工建设；抓好纳入 2013 年国家规划的 7 条中小河流治理工程，开工建设泗河、洙赵新河、马颊河等重要支流治理，力争完成德惠新河续建任务。④农田水利工程。积极推进 19 个大型灌区续建配套和节水改造、6 个坡耕地治理、6 个规模化节水示范等工程建设，新增灌溉面积 260 万亩，建设"旱能浇、涝能排"高标准农田 385 万亩。在建小农水重点县数量保持 100 个以上，年投资规模超过 30 亿元。⑤民生水利工程。继续抓好农村饮水安全工程建设，解决 280 万农村人口饮水安全问题，全省农村自来水普及率达到 94%。

四、主要工作措施

（一）加快推动农业发展转型升级。深入实施粮食、蔬菜、渔业等农业十大产业振兴规划和蜂业、烟叶等五个特色产业发展规划，提升农业发展质量和效益，积极构建现代农业产业体系；启动"一圈一带"现代农业发展规划编制和水系生态建设规划修编工作，促进全省区域发展战略落到实处；加快推进条件成熟的特色产业发展规划编制，年内编制完成全省牡丹产业、牛羊肉生产发展规划；着力延伸农业产业链条，重点抓好产前服务和产品深加工，深化产加销一体化经营，推动一二三产业融合发展，促进农业发展农民增收。

（二）切实提高农业设施装备水平。重点抓好水利化、机械化和信息化三大关键。加强"旱能浇、涝能排"高标准农田建设和水利设施建设，推进耕地灌区化、灌区节水化、节水长效化。在稳步推广小麦、玉米等大宗农作物生产全过程机械化的基础上，尽快提高花生、棉花等经济作物的机械化作业水平。积极推动信息技术与农业技术融合，利用信息技术和物联网技术改造传统农业、装备现代农业。

（三）全面深化农业农村改革。完善农业支持保护机制，增加对粮食主产区一般性转移支付，提高粮食综合生产能力，确保粮食安全；积极稳妥推进农村土地流转，加快土地承包经营权和房屋及宅基地的确权登记颁证步伐，保障农民的财产权利；加快培育农业龙头企业、农民专业合作社、家庭农场、种植大户等新型生产经营主体，着力推动农业规模化、集约化、产业化经营；制定出台健全农业社会化服务总体发展规划和扶持措施，加快构建新型农业社会化服务体系；统筹抓好小型水利工程产权制度、水域滩涂使用权确权登记、国有林场改革等各项改革，进一步释放改革红利。

（四）加大资金投入和政策争取力度。继续加大财政"三农"支出力度，确保增量和比例均有提高；推动全省涉农资金整合，优化资金投向，发挥集成综合效益；鼓励工商资本参与新农村建设，创新发展村镇银行、贷款公司、农村资金互助社等新型农村金融机构，提高"三农"发展融资能力。抓好简政放权，创新项目管理机制，健全定期信息报告制度，加快推进在建项目实施，扎实做好项目储备，紧跟国家政策导向，加大中央资金争取力度，力争更多项目进入国家扶持范围；积极争取重大政策支持，力争我省列入全国饮水安全水质提升工程首批试点；年内解决好 3.5 万特困移民的外迁安置问题；协调推进东营黄河南展区改造建设政策落实，争取国家在山东省先行开展黄河滩区居民外迁和安置试点。

（五）大力推进农业科技创新。积极推动企业、高校、科研机构组建农业领域产业技术创新战略联盟，集中优势科技资源，着力突破制约现代农业发展的关键技术，构建产学研联合新机制；深入实施良种工程，构建以种子企业为主体的技术创新体系和育繁推一体化的推广体系；加快推进重大科技成果转化，加强先进适用技术的推广，使更多的农业科技成果转化为现实生产力；协调推进粮食高产创建和"渤海粮仓"科技示范工程。

（六）突出抓好农产品质量安全。进一步完善基层农产品安全监管机构，强化农业投入品的监管和使用，执行严格的市场准入制度和产品质量追溯制度，做到从土地到餐桌的全过程质量控制；健全完善农产品质量标准、质量监测和质量认证三大体系，开展优势农产品标准化生产示范县建设；将出口农产品质量安全区域化管理的做法扩大到所有农产品和所有县（市、区），整建制推进农产品质量安全区建设。

2014 年工业经济发展思路与重点

2013 年，面对复杂严峻的国内外经济环境和经济下行压力，全省上下深入贯彻党的十八大和习近平总书记系列重要讲话精神，按照省政府关于加快工业转型升级的总体部署，着力稳增长、调结构、促转型，工业运行总体呈现平稳增长、稳中有进的态势。

一、2013 年工业经济运行基本情况

（一）工业生产增速总体平稳。2013 年，全省规模以上工业增加值同比增长 11.3%。其中，一季度增长 11.4%，二季度增长 10.8%，三季度增长 11.0%，四季度增长 11.9%，全年呈现缓中筑稳、稳中有升的运行态势。横向比较看，工业增速分别比全国和东部地区高出 1.6 个和 2.4 个百分点，高于广东（8.7%）、浙江（8.5%）和上海（6.6%），低于江苏（11.5%）。轻、重工业增加值同比分别增长 10.2% 和 11.8%，重工业对规模以上工业增速的贡献率达到 71%。41 个工业行业大类中有 39 个增加值同比增长，增长面为 95.1%。

（二）重点产品产量稳定增长。2013 年，重点调度的 120 中产品中，有 80 种产品产量同比增长。机械类产品产量增长较快，金属切削机床、工业锅炉、发动机、挖掘机、大型拖拉机等产品产量均增长 15% 以上。汽车总产量达到 150.9 万辆，增长 14.3%。钢铁、建材行业产品产量增长平稳，粗钢、水泥、平板玻璃产量同比分别增长 3%、5.3% 和 7.5%。工业品产销衔接良好，产销率达到 98.8%。全省工业用电量增长 7.5%，增速同比提高 4.4 个百分点。

（三）工业投资保持较快增长。2013 年，全省规模以上工业累计完成投资 16753.8 亿元，同比增长 21.2%，高于全社会投资 1.6 个百分点。其中，制造业

完成投资 15256.8 亿元，增长 21%。工业内部投资结构进一步优化，累计完成改建和技术改造投资 11223.2 亿元，同比增长 29.1%，高于规模以上工业增速 7.9 个百分点，占规模以上工业投资的比重提高到 67%。高新技术产业实现投资 5687 亿元，同比增长 24%，高于规模以上工业增速 2.8 个百分点，占规模以上工业投资的比重提高到 33.9%。

（四）企业经济效益继续改善。2013 年，全省规模以上工业企业 38654 家，较上年末增加 1796 家。规模以上工业企业实现主营业务收入 13.2 万亿元、利税 13690 亿元、利润 8507.7 亿元，同比分别增长 12.5%、11.6% 和 12.4%，主营业务收入、利税、利润总额均居全国首位。41 个行业大类中，36 个行业利润实现增长，增长面为 87.8%。企业扭亏成效显著，全年规模以上工业企业亏损面为 5.7%，亏损企业亏损额 264.9 亿元，减亏 21.4%。

（五）工业结构进一步优化。着力提升传统产业，启动过剩产能化解工作，出台了六大传统产业转型升级指导计划。2013 年，全省高新技术产业产值达到 39582.7 亿元，同比增长 14.7%，占规模以上工业的比重达到 30.2%，比重比年初提高 1.1 个百分点。区域经济发展良好，黄河三角洲高效生态经济区、省会城市群经济圈、西部经济隆起带规模以上工业增势良好，实现工业增加值分别增长 12.5%、12.1% 和 13.7%，增速分别比全省高出 1.2 个、0.8 个和 2.4 个百分点，成为带动全省工业发展的重要支撑。

（六）工业品出口逐步回升。2013 年，全省累计完成进出口总额 2671.6 亿美元，同比增长 8.8%。其中，出口 1345.1 亿美元，增长 4.5%，增幅比上年提高 2.1 个百分点。从主要工业品出口情况看，纺织服装类产品出口 216 亿美元，增长 9.3%；机电类产品出口 509 亿美元，增长 1%；高新技术产品出口 173.9 亿美元，增长 20.4%。从主要贸易区域看，对美国出口增长 5.8%，对欧盟出口增长 3.4%，对日本、韩国出口分别下降 6% 和 4.5%。新兴市场出口形势较好，对东盟、非洲、南美等市场出口分别增长 13.9%、10.7% 和 10.7%。

二、2014 年工业经济发展环境分析

2014 年是深入贯彻党的十八届三中全会精神，全面深化改革的开局之年，工业经济进入增长速度放缓和产业结构调整的时期，加快推动我省工业经济转型升级，既面临难得的发展机遇，也面对诸多困难和挑战。

（一）不利因素：一是进出口形势依然比较严峻。世界经济复苏缓慢，经济格局深度调整，美国等国家货币政策变化方向走势不明，加剧了全球经济发展的不稳定性，国际货币基金组织将 2014 年全球贸易量增速预期下调到 4.5%。欧美发达国家加大战略性新兴产业的培植力度，实施再工业化加速了制造业回流。国内综合成本攀升，加大了我国传统产业出口的压力。二是国际贸易摩擦日益增多。据统计，2013 年我国共遭受国外贸易救济调查 97 起，其中涉及我省出口产品的案件多达 61 起，同比增长 15.1%。出口贸易壁垒日益增多对我省影响较大，涉及领域从传统产业扩大到新兴产业领域。三是化解部分行业产能过剩矛盾任务十分艰巨。当前国内产能过剩带有普遍性、结构性和集中爆发性等特征，化解产能过剩矛盾，涉及面广、触及利益深、推进阻力大，涉及资产处理、下岗职工安置、经济补偿、利益分配等诸多问题，需要兼顾社会稳定和产业接续，任务十分艰巨。

（二）有利因素：一是国家宏观经济政策有利于工业稳定增长。党的十八大报告提出，要加快推进工业化、城镇化、信息化融合发展，城镇化的快速发展将成为带动工业快速增长的重要因素。在发展方式上，中央提出不简单以 GDP 论英雄，适当调低了宏观经济增长预期，为主动转变增长方式、优化产业结构留出了空间。二是改革红利不断释放。国家陆续取消和下放一批行政审批事项，实施金融支持小微企业发展、铁路投融资体制改革等多项措施。党的十八届三中全会对全面深化改革做出了总体部署，更加注重经济增长的内生动力，这些稳增长、促改革政策效应将逐步显现。三是我省促进工业发展环境不断优化。我省着力优化营商环境，减轻企业负担，通过金融改革创新支持实体经济发展，企业生产经营环境不断改善。四是重大区域发展战略带动不断增强。"一圈一带"战略正式实施，全省区域发展战略实现了全覆盖，进一步明确了各区域的发展方向、产业定位和比较优势，完善了全省区域经济布局，有利于推动全省经济协调发展，培育新的经济增长极。

三、2014 年工业经济发展的总体思路和重点

（一）总体思路。认真贯彻落实党的十八大、十八届三中全会和省第十次党代会精神，按照习近平总书记对山东"凤凰涅槃、腾笼换鸟、优化结构"的新要求，突出创新驱动，大力发展高端高质高效产业；突出提质增效，加快改造提升

传统产业；突出减量调整，努力化解产能过剩矛盾，不断优化产业结构，提升发展质量，着力打造山东工业经济升级版。

（二）发展重点。2014 年，要把全省工业发展的重点放在推动工业转型升级方面，坚持高端引领、创新驱动、培育集群、优化布局，打造现代产业发展新优势，提高发展质量效益。

1. 突出减量调整，着力化解产能过剩矛盾。化解产能过剩矛盾是今后一个时期推进产业结构调整的工作重点。坚持尊重规律、分业施策、多管齐下、标本兼治的基本原则，按照"四个一批"总体要求，着力化解钢铁、水泥、电解铝、平板玻璃、船舶、炼油、轮胎行业产能过剩矛盾。

严控总量规模。各级地方政府及相关部门不得以任何名义、任何方式违规核准、备案钢铁、水泥、电解铝、平板玻璃、船舶等产能过剩行业新增产能项目。分类妥善处理产能过剩行业的违规建设项目。加大淘汰压缩落后产能力度，认真落实国家下达的淘汰落后任务，提前一年完成钢铁、水泥、电解铝、平板玻璃等国家确定的重点行业"十二五"落后产能淘汰任务。按照省政府钢铁产业淘汰压缩落后产能实施方案，加快淘汰钢铁落后产能。分行业制定修订和严格执行强制性能耗限额标准，引导落后产能有序退出。对钢铁、水泥、电解铝、平板玻璃等行业的建设项目全面落实等量或减量置换，置换产能列入淘汰任务。

优化区域布局。深入推进我省钢铁产业结构调整试点工作，加快日照钢铁精品基地和青钢环保搬迁项目建设，推动钢铁产能向沿海转移。推进位于城市主城区的钢铁、水泥、电解铝、平板玻璃等重污染企业搬迁或转产。鼓励电解铝产能有序向具有能源优势地区或省外、境外转移。支持船舶企业适应国际新规范、新公约、新标准要求，增强节能环保船舶设计制造能力，稳定船舶出口市场。鼓励建立钢铁、电解铝等行业境外原材料基地和初级加工产品生产基地，提高企业跨国经营水平，拓展国际发展空间。结合全省石化产业结构调整，推进炼油行业退城进园和向沿海布局。发展壮大青岛、烟台、威海、广饶等轮胎产业集群和鲁西南橡胶助剂产业集群。

推进联合重组。稳步推进钢铁企业开展兼并重组，在临沂、滨州已分别组建区域性联合公司的基础上，积极推进山东钢铁集团和淄博、潍坊、莱芜等市的钢铁企业实施联合重组。鼓励水泥、电解铝、平板玻璃、船舶、炼油、轮胎行业龙头企业对省内其他企业实施兼并重组，进一步提高产业集中度。培植壮大龙头企业,支持山钢集团发展成为具有国际竞争力的大型钢铁集团公司。支持、山东玻璃、山水集团、中联水泥等建材企业增强行业影响力和带动力。支持魏桥、信发、南山铝业发展成为具有完整铝产业链的大型企业集团。鼓励中小船企转型转产,为大型船舶生产企业、海洋工程装备企业提供配套服务。支持东明石化等炼油企业与中央企业加强合作,增强原油保障能力,提高石化精深加工水平。鼓励三角、玲珑、金宇、恒丰、兴源等轮胎企业增强核心竞争力,更好发挥行业引领作用。

2. 突出创新驱动,大力发展高端高质高效产业。重点围绕高端装备制造、汽车、机械机床和新材料等高端产业和新兴产业,坚持技术引进和自主研发相结合,推动产业集成、集约、集聚发展。装备集成化发展。依托骨干企业加强自主创新,加快发展带动作用大、关联性强、技术集成化的高端装备。重点发展时速300 公里以上高速动车、新型城轨车辆、重载货运列车等轨道交通产品。支持汽车骨干企业重点开发中高档轿车、SUV、新型载重汽车、新能源汽车等。积极发展现代农业机械、大型智能工程机械、特高压输变电设备及智能电网等大型成套装备。加快研发航空航天、重型装备、汽车船舶等领域急需的大型数控加工机床、多轴联动及复合加工机床。鼓励发展污水处理、空气净化、垃圾分选及污染分析检测等环保装备。

技术集约化发展。瞄准产业发展制高点,集中力量攻克一批关键技术,加速实现由山东制造向"山东创造"转变。围绕勘探、开发、加工、储运以及海上作业等环节,积极推进主流海洋工程装备研发设计能力建设,加快研发掌握船用发电机、推进系统、通讯导航等先进技术。加强聚氨酯、全氟离子膜、碳纤维、芳纶、玻璃纤维、功能陶瓷、新型合金材料等新材料研发。围绕感知、决策和执行等智能功能的实现,突破新型传感工艺、高精度运动控制、工业通信网络安全、健康维护诊断等一批关键智能技术。

产业集聚化发展。依托大型企业和产业园区,积极整合行业优势资源,培植一批特色明显、优势突出、辐射带动作用强的产业聚集区。半岛蓝色经济区重点发展海洋经济、高端装备、临港产业等,打造胶东半岛高端制造业产业集群;黄河三角洲高效生态经济区坚持生态开发与经济建设并重,重点打造石油装备、现代化工、轻纺等特色产业集群;省会城市群经济圈着力打造新能源、生物医药、高端装备制造等高技术产业集群;西部经济隆起带重点发展新能源装备、现代煤化工、新医药、机械制造等产业集群。鼓励中小企业走"专、特、精、新"发展路子，增强与工业基地、产业集群、优势企业配套能力。

3. 突出提质增效，加快改造提升传统产业。重点围绕化工医药、轻工纺织、食品等传统行业，坚持用先进适用技术改造提升传统产业，加大技术改造力度，拉长延伸产业链条，着力提升品牌价值。

加强技术改造。支持企业加大研发和改造投入，应用信息技术改造提升装备水平，革新工艺路线，实施流程再造，发挥先进设备的协同效应，提高产品科技含量。加快信息技术在纺织、食品、化工、装备制造业各个环节的推广应用，采用数字技术提升制造过程的信息化、自动化、智能化水平。大力推进冶金、建材、化工、造纸等领域清洁生产新技术，推广应用节水、节能、环保新材料和新设备，引导传统产业挖潜增效。

拉长产业链条。引导企业围绕主导产业和产品向两端延伸、向高端发展，推动产业发展由主要依靠产能扩张向主要依靠高技术含量和高附加值转变。支持纺织企业打造服装、家纺两条优势产业链，扩大品牌产品和精深加工产品比重。引导装备企业由"生产型"制造向"生产服务型"制造转变。延伸拉长粮油、果蔬、畜禽、水产、木制品、乳制品等加工产业链条。鼓励发展特种纸和纸质包装、装潢、制盒等纸制品深加工产业。

提升品牌价值。实施质量强省和名牌战略、标准化战略，鼓励企业通过创建自主品牌、收购国内外企业和品牌等方式，提高品牌的国内外影响力。支持食品企业加强质量安全保证体系建设，实施标准化生产。鼓励魏桥、如意、鲁泰、孚日等纺织龙头企业加强品牌建设。重点培育发展晨鸣纸业、华泰集团、太阳纸业、博汇纸业、泉林纸业、亚太森博等骨干企业做大做强，提升产品市场影响力。支持有品牌优势的企业在境外建立地区性营销中心、并购销售渠道，提高产品国际市场占有率。

四、政策措施

（一）着力化解产能过剩矛盾，促进产业健康有序发展。认真贯彻国务院关于化解产能严重过剩矛盾的指导意见和省政府贯彻实施意见，健全工作机制，完善政策措施。综合运用产业政策、法律、金融、财政和必要的行政手段，促进产能过剩行业产能利用回归合理区间。完善环保、土地、金融、价格调控机制，坚决淘汰淘汰落后产能。建立产能过剩行业全省统一的投资项目信息库，加强动态监测，健全产能过剩信息预警机制。

（二）加强重大项目建设协调，统筹做好重大生产力布局安排。深入贯彻实施"两区一圈一带"区域发展战略，突出区域特色和产业优势，推进区域产业协调发展。围绕区域规划确定的重大建设项目和省部会商、省市会商重大工业项目，加强前期工作推进和综合协调。支持我省重点企业加强与大型央企强强联合，拓宽合作领域。按照国家重大生产力布局规划，统筹做好全省重点区域、重点产业的生产力布局。

（三）推动工业化信息化融合发展，不断提高企业自主创新能力。引导企业加大研发资金投入，促进工艺设备更新，加快推广新一代信息技术在研发、生产、管理等环节的应用，提升企业自动化和管理现代化水平。积极构建以企业为主体、市场为导向、产学研相结合的技术创新体系，突出企业在技术决策、研发投入、科研组织和成果转化中的主体地位。

（四）充分利用两种资源、两个市场，不断拓宽市场需求。鼓励优势企业到境外开展资源开发、产能转移、跨国并购投资和海外工程承包。推进重点区域发展与产业开放协同互动，促进与日韩、港澳台加强经济合作。有序推进水泥、玻璃等资源密集型行业，向中西部、境外等具有要素价格优势的区域转移。推进研发、设计等生产性服务业与先进制造业深度融合，加强产销与服务衔接，不断增强产业的竞争力。

（五）不断优化营商环境，着力缓解企业融资难题。按照"权利与责任同步下放，调控与监管同步加强"的原则，进一步推进简政放权，强化事中事后监管。引导民间资本投向国家鼓励发展的行业和领域，支持有条件的企业通过发行债券、上市等多种渠道缓解资金难题。抓好中央预算内投资项目建设管理，引导资金投向我省重点行业、关键领域和薄弱环节。

（六）加强经济运行监测预警，推动工业经济平稳运行。围绕省委、省政府重大决策和工业发展的热点难点问题，进一步加强和改进调查研究。发挥行业协会在信息服务、行业自律等方面的作用，及时发布行业运行信息，合理引导市场投资预期。加强工业经济运行监测预测，加强与行业协会、重点企业的定期沟通，及时发现行业运行中的新特点、新动向，研究提出对策措施，确保工业经济平稳运行。

2014 年高技术产业发展思路与重点

2013 年，全省高技术产业以科学发展观为统领，紧紧围绕主题主线目标，牢牢把握稳中求进的工作总基调，深入实施创新驱动发展战略，全省自主创新能力稳步提高，信息化水平不断提升，高技术产业保持较快发展，对全省经济转型升级的带动作用进一步增强。

一、2013 年高技术产业发展基本情况

截至 12 月底，全省规模以上高新技术产业实现产值 39582.7 亿元，同比增长 14.7%。

（一）重点行业实现较快发展。受益于国家和省出台的鼓励信息消费、支持节能环保、发展新能源、防治大气污染、财税支持小微企业等一系列政策措施，全省主要高技术行业发展状况良好。截至 12 月底，信息技术制造业实现主营业务收入 8030 亿元，同比增长 16.5%。其中，信息产业实现主营业务收入 6079.8 亿元，同比增长 13.6%；软件业实现业务收入 2263 亿元，同比增长 30.2%。各类新能源汽车产量达到 18.7 万辆，同比增长 48.8%。全省高新技术产品进出口增长较快，累计实现进出口额 330.2 亿元，同比增长 15.8%。其中，出口完成 173.9 亿元，同比增长 20.4%，增幅高于全省外贸出口 16 个百分点。

（二）自主创新能力不断提升。一是研发投入不断加大。截至 12 月底，全社会 R&D 经费投入达到 1200 亿元左右，占地区生产总值的比重预计达到 2.17%。二是创新平台建设与应用成效显著。国家超算济南中心、济南国家新药研发综合大平台等重大创新平台投入使用。国家超算济南中心已为客户提供了 160 多批次的长期计算服务，支持了 120 多项国家级和省级课题，资源利用率保持在 65% 以

上。新增国家工程实验室、国家工程技术研究中心等国家级创新平台 30 家；新增省级创新平台 200 家。三是创新型城市试点稳步推进。济南、青岛、烟台三市认真落实试点专项实施方案，积极利用国家和省有关倾斜政策，区域创新能力明显提升。烟台实施的"招才引智"计划成效显著，国际生物科技园被评为"国家创新型园区"，创新创业环境更加优化。四是技术创新成果丰硕。截至 12 月底，全省申请发明专利 67642 件，同比增长 67.5%；授权发明专利 8913 件，同比增长 19.6%。骨干企业的创新主体地位不断强化，具有国家认定企业技术中心的 140 家企业，户均实施科技项目 95 项，较去年同期增长 31.4%；户均申请发明专利 36.3 件，远远高于全省规模以上工业企业的平均申请量。

（三）集聚发展速度加快。全省以高新区、战略性新兴产业示范基地、信息技术产业园等为核心的高技术产业集聚载体不断完善，承载能力不断增强，特色产业链逐步形成。截至 12 月底，全省 20 个国家级和省级高新区运行良好，规模以上工业完成产值 18618 亿元，同比增长 15.7%；科技创新成效明显，累计申请发明专利 6411 件、获得授权专利 2107 件，同比分别增长 30.1%、29%。各类要素不断向战略性新兴产业示范基地集聚，以聚氨酯、氨纶芳纶为核心的烟台新材料，以碳化硅晶片及下游大功率微波器件、电力电子器件、光电器件为主的济南半导体等特色产业链规模不断壮大。培育认定了第二批 10 家省级信息技术产业园，有效促进了新一代信息技术产业的集聚发展。

（四）信息化水平不断提升。一是农业农村信息化水平逐步提高。信息技术与农业农村发展结合更趋紧密，智能传感、数字媒体、物联网等现代信息技术逐步融入农业生产、农产品流通、农村管理和社会化服务。二是信息化与工业化融合加速。全省主要行业大中型企业数字化设计工具普及率超过 85%，关键工序数控化率达到 70%，企业资源计划（ERP）普及率达到 80%，信息化对工业企业发展的贡献率不断提高。三是物联网产业加快发展。制定出台了物联网有序健康发展的实施意见，节能环保、交通能源等领域的物联网试点示范应用扎实推进，物联网产业实现有序健康发展。四是电子商务快速发展。电子商务与其他产业的渗透融合速度加快，应用范围不断扩大，交易额实现快速增长，同比增长超过 30%。五是电子政务有序推进。全省电子政务网络框架基本形成，省、市、县三级政府门户网站全部上线，50% 以上的行政许可事项实现网上办理，政务信息资源利用率不断提高。

（五）重大项目建设成效显著。新增 47 个国家高技术产业发展项目，获得国家补助资金 5.9 亿元，拉动社会资金投入 25.6 亿元。在建的 150 个国家高技术产业发展项目进展顺利，有 64 个项目实现竣工投产。新开工 85 个省级战略性新兴产业项目，累计开工率达到 98.5%，完成投资 948 亿元，43 个项目实现竣工投产。10 亿元自主创新专项资金的引导作用突出，重点支持的新材料、高端电子信息等 9 大产业、30 个细分领域的一批重大自主创新项目加快实施。随着这些项目的投产达效，其对区域和产业发展的示范带动作用将逐步显现。

二、2014 年高技术产业发展形势分析

2014 年，高技术产业发展机遇和挑战并存。但是，在国家大力实施创新驱动战略，鼓励战略性新兴产业发展的政策背景下，发展机遇大于挑战。

有利条件：一是有利于充分利用全球创新资源。世界新一轮科技革命和产业革命的兴起，新技术、新产业的迅猛发展，为我省深度参与国际技术合作交流提供了广阔空间。同时，主要发达经济体经济增长乏力，部分领域研发投入减少，研究人员待遇下降，使我省更便于引进高新技术和高端人才。二是党中央、国务院空前重视创新驱动。十八大明确指出，自主创新是经济发展的核心和关键，是转型升级的最大动力和活力，要深入实施创新驱动发展战略，坚定不移地走中国特色信息化道路，大力培育和发展战略性新兴产业，为转型发展提供强大的动力和支撑。十八届三中全会对全面深化改革进行了部署，将进一步释放全社会创新驱动、转型发展的红利。为深入实施创新驱动发展战略，今后几年国家将围绕重大创新能力建设、战略性新兴产业示范推广、信息消费等重点领域和关键环节，组织实施一批重大产业技术创新和示范应用工程，拉动新兴产品和服务的市场消费和商业模式创新。三是创新驱动已经成为全省转型升级、凤凰涅槃的自觉行动。习近平总书记关于山东要凤凰涅槃、腾笼换鸟，继续起到领头雁、火车头作用的重要讲话，对我省转型升级提出了更高的要求，也为全省科技创新和战略性新兴产业发展提供了重大机遇。省委、省政府明确提出，要加快推动全省转型升级，必须大力实施创新驱动战略。2013 年以来，省政府相继发布了科技成果转化、知识产权、高技术服务业、金融支持创新创业等方面政策，促进信息消费的指导意见正在制定，民企和中小企业创新创业的门槛进一步降低，竞争环境更加公平，必将进一步激发全社会自主创新的活力和激情，吸引更多的投资主体和要

素资源进入科技创新和战略性新兴产业领域。

不利条件：一是面临发达经济体新的竞争压力。由于历史原因，美欧日等主要发达国家目前在技术研发和商业模式创新方面仍然走在前头，他们会率先抢占新的国际竞争制高点，进而形成新的技术壁垒，将对我国高技术产业发展形成新的竞争压力。二是高技术产业总体创新水平不高。当前乃至今后相当长一段时间内，我省总体创新能力较低、高技术产业多数领域处于国际产业分工价值链中低端的态势尚难以根本改变，再加上高技术产品出口市场低迷、部分领域产能过剩、各类要素成本快速上升等因素，都会对明年全省高技术产业发展造成一定影响。三是存在一些短期难以解决的瓶颈问题。比如，规模以上工业有研发活动的企业占比不高，企业研发投入占 GDP 的比重低于江苏、广东等省份；与北京、上海等大城市和东部沿海发达城市相比，我省在引才方面区位优势不明显，激励政策不突出，高层次人才引进难度较大。

三、2014 年发展高技术产业的指导思想和重点工作

2014 年是全面落实十八大和十八届三中全会精神，全面深化改革，加快经济转型升级的重要一年。推动高技术产业快速健康发展，进一步增强自主创新能力，壮大高技术产业规模，提升产业高端化水平，对于全省经济发展方式转变和产业结构调整具有重要意义。

（一）指导思想。深入贯彻落实科学发展观和党的"十八大"、十八届三中全会精神，按照省委、省政府推进转型升级的总体要求，以培育发展战略性新兴产业为重点，以科技创新为支撑，以重大项目为抓手，以园区和基地为载体，着力构建以企业为主体的科技创新体系，加快实现高技术产业化、信息化、集聚化、规模化，为全省加快转方式、调结构，实现提前全面建成小康社会目标发挥更加重要的作用。

（二）重点工作。一是培育发展战略性新兴产业。深入落实省政府关于加快培育发展战略性新兴产业的实施意见和发展规划，（1）加快突破关键技术。瞄准国际国内新兴产业技术发展趋势，围绕新一代信息技术、新材料、新能源、节能环保、高端装备制造、海洋开发等重点产业，发挥各类专项资金的引导作用，集中力量攻克一批重大关键技术，在若干重要领域抢占技术制高点；（2）加快实施产业化工程。组织实施好 130 个国家高技术产业发展项目和三批省级战略性新兴

产业项目，实现一批重大科技成果转化，加快培育通用航空装备等潜力产业，壮大生物医药、新材料、电子信息等优势产业，打造战略性新兴产业核心竞争力；（3）加大高新技术对传统产业升级的支撑服务范围和能力。适应传统产业改造提升、大气污染防治等对高新技术的需求，加强共性技术和先进适用技术的研究与推广应用，组织实施好国家安排我省的低碳技术创新及产业化、智能制造装备、环保物联网等重大示范工程，提升重点产业和重点企业的智能化、信息化、低碳化水平。

二是加快发展高技术服务业。落实省政府关于加快高技术服务业发展的实施意见，（1）打造一批集聚载体。依托现有高端服务业集聚区，围绕高技术服务业重点领域，加快建设一批专业化园区、特色主题楼宇，为成长型中小企业和骨干企业集聚发展创造条件；（2）实施一批重点项目。充分发挥项目带动作用，组织实施好在建项目，再启动建设一批技术含量和附加值高、创新性强、辐射带动作用突出的重点项目，以项目为抓手促进骨干企业不断壮大；（3）强化服务能力。拓展高技术延伸服务范围，促进信息技术、研发设计、知识产权、检验检测等重点服务领域尽快突破，创新服务模式，促进高技术服务业专业化发展。

三是加快提升自主创新能力。围绕构建以企业为主体的技术创新体系，（1）新增一批创新平台。积极争取国家批复认定 15 个左右国家工程实验室、国家认定企业技术中心等国家级创新平台；新建一批省级工程实验室、工程研究中心、企业技术中心等省级创新平台；（2）提高企业创新能力。逐步建立产学研协同创新机制，发挥企业在技术创新中的主体地位，发挥大型企业创新骨干作用，激发中小企业的创新活力。组织开展省级平台创新能力专项，实施技术创新重点项目，提升研究开发水平；（3）加快完善公共服务体系。推动国家认定企业技术中心建立战略合作联盟，促进合作交流；支持建设高标准、综合性的信息通信技术创新科研基地，培育高水平的技术研发公共服务平台和创新创业机构，为高端人才创新创业提供公共服务。

四是推动产业集聚发展。围绕优化产业集聚区发展环境，促进产业集群化发展，（1）加快载体建设。用好用足国家扶持政策，促进青岛、济南、德州 4 个国家高技术产业基地加快发展；积极争取国家批复青岛、烟台、威海三个海洋高技术产业基地；研究总结首批战略性新兴产业示范基地建设经验并加以推广，引导各类要素向基地集中，促进全省基地加快建设；（2）强化企业协作。支持基地和园区建立企业沟通联动和资源共享机制，加快整合各类资源，实现共享共用，提升基地和园区的公共支撑服务能力；（3）培育特色产业链。研究制定特色产业链技术路线图，结合"黄蓝两区、一圈、一带"发展战略，围绕战略性新兴产业重点领域，构建一批产业配套协作、上下游一体化发展的特色产业链。

五是进一步提高信息化水平。围绕培育信息支柱产业，提升国民经济信息化水平，（1）推进信息消费和信息惠民。贯彻落实《国务院关于促进信息消费扩大内需的若干意见》，结合我省实际，制定信息惠民实施意见；按照国家发改委有关部署，组织开展社会保障信息惠民、健康医疗信息惠民等一系列行动计划，积极争取认定信息惠民国家示范城市；（2）加快培育发展电子商务。优化电子商务发展环境，积极争取国家电子商务示范城市落地我省，先行先试，发挥示范带动作用，促进全省电子商务发展；（3）加快"智慧山东"建设。落实省政府关于开展"智慧山东"试点工作的实施意见，推进智能工业、智能物流、智慧矿山、智能交通、智能电网等物联网应用示范工程；（4）促进物联网产业加快发展。会同经信、财政等 14 个部门制订物联网行动计划；按照国家有关部署，编制物联网区域试点方案，选择工业、农业、节能环保、安全生产、交通能源等领域，组织实施一批示范效果突出、产业带动性强、区域特色明显、推广潜力大的物联网重大示范工程区域试点项目，推动物联网产业有序健康发展。

四、2014 年促进高技术产业发展的主要措施

培植发展高技术产业是一项长期艰巨的系统工程。为加快高技术产业发展，必须不断完善政策措施，加强考核评价，形成合力，共同推进。

（一）加强组织协调，强化政策落实。发挥省发改委牵头协调作用，协调督促各级各有关部门认真落实战略性新兴产业、高技术服务业发展实施意见及相关规划，确保相关政策措施落到实处，协调推进产业有序发展。

（二）拓宽融资渠道，创新资金支持方式。搭建完善银企合作平台，推动政银企合作，促进各类金融资金向战略性新兴产业倾斜。落实国家发改委和进出口银行《关于金融支持高技术服务业发展的指导意见》，积极争取利用政策性专项资金，支持我省高技术服务业发展。协调推动国家批复的新兴产业创投基金加快工商注册或投资运作；落实省级政府出资，争取设立新的中央财政参股创投基金，支持早中期、初创期的创新型企业。支持符合条件的战略性新兴产业企业上

市，利用国内外资本市场直接融资。

（三）强化市场需求，拉动产业发展。加强对战略性新兴产业产品的宣传力度，引导全社会转变消费观念，逐步提高对新产品、新服务的认同感和使用度。落实对光伏发电、新能源汽车、LED 照明等产业的消费环节补贴政策，促进终端需求向生产制造传导，拉动相关产业快速发展。落实《政府向社会力量购买服务办法》，加大政府购买公共服务力度，带动高技术服务业加快发展。

（四）加强人才工作，强化智力支撑。落实人才强省战略，实施"千人计划"等人才引进专项，逐步形成柔性化引才机制。鼓励高等院校适应新兴产业人才需求，调整教育学科设置，优化人才培养结构。引导企业与高校院所联合建立人才培养基地，通过委培、定向等方式联合培养专业技术人才。落实科技成果转化 16 条、知识产权工作 12 条、研发投入加计扣除等优惠政策，营造良好的创新创业环境。

（五）完善统计指标体系，引导产业有序发展。统计部门牵头会同相关部门，依据国家统计局发布的《战略性新兴产业分类（2012）（试行）》，借鉴广东、江苏、厦门等兄弟省市的经验做法，结合我省实际，尽快启动行业和产品分类工作，逐步建立完善统计指标体系和统计监测、分析发布制度，为全省开展战略性新兴产业统计分析和宏观管理提供依据。

2014 年能源交通业发展思路与重点

一、2013 年能源交通业发展情况

2013 年，全省能源交通工作深入贯彻落实党的十八大精神，紧紧围绕主题主线和目标，坚持稳中求进的总基调，积极作为、科学务实，能源交通运输业的生产和建设继续保持良好的发展态势。

（一）生产运行持续稳定增长。全年完成发电量 3597 亿千瓦时，同比增长 8.8%；全社会用电量 4083 亿千瓦时，增长 7.6%。生产原煤 1.51 亿吨，增长 3.9%。公路客运量 25.8 亿人次，增长 1.4%；货运量 31.2 亿吨，增长 5.1%。沿海港口货物吞吐量 11.8 亿吨，增长 10.8%；内河港口货物吞吐量 7348 万吨，增长 11.3%。机场旅客吞吐量 2883.9 万人次，增长 13.4%；货邮吞吐量 33.2 万吨，增长 7%。邮政业务收入 62.3 亿元，增长 9.0%。

（二）供应保障能力不断增强。华能临沂、华电淄博等大型煤电项目建成投运，新增发电装机 409 万千瓦，电力装机总容量达 7747 万千瓦。济宁霄云、陈蛮庄煤矿竣工投产，新增煤炭产能 180 万吨/年。全年新增公路通车里程 8199 公里，总里程达到 25.3 万公里，其中高速公路通车里程 4994 公里。烟台港西港区一期工程等 18 个泊位投入运营，沿海港口新增吞吐能力 4210 万吨，总能力达到 5.7 亿吨。

（三）重点项目建设进展顺利。华能莱芜、胜利三期、海阳核电、荣成石岛湾高温气冷堆和济南至乐陵高速公路、济南机场南指廊、烟台潮水机场、青岛地铁一期等一批能源交通项目加紧建设；华电十里泉、国电泰安、天源热电和日照机场、济南长清黄河大桥、济齐黄河大桥等获得国家核准或批复；大唐东营、大

型先进压水堆重大专项 CAP1400 示范项目、中石油永泰联络线、中石化新粤浙管道豫鲁支线等获得国家批准开展前期工作；青岛新机场、济南城市轨道交通近期建设规划上报国家待批；菏泽机场列入国家民航"十二五"前期研究项目。

（四）能源结构调整扎实推进。新能源继续保持快速发展，华润五莲风电、高密阳光光伏、济南玮泉生物质等项目并网发电，新增新能源装机 146.8 万千瓦，累计达到 737.8 万千瓦，占电力总装机的 9.5%，比上年提高 1.4 个百分点。火电结构不断优化，30 万千瓦及以上机组占燃煤机组比重达到 60.6%，比上年提高 1.4 个百分点。电力保障能力得到提升，全年接纳省外来电 486 亿千瓦时，占全社会用电量的 11.9%。节能减排力度加大，关停小火电机组 19 台，装机容量 51.7 万千瓦；关停井亭实业、青野等小煤矿 16 对，淘汰落后产能 216 万吨。资源利用更加高效，统调机组平均供电煤耗下降 4.2 克/千瓦时；搬迁压煤村庄 13 个，解放煤炭资源 6300 万吨；煤矿绿色开发取得积极进展，46 处矿井充填开采 1700 万吨。煤矿企业兼并重组成效显著，煤矿企业缩减到 87 个，比上年减少 10 个，煤炭产业集中度和安全生产水平进一步提高。

（五）交通发展方式不断转变。高速公路多元化投资模式初见成效，除山东高速集团外，成功引进中国铁建、广西桂政、广州胜洲等省外企业投资高速公路建设，有效缓解了建设资金瓶颈。沿海港口岸线资源利用更加集约，按照"深水深用"原则，新投产深水泊位 18 个，大型、专业化泊位通过能力达到 3.7 亿吨，占总通过能力的 68%。多式联运发展迅速，中韩陆海联运年货物运输量 4126 吨，实现贸易额约 3.15 亿美元；中铁渤海轮渡年客运量 370 万人次、货运量 625 万吨，成为渤海海峡最便捷海上通道；集装箱多式联运发展较快，沿海港口集装箱吞吐量 2076 万 TEU，同比增长 10.6%；开通甩挂运输线路近百条，单位运输成本下降 20% 左右。信息化水平明显提升，215 个高速公路收费站开通 469 条 ETC 车道，ETC 站点覆盖率达到 63%，非现金支付率达到 30%。绿色交通建设稳步推进，新增天然气营运车辆 1 万辆，累计达到 8 万辆；高速公路 LNG 加气站网络加紧建设，建成及在建 LNG 加气站 17 座。

（六）民生工程建设不断深入。全年完成农村电网投资 123 亿元，新建、改建变电站 94 座，建成输电线路 1.7 万公里，变电容量 588 万千伏安，寿光、文登等 7 个国家绿色能源示范县建设稳步推进，居民用能条件有效改善。实施普通国省道改扩建项目 47 个，改造里程 1264 公里，累计完成投资 44 亿元；农村公路建设完成投资 131 亿元，首批 35 个"村级公路网化示范县"建设全部完成，第二批 39 个示范县建设全面启动，新建农村公路 1.5 万公里，村级公路通达水平明显提高，群众出行条件明显改善。交通与邮政战略合作进展顺利，县（市、区）交通运输与邮政合作签约率达到 95%。圆满完成鲜活农产品绿色通道、重点节假日免收小型客车通行费等惠民政策，全年减免通行费 19.8 亿元。

2013 年，能源交通运输业虽然保持了良好的发展态势，但仍然存在一些矛盾和问题，主要表现在：一是电力供需形势较为紧张。迎峰度夏期间，受经济企稳回升和大范围持续高温天气影响，全社会用电负荷屡创历史新高，电网采取紧急避峰措施，确保了电力安全供应。据初步测算，若不采取有序用电，电力供应最大缺口达到 240 万千瓦。二是公路建设投资明显下滑。受续建高速公路项目不足和新开工项目实物工作量较少等因素影响，公路建设完成投资 352.5 亿元，同比下降 8%。三是煤炭行业形势较为严峻。受煤炭价格持续下降等因素影响，全省商品煤利税、利润同比分别下降 36.8%、66.5%，部分煤矿企业库存上升、经营亏损。

二、2014 年能源交通业发展面临的形势

2014 年是深入贯彻党的十八大和十八届三中全会精神的重要一年，也是实现"十二五"规划目标的攻坚之年，能源交通运输业发展面临着诸多有利因素：

从国内看，党的十八届三中全会的胜利召开，阐明了全面深化改革的重大意义和未来走向，提出了全面深化改革的指导思想、目标任务、重大原则，描绘了全面深化改革的新蓝图、新愿景、新目标，也为能源交通领域进一步全面深化改革、持续科学有序发展指明了方向。

从省内看，随着"两区一圈一带"协调互动发展格局的基本形成和新型城镇化的强力推进，全省区域经济一体化进程不断加快，能源交通基础设施建设作为区域经济发展的重要先导和支撑保障，发展需求更加迫切。

从业内看，随着全球对气候变化、节能减排和环境治理更加重视，推进能源产业结构调整、实现绿色循环低碳发展成为共识，加快现代能源产业体系建设大势所趋；全省交通运输业进入一个通过有效整合交通资源，实现各种运输方式从分散、独立发展向综合、一体化发展的新阶段，加快构建完善综合交通运输体系恰逢其时。

同时，能源交通业发展中也面临着一些严峻考验：

一是资源环境约束继续加大。国家继出台控制能源消费总量工作方案后，又实施更为严格的大气污染防治行动计划，对能源交通发展提出了新的更高要求。全省土地、岸线、空域等资源日益紧缺，石油、天然气、煤炭对外依存度越来越高，资源环境日益成为制约能源交通发展的瓶颈。

二是电力保障面临较大压力。受送电通道国家规划方案尚未确定、新上火电项目审批步伐延缓等因素影响，全省在建续建电源项目不足，"外电入鲁"战略难度较大，新增供电能力增长有限，供应形势较为紧张。

三是高速公路网络尚不完善。目前，全省高速公路通车里程不足 5000 公里，"五纵四横一环八连"高速公路网络尚未根本形成，与"十二五"末通车里程 6000 公里的规划目标仍有较大差距，青银、京沪等既有高速公路部分路段交通拥堵频现，服务水平不高，与区域经济一体化发展的要求不相适应。

三、2014 年能源交通业发展的指导思想和重点任务

2014 年全省能源交通运输业发展的指导思想是：以邓小平理论、"三个代表"重要思想和科学发展观为指导，全面贯彻落实党的十八大、十八届三中全会和省第十次党代会精神，始终坚持社会主义市场经济改革方向，紧紧围绕"两区一圈一带"协调互动发展格局，稳增长、转方式、调结构、强保障、惠民生，全力推进现代能源产业体系和综合交通运输体系建设，为经济文化强省建设和推动转型发展提供有力支撑。

（一）能源交通主要生产指标实现新增长。继续把稳增长作为能源交通发展的首要任务，在与全省经济社会发展"十二五"规划和能源交通专项规划充分衔接的基础上，综合考虑全省生产总值 9% 预期增长目标、重点区域带动战略全面推进等因素，计划全年完成发电量 3900 亿千瓦时，增长 8.4%；全社会用电量 4400 亿千瓦时，增长 7.8%；生产原煤 1.5 亿吨，与上年基本持平；公路客运量 25.9 亿人次，增长 1%；货运量 32.8 亿吨，增长 5.1%；沿海港口货物吞吐量 12.3 亿吨，增长 6%；内河港口货物吞吐量 7000 万吨左右；民航旅客吞吐量 3100 万人次，增长 7.5%；货邮发送量 36.2 万吨，增长 8.9%；邮政业务收入 64 亿元，增长 3%。

（二）现代能源产业体系建设取得新进展。以大气污染防治、能源消费总量

控制为着力点，大力优化能源结构，加快构建安全、稳定、经济、清洁的现代能源产业体系。一是优化火电结构。重点推进国电泰安、华能莱芜、国华寿光等60 万千瓦级及以上燃煤机组和 30 万千瓦级热电联产机组规划建设，有序淘汰小火电机组，持续提高大型、高效、环保机组比重。二是推进"外电入鲁"。协调推动内蒙古、陕西、山西等省区向我省送电通道规划建设，进一步增强电力保障能力。三是加快新能源发展。稳妥推进核电建设；科学有序开发风电、生物质能，积极推进集中、分布式光伏发电建设，计划新增新能源装机 160 万千瓦，达到 900 万千瓦，占电力总装机比重提高 1.5 个百分点。四是加强天然气利用。重点推进济青复线天然气管道、烟台 LNG 接收站等基础设施建设，提高天然气供应能力；加大天然气在城镇居民、交通运输中的应用，有序实施"煤改气"，积极稳妥发展天然气发电。

（三）综合交通运输体系建设实现新突破。把构建综合交通运输体系作为转变交通发展方式的重要举措，优化通道网络布局，加强综合枢纽建设，统筹各种运输方式发展，充分发挥综合交通的整体效益和服务水平。一是优化完善公路网络。大力推进高速公路建设，积极推进埕口至沾化、高青至广饶、枣庄至鱼台跨湖高速等项目前期工作，力争泰安至鲁冀界、龙口至莱西、文登至莱阳等 6 条高速公路开工建设。二是大力提升港航现代化水平。围绕山东东北亚物流枢纽建设，加大资源整合力度，实现港口与各港区优势互补、错位发展。加快沿海大型专业化码头和新港区建设，推进老港区功能调整，有效扩大港口基础设施规模。继续完善集装箱、原油、铁矿石等专业化运输系统。推进绿色、低碳内河水运建设。三是加快推进民航发展。完善民用运输机场布局，加强济南、青岛等机场综合枢纽规划建设，重点推进济南机场南指廊、烟台潮水机场建设，争取年内建成投用；加快青岛、日照、聊城、菏泽机场前期工作进度，争取早日开工建设。四是有序发展城市轨道。抓好济南轨道交通和青岛地铁建设，加强城市轨道与机场、高铁站、公路枢纽有机衔接，支持其他有条件的市开展城市轨道交通前期研究。

（四）能源交通供应保障能力实现新提高。继续加快能源交通基础设施建设，计划年内建成一批重大项目，进一步提升能源交通供应保障能力。梁宝寺二号、红庙煤矿竣工投产，新增煤炭产能 150 万吨；菏泽赵楼等电源项目建成投产，新增发电装机 200 万千瓦以上，装机总容量达到 8000 万千瓦；投产 220 千伏及以上电网线路 2851 公里，新增变电容量 1960 万千伏安；泰青威天然气管道青岛 - 威海段、烟台港西港区至淄博输油管道、青岛 LNG 接收站、泰安 LNG 项目建成投用，能源供应保障能力不断增强。公路总里程达到 25.5 万公里，其中济南至乐陵、鄄城黄河大桥、鄄城至菏泽 3 条高速公路建成通车，高速公路通车里程增加 164 公里；岚山港区 30 万吨级原油码头二期等 20 个泊位投入运行，总能力突破 6 亿吨，交通运输服务能力进一步提升。

（五）能源交通民生工程建设取得新成效。始终把保障和改善民生作为能源交通发展的"落脚点"，让发展改革红利惠及千家万户。一是继续实施农村电网改造升级，完善农村电网结构，提高供电可靠性，改善群众用能条件，计划全年完成农网改造投资 83 亿元，新建、改建变电站 70 座，新增变电容量 317 万千伏安；新建、改造线路 2.3 万公里，配变 1.3 万台。二是继续实施普通国省道升级改造，加大老油路、危窄桥及卡脖子路段改造力度，进一步提高普通公路通畅水平和公共服务能力，计划全年完成国省道改造投资 85 亿元。三是继续实施农村公路改造，有序推进第二批"村级公路网化示范县"建设，深入开展千村公路扶贫专项行动，确保省重点扶持的行政村全部实现"打通断头路、硬化穿村道、连接必要村、消除危窄桥"，计划全年完成农村公路改造投资 130 亿元，群众出行条件持续改善。

四、主要措施

（一）全面深化改革开放。深入贯彻党的十八届三中全会精神，按照国家、省统一部署，全面深化能源交通领域改革。一是按照"能放则放、该放则放"的原则，进一步简政放权，深化行政审批制度改革。二是深入研究加快天然气利用、促进光伏产业发展、推进分布式光伏发电和大用户直供电的有关意见和扶持措施，颁布实施全省合理控制能源消费总量工作方案等政策措施。三是推进石油、天然气、电力、交通等领域价格改革，完善主要由市场决定价格的机制，使市场在资源配置中起到决定性作用和更好发挥政府作用。

（二）加强规划编制引导。充分发挥规划的龙头作用，尽快编制完成全省《综合交通运输体系中长期发展规划》《民航业中长期发展规划》《天然气发电发展规划》等专项规划，完善规划监督机制，提高规划执行力，切实加强规划的科学性、权威性和可操作性，以科学规划指导能源交通运输业科学有序发展。

（三）强化能源供应保障。一是加强天然气供应保障。积极协调三大油气公司增加对我省天然气供给量，加快推进天然气输气管道和 LNG 接收站规划建设，并先行启动部分天然气发电示范项目。二是加强电力供应保障。积极推进电源项目建设，争取国家尽快确定"外电入鲁"通道并开工建设。三是加强需求侧管理。跟踪监测各地、高耗能行业和重点企业电力消费情况，采取合理控制电力消费、加强有序用电管理等多种应对措施，积极应对可能出现的电力供应紧张局面。

（四）拓展交通融资渠道。一是加大公共财政对公益性交通基础设施建设和养护的投入，统筹处理好交通设施沿线土地开发与交通发展的关系。二是支持符合条件的交通企业发行债券和资产证券化。三是广泛吸收社会资本，参与新建交通基础设施的建设和运营。对具备条件的现有交通基础设施，通过向社会转让收费权、经营权，减轻政府财政压力。四是会同有关方面研究建立交通产业发展基金。

（五）加快重点项目建设。充分发挥能源交通基础设施在区域经济一体化发展中的支撑和先导作用，紧紧围绕"两区一圈一带"协调互动发展格局，按照适度超前的原则，抓紧规划建设一批具有重大引领作用的能源交通项目，通过基础设施一体化引领带动区域经济一体化，进而引导和推动产业转型升级和经济文化强省建设。

2014 年铁路建设发展思路与重点

一、2013 年铁路建设基本情况

2013 年是实施"十二五"规划承上启下的重要一年，也是国家铁路体制机构改革之年。全省铁路建设工作坚持以科学发展观为指导，认真贯彻落实党的十八大和十八届三中全会精神，按照省委、省政府《关于全面加快我省铁路建设的决定》和铁路建设的各项任务要求，强化措施，狠抓落实，建设资金保障、项目前期工作、征地拆迁、项目建设等进展顺利，全省铁路建设继续保持良好的发展态势，2014 年我省在建铁路项目将陆续建成，省内铁路货运网络构架将逐渐完善。

（一）铁路建设资金保障有力。按照国家"保在建、上必需、重配套"的总体要求，采取多种措施，努力保证铁路建设资金的投入。一是认真制定铁路建设缺口资金筹集方案。按照省政府《关于筹措我省铁路建设资金的意见》，我省需要筹措征地拆迁资金 226 亿元，随着全省铁路建设的深入推进，受征地拆迁标准和费用大幅上升、建设内容不断增加等因素的影响，建设资金实际需求量不断增加，据测算，我省"十二五"在建项目资金缺口约 110 亿元。为解决在建铁路项目资金缺口问题，提出了铁路建设缺口资金筹集方案，并经第 12 次省政府常务会议研究通过，确定缺口资金仍按照省市共担的原则，省市按 65 : 35 比例共同筹集，同时确定自 2014 年开始，铁路建设形成的建筑安装营业税和新增铁路运输营业税，统一收缴，专项用于铁路建设，为下一步铁路建设融资建立了长效机制。到 2013 年底，累计筹措到位铁路建设资金 230 亿元。全省在建铁路项目累计完成投资 267 亿元，比 2012 年增长近 60%，为铁路建设的顺利推进提供了资金保障。二是研究制定济青高铁项目建设资金筹措方案。为推进济青高铁项目前期工作，深入贯彻落实《国务院关于改革铁路投融资体制加快推进铁路建设的意见》（国发［2013］33 号）精神，与中国国际工程咨询公司、铁道第三勘察设计院等单位组成调研组，对项目资金筹措进行调研，通过对项目沿线站点、土地规划及新城区规划情况的了解，在分析土地综合开发等多形式筹集建设资金模式基础上，研究提出了济青高铁项目的筹资方案，并经省政府专题会议审议通过。

（二）铁路重点项目建设进展顺利。积极协调推进在建铁路项目建设，开展铁路项目的土地组卷报批、公铁互跨、海域用海、补充环评报告、林地使用等相关工作；组织铁路项目占压矿产、油井评估补偿；协调推进电力线路迁改，以及有关市县要求扩大站房规模和增设铁路到发线等工作；完善施工条件，确保铁路项目建设顺利实施。目前，德大铁路、青荣城际铁路、山西中南部通道山东段、海天至青岛铁路、邯济铁路复线电气化、青岛北客站等 12 个续建和新开工项目，项目总投资约 1189 亿元，新建、改建铁路里程约 2167 公里。2013 年，全省在建铁路项目完成征地约 4000 亩，完成建筑物拆迁约 31 万平方米。海天至青岛铁路、青岛北客站建成开通运营，新增铁路里程 98 公里。德大铁路、青荣城际铁路、山西中南部铁路通道和邯济铁路扩能工程都已进入架梁铺轨阶段，其中，德大铁路和山西中南部铁路通道分别完成铺轨 219 公里和 257 公里；其他新开工项目征地拆迁工作进展顺利。

（三）铁路项目前期工作稳步推进。一是铁路对重点区域的运输保障能力进一步强化。结合蓝黄"两区"、省会城市群经济圈、西部经济隆起带等重点区域规划，统筹搞好区域铁路网规划布局，进一步完善路网结构，合理安排建设项目，为区域经济发展提供支撑；在做好济南枢纽总体规划的基础上，分步优化实施，努力实现省会济南"客内货外"的运输格局。二是铁路项目前期工作稳步推进。编制完成了《环渤海地区山东半岛城市群城际轨道交通网规划（调整）》，并经省政府常务会议审议通过。我省城际轨道交通网规划（调整）的请示已报送国家发改委，国家发改委委托中咨公司进行了评估，已经出具了规划咨询评估报告；规划的社会稳定风险评估已报至国家发改委；资金筹集方案和运营管理方案也已基本确定；国家铁路局也将出具行业审查意见；规划环评报告编制完成并进行了公示和社会公众参与调查，已上报环保部审批。济青高铁项目前期工作稳步开展，目前线位基本稳定，预可行研究报告已编制完成，具备了上报项目建议书的条件。黄大铁路、青连铁路项目可研报告获得国家国家发改委批复。三是积极支持地方铁路专用线建设。充分发挥现有骨干铁路网的运输能力，进一步促进"路企直通"，核准批复了恒昌煤业、鲁中物流、烟台港等铁路专用线项目，有力地支持了当地经济发展。

（四）铁路运输能力不断提高。随着一批新建及电气化改造项目相继投入运营，省内部分铁路实现了客货分线运输，区域路网结构得到改善，技术管理水平和运输组织效率进一步提升，客货运输能力得到提高。2013 年累计完成货物运输量 1.9 亿吨，同比下降 3.9%；旅客运输量 8000 万人次，同比增长 10.9%。

二、2014 年铁路建设面临的形势

综合分析 2014 年铁路建设面临的有利因素：

一是国家宏观经济政策不会有大的调整，坚持"稳增长、调结构、转方式、惠民生"，进一步启动内需，大力支持实体经济发展，继续保持稳中有进，将是今后经济工作的主要基调。加强基本公共服务体系建设，着力保障和改善民生，切实提高发展质量和效益，必须发展跨区域大交通，铁路建设必将得到进一步发展。

二是国家推进铁路投融资体制改革，全面开放铁路建设市场，吸收社会资金参与铁路建设，盘活铁路用地资源，明确了铁路投融资体制改革的方向，为吸引社会资本进入铁路建设领域创造了条件。

三是省委、省政府大力推进区域经济发展战略，加快实施"两区一圈一带"发展规划，必将推动全省综合交通运输体系的进一步完善，铁路建设将得到长足发展。

四是我省"四纵四横"铁路规划项目全部获得国家批复并进入施工建设阶段，并将陆续建成投入运营，为构建我省较为完备的铁路运输体系打下了坚实的基础。

2014 年铁路建设也面临着困难：一是铁路投融资体制发生了较大变化，铁路建设资金筹措压力将进一步加大。二是铁路建设涉及多方利益的问题依然较多，如压矿补偿、征地拆迁和群众安置等，统筹协调的难度大。

三、2014 年铁路建设发展思路和重点

2014 年铁路建设工作的指导思想是：深入贯彻科学发展观，认真落实党的

十八大和十八届三中全会精神，准确把握铁路体制改革的新形势和新要求，扎实推进重大铁路项目建设，努力完成"十二五"铁路建设任务，更加注重落实铁路建设条件，更加注重拓宽资金筹集渠道，更加注重综合交通运输体系的配套衔接，更加注重满足群众对铁路客运的新要求，进一步扩大路网规模，完善路网结构，搞好路网配套，提高路网现代化水平，努力构建便捷、快速、安全、高效的现代化铁路运输体系。

2014 年铁路建设的工作重点：

一是确保在建铁路建设。2014 年是我省铁路项目集中建成运营的一年，要重点抓好续建铁路项目建设，主动协调好项目建设中的重点难点问题，争取青荣城际铁路、山西中南部铁路、德大铁路、邯济铁路扩能改造工程、胶新电化等一批重大项目建成通车。继续加快推进石济客专、龙烟铁路等铁路项目的征地拆迁工作，为工程施工创建良好的环境。

二是积极推进城际轨道交通补充规划报批及项目实施。积极配合国家环保部完成《环渤海地区山东半岛城市群城际轨道交通网规划补充项目》环评审查，待各项支持性文件齐备后报送国家发改委，争取早日审核批复山东城际轨道交通补充规划。待国家批复规划后，支持潍坊至莱西、临沂至曲阜、济南至聊城等基本具备条件城际铁路项目的启动实施工作，开展项目前期工作。

三是做好济青高铁等铁路项目前期工作。成立济青高铁项目前期工作筹备组，积极争取中国铁路总公司和我省尽快联合向国家发改委报送济青高铁项目建议书，争取尽早获得国家批复。待国家批复项目建议书后，抓紧组建项目合资公司，组织编制项目可研报告，做好线路现场勘察和专家评审工作，并与铁路总公司联合上报国家发改委审批。

四是进一步完善区域路网结构。支持配合"两区一圈一带"区域发展战略实施，统筹考虑临港产业、海洋产业、商贸物流等产业布局，统筹安排好重点城市间的路网布局，重点推进德大、青荣城际、龙烟、沂沭、黄大和胶新、淄东、辛泰磁莱铁路电化改造等铁路规划建设；积极推进寿平铁路和东营港、文登南海疏港铁路等区域性支线铁路建设，努力完善区域路网结构，不断提高铁路的运能运力，为区域发展战略顺利推进提供铁路运输保障。

继续加大协调力度，积极支持黄大铁路、青连铁路开展各项工作，协调指导组建合资公司，加快推进初步设计审批，为项目顺利开工建设创造良好条件。

五是进一步提升铁路配套能力。(1) 搞好铁路与省内综合交通运输体系的配套衔接,结合综合交通规划编制,完善济南铁路枢纽整体优化方案,科学布局城际轨道交通枢纽,保障铁路与其他交通方式的衔接顺畅。(2) 进一步提升铁路枢纽的综合能力。结合石济客专、青荣城际等重点项目建设,继续对济南、青岛等重要铁路枢纽引入方案进行优化提升,对接轨站进行扩能改造,提高枢纽和重要车站通过能力,做好点线能力的完善配套。(3) 大力推进铁路专用线建设,积极实现"路企直通"。结合省内铁路货运主通道的规划建设,做好沿线厂矿园区的铁路专用线和疏港路规划,预留疏港铁路、园区铁路、企业专用线的接入条件,支持地方铁路、专用线配套建设,服务重点园区、重点企业的发展需要。

四、主要措施

(一) 加强领导协调,抓好目标考核。围绕全省铁路建设年度总体目标,逐项分解落实任务,明确职责分工,加强组织领导和监督检查。做好沿线各市和省有关部门的综合评价考核,充分调动各方积极性,努力形成推进铁路建设的合力。

(二) 深化铁路投融资体制改革,积极筹措资金。进一步放开铁路建设投资领域,积极鼓励各级政府、社会战略投资者、企业等以多种形式参与我省铁路投资建设。发挥财政资金引导作用,进一步用好铁路融资平台,增强融资能力,探索建立铁路建设专项资金和铁路发展基金,多方式多渠道筹集建设资金。加快推进铁路项目沿线土地综合开发,形成铁路建设资金筹措新机制。

(三) 坚持政策到位,落实建设条件。认真落实执行铁路建设征地拆迁政策法规,严格履行征迁程序,依法指导协调铁路征地拆迁工作,妥善解决建设中出现的问题,切实维护被征迁群众的合法权益,做好沿线群众稳定工作;进一步加强征地拆迁、三电及管线迁改等工作的协调力度,积极落实各项建设条件,为项目按计划推进创造良好环境。

(四) 完善协调机制,保障项目实施。充分发挥在建铁路征地拆迁现场协调小组的作用,抓好建设沿线现场巡查巡视,督促推进征地拆迁工作进度。落实铁路建设进度月报制度,按时通报当月完成的投资量、工作量等进度情况,发现问题及时协调整改,保障征地拆迁顺畅、资金投入顺畅、建设施工顺畅。

2014 年服务业发展思路与重点

一、2013 年服务业发展基本情况

2013 年，省委、省政府高度重视服务业发展工作，统筹部署，强化指导，出台政策，加大推进力度。全省各级各部门立足自身实际，完善工作机制，创新工作措施，不断开创服务业发展新局面，全省服务业继续保持良好发展势头。

（一）服务业实现平稳增长。2013 年，全省服务业实现增加值 22519.2 亿元，比上年增长 9.2%，增速高于全国 0.9 个百分点；服务业增加值占全省生产总值的比重达到 41.2%，比上年提高 1.2 个百分点。服务业对 GDP 增长的贡献率为 35.3%，拉动全省经济增长 3.4 个百分点。

（二）服务业重点行业发展态势趋好。2013 年，批发和零售业完成增加值 7523.8 亿元，比上年增长 12%，占 GDP 的比重提高 0.8 个百分点；房地产市场运行平稳，完成增加值 2237.5 亿元，增长 9.2%，商品房销售面积 10329.8 万平方米，增长 19.7%；软件信息服务业保持较快增长，完成软件业务收入 2263 亿元，增长 30.2%；旅游业增速稳定，实现旅游总收入 5183.9 亿元，增长 14.7%。全省服务业重点行业中除交通运输、仓储和邮政业、非营利性服务业增加值占 GDP 比重与去年持平和略有降低外，其余均呈上升趋势。

（三）服务业外向度进一步提高。2013 年，全省服务贸易进出口完成 613.5 亿美元，比上年增长 44.4%。服务外包实现离岸执行额 39.5 亿美元，增长 82%。新批服务业利用外资项目 734 个，实际到账外资 67.9 亿美元，增长 52%，占全部外商投资的比重达到 48.3%。

（四）服务业经济社会贡献加大。2013 年，服务业实现税收 3583.8 亿元，

比上年增长 14.3%，占全省税收总收入的比重达到 43.4%，比上年提高 1.7 个百分点。其中：服务业实现地税收入 1978.1 亿元，增长 21.1%，占全部地税收入的比重达到 57.8%，比上年提高 0.8 个百分点。服务业成为吸纳就业主渠道，四季度三产人力资源需求占市场总需求的 53.9%。

（五）服务业投资稳中有进。2013 年，我省服务业完成固定资产投资 18027 亿元，增长 19.7%，占全省固定资产投资的比重达到 50.2%。其中：完成房地产开发投资 5444.5 亿元，增长 15.6%，增速比上年提高 1 个百分点。

全省服务业工作取得新成效。一是，制定出台加快服务业发展的若干意见。组织开展山东服务业科学跨越发展重点课题研究，完成了《山东服务业科学跨越发展研究》报告。梳理评估我省已经出台的服务业政策落实情况，借鉴外省促进服务业发展的有效做法，吸纳服务业企业和地方政府的意见建议，代省政府起草了《关于加快服务业发展的若干意见》，现已印发全省各级各部门贯彻执行。二是，组织召开全省加快服务业发展电视会议。2013 年 11 月 4 日，经精心筹备组织，全省加快服务业发展电视会议在济南召开，郭树清省长在会上作了重要讲话，省政府领导班子全体成员出席，全省约有 1.9 万人参会。会议明确了今后一个时期我省服务业发展的指导思想、目标和重点，对下一步服务业工作进行了部署。三是，推进服务业发展规划编制实施。配合国家发展改革委，完成了"十二五"服务业发展规划中期评估工作。启动了《省会城市群经济圈现代服务业发展规划》的编制，完成了《长岛休闲度假岛发展规划》《好运角旅游度假区发展规划》的编审工作。四是，推动服务业综合改革试点深入开展。济南、青岛两个国家服务业综合改革试点工作进展顺利，各项目标任务均按进度完成或超额完成，初步通过了国家发展改革委组织的服务业综合改革试点中期评估。推动省级试点改革工作深入开展，各试点区域不断创新体制机制，创新政策措施，打造工作典型，发挥了引领示范作用。五是，服务业重点项目建设进展顺利。2013 年，200 个省重点载体项目完成投资 884 亿元，完成年度计划的 102.7%。中央预算内专项资金和省级服务业引导资金重点扶持了高技术服务业、现代物流业、文化创意产业、养老服务业和公共服务平台等领域的 128 个项目。在"2013 香港山东周"和"2013 台湾山东周"上，我委组织了服务业公共服务平台招商活动，达成实质性合作意向项目 10 个，协议金额达 8.4 亿元。六是，服务业人才培训工作取得新成效。启动了第二轮服务业"千人培训工程"，全年组织服务业培训班 13

期，培训人数 605 人。继续选派服务业企业青年管理干部赴美攻读 MBA，共派送 25 人。七是，服务业标准化和品牌建设工作取得新进展。下达 2013 年度服务业地方标准制修订计划 30 项，新申报国家级服务业标准化试点 13 家，新建省级服务业标准化试点 40 家。山东省服务名牌 504 个，新增 59 个。

尽管我省服务业取得长足发展，但与经济转型升级的要求相比，服务业在规模、质量和效益上都存在较大差距，仍是经济发展的"短板"。一是，增加值占比偏低。2013 年，我省服务业增加值占 GDP 的比重仍低于全国 4.9 个百分点，分别比广东、浙江和江苏低 6.6、4.9 和 3.5 个百分点，排序居全国第 14 位。二是，结构层次不优。2013 年，我省交通运输、批发零售、住宿餐饮三大传统服务业占全部服务业增加值的比重为 50.9%。投资结构不合理，房地产投资一支独大，占服务业固定资产投资比重达 43.8%。三是，市场主体竞争力不强。据 2013 年 9 月发布的中国服务业 500 强数据，我省营业收入超 100 亿元的企业仅为 11 家，分别比江苏省、浙江省、广东省少 6 家、9 家和 11 家。我省服务业企业普遍在国内外市场上的知名度较低、竞争力不强。四是，对经济发展的贡献率不高。2013 年，我省服务业对经济增长贡献率仅为 35.3%，远低于工业的 61.4%；服务业实现税收占全部税收的比重为 43.4%，分别比江苏省、浙江省低 2.9 个和 10.9 个百分点。

二、2014 年服务业发展环境分析

从国际发展环境看，当前，世界经济一体化、贸易全球化向纵深发展，世界主要经济体更加重视科技创新、发展模式创新和产业转型升级，全球对服务业特别是高端服务业市场需求扩大，服务业尤其是知识、技术、信息密集型高端服务业国际化转移步伐加快。据有关方面最新预测，2014 年全球经济将进入缓慢复苏的通道，服务业和服务贸易也将继续复苏。我省作为沿海开放省份，承接国际服务业转移具有明显的区位优势，有利于我省争取更多的国际市场机会和开辟更广阔的市场空间，有利于我省服务贸易、服务外包的扩大，有利于我省服务业在更广领域、更高层次参与国际服务业分工合作。

从国内发展环境看，国家政策取向有利于服务业发展。一是，新一届党中央和国务院高度重视服务业，把推动服务业发展作为经济结构优化升级的战略重点，李克强总理提出要把服务业打造成经济社会可持续发展的新引擎。加快服务

业发展已成为党和政府经济工作的重中之重。二是，十八届三中全会提出，要紧紧围绕使市场在资源配置中起决定性作用，深化经济体制改革，加快转变经济发展方式，加快建设创新型国家，推动经济更有效率、更加公平、更可持续发展。这将进一步释放改革红利，优化营商环境，为服务业发展带来更好的机遇。三是，扩大内需作为我国拉动经济增长的重要举措，国家不断加大推进力度，保持投资、消费的增长势头。快速增长的投资和日益扩大的多层次、多样化的消费需求，为服务业发展提供了广阔的市场空间。四是，"新四化"同步推进，对服务业发展提出了更高更新的要求，为服务业扩大规模、提升层次提供了强大动力和发展空间。

从省内发展环境看，新一届省委、省政府更加重视服务业，把加快发展服务业作为转方式、调结构和推进经济转型升级的主攻方向和战略举措。省政府召开高规格的服务业会议，确定了今后全省服务业发展的思路、目标和重点，提出了一系列力度空前的工作措施。出台了关于加快服务业发展的若干意见，在突出重点、增加投入、优化环境、改革开放、创业创新、强化考核等六个方面提出了加快服务业发展的政策措施，将进一步提高行政效能，优化政策环境、营商环境，为服务业加快发展提供强大动力。

但也应看到，从自身发展和外部竞争态势分析，我省服务业还面临许多问题和挑战。一是，思想认识不到位。我省作为历史文化大省，"重农轻商""重工轻商"的传统观念影响深远。现在很多地方还是侧重于发展工业，仍然是"工业立市""工业强县"的指导思想。要切实把发展服务业放到转方式、调结构的战略重点位置，真正落实到思想上、措施上、行动上，还需要一个过程。二是，体制机制制约。目前，多数服务业领域改革落后于农业和工业，各类审批多、资格认证多、发展限制多等问题制约了服务业发展。服务业领域体制机制制约问题在一段时期内一定程度上还将继续存在。三是，智力支撑不强。服务业人才整体素质不高，人才结构不合理，高层次人才引不进、留不住。高端与专业人才缺乏，领军型、创新型、复合型人才严重不足，难以适应服务业发展的需要。四是，市场竞争加剧。环渤海经济圈、长三角、珠三角以及周边省市，在推动经济转型升级中都把服务业作为重点，与我省在资源、市场、人才等方面竞争激烈。世界经济发展的不确定性依然存在，贸易保护势头不减，对我省服务贸易、服务外包及服务业利用外资造成压力。

三、2014 年服务业发展的总体要求和重点

（一）总体要求。以党的十八大和十八届三中全会精神为指导，进一步解放思想，更新观念，把发展服务业放到转方式调结构的战略重点位置；进一步整合力量、加大扶持，集聚各类资源向服务业倾斜；进一步转变政府职能、提高效能，创造一流营商环境；进一步深化改革、扩大开放，打破行业垄断和地方保护；进一步加强引导、激发活力，充分调动各级各部门加快发展服务业的积极性和创造性，为打造山东经济升级版、加快经济文化强省建设提供动力和支撑。

（二）发展重点。围绕全面繁荣生活性、生产性和公共服务业，重点发展：1. 信息服务业。实施"宽带中国"战略，加强信息光纤入户等宽带基础设施建设，推动"三网融合"发展。实施"信息惠民"工程，提升公共服务信息化水平。制定促进信息消费的政策，增强信息产品供给能力，培育信息消费需求。建设中国软件名城，推进济南、青岛率先发展。积极培育电子商务、云计算、物联网等新兴业态，建设山东电子商务支付结算中心。2. 物流业。以济南、青岛全国性物流节点城市和一批区域节点城市为重点，发展综合性、专业性、行业性和特色物流。提升冷链物流发展水平，重点培育一批冷链物流企业。完善城乡一体化配送体系，加快大型超市、商场配送中心与物流园区、物流中心的对接。支持快递业发展，积极落实城区车辆通行政策。3. 教育培训业。增加对学前和中小学教育的财政投入，提升发展义务教育质量，统筹做好国家基础教育综合改革试验区工作。推动高等教育内涵发展。全面推进现代职业教育体系建设。支持发展市场化教育培训业，建设一批国内一流的技能型人才培养基地。破除学校行政化，实现教育家办学。4. 研发设计业。加快关键共性研发设计公共服务平台开放共享步伐，推动技术研发创新和成果转化平台建设。加快发展工业设计，重点发展装备制造业绿色设计、船舶设计、汽车设计、工业品外观和包装设计等工业设计，重点培育壮大一批具有较强竞争力的研发设计企业和知名品牌。5. 文化创意产业。组织实施重大文化科技创新工程，建立产学研一体的文化创新机制，大力推动现代科技与文化的融合。深入实施创意山东计划，扶持发展一批能够成为研发投入主体、技术创新主体和创新成果应用主体的文化创意骨干企业，建设博览交易服务平台，促进文化创意向现实生产力转化。6. 旅游业。加快整合各类资源，创新营销模式，延伸旅游产业链条，构建政策协调机制和资源共享平

台，推进与农业、工业、商贸、文化、海洋等相关产业和行业的融合发展，促进旅游业转型升级。大力发展乡村旅游，加强基础设施建设和改造，推行标准化管理，把乡村旅游培育成旅游经济新的增长点。7. 养老服务业。积极探索和完善养老模式，尽快构建以居家为基础、社区为依托、机构为支撑的新型社会化养老体系。加强社区服务设施建设，实施社区无障碍改造；大力发展居家养老服务网络，丰富服务项目，创新居家养老服务模式；加强养老机构建设，支持社会力量举办养老机构；加强农村养老服务，坚守乡镇五保供养机构的托底作用。8. 医疗健康服务业。重点发展健康教育、预防保健、康复医疗、卫生保健、健身休闲等行业，加强医疗卫生支撑，培育健康服务机构，探索健康服务业发展模式，建立健全多层次、多元化的健康服务业产业体系。鼓励社会资本、境外资本投资健康服务业。壮大健康服务人才队伍，规范并加快培养护士、养老护理员、康复治疗师等从业人员。9. 金融业。以深化改革、产融结合、区域协调、创新发展、优化环境为重点，进一步扩大金融业整体规模。壮大地方金融企业实力，发展民营金融机构，深化地方金融机构改革，引导民间融资健康发展。拓宽直接融资渠道，发展股权交易市场，培育多层次资本市场体系。推进县域金融创新发展试点工作，不断提升对重点行业和地区的金融服务能力。10. 商务服务业。着力发展会计和审计等财务类、律师和公证等法律类、信息和咨询等咨询类、代理和经纪等市场交易类中介服务业。推进公共就业服务与市场化经营服务逐步分离，培育一批集团化、规模化、品牌化运作的人力资源服务企业、集团。以各类国际、国家、省级博览会平台为重点，积极发展会展服务业。以工程机械、生产流水线、汽车、船舶、航空等融资租赁服务为重点，支持发展大型租赁公司。

四、2014 年服务业工作重点

（一）强化政策督导，优化服务业发展环境。按照全省加快服务业发展电视会议要求，围绕贯彻落实《关于加快服务业发展的若干意见》（鲁政发〔2013〕25 号），加强检查督导，进一步优化服务业发展环境。一是，按照省政府分工，抓好我委牵头落实和配合的工作。将我委牵头负责和配合的工作，分工细化到处室，明确时限、进度和责任要求，确保我委承担的工作落到实处。二是，强化督导，抓好配套政策的落实。会同省政府办公厅、监察厅对各市政府、省有关部门贯彻落实全省加快服务业发展电视会议精神和《意见》情况，组织一次专项督查活动。督促省有关部门出台配套措施，使《意见》提出的统筹规划服务业布局、加大财政投入、扩大服务业用地供给、完善峰谷分时电价政策、扩大服务业融资等政策要求，都有相应的部门配套文件来落实。督促各市政府，结合各地的实际情况，研究制定更具体的促进服务业发展的政策措施。

（二）科学实施规划引领，优化区域服务业战略布局。继续抓好全省"十二五"服务业发展规划的实施。根据中期评估情况，结合贯彻国家服务业发展"十二五"规划和省政府出台的《关于加快服务业发展的若干意见》，调整我省服务业发展重点，进一步优化服务业重点产业、各类集聚区和重点项目布局。按照省区域办关于编制"一圈一带"专项规划的分工要求，牵头组织有关部门，在充分调研的基础上，编制省会城市群经济圈和西部经济隆起带两个现代服务业发展规划。通过编制和实施服务业专项规划，引导区域服务业加快发展。

（三）推进改革开放，激发服务业发展活力。深化服务业综合改革试点工作，支持国家和省级试点单位在市场准入、对外开放和财税、土地、人才等要素支撑方面，积极进行体制机制和政策创新。借助"营改增"的税改环境，研究制定新的政策措施，深入推进企业剥离非主营业务。加强服务业标准化和品牌建设，对新获得国家驰名商标、中华老字号的服务业企业给予扶持，引导企业制定服务行业国家标准和开展国家服务业标准化试点。制定省级服务业创新团队认定办法，做好省级创新团队的认定工作，对国家和省创新团队实施的项目给予扶持。搞好服务业招商引资项目策划，扩大行业招商、园区招商、产业链招商，继续组织好鲁港服务业合作洽谈会、鲁台经贸洽谈会等境内外招商引资活动。

（四）强化载体建设，增强服务业发展后劲。一是，强化载体动态管理。对服务业重点城区、园区和企业进行一次系统的调研，找出存在的主要问题，完善"四大载体"认定和动态管理办法，建立对"四大载体"的季度调度制度，及时掌握载体发展情况。二是，引导服务业集聚发展。引导各地结合旧城改造和"退二进三"，科学规划建设服务业集聚区，实现服务业在空间、资源、人力资本的有效集中，提升服务业集约集聚发展水平。制定我省现代服务业集聚示范区培育办法。提出加强总部经济建设的意见，引导各地积极引进国内外企业总部、地区总部、采购中心、研发中心、财务管理中心和结算中心等。三是，加强重点项目管理。提高服务业项目数量在省市重点建设项目中的比重，以全省投资过亿元的服务业在建项目、国家和省扶持项目以及 200 个载体项目为重点，抓好在建服务业项目的协调和服务，加快推进项目建设进度。引导各地围绕区域特色、自身优势和产业发展基础，找准项目建设方向，策划和实施一批主业突出、核心竞争力强、产业层次高的重大服务业建设项目，围绕重点行业、重点区域发展筛选储备一批项目。以改革的精神，完善省级服务业引导资金管理办法，科学安排扶持领域，发挥"四两拨千斤"的引导作用。

（五）加强人才工程建设，强化服务业智力支撑。继续组织实施服务业千人培训工程，做好选派服务业企业青年管理干部赴美攻读 MBA 工作。鼓励省内高等院校根据服务业发展的需要，调整、增设急需的新兴服务业专业，抓紧培养一批现代服务业急需人才。大力引进服务业高端人才，落实安家落户、子女教育、医疗保障、创业发展等方面的优惠政策，并按规定纳入当地社会保障体系。支持公办的教育、医疗等公共服务机构，探索实行灵活的吸引人才、留住人才的收入分配机制。建立完善人力资源服务体系，创造科研有条件、创业有保障、干事有舞台的工作环境。对服务业发展和行业推动有突出贡献的科技专业人才给予奖励。

（六）加大绩效考核力度，激发各级发展服务业积极性。修订完善对各市、县（市、区）、省有关部门和服务业载体单位的考核办法，建立科学有效的绩效考核指标体系和奖励机制，提高考核的科学性，更好地发挥激励作用。做好2013年度全省服务业发展绩效考核工作。深入发掘各地、各行业涌现出的服务业先进典型，利用各种媒体，扩大宣传报道，推广典型的成功经验和做法，增强典型的示范带动作用。

（七）健全体制机制，夯实服务业基础工作。一是，健全服务业工作机制。建立健全与服务业发展新形势、新要求相适应的组织领导和工作推进机制，研究和协调解决服务业重大政策、规划、项目等发展中的问题。进一步强化服务业重点产业和重点工作协调推进机制，充分发挥行业中介组织的作用。二是，加强服务业形势分析。进一步提高服务业经济运行分析质量和水平，围绕全省经济社会发展的整体和大局，剖析服务业的运行和走势，特别关注重点产业、重点领域的发展趋势及热点、难点和苗头性问题，努力把问题分析透，把情况了解细，把对策建议研究实，提高科学预测能力。三是，加强服务业统计工作。会同省统计局等有关部门，加强服务业各行业主管部门和行业协会的统计工作，完善对服务业重点产业、新兴产业和服务业载体的统计，建立行业统计和运行监测分析季报制度，促进统计信息的交流与资源共享，提高统计数据的时效性和准确性。

2014 年固定资产投资管理工作思路与重点

2013 年是"十二五"规划承上启下的关键一年，也是全面贯彻落实党的十八大精神的第一年。面对复杂多变的经济形势，全省上下坚持稳中求进的工作基调，强化投资对扩大内需、稳定增长的关键作用，以提高投资质量和效益为中心，抓好计划分解落实，推进重大项目建设，强化运行监测分析，深化投资体制改革，投资运行保持平稳良好态势。

一、2013 年投资运行基本情况

1－12 月，全省固定资产投资完成 35876 亿元，同比增长 19.6%，始终保持在适度平稳增长区间内，主要呈现四个特点：

（一）投资结构调整稳步推进。全省各级按照转型发展的要求，突出重点、有保有压，合理引导资金投向，充分发挥政府投资以点带面的引导作用，带动社会资金加大对民生行业和战略性新兴产业投入力度，挖掘服务业特别是新兴服务业投资增长潜力，重点行业投资带动作用显著。从产业结构看，三次产业投资平稳协调增长，分别完成投资 645 亿元、17204 亿元和 18027 亿元，同比增长 5.2%、20.1% 和 19.7%。二产投资中，重点鼓励发展的技术改造和高新技术投资分别增长 29.1%、24%，明显高于工业投资平均增幅。三产投资占比达到 50.2%。从重点行业看，支持实体经济发展和结构调整的政策效果逐步显现，制造业投资呈现企稳回调迹象，全年完成投资 15257 亿元，增长 21%，比上半年提高 1.6 个百分点，31 个制造业行业中有 29 个实现增长。基础设施投资支撑作用明显，1－12 月完成投资 4340 亿元，同比增长 32.2%，成为带动三产投资平稳发展的重要力量。高耗能和产能过剩行业投资初步得到抑制，全年六大高耗能行业投资较去年同期回落 0.6 个百分点，其中，石油、化工、有色等行业投资增速明显放缓，较去年同期分别回落 11.6 个、16.9 个和 48.7 个百分点。从所有制结构看，民间投资活力进一步增强，1-12 月完成投资 28998 亿元，增长 20.8%，比国有投资增速高 4.6 个百分点，占全部投资比重的 80.8%。民间资本在制造业、房地产和批零餐饮等传统优势行业投资稳步扩张，占全部投资的比重分别达到 92%、85%、94% 和 90%，在信息、金融、新闻出版等新兴领域占比分别同比提高了 6 个、5 个和 8 个百分点。

（二）项目建设支撑作用明显。全省各级把项目建设作为稳增长的重要抓手和推动"转调创"的重要载体，不断强化项目筛选储备机制，完善调度通报制度，筹措落实建设资金，加快项目前期工作，推动项目建设顺利实施。一是新开工项目增势良好。2013 年全省新开工项目计划总投资 33120 亿元，增长 23.5%，其中，亿元以上新开工项目计划总投资同比增长 36.3%，占全部新开工项目规模的 62.4%，大项目带动作用明显。二是省重点建设项目成效显著。100 个省重点项目全年完成投资 773 亿元，完成年度计划的 107.3%，50 个新开工项目全部开工，43 个项目实现全部或部分投产，产生了较好的经济社会效益。三是省重点调度建设项目加快推进。截至 12 月底，780 个"十二五"规划重点项目开工建设 692 个，累计完成投资 10692 亿元；200 个省服务业载体项目和 269 个省级战略性新兴产业项目分别完成年度投资计划的 102.7% 和 119.3%。潍日高速、济南至东营高速等四条高速公路项目开工建设，胶东调水主体工程基本完工，具备试通水条件，省美术馆等一批社会民生项目竣工并投入使用，重大项目对投资发展的支撑作用和结构调整的示范作用进一步显现。

（三）建设资金来源保障稳定。今年以来，全省积极应对货币政策调整，加快政策调整的效应传导，引导信贷资金加大对实体经济和服务业等重点行业的支持力度，增加中长期贷款投放，拓展直接融资等多种资金筹措渠道。截至 12 月末，中长期贷款比年初增加 2489.4 亿元，占全部新增贷款的 49.5%，同比提高 42.8 个百分点；全省共发行企业债券 25 支，发行规模 245.3 亿元，企业资金筹措渠道进一步拓宽，总体上资金落实和到位情况较好，基本保证了项目建设需要。截至 2013 年底，到位资金 41729 亿元，是完成投资的 1.2 倍，增长 22.1%。从资金来源看，自筹资金继续保持较快增长，到位 30283 亿元，增长 22.9%，占本年资金来源的 77%，仍是项目建设资金的主要来源，企业自主投资的能力持续增强；其中，企业自有资金 7904 亿元，同比增长 11.6%，占本年资金来源的 20%。国内贷款到位 3908 亿元，增长 22.9%，较去年同期提高 12.4 个百分点。

（四）房地产市场运行总体平稳。抓好国家房地产调控政策的贯彻落实，加大保障性住房建设投入力度，加快推进棚户区改造，增加有效住房供给，房地产开发投资保持平稳发展。1－12 月，房地产开发完成投资 5445 亿元，增长 15.6%，同比提高 1 个百分点，比上半年、三季度分别提高 1.5 和 1.8 个百分点。受刚性需求释放等因素影响，住房销售转好，截至年底，商品房销售面积 10330 万平方米，增长 19.7%，增速比去年同期提高 29.6 个百分点，今年以来增速保持平稳。待售面积 2801 万平方米，增长 27.2%，增速比去年同期回落 25 个百分点，住房去库存压力进一步缓解。保障性安居工程超额完成全年建设任务，1－12 月全省开工各类保障性安居住房 28.29 万套，开工任务完成率 120.1%；连同往年结转项目基本建成 24.61 万套，完成任务目标的 144.8%。

二、2014 年投资运行面临的形势分析

2014 年是完成"十二五"规划任务目标的关键一年，保持投资平稳增长的压力进一步加大，推动结构调整和体制改革的任务更加繁重。投资运行既面临重要历史机遇，也面临诸多风险挑战，需要认真加以分析，科学合理确定增长目标。

（一）2014 年投资运行面临的有利机遇。一是经济运行的宏观背景继续趋好。从政策层面看，国家将继续坚持稳住宏观、放活微观，实施积极的财政政策和稳健的货币政策，用政策红利释放经济发展潜力，特别是十八届三中全会提出支持非公经济发展、进一步简政放权、完善金融市场、深化税制改革等一系列系统性、针对性、协同性很强的政策措施，有利于进一步激发市场活力，增强投资者信心，完善投资增长的内生动力，带动投资实现适度平稳增长。

二是重大战略实施和转型升级继续拓宽投资空间。随着全省区域发展战略深入实施，"蓝黄"两区进入项目大建设、大投入的规划中期，现代海洋和高效生态产业体系逐步构建，"四区三园"、四大临港产业区等特色园区集中推进。"一圈一带"区域发展战略正式启动，"经济圈"信息、新能源、装备等产业集群，"西部带"能源、化工、农副产品加工等产业基地加快建设，特色鲜明、功能互补的区域发展战略将为我省投资增长带来较大空间。另一方面，今年以来，围绕

转型升级，国家在养老服务业、信息消费、节能环保、城市基础设施等重点领域，密集出台了一系列推进加快发展的相关政策，这将有效激发社会投资热情和潜力，有利于培育新的投资增长点。

三是项目建设储备继续提供有力支撑。全省一批重大基础设施项目明年将加快推进，济青高速扩容、东阿至聊城等 16 个高速公路项目力争明年开工建设，德大铁路、山西中南部铁路通道等 4 个铁路项目和岚山港区 30 万吨级原油码头扩建工程等 10 个港口项目将建成投产。据测算，1－12 月，全省建设项目计划总投资 5.8 万亿元，约有 2.5 万亿投资规模结转到 2014 年，其中的大部分将在明年集中完成，为明年投资增长奠定良好基础。同时，项目储备不断完善，根据调度的情况，目前各市按照结构调整的方向和要求，初步筛选调度储备了 6000 多个重大建设项目，这些都将为保持投资后续增长提供有力支撑。

（二）2014 年投资运行面临的主要困难。一是有效需求动力不足。从外需看，主要出口市场未有大的起色，外需疲弱短期内难以缓解。美国经济全面复苏仍需时日、欧元区国家普遍面临经济紧缩、新兴经济体经济增速有所放缓。国际经济环境中不确定、不稳定因素依然较多。从内需看，传统消费增速大幅回落，新的消费热点还不够突出，国内房地产调控难度加大，稳增长、调结构的任务依然艰巨。

二是统筹结构调整和投资增长压力较大。产能过剩和高耗能行业投资虽然初步得到抑制，但高耗能行业投资仍维持高位运行，过剩产业产能利用率仍然不足，过剩产能化解还需要持续一段时间。这是我省"腾笼换鸟""凤凰涅槃"，推动转型升级必然经历的过程，但在客观上势必影响相关行业投资潜在增长率，压缩投资增长空间。目前新兴产业发展虽保持较高投资增速，但规模总体偏小，高新技术产业投资仅占全部投资比重的 15.9%，短期内难以弥补高耗能、过剩产能行业投资回落造成的缺口，增加了明年投资增长的压力。

三是企业投资动力不足。我省大部分传统产业普遍面临生产成本上升，企业降本增效难问题，一方面，受原材料和劳动成本上涨影响，2013 年全年，全省规模以上工业主营业务成本同比增长 14.1%，高于主营业务收入增幅 1.6 个百分点，生产经营压力较大，影响了企业投资能力。另一方面，民间投资有效领域还不多，主要集中在制造业、房地产以及传统服务业领域，资源开发、基础设施领域民间投资占比仍然较低，活力不足。

四是房地产开发投资增长压力较大。今年以来房地产虽实现较快增长，但主要是消化前期住房库存，房地产开发投资并未呈现明显回升迹象。企业市场预期不稳定，信心不足，明年保持房地产开发投资平稳增长压力较大，在一段时间内将呈现低位徘徊态势，对保持三产投资乃至整个投资平稳增长产生一定影响。

三、2014 年投资工作思路和计划安排重点

2014 年投资管理的工作思路是：认真贯彻党的十八大、十八届三中全会和省第十次党代会精神，全面落实习近平总书记对山东发展的新要求，牢牢把握主题主线和稳中求进的总基调，坚持以质量和效益为中心，坚持"投速、投量、投向、投效"的有机统一，深化投资体制改革，强化投资调控引导，加大社会民生、农林水利、交通能源、战略性新兴产业、现代服务业等关键领域和薄弱环节投入，提升民间投资发展水平，努力保持适度的投资增速，稳步扩大投资规模，逐步建立完善投资内生性增长机制，促进全省经济社会又好又快发展。

2014 年计划安排全社会固定资产投资 4.2 万亿左右，增长 17% 左右，拟安排八个重点投资领域完成投资 3.6 万亿元，增长不低于 18%。具体领域情况如下：

一是现代服务业。大力发展新型服务业，着力引导资金投向金融保险、现代物流、科技信息、商务服务、社区服务、农村服务等重点产业，保持房地产开发投资合理增速，努力推动服务业企业和重点项目建设实现新突破，促进服务业实现跨越发展。

二是社会民生和文化建设。坚持基本公共服务均等化的发展方向，积极推进文化产业繁荣发展，加大文化、卫生、旅游、教育和社会服务管理体系建设的投入力度，全力推进保障性安居工程建设，进一步提升社会保障能力。

三是农林水利项目建设。加大以水利为重点的农村基础设施建设投入力度，突出抓好千亿斤粮食产能建设，加快推进农业十大产业振兴规划实施和水系生态建设，夯实农业平稳增长的基础，切实改善农村民生。

四是高新技术产业。突出发展战略性新兴产业，重点加大"四新一海"产业投入，加强创新平台建设，突出抓好一批特色园区发展，推动高技术产业规模化、集群化发展。

五是工业结构调整和技术改造。实施六大传统产业转型升级指导规划，抓好

一批共性关键技术、适用技术的研发利用，加大传统行业技改投入力度，培育新的工业经济增长点。优化重组骨干产业，化解严重过剩产能，加快推进钢铁产业结构调整试点。

六是能源工业。加大重点电源项目建设投入，优化电源布局结构，推进"外电入鲁"战略，加强智能电网和农村电力设施发展，加快推进清洁能源开发利用，逐步建立完善现代能源产业体系。

七是交通运输体系建设。加大省内公路连接线、疏港公路、大型专业化码头、内河航运、机场建设等重点投入，打造区际、城际、城市、城乡四级层维的综合交通运输网络，强化推进综合交通枢纽建设，进一步提升运输通过能力和保障水平。

八是城建环保建设。围绕推进城乡统筹协调发展，加强供排水、燃气、供热和污水垃圾处理等城镇基础设施和环境建设，推进城镇基础设施一体化进程。加大节能技术改造投入力度，加快发展循环经济。

四、做好 2014 年投资工作的措施和建议

（一）努力保持投资适度平稳增长。充分利用国家积极的财政政策和稳健的货币政策，确保投资实现平稳增长，发挥拉动作用。一是抓好任务目标分解落实。按照年度计划、投资结构调整方向和工作重点，把任务目标分解落实到有关领域，落实到专项规划和具体项目上，强化跟踪监测和调度分析，确保投资计划目标的完成。二是抓好项目储备管理。继续储备一批符合国家产业政策，对我省经济发展、结构调整和财源培植起重要作用的大项目好项目，充实完善项目库，为明年新开工项目搞好接续。完善项目调度管理，健全省重点建设项目调度通报制度，尽快出台重点项目申报管理和调度推进两个暂行办法。建立项目筛选和管理长效机制。三是保持房地产投资平稳发展。建立市场配置和政府保障相结合的住房制度，构建以政府为主提供基本保障、以市场为主满足多层次需求的住房供应体系，抓好保障性安居工程建设，大力发展公共租赁住房，推动公共租赁住房和廉租住房并轨建设，加快实施各类棚户区改造，切实增加有效供给，逐步建立和完善房地产市场调控的长效机制。

（二）加快投资结构调整。按照习近平总书记对山东提出"腾笼换鸟""凤凰涅槃"的指示精神，发挥投资结构调整对加快我省转型跨越和区域经济发展的

重要作用。一是加快传统产业升级改造。组织实施好《六大传统产业转型升级指导计划》，加快轻工、纺织、机械、化工、冶金、建材行业转型升级，加大技术改造和创新投入力度，延长产业链条。认真执行国家化解严重产能过剩有关规定，严格要素供给和投资管理，坚决抑制高耗能和产能过剩行业盲目扩张和重复建设。二是加大战略性新兴产业投入力度，加快推进 10 个战略性新兴产业示范基地建设，完善公共基础设施、提高技术创新能力、增强支撑服务水平，吸引高端技术、高端项目、高端人才加速向示范基地集聚。集聚优势资源，发挥各类政府产业扶持、结构调整资金和服务业引导资金作用，加大对服务业特别是信息服务、物流、教育培训、研发设计、文化创意、养老服务等新兴服务业投入力度。三是加强城镇基础设施建设。围绕改善民生、投资拉动效应明显的重点领域，提高以人为核心的新型城镇化质量，加大对城市道路、城市管网、污水垃圾处理等城市基础设施建设投入力度，全面提升城市基础设施水平，增强城市综合承载能力。加强小城镇和农村基础设施建设，推进基本公共服务均等化。

（三）科学选好省重点建设项目。一方面突出导向，紧紧围绕全省发展定位、发展途径和发展重点，发挥好重点项目的导向作用，进一步优化投资方向，调整投资结构，提高投资效益。完善月调度月分析季通报制度。细化调度内容，及时准确掌握项目建设进展情况。另一方面强化带动，坚持创新驱动，引导产业集聚，突出发展特色，不断拓展重点项目涵盖范围，强化对转型升级的带动。在领域安排上，主要涵盖基础设施、服务业、战略性新兴产业、节能环保、现代农业、工业结构升级和社会民生等方面；在区域安排上，进一步扩大县域覆盖面，支持县域经济特色化、差异化发展，引导优势产业向园区聚集；在投资主体选择上，支持民营经济发展，形成投资主体多元化、资金来源多渠道的市场化建设格局；在安排方式上，引入专家评审机制，为项目审核确定提供依据，使项目安排更加科学严谨、客观公平；在建设管理上，确保项目审批手续齐全，建设条件落实，能按计划开工建设。

（四）有效拓宽资金来源渠道。充分发挥政府资金的引导作用，加快建立多元化、多层次、多种形式的融资市场，吸引各类社会资本加大投入力度。一是管好用好政府性资金。继续做好中央预算内资金争取工作，改进省级政府专项资金的管理使用方式，强化规划引导和标准制定。加大向"三农"建设、医疗卫生、教育等社会事业和社会管理领域倾斜，加强基础设施投入，支持自主创新能力建设，推动重点区域发展，切实提高政府投资效益。二是推动开展多种形式的银企合作。加强产业政策、信贷政策的协调配合，鼓励商业银行扩大贷款规模，创新金融产品，优化信贷结构，增加贷款投放。引导金融机构加大对中小企业支持力度，逐步缓解信贷供求矛盾。三是扩大直接融资规模。加快发展全省股权交易市场，引进培育种子基金、风险投资基金、私募股权基金、产业投资基金和各类资产管理公司，鼓励引导更多企业通过上市、发债、私募等直接融资渠道筹措资金，提升直接融资比重。四是激发民间投资活力。进一步明确和畅通民间投资进入重点行业领域途径和渠道，创新投资方式，为民间投资进入提供多种选择，尽快在金融、铁路、资源开发、公用事业等领域向民间资本推出一批符合产业导向，有利于转型升级的项目，形成示范带动效应。

（五）积极推进投资体制改革。进一步转变政府职能，解决好政府与市场、政府与社会的关系，使市场在资源配置中发挥决定性作用。一是扎实做好简政放权工作。认真做好取消和下放的审批事项的落实和承接工作，加快政府核准的投资项目目录修订，再取消和下放一批投资审批事项。进一步完善企业投资项目核准和备案管理，最大限度地缩小省级审批、核准、备案范围，下放管理层级，切实减少政府对企业投资活动的干预，努力创造国内领先的营商环境。二是加强和改进投资管理。加快项目决策科学化、民主化进程，建立完善重大项目社会稳定风险评估机制，继续推进政府投资项目代建制，研究制订省级重大建设项目决策咨询暂行办法，规范和减少自由裁量权。三是加强投资监管，结合"阳光审批、勤廉改发"系统建设，建立全省投资项目管理信息平台和重大建设项目库。着眼于投资的全过程管理，坚持调控和监管同步强化，加快投资法规建设，引导和规范市场主体行为。

2014 年重点建设项目管理工作思路与重点

一、2013 年省重点建设项目进展情况

2013 年，各级各部门积极作为，落实工作责任，细化推进措施，破解要素制约，加强协调服务，优化建设环境，着力促进省重点建设项目早开工、速建设、快见效。

全年共安排 100 个省重点建设项目，总投资 2593 亿元，年度计划投资 720 亿元。全年完成投资 773 亿元，完成年度计划的 107.3%。50 个新开工项目全部开工建设，完成投资 242 亿元，完成年度计划的 110%，50 个续建项目完成投资 531 亿元，完成年度计划的 106.2%，43 个项目全部或部分建成投产。

11 个基础设施项目完成投资 275 亿元，完成年度计划的 101.6%。青岛北客站正式运营，实现列车始发终到，青荣城际铁路开工建设 305 公里，山东 LNG 项目 2014 年达到接气条件。

20 个服务业项目完成投资 88 亿元，完成年度计划的 114.2%。济宁美恒国际汽车城 11 万平方米商铺投用，已入驻商户 400 余家，直接解决就业 2000 余人；潍坊昌邑柳疃棉纺织品物流中心 10 万平方米货运仓储中心投用，推动当地纺织产业集群发展；台儿庄古城非物质文化遗产观光园项目非遗博览会展中心基本完工。

8 个社会民生项目完成投资 43 亿元，完成年度计划的 105%。省会文化艺术中心一院三馆项目投入使用，保障了"十艺节"的顺利举办，成为省会一道靓丽的文化名片，提升了我省公共文化设施水平；菏泽曹县商都文化中心项目戏曲文化交流中心主体已完工，木艺展览馆正进行内外装修。

23 个战略性新兴产业项目完成投资 153 亿元，完成年度计划的 113.6%。潍坊恒联玻璃纸绿色纤维素膜项目生产工期由传统化学法的 3 天缩短为纯物理过程的 1 小时，目前已生产销售绿色纤维素膜 6500 吨，实现销售收入 1.6 亿元；聊城太平洋光纤光缆实现产业化，将积极促进电力网、电信网、电视网、互联网"多网融合"建设；青岛明月海洋生物科技园项目，已形成年产海藻酸盐 1.2 万吨、海藻生物肥 5000 吨的能力，实现海藻产业链价值整体提升。

15 个资源节约和生态保护项目完成投资 95 亿元，完成年度计划的 107%。济南水生态文明建设一期工程，玉清湖引水工程主体完工，具备试引水条件；济宁润峰新能源锂离子电池开始试车，将进一步推动锂离子动力电池产业化，为电动汽车产业的发展提供有力支撑；聊城泉林秸秆制浆造纸综合利用项目，10 万吨文化纸正在安装调试设备，20 万吨麦草浆车间主体完工，该项目依托企业自主研发的秸秆清洁制浆及废液制肥资源化利用技术，实现了秸秆清洁制浆造纸技术的重大突破。

9 个现代农业项目完成投资 31 亿元，完成年度计划的 117.7%。潍坊华盛育种育苗中心 10.2 万平方米智能日光温室和绿色大棚投入使用，培育蔬菜种苗 2000 万株、种子 50 吨，选育的蔬菜良种品质达到或超过进口种子，有效降低农民用种成本，带动农业科技实力提升；菏泽尧舜牡丹产业化项目充分利用牡丹花、花粉、籽、根、枝叶等开发系列食品、药品、日化产品，进一步提高了牡丹附加值，带动当地农民增收致富。

14 个工业结构升级项目完成投资 88 亿元，完成年度计划的 108.5%。日照现代派沃泰自动变速箱项目全部投产，已生产销售自动变速箱 4.3 万台；淄博赫达年产 4000 吨医药级纤维素醚已投产，采用具有自主知识产权的新工艺，清洁生产度高，能源消耗低；聊城时风玉米联合收割机试生产，产品广泛适用于我国农村市场，填补国内空白。

二、2014 年重点建设项目总体思路和要求

2014 年省重点项目建设管理工作，全面贯彻党的十八大、十八届三中全会精神，深入贯彻习近平总书记系列重要讲话精神，认真落实省委、省政府重大战略部署，把改革创新贯穿于重点建设项目管理工作各个环节，坚持高点定位，推动转方式调结构促升级，着力保障和改善民生，切实提高发展质量和效益，强化

要素保障，推进高效管理，优化建设环境，着力发挥重点项目对转型发展的引领作用，对区域发展的带动作用，对经济文化强省建设的支撑作用。要着力做到四个突出：

一是突出支撑带动。紧紧围绕全省发展理念、发展定位、发展动力、发展途径，切实选好、管好、建好一批事关经济社会发展大局的大项目好项目，实现高端引领、高位谋划、高效突破，切实增强省重点建设项目的支撑带动作用，争创转型发展新优势。

二是突出规划引领。与"十二五"规划、"两区一圈一带"区域发展规划密切衔接，根据功能定位、资源禀赋、产业基础，统一布局重大基础设施、重大产业、重大社会民生项目，形成优势突出、特色鲜明、科学合理的区域发展格局，防止小而散、大而全，避免产业雷同。

三是突出可持续发展。坚持创新驱动，综合运用自主创新、引进消化吸收再创新、集成创新等多种创新方式，用高端人才、先进技术引领产业升级。通过"腾笼换鸟"，将有限的土地资源、环境容量、建设资金等要素资源优先配置给技术先进、土地集约节约利用、资源能源消耗少、环境影响小、经济社会效益高的大项目好项目。

四是突出管理高效。建立完善重点项目管理制度，提高信息化支撑能力，实施全过程管理，使重点建设项目管理科学规范、流程公开透明、服务快捷高效、保障到位有力，推动重点项目早开工、速建设、快见效。

三、2014 年重点建设项目管理工作措施

（一）围绕转型升级，科学选好项目。2014 年省重点项目筛选安排，认真落实省委十届七次、八次全会部署，按照新一轮转型发展、提质增效的要求，加快推进产业高端高质高效发展，区域协调联动特色发展，着力保障和改善民生。在安排领域上，主要涵盖能源交通、服务业、社会民生、农林水利、战略性新兴产业、生态环保、工业转型升级等领域；在安排区域上，进一步扩大县域覆盖面，支持县域经济特色化、差异化发展，引导优势产业向园区聚集；在投资主体上，支持民营经济发展，形成投资主体多元化、资金来源多渠道的市场化建设格局；在安排方式上，引入专家评审机制，为项目审核确定提供依据，使项目安排更加科学严谨、客观公平；在建设管理上，要求项目审批手续齐全，建设条件落实，

能按计划开工建设。

（二）强化调度调研，推动顺利实施。调度调研是加强重点项目管理、推动项目实施的重要抓手，也是宣传重点项目、争取各级支持的重要渠道。要进一步完善月调度、月分析、季通报制度，每月一调度，每月一分析，每季度进行通报。要着力提高调度分析质量，切实增强时效性和实用性，进一步丰富调度内容和项目信息，在调度数字、文字的基础上，增加建设现场照片、视频等影像资料。要加强现场调研，及时掌握重点项目进展情况，发现苗头性和共性问题，提出项目推进的措施建议，推动项目顺利实施。要及时宣传重点项目建设成果和对转型发展的带动作用，及时总结各级各部门推进重点项目建设的经验做法，营造浓厚的建设氛围。

（三）强化协调服务，营造良好环境。进一步加强对重点建设项目管理工作的组织领导，严格落实责任，强化服务意识，为重点项目建设创造良好环境。要加快政府职能转变，及时、合规完成各项行政许可、审批事项。各市要进一步落实重点项目用地分类保障制度，对省里安排的重点建设项目用地指标，要确保专项使用、落到实处，对需要市里配套或者全部保障土地供应的，要确保落实到位。要进一步拓宽融资渠道，积极搭建政银企合作平台，引导信贷资金优先支持重点项目建设，支持符合条件的省重点项目通过上市、发行企业债券、短期融资券和中期票据等进行直接融资。

（四）建立省重点建设项目库，实行全程管理。建立"十二五"省重点建设项目库，将"十二五"期间各年度省重点建设项目纳入项目库，改变以前重点项目只管一年的做法，解决重点项目管理中出现的"重申报轻管理"的问题，对重点项目实行跟踪问效、全程管理。每季度对库内项目进展情况进行调度，项目建成投产后，由各市和省直有关部门及时组织总结，省里组织专家进行核查。

（五）强化投资监管，提高投资效益。严格政府投资项目管理，进一步完善专家咨询评估机制，确保项目技术先进实用，工程投资科学合理。项目单位不得随意扩大建设规模、调整建设内容、提高建设标准、增加建设投资。认真做好代建制项目的监管工作，及时总结项目代建制的经验做法，进一步完善代建制运行程序，明确各方责任，严格工程变更和投资调整，跟踪了解项目建设进度，协调解决存在的问题，确保项目投资控制在批复范围内，切实提高政府投资效益。

（六）强化招投标监管，规范招投标活动。加强招标投标监管，依法核准建设项目招标事项，加强对不招标、邀请招标、自行招标等项目的审核，进一步规范招标投标行为；推进招标投标信息公开，及时在网上公示项目名称、招标范围、招标组织形式、招标方式等内容。做好中央投资项目招标代理机构日常管理，认真组织资格认证申报工作，及时做好年检及重大事项变更。做好我省贯彻实施《电子招标投标办法》工作，各级各部门要加强宣传培训，进一步细化实施方案，落实工作责任，保障电子招标投标系统建设的顺利实施，促进我省招标采购市场健康发展。

（七）强化系统建设，提高管理水平。巩固党的群众路线教育实践活动成果，进一步加强重点项目管理队伍建设，着力提高政治素质、业务水平和工作能力。采取多种方式，加强对重点项目管理人员的培训，组织到外省市学习先进经验做法，加强市地间的交流，不断更新管理理念，创新管理方式，完善管理手段，推进重点项目管理的现代化、科学化、规范化。

2014 年商品流通调控工作思路与重点

一、2013 年贸易流通基本情况

2013 年，全省上下认真落实国家宏观调控政策和省委省政府重大决策部署，坚持稳中求进的工作总基调，着力稳增长、调结构、促改革、惠民生，积极应对世界经济复苏缓慢、国内经济下行压力较大的严峻形势，扩大消费、促进外需、搞活流通、保障供应，贸易流通呈现消费平稳增长、重要商品供求基本平衡、流通现代化步伐加快的发展态势。

（一）消费需求基本平稳。2013 年，全省实现社会消费品零售额 21744.8 亿元，增长 13.4%，增幅同比回落 1.6 个百分点；扣除价格因素，实际增长 11.8%，回落 1.4 个百分点。消费趋缓的主要原因是由于经济增速放慢，收入增速放缓，居民消费需求减弱，政府和社团消费大幅下降。消费对经济增长的贡献率总体保持稳定。主要运行特点：一是月度增幅波动不大。社会消费品零售额月度增幅在 12.7%–13.4% 之间，相差不到 1 个百分点。二是重点领域消费呈旺势。限上企业汽车销售收入增长 13.3%，提高 3 个百分点。商品房销售面积增长 19.7%，提高 29.6 个百分点，与住房相关的建筑及装潢材料类、家电和音像器材类、家具类等销售分别增长 22.5%、17.5%、14.1%。文化、信息类消费增长较快，书报杂志类增长 27.8%，通讯器材类消费增长 16.9%。全年旅游总收入增长 14.7%。三是新型流通和消费方式发展迅速。随着信息技术的发展、互联网的普及、网络消费持续升温，电子商务、连锁经营等新型业态加速发展。全年电子商务交易额突破万亿元大关，同比增长 30%。

（二）重要商品市场基本平稳。落实国家补贴和购销政策，强化储备管理和调节，利用国际资源弥补产需缺口，粮棉等市场供求基本平稳。粮食：发放直接补贴、农资综合补贴资金 78.6 亿元。粮食总产 4528.2 万吨，实现"十一连增"，当年省内产需总量平衡有余；落实收购政策，粮食购销顺利。下达省级储备粮轮换计划 16.5 万吨，落实粮食跨省移库计划 174 万吨，获得小麦、大米、玉米进口配额 75.5 万吨，进口粮食 2797.4 万吨，增强了调控市场物质基础；做好重大节日、重点地区粮油市场供应，应急保障能力进一步增强。小麦收购均价 2.54 元/公斤，同比上涨 14.4%；玉米收购均价 2.28 元/公斤，上涨 0.3%。棉花：2013 年度，全省棉花总产 62.1 万吨，需求 400 万吨左右，产需缺口较大。落实收储政策和储备棉销售政策，引导加工企业交售储备棉 52.4 万吨、纺织企业竞买储备棉 100 多万吨，313 家骨干纺织企业获得棉花配额 92.7 万吨，既保障棉农利益，又满足纺织用棉需要；全年籽棉均价 4.4 元/斤，皮棉均价 19000 元/吨。化肥：全省化肥产量 826.3 万吨（折纯），增长 1%；落实化肥淡储制度，165 万吨国家级和 20 万吨省级淡储计划执行到位，通过淡季储备与正常经营相结合的市场化调控机制，保障农业用肥需要；支持大型农资企业发展现代物流、构建连锁经营网络，健全化肥现代流通体系。全年尿素、复合肥、二铵平均批发价格为 1890 元/吨、2502 元/吨、3127 元/吨，比上年下降 14.3%、14.9%、8.7%。蔬菜：推动济南、青岛等大城市完善蔬菜储备制度，健全调控机制，落实储备 2.8 万吨，补助资金 1100 万元，对稳定冬春季节蔬菜市场发挥重要作用。

（三）流通现代化进一步推进。通过优化政策环境，强化规划引领，加大政府投入，降低流通成本，提高物流效率。一是政策环境改善。落实促进物流业健康发展的意见，出台降低流通费用提高流通效率综合实施方案，推进营业税改增值税试点，降低费用和税负，物流业扶持力度进一步加大。二是规划引领作用强化。继续实施现代物流、涉农物流等专项规划，一批重点项目建成发挥示范引导作用；济南、青岛、烟台、潍坊、临沂、菏泽、日照等 7 市纳入《全国物流园区发展规划》，其中，济南、青岛为一级物流园区布局城市，其他 5 市为二级物流园区布局城市；启动全省物流园区发展规划、棉花现代物流发展规划编制工作。三是资金投入加大。中央和省级预算资金投资 6 亿元，重点扶持现代物流、农产品冷链等 140 个项目建设，拉动社会投资 400 亿元。全省完成社会物流总额 17.1 万亿，增长 14.1%；物流业增加值 4024.8 亿元，增长 8.2%；物流业投资 3618.1 亿元，增长 25.7%。

二、2014 年贸易流通发展环境趋势分析

2014 年，全省上下认真学习贯彻落实党的十八大、十八届三中全会精神，加大改革开放力度，激发市场主体活力，宏观经济将继续呈现稳中向好的发展态势；全球经济保持温和复苏，总体上略好于 2013 年；促进消费、搞活流通、支农惠农的政策力度将进一步加大，2014 年，我省消费需求将保持平稳较快增长，重要商品基本平衡，现代流通业呈较快发展态势。

（一）消费需求迎来加快发展机遇。一是国务院相继出台了促进信息消费扩大内需、加快发展养老服务业、促进健康服务业发展、限制公款消费等政策措施，对于增加供给、优化消费结构、扩大消费总量将起到重要推动作用，我省正在抓紧制定实施意见，加快培育消费热点，促进消费政策不断完善、力度加大。二是新型城镇化将带动消费快速增长。即将出台全国新型城镇化建设规划，着力推进以人为核心的新型城镇化，城乡居民养老保险并轨，收入改革力度加大，将释放巨大内需潜力。全省新型城镇化规划已启动，作为扩内需重要载体，新型城镇化将为消费增长提供需求支撑。三是消费环境改善。2014 年实施的新《消费者权益保护法》，实行举证责任倒置，消费者合法权益保护力度将加大；理顺食品药品管理体制，市场秩序监管长效机制逐步建立；编制社会信用体系建设规划，推动建立统一信用信息平台，将促进诚信经营、诚信消费。政府和社团消费减少的翘尾因素基本消除，消费需求将保持平稳增长。

（二）现代流通业发展将提速。从国家层面看，中央领导高度重视现代物流业、流通方式创新发展，通过视察临沂物流、阿里巴巴集团及座谈会等，明确今后发展方向和重点；国务院及相关部委出台了《关于促进物流业健康发展政策措施的意见》《关于深化流通体制改革加快流通产业发展的意见》《降低流通费用提高流通效率综合工作方案》《全国物流园区发展规划》等，正在编制《全国物流业发展中长期规划》，推进国内贸易流通体制改革，政策环境进一步优化。从省层面看，省政府出台的《关于加快服务业发展的若干意见》，把物流业列为服务业十大发展重点之一，从投入、土地、融资、改革开放等方面支持物流业发展；印发的《降低流通费用提高流通效率综合实施方案》，将减轻税费负担，促进物流业发展；出台的《加快现代流通业发展的意见》从强化规划引领、完善用地保障、落实税收政策、加大财政支持强化融资支持、改进管理效能等方面提出

了促进流通业发展的政策措施。这将有力促进流通业发展，增强其对经济运行的支撑作用。从发展阶段看，综合运输网络进一步完善，多式联运进一步发展，逐渐向"无缝衔接"过渡；以信息技术为代表的新技术在流通领域得到广泛推广与运用，电子商务在繁荣市场、扩大消费、降低物流成本、提高流通效率等发挥着重要作用，正在改变传统流通、消费方式，引领商业模式创新。2013 年，我国电子商务交易额超过 10 万亿元，比 2012 年增长 25% 以上，超过美国成为世界第一。

（三）粮棉等重要商品供求将保持基本平衡。党的十八届三中全会决定明确提出，完善农产品价格形成机制，注重发挥市场形成价格作用，国家将陆续出台有关粮食、棉花、食盐等重大改革举措，调控手段更加丰富、措施更加灵活；国家对粮食安全问题高度重视，在全国粮食连续多年增产的背景下，2013 年中央经济工作会议明确要求，把切实保障粮食安全作为 2014 年经济工作的主要任务，进一步调动了各地粮食生产的积极性，如无大范围的极端天气，今年粮食生产有望继续丰收。我省粮食总产实现"十一连增"，粮食、蔬菜、化肥等重要商品储备制度进一步完善，在需求平稳增长的情况下，重要商品市场有望继续保持基本平衡。

经贸流通面临的问题和困难：一是扩大消费的基础不稳固。受制于经济增速回落，居民收入增长放缓；住房、教育、医疗等刚性消费价格处于高位，社会保障能力较弱；流通等基础设施建设滞后，消费信贷对消费热点培育、需求结构升级推动力度不足，制约消费因素短期内难以消除。二是粮棉等重要商品市场调控更加困难。我省棉花连续减产，产需缺口逐年扩大；粮食尽管连年增产，但存在结构性矛盾。棉花收储政策难以为继，粮食最低收购价走高，国际国内市场粮棉价格倒挂，我省纺织业、粮油加工等企业对进口粮棉和省外资源依赖大，平衡省内供求难度增加。三是新型流通方式发展严重滞后。先进省市通过实施电子商务发展规划、安排专项资金等支持电子商务加快发展。我省尚未出台电子商务发展规划或指导意见，统计体系和数据缺乏，支持新型商业模式发展的政策有待配套完善。

四、2014 年贸易流通发展思路和重点

2014 年，我省贸易流通发展的基本思路是：以科学发展观为指导，深入贯

彻落实党的十八大、十八届三中全会精神和省委、省政府的决策部署，扩大对内对外开放，推进内外贸体制改革，加快构建开放型经济新体制，以培育消费热点和营造安全消费环境为重点，扩大消费需求；以收储调控和储备调节为重点，稳定重要商品市场；以创新流通方式和物流设施建设为重点，推进流通现代化，着力增强贸易流通对全省经济的拉动作用。

（一）多措并举，扩大消费需求。一是提高居民收入，增强居民消费能力。推进收入分配制度改革，制定出台我省实施意见；完善工资正常增长机制，提高最低工资标准；实施积极就业政策，全面落实新一轮促进就业创业的政策措施，做好高校毕业生、城镇困难人员、农民工等群体就业创业工作，推动城乡居民收入普遍较快增长。二是完善社会保障体系，消除居民消费后顾之忧。坚持广覆盖、保基本、多层次、可持续的方针，以社会保险、社会救助、社会福利为基础，以基本养老、基本医疗、最低生活保障制度为重点，提高社会保险统筹层次，促进包括农民工在内的养老、医疗、失业等保险关系跨区域转移接续，加快完善社会保障体系。三是增加有效供给，创造消费需求。引导企业加大创新研发力度，改善商品和服务结构，满足居民多层次、个性化物质需求和精神文化需要，通过生产、服务创造需求。四是改革户籍制度，培育新的消费群体。以推进新型城镇化为契机，加快户籍制度改革，放宽城市户口落户限制，积极实施"农民工市民化"工程。五是完善消费政策，培育新消费热点。制定促进健康、养老、信息等消费的实施意见；落实带薪休假制度，促进文化娱乐、旅游休闲、体育健身、教育培训等持续保持消费旺势；鼓励节能建材、家电及新能源汽车等绿色、低碳消费；改进消费信贷服务，简化环节和手续，创新消费信贷品种。六是强化市场监管，改善消费环境。编制实施全省社会信用体系建设规划，制定社会信用体系建设办法。建立健全商品质量追溯体系，大力宣传普及新的《消费者权益保护法》，完善市场秩序监管长效机制，营造安全、放心的消费环境。

（二）综合运用调控手段，做好重要商品总量平衡。健全粮棉等重要商品收购、储备、计划、进出口等宏观调控体系，做好保供稳价。一是执行好收购政策。组织实施小麦最低收购价执行预案、棉花购销政策，落实粮棉宏观调控措施，确保粮棉购销顺利。二是强化储备调节。完善粮食、猪肉、蔬菜、化肥等储备制度，健全调控机制，确保储备数量真实、质量可靠、储存安全，需要时调得出、用得上。三是改进计划管理。推进食盐流通体制改革，搞活食盐流通，保障食盐市场供应。四是加强重要农产品进口管理。完善配额管理办法，严格申报条件、标准及程序，争取粮食配额 50 万吨、棉花配额 100 万吨，引导企业统筹国内外两个市场，弥补省内产需缺口。五是做好市场应急保障。完善重要商品应急预案，确保重大事件突发时期和重大节日期间重要商品供应。六是引导市场预期。加强市场、价格监测，及时发布权威信息；引导新闻媒体客观报道重要商品供求信息，严防不当炒作，稳定市场预期。

（三）加快流通基础设施建设，促进流通现代化。一是完善政策措施。切实执行促进物流业健康发展、降低流通费用提高流通效率综合实施方案、加快现代流通业发展的意见等政策文件，确保落实到位，深化贸易流通体制改革，优化政策环境。二是落实专项规划。组织实施现代物流业、农产品冷链等专项规划，研究编制全省物流业发展中长期规划，明确重点任务目标，搞好空间布局，推进一批重点项目和示范工程建设，加快构建现代流通体系。三是加大投入。强化项目储备，推进在建项目建设，争取国家专项资金支持；及时安排省级配套资金，加大省级服务业发展引导资金、两区一圈一带专项资金等对流通业的投入；提高流通企业在上市后备资源库中的比重，引导更多信贷资金和社会资金投向商贸物流领域。四是加快发展电子商务和物流园区。制定电子商务发展规划，出台加快全省电子商务跨越式发展的意见，扶持电子商务平台、信用体系等建设，使电子商务成为重要的社会商品和服务流通方式。加快出台《全省物流园区发展规划》，制定省级示范物流园区认定管理办法，开展示范工程，组织申报国家级示范物流园区，促进和规范全省物流园区发展。

2014 年对外贸易发展思路与重点

一、2013 年对外贸易运行的基本情况

2013 年，面对外需不足、国内经济下行压力较大、企业经营困难等严峻形势，我省认真贯彻落实国家促进进出口稳增长、调结构的政策措施，加大市场开拓，加快结构调整，优化营商环境，全省外贸呈现平稳增长态势，预期目标圆满完成。全年实现对外贸易总额 2671.6 亿美元，同比增长 8.8%，高于全国平均水平 1.2 个百分点。其中，出口 1345.1 亿美元，增长 4.5%，低于全国平均水平 3.4 个百分点；进口 1326.5 亿美元，增长 13.5%，高于全国平均水平 6.2 个百分点。主要运行特点：

一是外贸政策支持效应显现，对外贸易企稳回升。2013 年，全省上下认真贯彻落实国务院《关于促进进出口稳增长、调结构的若干意见》（国办发〔2013〕83 号）和省政府《促进进出口稳增长、调结构的实施意见》，一系列外贸支持政策措施逐步落实到位，政策支持的效应逐渐显现，全年进出口规模增速稳步回升明显，第一、二、三、四季度进出口分别完成 593.6 亿、642.3 亿、684.9 亿和 750.8 亿美元，分别增长 5%、5.8%、8.3% 和 15.5%。其中，12 月份进出口、出口和进口规模均创历史新高，分别完成 274.2 亿美元、137.7 亿美元和 136.5 亿美元，增长 23%、16.5% 和 30.3%。二是加快转变外贸发展方式，出口商品结构进一步优化。深入实施科技兴贸战略，加强外贸基地建设，推进进出口农产品质量安全区建设，支持服务外包产业创新发展。全省科技兴贸创新基地达到 56 家，省级外贸转型升级示范基地达到 46 家，机电产品出口基地达到 40 家，农产品质量安全示范区达到 67 个。新登记服务外包企业 384 家，有离岸业

务实绩的服务外包企业 651 家，实现离岸外包执行额 39.5 亿美元。全年机电、农产品和化工产品出口平稳，分别出口 509 亿、152.1 亿和 210.8 亿美元，增长 1%、1.2% 和 2.5%；纺织服装和轻工产品出口增长较快，分别出口 216 亿美元和 120.4 亿美元，增长 9.3% 和 15.2%。高新技术产品出口比重提高，出口 173.9 亿美元，增长 20.4%，占全省出口总值比重同比提升 1.7 个百分点。

三是加大新兴市场开拓力度，多元市场格局得到巩固。在对美国、欧盟、日本、韩国等传统发达经济体市场出口增长乏力的情况下，加大新兴市场开拓力度，对新兴市场出口保持较快增速。对大洋洲、中东、东盟、非洲、俄罗斯等新兴市场出口平均增长 12.4%，高于全省平均增速 7.9 个百分点，占全省出口总值比重为 35%，同比提升 2.5 个百分点。传统出口市场中，对欧盟、美国出口小幅增长，对日本、韩国出口出现下降，合计占全省出口总值的比重为 53.2%，同比下滑 2.2 个百分点。全省出口市场已遍布世界 225 个国家和地区。

四是民营企业成为主要增长动力，对外贸拉动作用增强。外商投资企业进出口 1017.5 亿美元，下降 0.4%，国有企业进出口 294 亿美元，增长 0.5%，两类企业合计占全省出口总值的比重为 49%，同比下滑 3.5 个百分点。民营企业进出口 1361.2 亿美元，增长 19.2%，拉动全省进出口增长 8.9 个百分点，占全省进出口总值的比重达 51%，同比提升 3.5 个百分点。

五是发挥进口的促进作用，资源性产品进口增长迅速。发挥进口对转方式调结构的重要促进作用，有效扩大经济发展所急需的重要资源能源、先进技术设备、关键零部件进口，资源能源类商品进口增长较快，全年资源能源性产品进口 681.6 亿美元，平均增长 20.7%，占进口的 51.4%，对全省进口增长的贡献率达 74.1%。其中，铁矿石、粮食、铜材、原油、煤、初级塑料、铝矿石等商品进口平均增长 35.7%，净增进口 147.8 亿美元，拉动全省进口增长 12.6 个百分点。

从当前我省外贸增长的因素看，外部市场需求不足、汇率波动、成本上升、贸易摩擦增多等，将是今后一个时期企业出口面临的主要压力。一是国际市场需求不足。世界经济虽有所回暖，但复苏态势不稳，77.9% 的企业认为国际市场需求不足是影响贸易出口的主要原因。二是汇率波动影响企业出口竞争力。2013 年，人民币兑美元汇率不断升值，累计升值 3% 以上。同时，印度、印尼、委内瑞拉、日本、韩国等国家货币纷纷贬值，与人民币升值效应叠加，企业出口竞争力受到较大冲击。三是要素成本上升削弱企业竞争力。近年来，出口企业的原材料成本、用工成本、融资成本、运输成本等要素成本逐年上涨，削弱了企业的国际竞争力。54%的企业认为成本上升影响企业出口。四是贸易摩擦导致贸易环境恶化。2013 年我国遭受国外贸易救济调查 97 起，涉及我省出口产品的 61 起，涉案金额 5.7 亿美元，涉案企业 707 家。如此频繁的贸易救济调查极大地影响了企业开拓市场的积极性。今后一个时期，我国企业将面临同时与发达国家和发展中国家展开竞争的困难局面。

二、2014 年对外贸易发展形势分析

2014 年，世界经济有望继续复苏，我国宏观经济保持稳定，外贸实现平稳增长具备一定有利因素与发展条件。但是，由于全球经济领域深层次矛盾仍然存在，国际市场需求收缩态势难以扭转，预计今年对外贸易将延续低位运行走势。

从国际看：一是世界经济呈进一步回暖态势。在各国宽松政策的刺激下，2014 年世界经济形势有望进一步改善，整体经济复苏步伐将加快。IMF 最新《世界经济展望》报告预测，2014 年全球经济增长率平均将达到 3.7%，增速比 2013 年提高 0.7 个百分点。其中，发达经济体将增长 2.2%，新兴经济体将增长 5.1%，有利于拉动中国出口增长。但是，世界经济仍处于金融危机后的深度调整期，经济复苏基础不稳、增长动力不足、发展速度不均等问题依然存在，复苏进程很难做到一帆风顺。二是美国经济将领跑世界经济，但缩减量化宽松政策增加了经济发展的不确定性。经过金融危机后的几年调整，美国经济增长内生动力有所增强，复苏势头较为巩固。近年美国经济调整取得了实际成效，房地产市场持续向好，工业逐渐企稳，页岩气革命提升其竞争力，预计 2014 年美国经济将延续增长态势。美联储预计，美国经济增速为 2.9%-3.1%。但是，由于美国经济数据向好，市场对于美联储收紧量化宽松的预期增强，缩减量化宽松可能导致流动性收紧，由此带来的利率上升将抑制房地产复苏，也会抬高消费信贷和商业融资成本，不利于私人消费和投资增长。此外，美国政府债台高筑，也潜藏着财政金融风险，可能拖累经济复苏势头。同时，美国退出量化宽松，将引发国际资本流向发达市场，人民币实际有效汇率上升压力减小，汇率双向波动可能性加大。三是欧元区经济可望实现温和复苏，但薄弱环节依然存在。欧元区经济复苏持续，经济增速可望加快，有利于全球市场信心改善。但是，失业率居高不下、结构调整缓慢，使得欧元区经济增速大幅回升的可能性不大。IMF 最新预测，

2014 年欧盟经济增长率为 1%，预示着欧元区经济只能实现缓慢复苏。四是日本经济面临的不确定因素增多，经济增长后续动力可能减弱。为应对财政紧缩带来的经济下行风险，日本央行将继续推行超宽松货币政策，但政策效果存在不确定性。如果不能充分落实财政和结构改革，日本可能再度出现通货紧缩，导致央行持有债务增加，加剧主权债务与央行之间的联系，金融稳定面临显著风险。自 2014 年 4 月起，日本将实施消费税率由 5% 提高到 8%，对消费增长可能形成抑制，引发经济下行担忧。日本面临着老龄少子化、经济内生动力不足等深层次结构问题，即使政府采取相应的财政刺激政策，但受能源、资源进口成本上升、长期利率上涨、财政债务压力增加等因素影响，2014 年日本经济增速可能比 2013 年有所下降。日本十大研究机构预测，2014 年日本经济增长 1%，比 2013 年低 1.7 个百分点。五是新兴经济体经济增长速度将加快，但存在一定风险。美欧经济复苏将有助于拉动发展中国家特别是制成品出口国的经济增长。而美国量化宽松退出的影响、资本流动的冲击以及通胀走高等，仍是新兴经济体经济发展的潜在风险。此外，新兴经济体自身具有内在的脆弱性，普遍面临着较多的结构性矛盾，有的严重依赖能源资源出口，有的国际收支长期逆差，有的基础设施建设滞后。当外部环境不利时，新兴经济体将面临经济波动、风险上升的形势。

从国内看：一方面外贸政策效果逐步释放，进出口发展具备一定有利条件；另一方面要素成本进入刚性上升阶段，企业承接外贸订单困难，外贸增长面临挑战。一是我国经济增长仍将在合理区间运行。党的十八届三中全会提出全面深化改革的思路，将大幅提高全要素生产率，为我国经济增长释放要素新动力。国家 2014 年我国经济可望保持平稳较快增长，GDP 增长将维持在 7.5%-8% 的合理区间。这对于稳定国内市场需求，促进进口增长，保持适度出口起到重要支撑。二是外贸发展环境将进一步优化。各级各部门认真贯彻落实国务院文件政策，出台了调整出口法检费用和目录、加快出口退税、扩大信用保险支持和提高贸易便利化等一系列稳定外贸增长的政策措施，将使出口企业成本压力得以缓解，企业经营负担有所降低，外贸企业发展环境将进一步优化。三是企业发展信心逐步增强。反映制造业外贸情况的新出口订单指数和进口指数分别为 49.3% 和 48.2%，虽然比去年 12 月份低 0.5 和 0.8 个百分点，但制造业采购指数和生产经营活动预期指数 1 月份分别达到 50.5% 和 51.3%，均位于临界点以上的扩张区间，表明制造业仍将保持增长态势，企业对未来发展的信心逐步增强。商务部对 1900

多家重点外贸企业统计调查显示，近期企业出口订单有所恢复，企业出口信心指数上升到 102.9，环比提高 2.9 个百分点。

从省内看，受外需疲软、成本上升等因素的影响，外贸运行面临许多制约因素。同时，保持外贸平稳增长的有利因素依然较多。一是我省积极融入海上丝绸之路和丝绸之路经济带等国家重大战略布局，加快推进中日韩地方经济合作示范区及海关特殊监管区建设，将进一步提升对外合作的质量水平，打造对外开放新格局，建立完善开放型发展的新体制新机制，为对外贸易注入新动力新活力。二是随着扩大内需战略的深入实施，我省将陆续启动一批大项目好项目，着力培育信息、养老、健康服务等消费热点，特别是城镇化进程加快，内需潜力不断挖掘和释放，市场空间会进一步拓展；我省正在全力推进"两区一圈一带"建设，区域发展战略红利加速释放，将为经济可持续发展提供长期后劲。三是实体经济稳步发展，产业体系比较完备，转型发展步伐逐步加快，为促进经济平稳增长奠定了重要基础。党的十八届三中全会出台全面深化改革的总体方案，推出一系列重大改革举措，我省将研究破解发展难题的具体措施，进一步加大改革力度，经济增长的内生动力和活力会持续增强。四是外贸促进政策效应将继续释放，一系列稳增长调结构和贸易投资便利化措施的深入实施，将进一步优化营商环境，提升对外贸易规模。

三、2014 年对外贸易发展思路和重点

2014 年我省对外贸易发展的基本思路是：认真贯彻党的十八大、十八届三中全会和省第十次党代会精神，全面落实习近平总书记对山东发展的新要求，牢牢把握主题主线和稳中求进的总基调，坚持以质量和效益为中心，加快转变外贸发展方式，进一步优化"走出去"战略布局，推动开发区转型升级，加大市场开拓力度，打造领先营商环境，促进外贸平稳健康发展，为全面完成"十二五"规划目标任务打下坚实基础。

（一）加快转变外贸发展方式。坚持战略性调整与适应性调整相结合，积极引导企业提高出口商品科技含量和附加值。一是深入实施科技兴贸战略。认真贯彻省政府《关于促进进出口稳增长、调结构的实施意见》，深入实施"以质取胜""科技兴贸"战略和技术、品牌、营销、服务带动出口战略，鼓励企业引进技术、自主创新、开展境外商标注册、专利申请，积极参与各类国际标准、技术

标准的制定，自主建立全球营销网络，将贸易链延伸到境外批发和零售终端，提高贸易附加值，培育产业、技术和品牌、营销竞争新优势，加快形成高新、机电产品带动外贸整体出口的新格局。二是推动加工贸易转型升级。引导和推动加工贸易产业链向上游研发设计、中游集约发展、下游营销服务延伸，进一步提高本地增值配套比重。三是做强服务贸易。加大对服务贸易和服务外包的政策支持力度，积极拓展技术、文化、软件等新领域，做大做强服务外包产业，培育对外贸易新的增长点。

（二）进一步优化"走出去"战略布局。适应经济全球化新形势，实行更加积极主动的开放战略，抓住国家实施"一路一带"开放战略布局的新机遇，加强国别研究，突出周边地区，紧密结合我省实际研究制定战略规划思路，提高走出去的规模、能力和水平。大力推进优势产能转移，通过政策引导、资金扶持，促进纺织、机电等一批劳动密集型企业到境外投资设厂，提高国际化经营能力。一是创新企业"走出去"发展模式。进一步健全"五位一体"工作机制，优化对外投资合作产业布局和市场布局，统筹规划境外资源合作开发，引导企业扩大境外资源能源投资规模，形成"储备一批、实施一批、回运一批"梯次发展、多元进口的格局。二是"走出去"投资建厂。支持纺织服装、机械、轮胎、电子、家电、冶金、轻工等优势产业在东盟、非洲等境外适宜国家（地区）建立生产基地，带动零部件和中间产品出口，提升全球资源整合力。三是设立自主国际营销网络。支持具备条件的商贸、物流企业在美欧、中东、东欧、拉美、非洲等国家规划建设一批省级境外园区、优质产品展示中心、品牌专卖营销网络，并购一批利于全球布局的销售渠道，设立一批售后服务站（点）等，逐步建立起跨国界的自主国际营销和服务网络。四是实施境外承包。鼓励承接境外承包工程，带动国内原材料、设备等产品出口和技术、标准"走出去"，同时大力发展高端劳务，积极推动大学生海外就业，进一步改善我省劳务外派结构。五是鼓励并购。把握金融危机后的有利时机，鼓励有实力的企业通过参股、并购等多种形式，保障和稳定资源原材料供应，掌握境外优质资产与先进技术、知名品牌和销售渠道，使源自山东的跨国公司逐步具备影响全球产业发展方向的能力。

（三）全力推动经济开发区转型升级。按照省委、省政府《关于全面提升经济开发区发展水平的意见》，积极推动开发区创新体制机制，不断增强发展活力。一是突出重点把握关键。以新的突破促进转型，重点深化创新国际合作园区发展模式，全面提升园区国际化合作水平，打造承接国际高端产业转移高地，加快推进产业转型升级。二是深化创新中日韩地方经济合作示范区建设模式。充分发挥我省与日韩产业合作的独特优势，深入挖掘中韩自贸区模式阶段谈判的利好成果，规划建设 7 个中日、7 个中韩合作主题产业园区，积极争取国家在对外开放、土地、财税、金融以及体制机制创新等方面赋予相关配套政策，努力把示范区打造成中日韩自贸政策的先行试验区，东北亚和东亚区域合作的示范区和山东半岛蓝色经济战略的引领区。三是积极研究推动在青岛设立自由贸易试验区。以青岛经济技术开发区和青岛前湾保税港区为依托，以与上海自贸区错位互补的思路，积极争取国家试点政策支持，推动青岛逐步建成国际贸易、国际物流、国际制造、国际结算、国际维修、国际研发的集聚地，形成山东对外开放新优势。四是积极推进临沂商城国际化试点建设，争取纳入国家级国际贸易综合配套改革试点，探索内外贸一体化的现代流通发展模式。

（四）大力开拓国际市场。积极应对世界经济贸易格局的新变化，调整市场结构，加快实施市场多元化战略。一是实施"境外百展市场开拓计划"。制定具体的市场开拓工作方案，重点加大对企业参加国内外展会补贴力度，支持企业借助电子商务平台等，开拓国际市场。二是深度开发欧美日韩传统市场。通过加大自主研发力度，在目标市场建立境外研发中心，健全国际市场营销网络和售后服务体系，提升出口商品的档次和质量，扩大自主品牌产品出口，积极规避贸易壁垒，提高核心竞争力，改变"为人打工、替人贴牌"的出口模式，巩固提高传统高端市场占有率。三是积极开拓新兴市场，扩大与东盟、南亚、中东、东欧、大洋洲、非洲、拉美等新兴市场的经贸交流与合作，充分利用区域合作机制，组织企业参加国际知名展会和专业博览会，加大对企业开拓新兴市场的资金扶持，提高重点企业、重点产品知名度，扩大适销对路商品的出口规模，提高新兴市场比重，拓展外贸发展空间。

（五）打造领先营商环境。结合"两区一圈一带"重大区域发展战略的实施，抓好各重点区域促进进出口稳增长调结构等重大政策实施，推动营商环境建设迈出更大步伐。一是突出重点区域发展战略，优化开放环境。根据区域产业发展重点，大力开展专业招商，着力引进一批先进制造业、现代服务业和战略性新兴产业项目。主动对接世界 500 强跨国公司，积极引进现有跨国公司后续项目和关联配套企业。建设一批具有产业特色和地域优势的外贸基地，提高产业聚集度和竞争力。在省会城市群经济圈和西部经济隆起带建设加工贸易转移承接地，促进东部加工贸易向中西部有序梯度转移。依托青岛中德生态园、日照国际海洋城和中日中韩产业园等国际合作园区，形成投资环境高地，增强区域引资竞争力。切实把海关特殊监管区域打造成开放环境最优区域，充分发挥功能优势、政策优势，增强辐射带动作用。二是全面贯彻落实国务院 83 号和省政府 24 号文件精神，创造良好贸易环境。围绕开拓新兴市场和加快外贸转型升级，着力搭建"四个"公共服务平台：加快发展外贸综合服务企业，为中小民营企业出口提供通关、融资、退税等服务，搭建外贸综合服务平台；重点支持基础条件好、管理水平高的商品市场发展进出口贸易，积极推进市场采购贸易试点，拓宽出口渠道，搭建内外贸结合商品市场平台；积极引导企业通过跨境电子商务扩大出口，健全完善"一站式"服务，搭建电子商务平台；支持优势企业建设境外展示营销中心，完善贸易促进和终端市场营销功能，搭建境外市场公共营销平台。三是深入贯彻实施省政府关于加快全省金融改革发展的若干意见，改善贸易融资环境。积极吸引境外金融机构在我省设立地区总部和专业机构，引进境外知名金融控股集团、主权财富基金、私募股权投资机构等设立投资基金和分支机构，大力引进外商投资设立股权投资、创业投资、融资性担保、融资租赁和小额贷款公司，提高金融支撑保障能力。加强与金融部门的合作，组织开展多种形式的银企对接活动，畅通企业融资渠道，指导帮助企业灵活运用债务融资工具开展直接融资。深化与信保部门的合作，扩大对新兴市场和发展中国家的承保规模，不断提高出口信保覆盖率，充分发挥出口信用保险在防风险、拓市场、利融资、搭平台等方面的功能。

2014 年利用外资和境外投资发展思路与重点

2013 年，全省深入学习贯彻党的十八大精神，认真落实省委、省政府各项决策部署，实行更加积极主动的开放战略，积极应对严峻复杂的国内外发展形势，充分发挥外资对"转调创"的促进作用，外商投资快速增长，国外贷款规模力争保持稳定，使用领域上实现新突破，境外投资在保持高速增长的基础上质量不断提升。对全省经济社会平稳发展起到了积极的促进作用。

一、利用外资和境外投资基本情况

2013 年，全省实际利用外资 156 亿美元。其中，外商直接投资 140.5 亿美元，同比增长 13.8%，借用国外贷款 15.1 亿美元；境外投资中方投资额 45.1 亿美元，同比增长 23.1%。

（一）外商直接投资快速增长。全省新批外商投资项目 1405 个，合同外资 177.1 亿美元，实际到账外资 140.5 亿美元，同比分别增长 5.4%、7.0% 和 13.8%。实际到账外资增速高出全国平均 8.5 个百分点，保持了金融危机以来的稳中有升势头，连续 4 年实现两位数增长。其中，香港作为我省吸收外商投资的主要来源地，支撑更加明显。2013 年，来自香港地区的合同外资达到 90.7 亿美元，到账外资 79.7 亿美元，分别增长 7.4% 和 30.5%，占全省总量的 51.2% 和 56.7%。

（二）服务业利用外资提速明显。纺织业、机械制造等传统行业利用外资同比均出现不同程度的下降，服务业利用外资继续保持强劲的增长势头。2013 年，服务业实际到账外资 67.9 亿美元，同比增长 52%，占外商投资总额的 48.3%，超过第二产业，成为我省吸收外商投资的主要领域。生产性服务业占据主导地位，实际利用外资 36.1 亿美元，占服务业利用外资的 53%。其中，信息产业、租赁和商务服务业、交通运输业和金融业增长快速，同比分别增长 203.8%、93.5%、50.5% 和 25.4%。

（三）重点区域战略带动作用突出。在我省"两区一圈一带"的区域战略带动下，重点区域和重点城市利用外资增速加快。山东半岛蓝色经济区实际到账外资 96.3 亿美元，同比增长 17.8%，青岛、烟台、威海、潍坊、日照等重点城市分别增长 20%、13.9%、15%、5.8%、25.8%。黄河三角洲高效生态经济区实际到账外资 11.2 亿美元，重点城市东营增长 19.1%。省会城市群经济圈的济南、泰安分别增长 8.2%、80.7%。西部经济隆起带的枣庄、济宁、聊城分别增长 11.3%、7.8%、41.5%。

（四）国外贷款项目示范效应凸显。新争取国外贷款 4.5 亿美元，居东部地区首位。针对国外贷款项目的优势和特点，引导企业从注重引进资金向注重引进先进技术、管理经验和示范创新改变，放大项目的示范效应。亚行贷款海河流域污染治理项目在提升污水治理水平、完善垃圾城乡一体化收集系统和创新中水回用方式等方面为全省起到了积极的示范和创新带动作用，被国家发展改革委、财政部和亚行选为"国别大检查"示范项目。世行贷款生态造林项目在退化山地植被、盐碱地造林和开展林下经营等方面探索出了路子。消防领域利用美国进出口银行主权担保贷款效应放大，济南、淄博、潍坊、泰安和聊城共利用贷款 4800 万美元，进一步提升了我省消防保障能力。在推动现有项目实施的基础上，创新思路，积极探索新领域，亚行贷款地下水漏斗区域综合治理示范项目、烟台市污水处理提升改造项目等已列入国家备选规划。

（五）境外投资规模质量保持持续上涨势头。新核准境外投资企业 443 家，中方投资额 45.1 亿美元，同比分别增长 22.7% 和 23.1%。一是轮胎、铝业等优势产能加快转移。山东玲珑轮胎、山东奥戈瑞轮胎分别在东南亚建设午线轮胎项目，转移轮胎产能共计 2120 万套。南山铝业增资 5620 万美元建设美国高端铝合金型材加工二期项目，转移产能 5 万吨。山东炜烨集团在印尼合资建设镍铁合金项目，转移产能 15 万吨。二是技术提升类项目增多。潍柴动力股份有限公司增资 4 亿欧元收购德国凯傲控股公司部分股权项目，成功获得全球排名第二的工业叉车制造商 33% 的股权。三是农业境外投资项目迈出新步伐。如意集团收购澳大利亚卡比棉田、寿光蔬菜集团在荷兰种植高档温室蔬菜、蓬莱京鲁渔业在萨摩亚开展金枪鱼捕捞、山东美晶米业在柬埔寨投资建设稻米产业综合开发项目、山东国际经济技术合作公司与鲁棉集团在苏丹合资建设棉花种植及加工项目等一系列农业境外投资项目，为我省产业发展提供了必要的农产资源保障，进一步拓展了经济发展空间。

（六）开发区引领产业升级步伐加快。认真开展开发区清理整改前期工作，共梳理上报开发区 241 家，其中《中国开发区审核公告目录》内开发区 171 家，新设开发区 70 家。同时，加快开发区升级的争取工作，国家级开发区队伍进一步壮大，滨州经济技术开发区和威海临港经济技术开发区已获国务院批复，我省国家级开发区达到 32 家。开发区在吸引外资、产业集聚和科技创新方面的作用进一步增强，引领区域经济加快转变发展方式、优化产业结构。青岛经济技术开发区中德生态园依托国际合作优势，以绿色制造为主题，重点发展环保装备产业、绿色能源产业、新型材料产业和生物医药产业，辐射带动区域产业"腾笼换鸟"。烟台经济技术开发区努力打造汽车工业基地，以通用东岳汽车项目为核心的汽车及零部件产业集群不断壮大，产业集群辐射全市，烟台市为东岳配套的一级供应商达到 70 家，零部件本地化率达 86%。

从目前情况看，我省对外开放总体情况较好。但同时也必须清醒地看到，多年以来积累的问题和矛盾仍然相当突出。一是外商投资对全省投资拉动效果不明显，规模和质量有待提升。在投资强度上，我省外资项目平均规模远低于江苏、辽宁和浙江等先进省份，缺少总投资 3 亿美元以上的大项目，资本聚集度相对较低。二是制造业利用外资回落趋势明显。2013 年，全省制造业利用外资同比下降 12%，新医药、新材料、高端设备制造等战略性新兴产业领域利用外资均出现不同程度下降。三是"走出去"政策支持有待进一步加强。专项资金和优惠政策不足，在宏观引导方面缺乏有效措施，企业风险管控存在薄弱环节。

二、我省利用外资和境外投资形势分析

预计 2014 年，世界经济将继续呈现低速复苏态势，国内外经济环境中不确定、不稳定因素仍比较多，我省利用外资和境外投资面临诸多挑战。

一是世界经济下行压力加大，跨国投资规模萎缩，不利于跨国公司对外投资。美国量化宽松政策（QE3）的推出将带动大量资金回流，日本及欧元区国家将继续增税减支，进一步削弱经济增长动力，缩减跨国资本流动规模。从产业

上，发达国家继续推行"产业回归""制造业再造"和"再工业化"政策，产业对外转移的意愿不强，我省扩大利用欧美日等国家投资困难加大，前景不容乐观。

二是中国（上海）自由贸易试验区的设立将引发新一轮的引资竞争。从长期看，上海自贸区的设立对我省进一步扩大对外开放具有积极的示范和带动作用。但在今后一段时间内，自贸区在投资、贸易、金融、法规等方面优惠政策将吸引大量外资企业进驻，沿海各省为避免"虹吸效应"影响也将出台一系列引资政策，对外资的竞争将更加激烈，我省招商引资工作面临巨大挑战。

三是传统优势逐步弱化，我省亟须培育新的引资优势。土地价格持续上涨，供求关系日益紧张，劳动力优势逐渐弱化，工资水平与泰国、马来西亚等国基本持平，吸引外商投资的传统优势逐步弱化，产业和市场等新的引资优势尚未培育形成，对外资的吸引力不足。此外，外商投资环境配套也有待完善。产业配套的本地化率相对较低，电力供应保障不足，融资环境总体偏紧，针对外商的国际医院、学校等生活配套设施相对缺乏，招商引资的软硬环境还需要进一步完善。

四是国外优惠贷款规模减少，我省申请难度不断加大。由于近年来我国经济发展较快，国际金融组织和外国政府不断提高对我国的贷款要求，贷款条件逐步硬化，我省申请国外优惠贷款的难度加大。同时国家实行外国政府贷款区域切块管理模式，对东部地区实施额度控制，并逐步向中西部地区倾斜，也将加大我省争取国外优惠贷款的难度。

我省利用外资和境外投资虽然存在诸多不利因素。但是也应该看到，我国是目前全球最大的发展中国家，政治社会稳定，市场潜力巨大，仍然是外商投资首选的目的地之一，尤其是近期经济企稳回升的趋势已比较明显，扩大利用外资和境外投资依然蕴含着许多机遇。

一是国家各项体制改革措施全面实施，我省营商环境进一步优化，有助于进一步提升对外资的吸引力。2014 年是党的十八届三中全会确定的各项改革举措全面实施的一年，省委、省政府提出了建设"国内领先的营商环境"发展目标，随着我省在推动投资、财政、金融体制改革方面的贯彻意见的陆续出台，我省的营商环境将进一步优化，逐步打造形成招商引资新优势。

二是国内经济运行情况转好，有助于提升外资对我国市场的预期，提高企业"走出去"的实力。预计 2014 年将继续保持稳中求进的经济增长态势，经济增长与质量、结构和效益的趋于改善，一些突出矛盾正在逐步缓解，为吸引外商投资提供了较为宽松的环境；同时也将大大缓解部分企业的生产经营压力，使越来越多的企业具备"走出去"的能力。

三是国内产能过剩矛盾日益突出，生态发展要求更加严格，有助于提高高耗能行业境外产业转移的紧迫性，加快传统高耗能产业转移。国务院出台《关于化解产能过剩矛盾的指导意见》，遏制钢铁、水泥、电解铝、平板玻璃、船舶 5 个产能过剩行业扩张，鼓励优势企业以多种方式"走出去"，优化制造产地分布，消化国内产能。此外，越来越严格的环境保护政策也加快了部分产业向外转移的步伐。企业"走出去"的压力和动力加大，我省境外投资的重心也将由资源开发型逐渐向产能转移型过渡，对经济转型升级的促进作用进一步增强。

四是我省区域产业发展定位明确，有利于吸引外资围绕产业基地、产业链建设向优势地区集中。我省正在全力推进"两区一圈一带"建设，区域发展战略红利加速释放，对国际产业、资本、技术和人才的吸纳能力将进一步增加，逐步形成资源聚集平台和生态产业链，对外开放的平台作用更加明显。

总的来看，2014 年全省扩大利用外资和境外投资形势较好，预计我省吸引外资规模稳中有升，结构进一步优化，境外投资将持续保持快速增长，经济发展的国际化水平和综合竞争力进一步提升。

三、2014 年利用外资和境外投资工作总体思路和重点

（一）总体思路

认真贯彻党的十八大、十八届三中全会和省第十次党代会精神，全面落实习近平总书记对山东发展的新要求，着力建设国内领先的营商环境，稳定利用外资规模，提升外资质量，加快高端制造业和现代服务业利用外资步伐，充分挖掘外资对全省经济转型发展的促进作用，努力提高利用外资的综合优势和总体效应。推动区域协调发展，在巩固"两区"利用外资高地的基础上，打造"一圈一带"两个新的增长极。进一步加大对"走出去"的支持力度，突出政策创新，鼓励省内优势产业加快境外转移，优化制造产地分布，消化国内产能，培育一批国际化水平高的跨国企业，在全球范围内开展资源和价值链整合，促进"引进来"和"走出去"融合发展，加快培育参与和引领国际经济合作竞争新优势，以开放促改革、促发展、促创新，构建形成开放型经济新格局。

（二）工作重点

1. 培育引资优势，优化外资投向，推动外商投资规模稳定增长。一是紧紧围绕我省"两区一圈一带"的重点区域发展战略，强化招商平台作用，积极承接新一轮国际产业转移，吸引外资投向港口、交通、海洋开发、科研教育、金融商贸、文化旅游、高端制造业、现代农业、现代物流业等高端产业，努力扩大外资规模，优化外资投向，形成区域利用外资新高地。二是进一步深化产业链和产业基地招商。抓住我省纺织、轮胎、造纸等传统优势产业转型升级的有利时机，淘汰落后产能，腾笼换鸟，引进国际知名企业集团，利用先进技术和营销网络，参与我省产业结构调整，加快传统产业的改造和技术升级，打造形成产业新优势。三是注重挖掘现代服务业利用外资的潜力。抓住当前国家逐步向外资开放金融、教育、文化、医疗等领域的有利时机，超前谋划一批重点现代服务业外资项目，推动落地实施，提高我省服务业利用外资比重，利用外资促进我省经济"转调创"的步伐。

2. 突出民生重点，开拓贷款领域，提升国外贷款示范创新效应。一是继续扩大借用国际商业贷款规模。围绕我省重点企业、重点项目，选择一批符合国家产业政策，需要引进国外先进技术设备的项目，争取借用成本优惠的国际商业贷款。二是推动重点领域争取国外优惠贷款。围绕城乡一体化、区域一体化交通、基础设施升级改造、生态建设、职业教育、食品安全、新农村建设和工业节能等领域，做好国外优惠贷款项目的筛选和储备工作，争取有更多的项目能够列入国家规划。三是积极推进一批重点项目的落实和实施。推动欧投行贷款供热制冷节能改造、亚行贷款地下水漏斗区域综合治理示范项目、烟台市污水处理提升改造项目等规划内项目的进展，加快项目实施进度。继续做好欧投行贷款水系生态防护林等项目争取工作。

3. 加快全球布局，加快产能转移，进一步释放境外投资效能。一是加快产能过剩行业产能转移。根据国务院《关于化解产能严重过剩矛盾的指导意见》，加快我省钢铁、水泥、电解铝、平板玻璃、船舶等行业境外投资步伐，优化制造产地分布，促进省内产业结构调整。二是支持企业进一步加快对国外优势资产、知名品牌的投资并购，获取国外先进的生产技术和管理经验，推动企业的技术升级，提升国际竞争实力，拓展国际发展新空间。三是围绕我省经济社会发展紧缺的煤炭、铁矿、铜矿、铝土矿、黄金矿、木材、农产品等资源，加快构建长期安全稳定的境外资源和生产基地，实现规模和市场的有效扩张。四是着力打造一批集群化发展功能的境外园区，推动烟台西北林业集团中俄木材工贸合作区、海尔—鲁巴经济区（海尔巴基斯坦家电工业园）等海外经贸合作区建设发展，吸引省内企业入园。

四、政策措施

（一）强化政策研究，推动开发型经济发展。一是深入落实党的十八届三中全会涉外经济体制改革措施，研究制定我省的具体实施意见。结合国家即将修订出台的《外商投资项目核准管理办法》和《境外投资项目核准管理办法》，创新我省投资项目管理工作，简化项目审批程序，规范项目管理，着力优化投资软环境，建设国内领先的营商环境。二是认真贯彻国家《鼓励开展境外农业投资合作指导意见》等文件精神，结合调研成果，研究制定我省关于鼓励开展农业境外投资的实施意见，制定相关配套政策，推动涉农企业"走出去"，获取我省经济发展急需的农业资源，扩展经济发展空间。三是围绕省会城市群经济圈和西部经济隆起带两个区域发展战略规划的发展目标，深入调研，编制"一圈一带"开放型经济发展专项规划。

（二）创新招商机制，营造更优招商环境。一是不断提高对外招商工作的针对性和实效性。借助高层推进机制，加强与市地和企业的对接，重点围绕工业化、信息化、城镇化和农业现代化，做好项目筹备，为香港山东周、台湾山东周等重大活动做好准备工作。二是积极推进一批重大项目的招商和建设。按照我省与淡马锡、惠普、富士康、现代汽车等企业达成的战略合作协议，积极探索双方合作的切入点，深入发掘双方互利共赢的汇合点，推动惠普济宁软件基地、烟台现代汽车研发中心等重点合作项目落地实施。三是建立健全配套服务措施，优化投资环境。与有关部门做好协调服务，落实好外资大项目用地、用电、用水等要素需求，解决好外商在招聘人才、人员就医、子女上学等方面的困难，吸引新企业到我省落户，支持老企业增资扩股，实现以商引商。

（三）统筹谋划国外贷款布局，推动贷款领域和渠道创新。及时把握国外优惠贷款投资新领域，把优惠贷款支持领域和产业结构调整有机结合起来，为经济社会发展服好务。一是突出重点。结合我省"两区一圈一带"区域发展战略，主动谋划国外贷款项目布局，策划提出一批重点项目，加大项目前期工作的力度和深度，做好项目、做精项目，不断充实储备项目库。二是创新示范。结合国外优惠贷款支持方向，研究探索国外优惠贷款在工业节能减排、区域一体化交通、小城镇建设、餐厨垃圾无害化处理等行业利用国外贷款的新途径，进行工业企业借用美国进出口银行主权担保贷款试点，研究制定新形势下借用国际商业贷款境外人民币发债管理办法，探索贷款使用管理模式。三是开辟新渠道。积极拓展国外贷款来源渠道，争取资金来源多元化。采取政府投资和社会资金相结合的方式，在"积极稳妥、风险可控"的前提下，结合国家全口径外债管理要求，根据企业偿还能力、外资需求、配套条件等情况，鼓励有条件的企业借用国际商业贷款和赴香港发行人民币债券。

（四）完善服务和管理，保障企业有序"走出去"。一是结合国家多双边战略，巩固和发展省级政府部门间对话机制，加强磋商，拓展领域，有针对性的指导企业加大重点区域、重点领域投资，完善"走出去"政策支持平台。二是建立健全我省"走出去"投融资综合服务。建立国别、地区投资环境资料数据库及重大对外投资项目跟踪服务制度，为企业提供快速有效的信息服务。三是着力在我省大型企业中扶持一批综合实力强、带动能力突出，具备境外投资经验的大型企业集团，通过实施品牌、资本、市场、人才、技术国际化战略，主动介入全球产业链重要环节，提升企业跨国经营能力和品牌竞争力。四是加强境外投资监管和风险防范体系建设。加强对企业"走出去"的业务培训，对"走出去"的潜在风险进行提示和指导。加强与中信保等金融保险部门合作，帮助企业建立健全境外经营风险评估体系、风险防范机制和境外风险应急体系，有效规避投资风险。

（五）进一步提升园区功能，充分发挥经济龙头带动作用。依托各类开发区工业集中、产业集聚实际，引导开发区提升在转方式、调结构中的龙头带动作用，率先优化调整产业布局，努力拓展发展空间。国家级经济开发区重点发展战略性新兴产业、资源节约型产业和科技创新型产业，辐射带动周边区域产业结构调整。省级开发区进一步完善功能定位，依托主导产业延长产业链，提高项目准入门槛，加快产业结构调整步伐。统筹东西部开发区发展，整合现有园区资源，引导东西部开发区联动发展，实现产业有序转移。同时，切实做好开发区清理整改工作，争取符合条件的开发区纳入国家《开发区审核公告目录》，支持符合条件的省级经济开发区升级为国家级经济技术开发区。

2014 年财政金融运行调控工作思路与重点

2013 年，面对复杂严峻的国内外环境和经济下行压力，在省委、省政府的正确领导下，我省深入贯彻落实党的十八大和十八届三中全会的各项决策部署，牢牢把握稳中求进的工作总基调和主题主线目标，开拓创新，扎实工作，全省财政金融运行呈现了稳中向好、稳中有进的态势。

一、2013 年全省财政金融运行情况

（一）财政收入平稳增长，支出结构进一步改善。2013 年，全省财政收入运行较为平稳，累计增幅始终保持在 11.5% 左右，总体呈现持续平稳的增长态势。2013 年，全省公共财政收入完成 4560 亿元，占预算的 101.8%，比上年同期增长 12.3%。其中，全省税收收入完成 3533.3 亿元，增长 15.8%，占地方财政收入的比重为 77.5%，比上年提高 2.4 个百分点；非税收入完成 1026.74 亿元，增长 1.7%，收入结构持续改善。全省公共财政支出完成 6692.9 亿元，占预算的 105.8%，增长 13.4%。从支出结构看，全省以行政经费为主的一般公共服务支出低于财政支出平均增幅 7.1 个百分点，涉及民生的相关支出增长 15.4%，比财政支出平均增幅高 2 个百分点，占财政支出的比重达 57.2%，比上年提高 1 个百分点。支出结构不断优化。

（二）财税改革顺利推进，营商环境进一步优化。"营改增"试点情况良好。2013 年底，全省（不含青岛）交通运输业和部分现代服务业纳入"营改增"试点范围的纳税人 9.15 万户，其中，一般纳税人 1.35 万户，小规模纳税人 7.80 万户。截至 2013 年底，"营改增"试点为全省纳税人累计减负 45 亿元，减负面 96%。落实小微企业税费扶持政策。从 2013 年 8 月 1 日起，国务院确定对小微

企业中月销售额不超过 2 万元的增值税小规模纳税人和营业税纳税人，暂免征收增值税和营业税。据测算，全省符合条件的小微企业有 13 万户，全年可免征税额约 7 亿元。清理规范行政事业性收费。从 2013 年 9 月 1 日起，省级设立的行政事业性收费项目，由原来的 87 项缩减为 25 项，减少幅度达到 70% 以上，全年可减轻全省企业和社会收费负担 6 亿元以上。营商环境进一步优化。

（三）信贷结构持续优化，重点区域和行业发展得到进一步支持。2013 年末，金融机构本外币贷款余额 47952.1 亿元，增加 5023.0 亿元。"两区一圈一带"等重点区域信贷稳步增加。12 月末，黄三角、半岛蓝色经济区、省会城市群经济圈、西部经济隆起带本外币贷款余额分别比年初增加 737.5、2553.5、1424.9 和 1147.8 亿元，分别占全省新增贷款的 15%、51.8%、28.9% 和 23.3%。农业和服务业贷款较快增长。涉农贷款余额 19191.3 亿元，占全部贷款余额的 40.0%；服务业贷款增加 1386 亿元，同比多增 361 亿元。小微企业贷款平稳增长。小微企业贷款新增 1749.3 亿元，占全省企业新增贷款的 55.1%。信贷结构的优化，有力地支持了重点领域和区域的发展。

（四）社会融资规模稳步提升，投资运行需求得到进一步保障。2013 年，全省社会融资规模达到 1.08 万亿元，较上年多增 1533 亿元；同比增长 16.5%，高于 GDP 增速 7 个百分点。表外业务融资增势加快，12 月末，银行表外融资（含委托贷款、信托贷款、未贴现银行承兑汇票）余额 15229.6 亿元，比年初增加 4294.9 亿元。直接融资发展迅速。全年股票、债券两项直接融资合计达到 1950 亿元；其中，债券融资 1867 亿元，同比增长 22.3%。创业投资实现跨越式发展。截至 2013 年底，省级创业投资引导基金共出资 4.8 亿元，引导社会资本和地方政府共同出资设立了 25 支创业投资基金，带动社会资本约 33 亿元。全省累计备案创业投资企业 107 家，合计总资产达约 142 亿元。保险业保持平稳增长。全年实现保费收入 1280.4 亿元，继续稳居全国第三位，同比增长 13.5%。

二、2014 年财政金融运行形势分析

2014 年是深入贯彻党的十八大和十八届三中全会精神的重要一年，也是实现"十二五"规划目标的攻坚之年。2014 年我省经济社会发展面临的国内外环境依然复杂严峻，但总体上要好于去年，财政金融工作既要抓住机遇加快发展，又要妥善应对各方面的挑战。

从有利因素看。一是世界经济将延续温和增长的态势。近期，美国经济和就业都有所改善，日本经济略有起色；欧盟应对欧债危机的长期制度框架初步建立，欧元区投资者信心指数 2013 年 9 月份首次转正，随着发达国家尤其是美国经济的转暖，将为国内各项改革的推进创造一个相对稳定的环境。二是党的十八届三中全会已经出台了全面深化改革的总体方案，推出了包括财税体制、金融体制改革在内的一系列重大改革举措，改革红利将会继续释放。2014 年国家将继续实施积极的财政政策和稳健的货币政策，持续推进结构性减税，进一步扩大"营改增"试点范围，继续优化金融资源配置，用好增量、盘活存量，完善主要由市场决定的价格形成机制，这将有利于进一步增强市场主体活力和财政增收后劲，为经济结构调整与转型升级创造出一个稳定的金融环境和外部条件。三是我省重点区域发展战略和各项改革将加速释放发展红利。随着"两区一圈一带"重点区域发展战略的全力推进，特别是新型城镇化进程加快，内需潜力不断挖掘和释放，新的高效优质财源将会逐步孕育壮大。在金融方面，省政府《关于加快全省金融改革发展的若干意见》，明确了我省未来 5 年的金融改革发展目标，为今后一个时期我省金融业的科学发展指明了方向。2014 年围绕贯彻落实工作将进一步明确路线图和时间表，制定配套细化措施。随着金融改革发展的加快推进，金融对我省经济转型升级的重要作用将充分发挥。

从不利因素看。受贸易投资保护主义多样化、经济内生增长基础不稳、资源环境约束加剧、外需持续低迷等因素影响，地方都将进入结构调整阵痛期，增长速度会稳中放缓，财政持续增收难度增大。同时，银行业"两高一剩"行业贷款占比高，大型客户贷款占比高，信贷结构调整难度较大；大客户多头担保、关联互保、超额担保等担保圈风险问题难以化解；企业资金链紧张，部分行业不良贷款暴露加快等困难和风险，有可能会对 2014 年我省金融领域的改革与发展造成不利影响。

综合分析，预计 2014 年全省经济稳定增长的大趋势不会改变。财税方面，地方财政收入仍会保持增长态势。相对收入而言，财政支出呈刚性增长的态势更为明显，特别是应对人口老龄化、城镇化等，需要进一步增加医保社保和基本公共服务等方面的开支，财政收入增长乏力与刚性支出快速增加的矛盾将不断加剧。金融方面，全省银行信贷规模将继续保持平稳增长的态势。同时随着我省金融改革各项措施的逐步落实，以及我省信用体系建设的逐步完善，各类债券融资和股权投资将迎来良好的发展机遇，全省社会融资规模也将稳步提高。

三、2014 年财政金融运行调控工作思路和主要措施

2014 年全省财政金融工作的总体思路：深入贯彻落实科学发展观，认真学习贯彻党的十八大、十八届三中全会精神和省委、省政府决策部署，全面实施"十二五"规划纲要，开拓创新、扎实工作，大力培植壮大财源，继续加大民生投入；着力调整优化信贷结构，稳步扩大社会融资规模，为全省经济社会平稳较快发展提供有力的支撑。

（一）全面深化财税体制改革，更好地发挥财税对结构调整的支撑保障作用。一是全面深化财税体制改革。认真落实十八届三中全会精神，对接国家财税改革取向，进一步巩固和扩大省以下财政体制改革成果，积极构建现代财政制度。深入开展预算绩效管理，以重点支出和重大项目为重点，进一步健全支出跟踪问效机制，着力解决干事不计成本、花钱不问效益等问题。二是大力支持转方式调结构增财源。创新财政投入方式，引导社会资本投向科技创新、现代服务业等领域。积极支持蓝黄两区、一圈一带等重点战略，大力推进小城镇和农村新型社区建设。加快黄标车报废等重点工程，促进大气环境质量改善。贯彻落实小微企业税收优惠、清理规范行政事业性收费等政策，进一步优化营商环境。三是积极构建民生投入长效保障机制。认真落实《山东省基本公共服务体系建设行动计划（2013－2015 年）》，进一步加大对教育、就业、养老、医疗、住房、文化等领域基本公共服务的投入力度，稳步提高民生支出占财政支出的比重。认真贯彻中央和我省厉行节约各项规定，从严从紧控制公费接待、公费出国、公费购车等一般性支出，努力降低行政成本，集中资金确保各项民生政策落实。

（二）努力推动金融改革创新，促进我省经济转型升级。一是继续保持信贷投放稳定增长。鼓励省内银行在立足自身实力和风险管控能力的前提下，进一步加大小微企业、三农、服务业、城镇化等领域的信贷支持力度，进一步加大中长期贷款对实体经济发展、重点项目的保障力度。二是继续引导金融机构优化信贷结构。以信贷结构优化促进提高经济增长质量和效益，坚持有保有控，对产能严重过剩行业实施有针对性的信贷指导政策，加大对产能严重过剩行业企业兼并重组、整合过剩产能、转型转产、产品结构调整、技术改造和向境外转移产能、开拓市场的信贷支持。三是扩大直接融资规模。继续拓宽直接融资渠道，努力扩大

直接融资规模，提升直接融资比重，加快发展全省股权交易市场，鼓励引导更多企业通过上市、发债、私募等直接融资渠道筹措资金。鼓励股权投资基金、产业投资基金、创投基金、天使基金为我省经济引入更多具备较高风险承受能力的直接投资，促进经济结构调整，培植新的经济增长点。四是着力改善金融生态环境。认真贯彻落实《关于加快全省金融改革发展的若干意见》，积极采取措施改善金融发展环境，为聚集金融资源、发展地方经济创造更加有利的条件。在推动金融业发展的同时，把防范风险作为金融工作的生命线，切实维护好全省金融业良好运行秩序。

（三）紧密结合国家政策，进一步做好企业债券预审权下放后的相关工作。一是继续鼓励符合条件的企业发行企业债券融资。通过债券融资促进产业结构调整，为自主创新、节能减排及环境综合整治、棚户区改造等重点项目募集资金。通过债券融资相关信息披露要求规范企业治理，提升企业形象及信用水平。二是加强对存续期企业债券监管力度。对企业偿债能力进行动态监控，密切关注已发行城投债融资的地区政府负债情况的变化，坚决杜绝平调企业资产资金或干预企业决策，影响企业未来偿债能力的行为出现。重点关注 2014 年有兑付任务的债券情况，督促相关企业及中介机构完善偿债保障措施，认真履行偿债义务。三是加强债券品种创新，在完善风险防范机制的基础上，支持省内符合条件的国有企业和地方政府投融资平台试点发行"小微企业增信集合债券"，为小微企业融资提供一条新的途径。积极探索尝试项目收益债，在我省选取符合条件的地方，争取在项目收益债上在全国列入先行先试，为债券融资创新做出有益的探索。

（四）充分发挥省级创业投资引导基金的示范带动作用，积极为重点领域发展服务。加大财政资金投入力度，引导省级引导基金参股的创投企业更大力度地投向小微企业、服务业等行业，助推我省产业转型。建立完善省级创业投资引导基金的评价考核机制，对参股创投企业形成正向激励作用。积极配合组织部将创业投资引导基金列入各市县人才考核指标工作。鼓励有条件的地方政府、经济开发区和高新区政府，尽快成立本级创业投资引导基金，扶持创投企业加快发展。重点扶持推动"一圈一带"产业投资基金的设立，本着"宽进、严管"的原则，在符合条件的前提下，积极推动基金设立。加强对参股创投企业的巡检督查工作，提高参股企业规范化运作水平，切实保障基金权益。发挥好省股权和创业投资协会在行业发展中的重要作用，搭建资本项目合作、交流、规范、自律的公共平台。

（五）以规划和制度建设为先导，扎实开展社会信用体系建设工作。一是遵照国家《社会信用体系建设规划纲要（2014－2020）》有关要求，组织专门力量编制完成我省《社会信用体系建设规划纲要（2014－2020）》。同时，研究出台加快我省社会信用体系建设的指导意见，明确工作分工，提出阶段性任务，安排部署下一阶段工作。二是加快我省社会信用体系工作机制建设，成立专职的社会信用管理机构，加强对社会信用体系建设相关工作的组织、协调、指导，并指导各市同步推进这项工作。三是出台《山东省优良信用记录和不良信用记录共建共享工作方案》。在认真梳理有关部门履行公共管理职能过程中采集的优良信用记录和不良信用记录的基础上，加强交换共享与应用。鼓励社会征信机构就某特定领域或行业积极开展信用记录共建共享工作。大力加强诚信文化建设和信用人才培养，为"诚信山东"建设奠定坚实基础。

2014 年市场价格调控工作思路与重点

一、2013 年全省物价运行基本情况

2013 年，全省各级物价部门在省委、省政府的正确领导下，围绕统筹稳增长、调结构、促改革的各项部署，以提高经济增长质量和效益为中心，着力稳物价、推改革、强监管、惠民生，各项工作取得了重要进展，为全省经济社会持续健康发展做出了积极贡献。主要体现为"四个亮点""六项突破"。

"四个亮点"：一是价格调控取得明显成效。密切跟踪重要商品价格变化，坚持实施月度、季度价格形势分析制度，年初会同 20 多个部门和单位召开形势分析会，及时研判形势，适时提出调控建议，深入开展价格指数编制、蔬菜价格政策性保险等重大课题的研究，增强了价格调控的前瞻性、针对性和实效性，为省委、省政府决策发挥了参谋助手作用。积极运用价格调节基金强化调控，各地共投入约 6 亿元，扶持"菜篮子"建设、补贴粮油肉应急储备、稳定公用公益事业价格，在稳物价中发挥了"四两拨千斤"的作用。2013 年全省居民消费价格总水平同比上涨 2.2%，低于全国 0.4 个百分点，保持了基本稳定，为改革发展创造了有利条件。二是促进结构调整积极有为。全面实施脱硫、脱硝、除尘加价政策，继续实施差别电价和惩罚性电价政策实施力度，推行非居民用水超额累进加价政策，提高污水处理费收费标准，近年来累计促使 200 家高耗能企业关停并转。改革完善可再生能源电价补贴政策，近年累计补贴近 81 亿元，扶持 182 个风力、太阳能光伏、秸秆、垃圾掺烧等可再生能源发电项目，装机容量达 635 万千瓦，使燃煤机组发电占总容量的比重由过去的 98%，下降为目前的 89%。出台促进服务业发展的峰谷电价扶持政策。三是促进营商环境进一步改善。加大清

费减负力度，降低了 26 项收费标准，省级行政事业性收费项目由原来的 87 项缩减为 25 项，年减轻企业负担约 10 亿元。深入开展进出口、行政机关等涉企收费专项检查，对注册会计师、驾驶员培训、机场打包等行业收费展开反价格垄断调查，2013 年全省共查处违规违法案件 2154 件，金额 3.4 亿元。四是保障民生价格措施有力。开展涉农、教育、旅游等价格专项检查，持续降低药品价格，推进新旧医疗服务项目对接，规范物业、停车、驾校培训、高速公路清障等热点收费管理，完善渔业补偿、中小学教材和教辅材料价格政策。通过成本监审核减不合理成本 70 多亿元。协调落实低保户、五保户每月返还 15 度电费的政策，落实物价补贴联动机制，发放价格临时补贴 2.5 亿元。加强价格举报受理，办理价格举报咨询 3.92 万件，同比增加 21%，为群众挽回损失 873 万元。扎实开展价格定认定工作，标的总额达 87.8 亿元，促进了社会公正。

"六项突破"：一是价格调节基金制度建设取得突破。省政府以第 266 号省长令颁布实施《山东省价格调节基金管理办法》，建立省级价格调节基金，为规范基金管理、强化价格调控，提供了有力保障。二是资源性产品价格改革取得突破。抓住市场价格平稳运行的有利时机，推进成品油、天然气价格形成机制改革，增强了市场反应灵敏度。稳步推进销售电价分类改革，完善和落实煤电价格联动机制，利用煤价下降空间提高了可再生能源电价附加、脱硝电价补偿、除尘上网电价标准。三是公立医院医药价格改革取得突破。完善县级公立医院综合改革补偿政策，放宽了对取消药品加成后通过调整医疗服务价格补偿的比例限制，将权限下放市县，开展中医按病种收费试点，有力推动了公立医院综合改革。四是高校学费机制改革取得突破。开展高校学分制收费试点，实行专业注册学费和学分学费"两部制"收费，在全国率先实现了完全学分制；扩大了高校价格自主权，对高校学费有升有稳地进行了结构性调整，为高等教育持续健康发展提供了有力支持。五是涉企收费整治取得突破。克服查处阻力大、取证难度高的困难，深入开展涉企收费专项检查，重点对省内 5 家银行进行了查处，查出涉嫌违规违法金额 1.13 亿元，为破解企业反映强烈的乱收费问题，探索了路子。六是价格指数编制工作取得突破。建立"山东价格指数发布平台"，寿光蔬菜、临沂商城价格指数通过专家评审，并试运行。鲁花食用油、烟台苹果、金锣生猪、金乡大蒜价格指数完成方案编制，增强了山东价格话语权。

二、2014 年价格工作面临的形势

十八届三中全会提出，要完善主要由市场决定价格的机制，政府定价范围主要限定在重要公用事业、公益性服务和网络型自然垄断环节；要完善农产品价格形成机制，注重发挥市场形成价格作用；要加快自然资源及其产品价格改革，全面反映市场供求、资源稀缺程度、生态损害成本和修复效益。这明确了今后一个时期价格改革的任务和目标，标志着价格改革进入了新的阶段。理论和实践都充分证明，价格是资源配置的"牛鼻子"，市场规律主要通过价格变化发挥作用。强调市场在资源配置中起决定性作用，就必须全面深化价格改革，充分释放价格信号作用，激发市场活力，调动各类主体积极性，让价格真正成为促进经济转型升级和生态文明建设的重要杠杆。

一是切实以深化价格改革促进经济发展方式转变。当前经济结构不合理，发展方式粗放，所付出的资源环境成本很高，严重制约了经济社会发展。2012 年我省能耗占全国的 10.7%，火电装机比重高出全国平均水平 23.6%，轻重工业比重达 32∶68，空气、水、土壤等污染严重，经济社会发展不可持续的矛盾突出，重要因素就是能源资源价格、污染物排放价格长期扭曲。习近平总书记要求山东"腾笼换鸟、凤凰涅槃"，"努力在转变发展方式、全面提高发展质量和效益上起到领头雁的作用"。贯彻落实这一要求，迫切需要理顺重大价格关系，疏导多年积累的价格矛盾，完善主要由市场决定价格的机制，合理、有效、灵敏地引导资源配置，促进经济发展方式转变。

二是切实以深化价格改革激发市场活力。改革开放以来，我国的市场体系不断健全，市场发现价格、形成价格的功能不断增强，但是市场决定价格的机制在某些领域的作用发挥得还不充分、不平衡。所以，凡是能够通过市场竞争形成价格的，都要放开价格管制，放手由市场形成价格。特别是水、石油、天然气、电力、交通、电信等领域，往往是自然垄断环节和竞争性环节并存，这些领域基本上仍由政府定价。随着技术进步和管理方式的改进，有些原来属于不可竞争的变得可竞争了，竞争性环节范围相应扩大。因此，在价格改革过程中，必须区分情况，先易后难，抓住时机，成熟一项，推出一项，对形成有效竞争的，尽可能交给市场，将政府定价范围主要限定在重要公用设施、公益性服务和网络型自然垄断环节，加快推动完善市场决定价格的机制，不断激发市场活力。

三是切实以深化价格改革促进政府价格职能转变。市场不是万能的，存在自发性、盲目性、滞后性缺陷，市场经济条件下政府价格管理和监督的任务依然很重、要求更高。李克强总理强调，"这次改革绝不是一放了之，在放权的同时必须加强市场监管"，"放和管是两个轮子，只有两个轮子都做圆了，车才能跑起来"。因此，强调政府不对价格进行不当干预，并不意味着政府只能被动接受或无所作为，需要转变观念、改进方法、拓展思路，正确处理好政府与市场的关系，既要克服"越位""错位"，也要弥补"缺位"，更好地发挥政府的作用。按照权力与责任同步下放、调控与监管同步加强的要求，着力增强价格调控服务发展的能力，提升价格监管在市场监管中的作用，逐步实现价格职能由管理具体价格水平向规范市场价格行为的转变。

三、2014 年物价工作的基本思路和主要任务

2014 年全省价格工作的总体要求：深入贯彻落实党的十八届三中全会、全省经济工作会议精神，紧紧围绕使市场在资源配置中起决定性作用和更好发挥政府作用，将改革创新贯穿于价格工作各领域、各环节，解放思想，突出重点，狠抓落实，加强和完善价格调控，全面深化价格改革，强化价格服务与监管，不断提升价格工作水平，为经济持续健康发展和社会和谐稳定做出更大贡献。全年居民消费价格总水平涨幅控制在 3.5% 左右。重点做好以下几个方面的工作。

（一）深化资源性产品价格改革。深入推进资源性产品价格形成机制改革，运用价格手段促进节能减排和过剩产能化解，着力建立完善"四个体系"。一是建立完善居民生活阶梯式价格体系。完善居民阶梯式电价制度，研究运用价格政策鼓励一户一表改造，力争 2017 年完成 95% 以上存量居民合表用户改造，妥善处理实施中的特殊问题，进一步扩大阶梯电价执行范围。建立完善居民阶梯式水价制度，按照不少于三级设置阶梯水量，第一、二级水量原则上分别按覆盖80% 、95% 居民家庭用户的月均用水量确定，三级水价按不低于 1:1.5:3 的比例安排。进一步缩小天然气存量气与增量气价差，积极研究建立居民阶梯式气价制度，合理设置阶梯气量和气价。二是建立完善生产领域差别化价格体系。在继续对高耗能行业实施差别电价、超耗能加价、惩罚性电价制度的基础上，对电解铝、水泥等高耗能行业过剩产能实施阶梯式电价政策，研究制定对钢铁、电石、水泥等产能严重过剩行业实施阶梯式电价、超定额超计划用水累进加价政策。完

善峰谷电价政策，对无法避峰的部分服务业企业，不再纳入政策执行范围。三是建立完善环保收费政策体系。提高主要污染物排污收费标准，研究实施差别化排污收费政策。全面落实生活垃圾处理收费制度，研究制定改革垃圾处理收费、促进垃圾分类管理的办法，规范收费行为。开展扬尘排污收费试点。研究制定排污权有偿使用价格管理办法。四是建立完善促进可再生能源发电的价格政策体系。进一步规范可再生能源价格管理，完善补贴政策，提高补贴效率。适时调整风电上网电价政策，完善促进垃圾、秸秆等生物质发电项目健康发展的价格政策措施。

（二）完善农产品价格形成机制。注重发挥市场形成价格的作用，进一步完善"一金、一储、两头保"的农产品价格调控机制，研究建立目标价格制度。重点开展完善"一个体系"、开展"两个试点"。一是完善农产品价格指数体系。进一步加强山东价格指数平台建设，争取国家发改委的支持，扩大寿光蔬菜、临沂商城价格指数的发布范围；力争完成鲁花食用油、烟台苹果、金锣生猪、金乡大蒜等价格指数的编制，努力建设一批在全国有影响力的重要商品价格形成中心。二是开展蔬菜价格政策性保险试点。按照"政府引导、市场运作"的模式，选择生产量大、价格波动剧烈、居民需求多的大路菜品种，在部分市开展价格政策性保险试点工作，保费由价格调节基金给予合理补贴，稳定种植预期，促进市场均衡供应和价格稳定。三是开展生猪价格政策性保险试点。以猪粮比价为主要出险指标，运用价格调节基金给予合理补贴，促进生猪市场健康发展和价格稳定。

（三）完善市场决定价格的机制。紧紧围绕使市场在资源配置中起决定性作用的要求，结合研究修订《山东省定价目录》，进一步简政放权，做好政府定价管理的"减、放、改"工作。"减"，就是放开一批已经形成竞争的商品和服务价格。研究先行放开工业盐、非医保药品及廉价药品、非公立医疗机构医疗服务价格，推动放开律师、会计师、税务师以及建设领域的咨询、代理、勘察设计、监理服务等收费，放开房地产咨询、评估、经纪等中介服务收费。"放"，就是下放部分价格管理权限。对现行价格与收费政策进行全面梳理，抓紧推进"立""改""废"，对适于市、县政府管理的商品和服务价格一律下放，实现就近管理，更好地反映当地实际。"改"，就是改进政府定价管理。结合行业管理体制改革，对实行政府定价和指导价管理的项目，适时改革定价形式，增加价格弹性，逐步引入市场竞争。创新价格管理方式，更多运用规则指导经营者制定价格，尽量减少直接制定具体价格。完善和落实成本监审、专家论证和价格听证制度，增强政府定价透明度，规范政府定价行为。

（四）营造公平竞争的价格环境。加快完善市场价格监管体系，实施重心下移，履行好价格监管职能，进一步营造公平竞争的价格环境。一是开展市场价格秩序治理。组织开展虚构原价、虚假打折等价格欺诈专项整治行动，结合推进明码标价工作，重点查处和规范商业零售、旅游、餐饮、电子商务、汽车销售等行业和领域的价格违法行为。加强生活必需品和服务价格监控，密切关注网络购物、快递等新兴服务业价格动态，完善应急处置机制，严厉打击价格违法行为，稳定市场价格。二是开展反价格垄断调查。及时发现并查处知识产权、电子商务、医疗器械、保险等领域的价格垄断行为，严肃查处利用市场支配地位垄断价格、排除和限制市场竞争的行为。三是开展涉企收费专项整治。及时跟进开展国家和省各项涉企收费减免政策执行情况的监督检查，集中整治银行收费，开展建设、环保、公安、消防等部门和行业的收费专项检查，开展铁路运输价格与收费的重点检查，降低企业融资和经营成本。四是开展资源性产品价格专项检查。适时组织开展油、气、电、水等价格政策执行情况专项检查，严厉打击不执行脱硫、脱硝等价格政策的行为，保障资源性产品价格改革顺利推进。

（五）构建社会托底的价格政策体系。守住民生保障领域的"下限"，满足群众的合理诉求，保障群众特别是低收入群众的合法权益。重点完善"三个机制"。一是完善"兜底"的价格机制。进一步完善和落实物价补贴联动机制，合理设置启动条件，多渠道筹措补贴资金，确保机制及时启动，补贴及时发放，切实安定低收入群众的生活。二是完善"保基本"的价格机制。在推进居民阶梯式价格改革中，保持群众基本需求用量部分的价格稳定，对低收入群众实行一定用量免费政策。以减轻群众看病负担为前提，加快落实公立医院综合改革补偿政策，理顺医疗服务比价关系，规范低价药品管理。三是完善保障群众权益的工作机制。加强 12358 价格举报信息化、网格化建设，设立省级统一调度指挥平台，畅通群众维权渠道，提高价格举报受理、查处、反馈效率。加大成本调查监审力度，约束垄断行业不合理成本上升。强化价格争议调处和价格认定服务，保障好群众利益。

2014 年环境保护和资源利用发展思路与重点

一、2013 年环境保护和资源利用情况

今年以来，全省深入贯彻落实科学发展观，大力推进生态山东战略，加快推进节能减排和资源节约集约利用，积极推动资源型城市转型和应对气候变化，各项工作取得新的进展。

（一）节能降耗扎实推进。强化源头控制，认真开展固定资产投资项目节能评估和审查，严控新建高耗能项目，万元 GDP 能耗率超额完成年度和进度目标任务。加快淘汰落后产能，国家下达我省 14 个行业、111 户企业的落后产能生产线（设备）全部拆除。加快推进园区循环化改造，东营经济技术开发区和临沂经济技术开发区被列为国家示范试点。加快推进餐厨废弃物资源化利用和无害化处理工作，济南市被国家发改委等部门确定为第三批试点城市。积极实施清洁生产，对 584 家单位开展了清洁生产审核，培训行政管理和企业等有关人员 530 人（次）。开展 2013 年山东省节水型企业（单位）创建活动，评出 129 家节水型企业（单位）。

（二）治污减排深入实施。总量减排扎实推进，化学需氧量、氨氮、二氧化硫和氮氧化物排放量同比分别下降 3.93%、4.19%、5.94% 和 5.04%，四项指标均完成了年度减排任务。流域治污成果巩固提高，2013 年重点流域 COD 和氨氮平均浓度分别为 24.5 毫克/升和 1.04 毫克/升，同比下降 3.3% 和 6.8%，省辖淮河、海河流域在国家治污考核中实现"六连冠"和"四连冠"。大气污染防治加快实施，省政府发布实施了区域性大气污染物综合排放标准及 5 项重点行业排放标准、《山东省 2013 - 2020 年大气污染防治规划》及一期行动计划，出台了机

动车排气污染防治规定、黄标车提前淘汰补贴管理办法、车用成品油升级实施方案，开展了城区建设扬尘治理集中行动，相关工作全面展开。

（三）应对气候变化能力建设成效明显。编制完成了《山东省应对气候变化规划（2013－2020)》并通过国家评审。举办了全国"低碳日"主题宣传活动和"低碳山东"发展论坛。省级温室气体排放清单通过专家中期评估，初步构建了我省温室气体排放状况数据库基本框架。启动了温室气体排放统计核算体系、考核评价体系研究，举办了全省应对气候变化专题培训班，申报 3 项清洁发展机制基金赠款项目，向国家推荐上报 33 项重点低碳技术。《青岛市低碳城市试点工作实施方案》获得国家批复并实施。

（四）资源调控管理更加严格规范。印发实施了《关于进一步推进节约集约用地的意见》，落实最严格的耕地保护和节约集约用地制度，2013 年全省安排使用新增计划 31.9 万亩，占年度计划总量的 93.4%。加快实施新泰市、淄博市淄川区资源枯竭城市转型发展规划，枣庄、新泰、淄博市淄川区共争取国家资源枯竭城市财政转移支付资金 9.4 亿元。加大地质找矿力度，实行省内、省外、境外三线联动，共实施矿产勘查项目 311 项。实施《山东省地震应急预案》，地震应急保障能力进一步增强。全面推进"两防一体""两建同步"进程，全年新增人防工程面积 254.5 万平方米。

二、2014 年形势分析和工作思路及目标

2014 年是实施"十二五"规划的重要一年，也是加快推进转型发展的关键一年。面对国内外复杂多变的经济形势，我省资源环境工作面临着新的机遇和挑战。

从有利因素分析，今后一个时期是推动生态文明建设、生态产业发展的重要战略机遇期。一是从战略层面看，十八届三中全会明确提出要"加快生态文明制度建设"，按照"源头严防、过程严管、后果严惩"的思路，明确了生态文明制度改革的路线图和任务书，为下一步生态文明建设发展指明了方向。二是从政策层面看，围绕生态环境的改善修复，今年国家在水、大气、土壤污染防治方面制定出台了一系列的工作措施，尤其为应对日益频发的雾霾天气，国务院印发实施了《大气污染防治行动计划》，改善空气环境质量步伐加快；同时结合扩内需、调结构、打造经济升级版，国务院出台了《加快发展节能环保产业的意见》，从

法规、财政、投融资、市场化等方面提出加快发展节能环保产业发展的政策措施，对于缓解资源环境瓶颈制约、打造新的经济增长点具有重要意义。三是从实践层面看，多年来我省严把土地、环评、能评关口，严格控制新建高耗能、高污染项目，形成了有效的工作机制；省委、省政府把生态环境作为最稀缺的发展要素，以生态山东建设为重要着力点，倒逼经济结构调整和发展方式转变，破解资源环境约束瓶颈。

从不利因素分析，我省仍处于工业化、城镇化加速发展时期，人口密度大，环境容量小，长期形成的产业结构短期内难以调整到位，重化工业所占比重依然较大，能源消费需求呈现刚性增长趋势，主要污染物排放总量居全国前列，资源环境约束日趋强化。2013 年，二氧化硫、氮氧化物、PM_{10} 三项污染物指标出现反弹，大气污染防治的任务艰巨。南水北调沿线仍有部分断面水质不够稳定，通水后沿线环境安全防控的压力增大；受污水直排环境、部分企业违法偷排等因素影响，实现小清河流域水质持续改善的目标任务仍需加大工作力度。

综合考虑，2014 年我省资源环境工作的总体思路是：深入学习贯彻党的十八大和十八届三中全会精神，以科学发展为主题，以加快转变经济发展方式为主线，认真落实资源节约和环境保护两大国策，深入推进节能降耗，着力抓好污染减排，加强资源节约集约利用，积极开展应对气候变化，扎实推进生态山东建设。

主要预期目标：

1. 节能降耗：重点行业、企业和产品的能耗、物耗水平明显降低，资源利用效率明显提高，全社会节能意识明显增强。

2. 环境保护：污染物排放强度减小，结构性污染比重降低，重点流域水质及大气环境质量改善。

3. 土地利用：耕地占补基本平衡，土地集约节约利用水平有较大提高。

三、2014 年工作重点及对策措施

（一）扎实推进节能减碳

1. 着力抓好重点节能工程建设。加快节能减排共性和关键技术研发，加大节能减排技术产品产业化示范和推广。以工业锅炉（窑炉）、余热余压利用、能量系统优化等为重点，组织实施节能重点项目，积极争取国家资金支持我省节能

重点工程和能力建设。继续实施节能产品惠民工程,推动超高效节能产品市场消费。

2. 积极推进重点领域节能。深入开展千家企业节能低碳行动,积极推进能源管理体系建设。进一步完善我省节能评估和审查制度,开展能源审计、能效对标活动,加强能源管理中心示范项目建设,促进重点企业节能。积极推行合同能源管理机制,完善合同能源管理实施机制,加快发展节能服务产业。认真贯彻落实《国务院关于加快发展节能环保产业的意见》,积极推动我省节能环保产业发展。

3. 大力发展循环经济。贯彻落实《国务院关于印发循环经济发展战略及近期行动计划的通知》精神,加快推进循环经济示范市、园区循环化改造等项目建设,总结推广清洁生产先进适用技术,强化清洁生产审核。加强工业"三废"综合利用,推进墙体材料革新工作。继续抓好农作物秸秆综合利用,加快秸秆收集储运体系建设。加强节水和水资源综合利用,积极推进节水型城市和节水型企业创建工作,加快发展海水淡化产业。

4. 加大淘汰落后产能力度。结合化解产能矛盾过剩、大气污染防治、省钢铁产业结构调整试点方案等工作的开展,科学编制好 2014 - 2015 年全省重点行业淘汰计划。认真贯彻落实全省化解过剩产能电视电话会议精神,探索落后产能退出机制,根据不同行业,结合土地资源、能源、环保指标要求等因素进行综合考虑,科学界定淘汰落后产能标准,最大限度实现资源合理有效利用。

5. 认真做好应对气候变化工作。根据国家考核要求,积极组织有关部门和市开展单位国内生产总值二氧化碳减排考核工作。认真贯彻落实《国家适应气候变化战略》,研究编制省级适应气候变化实施方案,同时制定实施《山东省应对气候变化规划》。加快编制省级温室气体清单,建立温室气体排放基础统计核算体系和考核评价体系,建立省级应对气候变化领域专家库,做好应对气候变化基础研究工作。结合国家政策动向,以低碳城市、低碳园区、低碳企业、低碳社区创建和低碳产业发展为抓手,研究启动我省低碳试点建设。

(二)着力推进污染减排

1. 强力推进总量减排。严格实施年度主要污染物总量减排计划,加强综合协调,严格目标责任考核,确保主要污染物排放量持续削减。大力推进脱硝工程等重点减排工程建设,加强和规范湿地工程建设,加大机动车污染减排和畜禽养殖污染治理力度，确保完成国家下达的年度减排目标。

2. 狠抓大气污染防治。建立联动工作机制和年度考核机制，严格落实大气污染防治一期行动计划，实施分阶段逐步加严的区域性大气污染物排放标准，加快电力、化工、钢铁、水泥等重点行业治污设施建设，倒逼排污行业调整结构优化布局。深化城市扬尘综合整治。落实《山东省机动车排气污染防治规定》，加快淘汰高污染机动车，推动车用油品升级。完善空气质量信息发布制度，落实《山东省重污染天气应急预案》，抓好应急预防、预报预警、应急响应。

3. 加大流域治污力度。落实国家清洁水行动计划，完善"治、用、保"流域治污体系，强化南水北调东线工程水质保障，督导沿线各市落实环境安全应急预案，确保通水水质安全。深入推进小清河流域综合治理，实现流域生态环境质量持续改善。认真落实《山东省城乡污水处理及再生利用设施建设规划（2013－2015年)》，积极争取国家重点流域水污染防治项目资金支持，推进城镇污水垃圾处理设施建设。

4. 扎实推进生态山东建设。研究制定《生态山东建设目标责任制年度综合评价及考核办法》，完善生态山东建设的工作机制和制度体系，强化综合协调，加强重点工作落实情况的监督检查。在国家开展生态文明先行示范区建设的基础上，结合我省实际，选择部分有代表性的市县先行试点，研究开展省级生态文明先行示范区建设，探索生态文明建设模式。

（三）加强国土资源管理和调控

1. 切实做好用地保障。实行分类供地，保障战略性新兴产业和自主创新的大项目、重大招商引资项目和改善民生项目用地。坚决遏制钢铁、水泥、电解铝、平板玻璃、船舶等过剩行业和低水平重复建设项目用地。支持省政府确定的重点建设项目和战略性新兴产业项目，推动经济转型发展。推进节约集约用地，新增计划与闲置土地盘活、挖潜利用相挂钩，促进节约集约用地和产业提升；根据土地市场供求形势，对供地率较低的地区实施新增建设用地征收转用限批制度。认真落实建设用地项目补充耕地与土地整理复垦开发项目挂钩、补充耕地储备库和台账管理等制度，加强基本农田建设和耕地保护。

2. 强化矿产资源的开发管理。进一步推进全省矿业结构调整，优化矿业开发布局，不断提高矿产开发规模化集约化水平。立足省内攻深找盲，加快推进新能源勘查开发工作，继续实施"走出去"战略，开拓省外和境外资源储备基地，推进资源山东建设。深入开展地质环境调查、地质灾害防治、矿山环境治理等工作，推动地热等的调查评价和开发利用，构建全方位、高水平的大地质服务格局。

3. 推动资源型城市加快转型。贯彻实施《全国资源型城市可持续发展规划（2013－2020 年）》，加强对资源型城市的分类指导。组织实施枣庄、新泰、淄川资源枯竭城市转型发展规划，用足用好国家专项扶持政策，健全省级配套政策，支持资源枯竭城市逐步化解产业发展、社会民生、生态环境等方面的突出矛盾。密切关注国家政策导向，做好资源型城市可持续发展试点、独立工矿区转型试点等项争取工作。加快推进济南东部老工业区搬迁改造前期工作，积极争取进入国家试点范围。

4. 继续做好防震减灾、人民防空、基础测绘等工作。扎实推进全省防震减灾"十二五"重点项目建设，建立地震安全性评价项目数据库，提高项目管理的信息化水平。积极探索建立地上地下同步规划、同步建设且必须兼顾人防要求的地下空间开发利用建设管理机制，提高人民防空整体能力。深入推进全省 1∶1 万基础地理信息数据库定期及时更新，广泛开展城镇大比例尺地形图成果更新，推动市县数字城市建设，促进基础地理信息综合开发应用，提升基础测绘对国民经济和社会发展的保障能力和服务水平。

2014 年区域经济发展思路与重点

　　2013 年是山东半岛蓝色经济区和黄河三角洲高效生态经济区建设深入推进的关键一年，也是省会城市群经济圈和西部经济隆起带建设的启动之年。按照省委、省政府的部署要求，全省上下进一步解放思想，改革创新，强化措施，狠抓落实，推动区域经济发展取得了明显成效，为推进全省由大到强战略性转变发挥了重要的引擎作用。

一、2013 年全省区域经济发展情况

　　坚持把区域经济发展作为培育新的增长极的重要抓手，在深入实施蓝黄两大国家战略的同时，全力推进"一圈一带"规划建设，促进全省区域经济协调发展。

　　（一）区域经济发展布局更加完善。省委、省政府从释放区域经济发展战略更大红利、加快建设经济文化强省的高度，作出了规划建设省会城市群经济圈和西部经济隆起带的科学决策。在省直有关部门和相关市县密切配合下，省发改委编制完成了"一圈一带"发展规划。8 月 30 日，省委、省政府召开动员大会，对加快"一圈一带"建设作出了全面部署，标志着经济文化强省建设向纵深推进，也标志着全省形成了科学完善的"两区一圈一带"发展总体格局。

　　（二）协调推进机制逐步健全。为加强对"两区一圈一带"建设工作的组织领导，省委、省政府成立了区域发展战略推进工作领导小组；在蓝黄"两区"建设办公室基础上，整合组建了省区域发展战略推进办公室，承担"两区一圈一带"四大区域发展战略的协调推进工作；相关各市成立了由市委、市政府主要负责同志任组长的区域发展战略推进工作领导小组，并设立了办公室，形成了上下

联动、合力推进的工作机制。

（三）要素投入进一步加大。完成了 2013 年"两区一圈一带"建设专项资金项目审查及资金安排工作，安排切块资金 26.5 亿元，支持项目 590 个；安排资金 15.18 亿元，支持潍坊—日照高速公路建设、海洋经济创新发展区域示范、未利用地开发及土地指标交易平台建设、蓝色产业领军人才团队引进等重大事项；安排资金 6.3 亿元，扶持生态环保、节能减排类项目 74 个，带动社会投资 340 亿元。鼓励引导信贷资金加大支持力度，2013 年全省新增贷款 5022.99 亿元。加强调研督导，下达 2013 年未利用地开发计划，加大推进力度，未利用地开发顺利推进，累计完成开发面积 42.2 万亩。东营港 2 个万吨级和莱州港 1 个 5 万吨级泊位建成投产，海青铁路和博兴—广饶、小营—滨州港 2 条地方铁路建成，青岛—荣成城际铁路、烟台潮水机场进展顺利，济南—东营、潍坊—日照高速公路开工建设，黄大铁路建设项目获得国家核准；南水北调工程东线一期工程、胶东调水工程主体工程基本建成；华电莱州电厂一期工程完工，华能山东石岛湾核电厂和海阳核电一期工程正在积极推进。

（四）蓝黄"两区"建设成效明显。围绕构建现代海洋和高效生态产业体系，集中推进了"四区三园"、四大临港产业区和 26 个海洋特色产业园、高效生态产业园等园区建设。制定出台了全国第一个海洋产业发展指导目录—《山东省海洋产业发展指导目录（试行）》，推动现代海洋产业迅速发展，形成主营业务收入过 10 亿元的海洋优势产业集群 85 个，其中，50 亿元-100 亿元的 25 个，过 100 亿元的 21 个。黄三角经济区高效生态产业步入快速发展轨道，形成了主营业务收入 30 亿元-100 亿元的企业 33 家，过 100 亿元的企业 14 家。"两区"《规划》确定的国家级重大科技创新平台建设顺利推进，科技创新能力显著提升。研究制定了《泰山学者蓝色产业领军人才团队支撑计划》以及《实施细则》《专项资金管理暂行办法》，编制发布了首期《引才目录》，完成了项目申报和评审工作，人才引进工作全面启动。全面完成绩效考核和重大课题研究工作。成功举办蓝色经济发展国际高峰论坛、蓝色经济大家谈等活动，宣传推介取得明显成效。2013 年，蓝黄"两区"实现地区生产总值 28015.0 亿元，同比增长 10.4%，高于全省平均增幅 0.8 个百分点，规模以上工业增加值增长 11.5%，高于全省平均增速 0.2 个百分点；完成固定资产投资 19082.5 亿元，进出口总额 2156.1 亿美元，公共财政预算收入 2282.8 亿元，同比分别增长 19.8%、9.2%、14.0%，分别高于全省 0.2、0.4、1.7 个百分点。

（五）"一圈一带"建设全面启动。区域范围内 11 市和省直有关部门认真学习贯彻全省动员大会精神，采取有力措施，强力推进"一圈一带"规划实施。省委办公厅、省政府办公厅印发了《"一圈一带"发展规划重点任务及重大政策分工落实方案》，各市相继出台了实施意见，济南、莱芜两市组建了济莱协作区建设领导小组及办公室，各市协作配合进一步密切。省发改委与区内各市签订了《战略合作框架协议》，从资金、项目等方面给予倾斜，筹备召开了省会城市群经济圈第一次党政联席会议，举办了"一圈一带"规划实施专家座谈会，组织各大媒体加大宣传力度，营造了浓厚的舆论氛围，协调省直有关部门加大支持力度。省委组织部、省科技厅联合选派一批高层次人才到西部县担任科技副县长；省委宣传部动员媒体对"一圈一带"规划建设情况集中进行报道；省编办及时研究批复省、市区域发展机构设置和配备方案；省财政厅筹集 52.4 亿元支持交通基础设施建设；省住房城乡建设厅、省地税局相继出台了支持"一圈一带"建设的意见，其他部门也正在出台相关支持政策和措施。

（六）沂蒙老区等区域建设取得初步进展。认真梳理国家对沂蒙革命老区的扶持政策，编制了参照执行中部地区政策指导手册，加快推进沂蒙革命老区建设。认真做好聊城、菏泽 2 市和东平县列入中原经济区规划相关政策和重要事项的争取落实工作。

二、2014 年全省区域经济发展面临的形势分析

当前，国内外经济环境发生很大变化，世界经济正在深度调整，国内经济也处在转型过程中，我省区域经济发展也步入新阶段，由原来的蓝黄两大国家战略扩展到"两区一圈一带"四个战略。我省区域经济发展既面临着新的机遇，又面临诸多不利因素的挑战。

有利因素主要有：一是，党的十八届三中全会召开后，国家制定出台一系列改革措施，进一步解放和发展社会生产力、增强社会活力，坚决破除各方面体制机制弊端，将为区域经济发展创造良好的政策环境和经济氛围。二是，习近平总书记在视察山东时，充分肯定了我省"两区一圈一带"区域协调发展战略的工作思路和举措，提出"各区域既要充分发挥优势和特色，又要做好功能互补、相互促进、协调发展的文章"的明确要求，为我省转型跨越和区域经济科学发展指明

了发展方向、提供了根本遵循。三是，刚刚闭幕的 2013 年中央经济工作会议要求，继续深入实施区域发展总体战略，完善并创新区域政策，促进区域协调发展，为我省区域经济发展提供了有力的政策保障。四是，蓝黄两大战略的推进实施，取得了宝贵经验，为全省区域发展形成了示范，奠定了良好基础。五是，全省上下形成推动区域经济发展的强大共识。"两区一圈一带"区域发展战略推进实施，沂蒙革命老区参照执行中部地区有关政策，聊城、菏泽 2 市和东平县列入中原经济区规划，全省区域经济发展布局更加完善，各个区域特色鲜明、功能互补。同时，赋予的一系列重大支持政策，务实具体、可操作性强，增强了区域经济发展后劲和动力。各级党委政府高度重视，加强领导，制定出台规划和政策措施，加大支持力度，加强协作配合，区域经济发展的合力已经形成，成效将逐步显现。

不利因素：一是，国际国内经济形势依旧复杂多变。世界经济下行压力较大，主要发达经济体形势不容乐观，新兴经济体出现下滑趋势。国内经济已到了必须在发展中加快提质增效升级的重要时期，企稳向好的基础不牢固，客观上要求增速"换挡"。我省经济稳中回升的基础尚不牢固，资源环境约束持续增强，体制机制障碍依然较多，对外经济依存度较高，经济发展面临的矛盾仍较突出。二是，区域竞争不断加剧。国家相继出台了一批重点区域发展战略，各地竞相出台加快区域经济发展的政策措施，吸引要素资源，区域竞争日趋激烈。三是，各个区域经济发展不平衡，转型发展压力较大。产业结构不够合理，传统产业比重较大，战略性新兴产业竞争力不强。特色园区的集聚带动能力不够强，产业集聚度不高，产业的规模效应发挥不够。科技资源缺乏有效整合，科技创新和成果转化能力不足。

三、2014 年区域经济发展总体思路和工作重点

总体思路是：以邓小平理论、"三个代表"重要思想、科学发展观为指导，深入贯彻落实党的十八大、十八届三中全会和省十次党代会精神，按照中央和全省经济工作会议的部署要求，以改革创新为动力，以转型升级为方向，围绕"两区一圈一带"规划确定的目标任务，坚持"面上推开、点上突破、融合互动、一体发展"，突出抓好产业集群发展、特色园区培育、基础设施建设、生态环境保护、未利用地开发等重点工作，实行分类指导，多措并举，强化科技人才支撑，

加大政策支持和资金投入，推动蓝黄"两区"求突破、上水平，"一圈一带"开好局、起好步。

（一）加快培育特色产业集群。坚定不移抓项目、扩投入，抓园区、育载体，抓企业、树龙头，充分发挥各区域比较优势，培育一批各具特色的产业集群，推动产业优化升级。蓝区继续重点培育海洋生物、海洋装备制造、现代海洋化工、现代海洋渔业及水产品精深加工、海洋运输物流及文化旅游5大产业集群；黄三角继续重点培育高效生态农业、石油装备制造、汽车及零部件、轻工纺织、现代物流和生态旅游5大产业集群；省会圈重点培育新能源、新信息、新医药及生物、交通装备、机械装备、现代物流、文化旅游7大产业集群；西部带重点培育现代农业、装备制造、现代能源化工、新材料、生物医药、商贸物流、文化旅游7大产业集群；沂蒙老区重点培育特色农业、装备制造、食品加工、生物医药、商贸物流、红色旅游等6大产业集群。

一是抓好重大项目建设。蓝黄"两区"围绕培育现代海洋和高效生态产业，继续抓好100个重点项目和200个储备项目建设；"一圈一带"围绕规划方向和产业发展重点，立足特色产业培育，各筛选确定60个重点项目和100个储备项目。进一步加强项目调度，全面掌握项目进展情况，及时解决项目建设中出现的各种问题。对在建项目，强化资金支持，加大推进力度，确保早建成、早投产、早见效；对储备项目，加快前期工作进度，积极落实建设条件，争取尽早开工建设。

二是抓好重点园区建设。蓝黄"两区"认真落实推进特色产业园建设的意见，加快推动18家海洋特色产业园、8家高效生态特色产业园和28个海洋产业联动发展示范基地建设；继续组织申报并评审认定一批海洋特色产业园和高效生态产业园，给予授牌和政策支持。加快推进"四区三园"和四大临港产业区建设，进一步加大支持力度，完善基础设施、加强招商引资，提升园区产业集聚和承载能力。"一圈一带"围绕拉长产业链、价值链、财税链，促进产业转型升级，加大招商引资力度，强化园区基础设施建设，完善服务配套设施，引导重大产业项目向园区集中建设，企业向园区集中布局，各类要素向园区集中配置，提高产业集中度，推动集聚发展。沂蒙老区围绕老区产业发展重点领域，建设一批集聚度高、优势明显、创新能力强的特色产业园区和基地。

三是抓好重点企业培育。推动要素资源向优势企业集中，加快培育一批规模大、实力强、具有国际竞争力的大企业集团，发挥龙头企业的带动和聚集效应。实施中小企业培育计划，完善扶持政策，支持科技创新型中小企业加快发展。蓝黄"两区"着力培育集中调度的 120 家重点企业和企业集团，力争到 2014 年底，主营业务收入过 100 亿元的大型企业集团达到 25 家。"一圈一带"鼓励企业以资本、资源、品牌为纽带进行兼并重组，培育一批关联性大、带动性强的大企业、大集团。

（二）着力构筑基础设施支撑体系。围绕实现各区域重大基础设施互联互通，加快交通、能源、水利等基础设施建设步伐，增强经济社会发展的支撑保障能力。交通方面，重点推进滨海高等级公路，济南—东营、济南—乐陵、潍坊—日照、德州—夏津高速公路建设，尽快开工青兰线聊城段、莘县—南乐、蓬莱—栖霞等高速公路，推进济南—泰安、京沪、青银高速扩容等项目前期工作；加快建设德龙烟、黄大、青荣城际、石济客专、山西中南部铁路通道等重点铁路项目，推进济南—青岛高速铁路、济郑客运专线等项目前期工作；力争日照港岚山港区 30 万吨级原油码头扩建工程、青岛港董家口港区孚宝液体化工码头等 10 个沿海港口泊位建成投产；争取青岛新机场、日照机场开工建设，烟台潮水机场建成投用，积极推进聊城机场、菏泽机场、迁建潍坊机场等前期工作；稳妥推进内河航运发展。能源方面，积极推进神华国华寿光电厂、中海油滨海风电一期等项目建设；加快推进天然气输气管道和 LNG 接收站规划建设，力争青岛 LNG 码头、泰青威干线年内建成投用；大力实施"外电入鲁"工程，加快太阳能、风能、生物质和垃圾发电等新能源技术开发利用。水利方面，重点推进南水北调主体工程、胶东调水干线以下配套工程、平原调蓄水库、大中型灌区和区域供水工程，搞好骨干河道重点河段、重要支流河道和蓄滞洪区综合治理，加快沿海防潮堤建设。

（三）切实加强生态文明建设。深入贯彻生态山东建设总体部署，牢固树立尊重自然、顺应自然、保护自然的生态文明理念，推动"绿色发展、循环发展、低碳发展"。严格落实主体功能区定位，加强重点生态功能区的保护治理。实施最严格的环境保护制度，严格落实全省大气污染防治规划，大力推进水、土壤以及固体废物、危险废弃物等的综合整治，实现资源环境协调发展。认真贯彻国家有关产业政策规定，坚决限制高耗能行业和产能过剩行业盲目扩张和重复建设。蓝区继续推进海岸带整治修复工程，加强海岛生态建设，扎实开展东营、日照、潍坊等海洋生态补偿试点和烟台海岸带综合整治试点；加快建设日照等 3 个国家级海洋生态文明示范区和威海大乳山等 4 个国家级海洋公园。黄三角积极争取国家开展区域性生态补偿试点；继续推进百万亩湿地修复工程，力争再完成修复面积 20 万亩；严格落实节能评估和清洁生产审核制度，重点推进规划确定的 16 个循环经济示范园区建设。省会圈强化区域环境联防联治，优先解决水污染和空气污染等环境问题；培育一批循环经济示范企业，加快园区循环化改造，建设生态工业示范园区；开展小清河流域综合治理，加强济西湿地等保护和修复。西部带立足打造美丽新西部，加快形成资源节约、环境友好的空间格局、产业结构和生产生活方式，重点搞好南水北调工程沿线、南四湖流域、海河流域等污染防治。沂蒙老区加快建设沂山和蒙山、五莲山和九仙山两大生态保护区，稳定生态系统结构，维持生物多样性等生态服务功能，构筑生态安全屏障。

（四）大力推动科技创新和人才引进。一是加强科技平台建设。选择重点产业领域，加大政策支持力度，组织实施一批科技创新平台建设项目，增强科技创新平台对创新发展的支撑能力。重点协调推进蓝色硅谷、潍坊国家职业教育创新发展试验区、日照中国蓝色经济引智试验区、中国石油大学及其生态谷等科技创新载体建设，加快建设一批工程实验室、技术研究中心等研发机构，以骨干企业为龙头组建一批产学研创新合作联盟。二是加快科研成果转化与推广。推动科研单位和高等院校科研市场化、产业化，推动企业与省内外高等院校、科研单位合作对接，促进科研成果和实用技术转化。加快国家级海洋科研成果转化基地建设，推动成立海洋生物医药产业技术等战略联盟，加快形成健全的科技创新体系。三是加强人才队伍建设。重点加大区域经济发展高层次人才、职业技术人才培训力度，加强对企业领军人才、区域经济管理人才和社会急需人才的培养和培训，为区域经济发展提供人才智力支持。继续组织实施好《蓝色产业领军人才团队支撑计划》，组织好 2014 年人才项目申报等工作，力争新引进一批领军人才团队。

（五）加大政策资金扶持力度。继续推进落实国家赋予蓝黄“两区”的重大政策事项。协调有关部门，研究制定支持“一圈一带”发展的配套政策。科学调整和优化资金投向，进一步完善项目申报、审核与资金安排程序，合理安排好 2014 年度专项资金；加强对专项资金的规范管理，加大资金监管与督查力度，确保项目建设进度与质量。组织运营好“蓝黄”产业投资基金，引导好投资方向，做好项目推介，促进基金规范运作。抓紧设立 100 亿元省会圈投资基金、

200 亿元的西部带投资基金。加大创业投资和风险投资基金培育引进力度。积极开展多种形式的银企对接活动，探索开展未利用地开发土地抵押贷款。积极推动中微企业开展新三板试点，鼓励引导社会资本投入"两区一圈一带"建设。

（六）突出区域特色加强分类指导。针对各区域在区位条件、资源条件、发展优势等方面的不同特点，加强分类指导，选择区域发展具有重大引领和带动作用的关键环节，集中力量攻坚突破。蓝区，强化青岛对全省海洋经济发展和产业转型升级的示范引领作用，突出抓好蓝色硅谷、西海岸经济新区和红岛经济区"一谷两区"开发建设。黄三角，突出抓好未利用地开发，加大资金投入，再开发未利用地 20 万亩；积极推动省级土地指标交易平台运行管理，规范指标交易行为；研究制定支持政策，开展"飞地经济"试点。省会圈，突出做大做强龙头城市济南，放大省会城市对区域发展的辐射带动作用。加快济莱协作区建设，重点推动济南和莱芜在交通、通讯、户籍管理、公共服务、资源配置等方面加快同城化步伐，协调有关部门，力争实现济南莱芜固定电话区号统一，出台济莱协作区户籍管理同城化的具体措施，建成区域一体化发展的先行示范区。西部带，以现代农业为基础，以区域性中心城市和重点镇为骨架，以特色产业为支撑，推动各市实现差异化竞争、错位发展，努力形成高地引领、主轴贯通、园区壮大的发展态势，建设以条形布局、邻边经济为主要特征的经济隆起带。沂蒙老区，紧紧抓住政策机遇，全面对接争取和落实国家政策；编制完成沂蒙革命老区发展规划，研究制定省内促进和支持沂蒙革命老区加快发展的配套政策，把政策优势转化为促进沂蒙革命老区科学发展的强大动力。

四、保障措施

（一）健全推进体制。建立完善区域发展战略推进协调制度。加大协调推进力度，形成牵头部门负总责、相关部门全力配合的强大合力。健全完善各区域联席会议制度，建立决策层、协调层和执行层 3 个层面运作机制，定期召开会议，协调解决建设中的重大问题，创新合作机制、推进融合发展。

（二）加强考核督查。围绕区域经济科学协调发展，加快转变经济发展方式，健全完善蓝黄"两区"考核机制；建立涵盖"两区一圈一带"科学完善的区域发展指标体系，研究制定区域发展考核办法。建立定期督查调度制度，坚持重点督查和日常检查相结合、现场督查和会议调度相结合，对各区域规划重点任务及重大政策落实情况进行调度督查，确保"两区一圈一带"建设顺利推进。

（三）抓好调查研究。针对区域发展中存在的突出问题，加强调查研究，提出对策建议，为省委省政府领导科学决策服务。及时总结推广各地推进区域经济建设的好经验、好做法，注意发现和培养典型、亮点，抓好示范带动。加强区域发展重大课题的研究，形成一批有价值的理论成果，强化成果的推广应用，为区域经济建设提供强有力的智力支持。

（四）强化宣传推介。进一步建立完善宣传长效机制，加强与中央和省级主流媒体的合作，充分发挥"一网、两站"作用，创刊并办好《大众日报·山东"两区一圈一带"》专版，全方位宣传报道"两区一圈一带"建设成效，形成良好舆论氛围。充分利用全国工商联执委会暨全国知名民营企业家助推山东转调创投资洽谈会召开的有利时机，大力宣传推介"两区一圈一带"战略。重点抓好 5 月"中国天津投资贸易洽谈会暨 PECC 国际贸易投资博览会"重点区域战略推介洽谈活动和 10 月第十五届成都西博会"山东省区域发展重点项目推介会"等活动。积极开展境内外招商引资活动，组织参加"西洽会""海洽会""海博会"等重大招商推介活动。加快建设区域发展战略主题展馆。

2014 年县域经济发展思路与重点

2013 年，全省各市、县（市、区）认真贯彻省委、省政府推动县域科学发展整体提升综合实力的战略部署，牢牢把握稳中求进的工作总基调，坚持稳中有为，着力提质增效，扎实推进稳增长、调结构、促改革、惠民生等各项工作，全省县域经济保持了平稳较快增长，经济运行呈现稳中有进、稳中向好、质效同步的特点。

一、2013 年县域经济发展基本情况

（一）生产总值稳步增长，增幅高于全省平均水平。2013 年，全省县域实现生产总值 40780 亿元，同比增长 11%，高于全省平均增幅 1.4 个百分点，占全省生产总值比重 74.6%。

（二）财政收入增速加快，占全省比重明显提高。2013 年，全省县域实现公共财政预算收入 2552 亿元，同比增长 14.7%，高于全省平均增幅 2.4 个百分点，占全省公共财政预算收入的 56%，同比提高 5.7 个百分点。

（三）固定资产投资保持较高增长，发展后劲进一步增强。2013 年，全省县域完成固定资产投资 26287 亿元，同比增长 21.1%，高于全省平均增幅 1.5 个百分点，占全省固定资产投资比重 73.4%，同比提高 1 个百分点。

（四）发展质量效益继续提升。2013 年，全省县域完成税收收入 1994.1 亿元，同比增长 21.3%，县域税收收入占县域公共财政预算收入比重 78.1%，同比提高 4.2 个百分点，高于全省平均水平 0.6 个百分点。县域税收收入占全省税收收入的比重达 56.4%，同比提高 2.5 个百分点。有 5 个市税收占财政收入的比重超过 80%。

（五）各地竞相发展势头强劲。2013 年，全省县域生产总值超过 600 亿元的县（市、区）数量由上年的 13 个增至 17 个，其中，龙口、滕州 2 市首次突破 900 亿元。公共财政预算收入超过 50 亿元的县（市、区）12 个，比去年增加 6 个。其中，龙口、寿光两市公共财政预算收入从 50 亿级直接跃升至 70 亿级。

从总体运行情况看，今年以来省委、省政府及各地在稳增长、调结构、强区域、促改革、惠民生等方面相继出台了一系列政策措施，对扩内需、强信心、稳预期、促回升发挥了重要作用，全省县域经济整体运行平稳，各项经济指标均保持了较高的增长速度，回升基础进一步巩固。当前县域经济发展保持了较高的发展速度，但一些制约发展的长期性矛盾依然存在，县域科学发展、转型升级仍面临较大的压力，具体表现在：一是区域发展不平衡，部分县域经济发展质量有待提高。从 17 市县均指标来看，公共财政预算收入最高与最低相差仍达 4.3 倍。有 2 个市、20 个县（市、区）税收占公共财政预算收入比重同比下降。全省县域税收占公共财政预算收入比重最低的仅为 60%，与最高差距达 36 个百分点。二是要素制约未得到有效缓解。土地指标紧张，土地供给不足与闲置浪费的情况并存，集约化用地程度较低，小城镇、基础设施与项目用地供需矛盾突出。预计未来两年，实体经济与基础设施用地需求竞争的态势将更加明显。三是产业发展不优。"三高一低"产业多集中在县域，县域承担着全省节能减排总量的 77%，高新技术产业产值占规模以上工业产值比重低于全省近 9 个百分点，主导产业培植力度不够，产业集聚度和规模效益较低。四是部分县（市、区）自主发展能力弱。实践表明，要实现县域自我发展，公共财政预算收入至少应达到 15 亿元的水平。江苏省 2012 年县域公共财政预算收入全部达到 15 亿元以上。截止 2013 年底，我省尚有 59 个县（市、区）公共财政预算收入低于 15 亿元，部分县（区）公共财政预算收入增速低于全省平均水平，内生动力较弱，发展后劲不足。

二、2014 年县域经济发展形势分析

2014 年是党的十八届三中全会召开后的第一年，也是我省县域转型发展、提质增效的关键年。中央关于全面深化改革任务的深入部署，必将对我省县域经济发展产生深远影响和积极的推动作用，综合分析 2014 年我省县域经济发展形势，既有有利的条件，也存在影响发展的不利因素，从总体上看，机遇与挑战并存，有利条件大于不利因素：

（一）有利条件：一是发展机制更加健全。十八届三中全会围绕稳经济、促发展出台的一系列重大改革举措，对完善县域现代市场体系，加快政府职能转变，深化财税体制改革，健全城乡发展一体化体制机制，构建开放型经济新体制都将产生积极的推动作用，围绕上述改革部署的深入落实，我省县域科学发展、转型发展已经处于重要的战略机遇期。二是发展动力更加强劲。"四化同步"的深入推进，带动和促进了内需市场规模的总体膨胀，产业在空间上的转移再培植，推动了国内市场加速发展，需求结构相应改变；同时城镇化进程的加快，也会释放内需潜力，内需市场的空间得到进一步拓展。三是发展目标更加明晰。我省"两区一圈一带"的区域发展总体格局已全面形成，必将掀起新一轮区域经济发展热潮，"蓝黄"两区等重点区域带动战略的深入推进、"一圈一带"发展规划的有序展开，区域发展红利将加速释放，财税、土地、投融资等方面的扶持政策和支持资金的落实，更加有利于引导各地明确定位、科学发展，对科学细化区域产业分工、产业协作、一体化发展必将产生积极的推动作用。四是发展活力日益凸显。目前，我省围绕转型发展、优化营商环境、促进就业创业、理顺省以下财政分配关系、推进县域金融创新发展等方面出台了一系列政策，随着政策的进一步落实、政策效应的逐步显现，全省县域经济发展活力、内生动力将进一步增强。

（二）不利因素：一是世界经济持续低迷，外部需求大幅收缩。传统出口市场，美国经济弱势复苏步伐持续放缓，欧元区经济复苏尚需时日，新兴经济体正在经历产能过剩的危机，过去东亚生产、美欧消费的模式正在发生深刻改变，同时，发达国家政府缩减公共支出，居民降低消费率，各种贸易保护主义层出不穷，都对出口增长带来不利影响。二是市场替代效应日渐增强。国际方面，随着劳动力成本的迅速上升，部分劳动密集型产品的国际竞争力下降，成本更低的经济体正在替代传统市场。三是县域产业链较长时期内仍将处于中低端位置。从产业结构看，我省县域产业体系雷同，产品链条短、科技含量低、附加值不高、能耗较大等问题较为突出，受外部环境影响，部分行业需求不旺，如钢铁、工程机械制造等，相关行业企业高中低端产品均面临需求下降、库存上升等因素，对县域产业升级造成持续制约。

三、2014 年县域经济发展思路与重点

（一）总体思路。认真落实党的十八届三中全会和省第十次党代会精神，深

入贯彻落实科学发展观，牢牢把握主题主线和稳中求进的总基调，以做大做强县域镇域经济整体提升综合实力为目标，把改革创新作为推动县域科学发展，实现稳增长、调结构、促发展的主攻方向，立足提高资源配置效率和培育竞争优势，坚持创新驱动、提质增效，发挥市场在资源配置中的决定性作用，加快技术进步和优化产业结构步伐，优化空间布局和促进城乡统筹，保障民生幸福和改善生态环境，协调推进工业化、信息化、城镇化、农业现代化同步发展，全面提升县域经济的内生动力和综合竞争力，使其成为转方式调结构、保持经济平稳较快发展的主导力量，为经济文化强省建设提供有力支撑。

（二）发展重点。一是打造核心竞争优势。适应创新型发展新趋势，坚持统筹兼顾原则，把县域作为民营经济发展的重要载体，培育主导产业，形成产业集群，协调推动工业化、信息化、城镇化、农业现代化同步发展。以信息化为带动，加快由资源要素投入驱动转向创新驱动，加速信息化技术与科技成果向现实生产力转化；以农业现代化为方向，深入推进农业标准化建设，坚持发展"高效生态"农业。做大做强镇域经济，深入开展"百镇建设示范行动"，多渠道拓宽乡镇（街道）财源。

二是大力培植特色产业。以新型工业化为依托，培植壮大主导产业，发展一批规模优势突出、功能定位清晰、集聚效应明显、辐射带动力强、财政贡献率高的主导产业。集中扶持一批重点镇或中心镇，发挥小城镇发展资金的示范引领作用。鼓励和支持镇域根据主体功能区划和产业布局要求，结合城镇资源禀赋、区位条件、产业基础等因素，加快培育乡镇（街道）特色产业。统筹产业园区布局建设，创新管理模式，围绕探索实施土地开发利用的空间置换机制，支持符合条件的市县建立"飞地经济"示范园区，鼓励实施"飞地"税收分成政策。

三是加快资本市场培育。深入推进县域金融创新发展试点工作。探索建立农村产权评估、收储、流转、处置服务平台，促进农村抵押物创新。鼓励银行业机构扩大林权抵押贷款，探索开展大型农机具、农村土地承包经营权和宅基地使用权抵押贷款试点。健全订单农业信贷担保机制。拓宽多元化融资渠道，引导符合条件的涉农企业上市或利用债务工具开展直接融资，鼓励商业银行发行涉农和小微企业专项金融债。

四是强化生态文明建设。坚持以人为本、生态优先，加快县域建设资源节约型、环境友好型社会，全面推动生态山东建设。充分发挥生态环保的引导作用和倒逼机制，实行资源有偿使用制度和生态补偿制度，大力发展循环经济和节能环保产业，培育以低碳排放为特征的新的经济增长点，促进县域努力形成节约能源资源、保护生态环境的产业结构、增长方式和消费模式。强化节能减排责任制，完成节能减排约束性目标。

五是提高人民生活水平。实施积极的就业政策，促进创业带动就业。完善覆盖城乡居民的社会保障体系，实施好新一轮扶贫开发纲要，扩大社会保险覆盖范围。坚持财政投入和市场化运作相结合，加快健全民生投入保障机制。提高学前教育普及率，促进义务教育均衡发展。加强基层卫生服务机构建设，巩固完善基本药物制度，完善基本医疗卫生体系。深入实施文化惠民工程，加强以基层为重点的公共文化服务体系建设。

四、主要工作措施

（一）推进县域科学发展综合试点。为更好地贯彻落实关于推动县域科学发展整体提升综合实力的意见，立足我省实际，借鉴外省市经验，支持县域先行先试，创新体制机制和发展模式，提升县域内生动力，在全省选择部分县（市、区），围绕城乡统筹、转型升级、民营经济、循环经济、生态文明等主攻方向，通过重点项目、土地政策、财政支持，启动县域科学发展综合试点工作，支持试点县科学发展、率先突破。

（二）实施县域科学发展综合评价考核。组织开展 2013 年度全省县域科学发展评价考核工作，严格按照《考核办法》确定的原则、方法，对全省 116 个列入考核的县域单位进行客观公正的评价考核，适时发布考核结果。调整完善考核办法。遵照"不以 GDP 论英雄"的精神，对现行考核办法作进一步调整完善，对考核对象、不同区域经济发展指标及权重进行相应调整，形成符合县域实际、更加科学可行的评价考核指标体系。

（三）做好县域经济月调度季通报工作。按照省委、省政府两个办公厅《关于建立重要工作进展情况统计调度和定期通报制度的方案》要求，积极做好2014 年度县域科学发展月调度季通报工作，创新工作推进和通报机制，扩大通报影响范围，根据调度情况，分析存在的问题及原因，为省委、省政府决策提出科学可依的建议。

（四）深入开展调研活动。围绕培植县域主导产业促进转型升级，着重在县域发展一批、培植一批规模优势突出、功能定位清晰、集聚效应明显、辐射带动力强、财政贡献率高的主导特色产业，以带动和提升县域综合发展实力，显著提升县域经济发展水平，结合我省县域发展实际，开展《关于培植壮大特色主导产业提升县域综合竞争力研究》课题研究工作。全面贯彻全省县域工作会议精神及相关工作部署，切实加强对鲁发〔2012〕9 号文中有关政策落实情况的督查力度，联合有关部门，对各地落实省委、省政府出台的政策情况组织开展一次调研督查活动，进一步掌握县域经济发展的新情况新问题，细化目标、强化措施。围绕整体推进县域科学发展的总体要求，强化统筹协调机制，加快建立市域内统筹协调机制，积极探索建立利益分享补偿机制，实行资源要素统筹培植，优势产业统筹培育，促进市域内形成县（市、区）优势互补、配套协作、各具特色的发展格局。

（五）创建县域公共服务平台。加强与第三方企业联系合作，免费为县域小微企业搭建价值对接服务平台。帮助县域广大小微企业解决生产经营中遇到的瓶颈制约，促进县域企业实现信息交流共享，利用网络信息技术在更大范围、更宽领域合理配置生产要素、形成产业集群，促进县域经济转型升级、提质增效，创新县域经济价值对接服务平台建设。

2014 年社会事业发展思路与重点

一、2013 年社会发展基本情况

2013 年，全省坚持把加快发展社会事业作为稳增长、转方式、调结构的重大举措，加强制度建设，加大资金投入，加快改革创新，扎实办好民生实事，各项社会事业取得新进步。年初确定的主要任务目标全面完成。

（一）就业形势保持基本稳定，社会保障水平持续提升。千方百计稳定和扩大就业，实现了就业水平的稳中有升。全年全省实现农村劳动力转移就业 133.3 万人，城镇新增就业 119.98 万人，城镇登记失业率 3.24%，高校毕业生总体就业率 90.2%。社会保障覆盖面进一步扩大。全省城镇职工基本养老保险、城镇职工基本医疗保险、失业保险、工伤保险、生育保险参保人数分别达到 2259.56 万、1809.7 万、1089.62 万、1371.88 万、974.39 万人，城乡居民社会养老保险实现合并实施，在保人数 4512.81 万人。社会保障待遇水平全面提高。五项保险基金总收入 1904.7 亿元。企业退休人员基本养老金平均增长 12%，居民基本养老保险基础养老金标准提高到每人每月不低于 65 元。城镇居民医保和新农合政府补助水平提高到每人每年不低于 280 元。失业保险金标准平均每人每月增长 100 元。

（二）教育质量稳步提高，人才队伍建设不断加强。全面完成学前教育三年行动计划建设任务，新建、改扩建幼儿园 3957 处，学前三年毛入园率达到 80.8%。中小学校舍安全、普通中小学标准化、沂蒙革命老区农村初中校舍改造等工程进展顺利，新建、改扩建农村中小学校舍 479.62 万平方米。现代职业教育体系建设取得突破性进展，以改革招生考试制度为突破口，建立了上下衔接贯通的职业教育人才成长路径。开展"3 +2""3 +4"对口贯通分段培养试点。全部免除中等职业教育学费。出台中等职业学校生均公用经费基本拨款标准。全省中等职业教育全日制在校生达到 140.15 万人。名校建设工程和高等学校协同创新计划取得新成效。省属普通高校 137 家，全日制在校生达到 162.27 万人。启动实施了泰山学者蓝色产业领军人才团队支撑计划。泰山学者特聘专家、海外特聘专家教授分别入选 39 人、36 人。新设国家级高技能人才培训基地 3 家，新增高技能人才 26.22 万人。

（三）文化建设实现新突破，旅游业繁荣发展。全省五级公共文化服务体系进一步完善。全年投入资金 77 亿元，新建、改建市县两级图书馆、文化馆 152个，新建村文化大院 9200 多个，优化升级 10370 个，总量达到 6.9 万多个，基本实现全覆盖。为农村和城镇社区放映公益电影 100 万场。成功举办了十艺节，精品创作、演出市场全面繁荣。联合组建了山东演艺联盟。文化产业实力明显增强。全省文化创意产业累计完成投资 3651.5 亿元，同比增长 21.2%，实现增加值预计有望超过 3000 亿元。全省实现广电收入 135 亿元，比上年增长 13.6%。加入城市电影院线的影院达到 278 家，票房收入 7.61 亿元，较上年增长 34%。旅游业突出"好客山东"旅游品牌打造、突出旅游基础设施完善和产业链建设、突出发展乡村旅游，竞争力明显增强。旅游总收入达到 5183 亿元，同比增长14.7%。

（四）医药卫生体制改革持续深化，人口和体育事业发展取得新成效。基本药物制度进一步巩固完善，所有政府办基层医疗卫生机构和省统一规划的村卫生室全面实施国家基本药物制度。继续实施乡镇卫生院、县级医院、全科医生临床培养基地、重大疾病防治设施等建设工程，医疗卫生服务能力全面提升。人均基本公共卫生服务经费标准提高到 30 元，11 大类基本和 7 类重大公共卫生服务项目有序推进。30 个县（市、区）开展了公立医院综合改革试点，破除"以药补医"机制取得重要突破。出台了全省医疗卫生资源配置标准。食品安全风险监测范围覆盖 85% 的县（市、区）。人口生育政策不断完善，自然增长率 5‰。全民健身工程取得新进展，76% 的县（市、区）、90% 的乡镇（街道）和 55% 的行政村建成了健身工程。在第十二届全运会上我省蝉联金牌榜和奖牌榜首位。

（五）基本社会服务能力有效增强，社会环境和谐稳定。加强和改进了最低生活保障工作。截至 2013 年底，全省城市、农村低保人数分别为 48.7 万、260

万人，平均保障标准达到 421 元/月和 2510 元/年。五保供养人数 22.8 万人，集中供养率 75%。全省敬老院 1560 处，集中供养床位 24 万张。社区服务体系建设不断加强，新建街道（乡镇）社区服务中心、农村社区服务中心 100 个和 1633 个。社会养老服务体系建设扎实推进，新增养老床位约 6.2 万张，新建城市社区老年人日间照料中心 518 处。为近 20 万名 80 岁以上低保老年人发放高龄津贴。启动了残疾人"整体赶平均，共同奔小康"计划。稳步推进户籍制度改革，深入开展"社区六进"和"平安行·你我他"行动，社会环境保持和谐安定。

（六）基本公共服务制度初步确立，社会事业多元投入格局逐步形成。启动实施了全省基本公共服务建设体系建设三年行动计划，明确了省级基本公共服务制度安排，基本公共服务均等化的推进速度明显加快。民生投入持续增加。全省公共财政预算用于民生方面的支出达到 3826.83 亿元，比上年增长 15.4%；民生支出占公共财政支出的比重达到 57.18%，提高 1.02 个百分点。其中教育支出占公共财政支出的比重达到 20.9%，居全国前列。我省争取中央预算内社会事业项目 562 个，总投资 30.9 亿元，其中国家补助资金 9.2 亿元。社会资本加快进入医疗卫生、文化旅游、社会养老、健康服务等领域，已成为社会事业投资的重要力量。

二、2014 年社会发展面临的形势

（一）有利形势。战略地位提升。党的十八大强调要把保障和改善民生放在更加突出的位置。当前国际竞争正由传统的市场竞争、技术竞争扩展到人才、文化等软实力的竞争，社会事业既是构成软实力的重要内容，也是提升软实力的重要途径。我省要加快实现新一轮产业转型发展，迫切需要社会事业提供更加有力的人才支撑、需求拉动和社会保障。

发展理念明晰。近年来社会事业发展理念正由侧重于重点推进向公平均等转变，由条块分割向整体推进转变，由注重规模扩张向注重质量效益转变，由政府包办向多元供给转变。新的科学发展理念必将正确指导和促进全省社会事业发展。

改革红利彰显。十八届三中全会对全面深化改革作出重大部署，明确了当前及今后一个时期推进文化体制机制创新、推进社会事业改革创新、创新社会治理体制等方面的新思路、新目标、新举措。2014 年必定是我省全面深化改革的重

要一年，社会发展各领域改革创新的力度将明显加大，改革的红利将更加彰显。

经济支撑稳固。2014 年我省将积极应对复杂多变的国内外经济形势，实施腾笼换鸟，转变工作指导，加快转型发展，着力提高质量和效益。预计全省经济将继续保持平稳健康发展，生产总值预期增长 9% 左右，这将为加快社会事业发展、更好地保障和改善民生奠定良好的物质基础。

社会需求旺盛。随着收入的提高和消费理念的升级，城乡居民对旅游休闲、文化娱乐、健康服务等服务型、多样化消费需求大幅增加，对基本公共服务的期望和质量要求更高。以人为核心的城镇化加快推进，每年约有 100 万人口转为新市民，对城镇公共服务资源优化布局、扩大供给提出了新要求。

（二）困难和挑战。更新观念压力较大。少数地方依然存在重经济轻社会、重形象政绩轻民生改善的观念，建设服务型政府的理念没有真正确立起来；社会上重普教、轻职教、"学而优则仕"传统观念还比较深；少数群众还存在着重男轻女、多子多福的传统婚育观念。这些落后观念根深蒂固，阻碍了社会进步，破除起来仍需较长的过程。

劳动就业压力较大。我省经济增速平稳趋缓，新增就业岗位增长受限。产业转型发展将影响劳动力市场需求结构，招工难和就业难并存的结构性矛盾加剧。2014 年全省普通高校、中职毕业生总量均超过 50 万人，加之就业期望值过高、素质技能不适应、创业意愿不强等因素，使得就业难的问题仍比较突出。

社会保障压力较大。参保缴费工作面临较大压力。实际缴费人数增幅低于企业养老保险参保人数增幅，参保人员断保率较高，基金征缴形势不容乐观。人口老龄化进程加快，养老保险基金负担日益加重，新增退休人员实支养老金增幅远高于基金收入增幅。社会保险统筹层次偏低，不同区域间的待遇差距较大。医保城乡统筹制度尚未实现，仍存在重复参保、重复补贴等问题。

财力支出压力较大。在保基本、全覆盖、秉公益的前提下，着力推进基本公共服务均等化。与此同时，我省可保障财力不强，特别是欠发达地区对基本公共服务支出的投入明显不足，承诺的民生项目配套资金也难以及时足额落实。2014年，国家将进一步明确事权、支出责任，出台一些新的惠民政策和标准，各级财政完成必保的刚性支出任务压力较大。

三、2014 年社会发展总体要求和主要目标

（一）总体要求：认真贯彻党的十八届三中全会精神和省委省政府重大部署，

以全面深化改革为强劲动力，以加快基本公共服务体系建设为重点任务，以加大多元投入为根本支撑，让发展成果更多更公平惠及全民，推动全省社会发展工作再上新台阶。

（二）主要目标：人口自然增长率控制在 8.5‰以内；普通高校本专科招生 48.94 万人，中等职业教育招生 52 万人；每千人口医院和卫生院床位数 4.6 张；农村劳动力转移就业 120 万人，城镇新增就业 100 万人，城镇登记失业率在 4%以内；城镇职工基本养老保险人数 2297 万人，居民社会养老保险人数 4430.5 万人，城镇职工基本医疗保险人数 1826 万人，居民基本医疗保险人数 7794 万人；城乡最低生活保障人数 51 万人和 265 万人，新增社会养老服务机构床位数 6 万张；旅游总收入 5800 亿元。

四、2014 年社会发展重点任务

2014 年全省社会发展任务繁重，应坚持通过深化改革推动事业发展，通过重点带动推动全面发展，力争在七个方面有所突破、有所作为。

（一）深化教育领域综合改革，推动教育事业优先发展。一是推进基础教育均衡发展。深化国家基础教育综合改革实验区改革，实施素质教育推进计划，新建改扩建 2000 所幼儿园，实施普通中小学办学条件标准化工程，促进普通高中多样化特色发展。二是推进现代职业教育体系建设。扩大"3＋2""3＋4"分段贯通培养招生试点规模，制定实施试点专业人才培养方案。强化市级职业教育统筹作用，调整中等职业学校布局结构。实施中等职业教育基础能力和规范化示范性建设工程。推进现代职业学校制度建设。将中等职业教育"双证互通"试点扩大到所有合格学校。落实职业教育公用经费、免收学费等保障政策。三是推进普通高校内涵建设。创新高校人才培养机制，推进名校建设工程，扩大应用型创新型人才培养规模。改善高校基础设施和实验实训条件；实施创新能力提升计划、科研创新平台建设工程和研究生教育创新计划，提高高校科研创新和服务社会能力；推动考试招生制度改革，扩大学校办学自主权，鼓励社会力量兴办教育。四是推进人才队伍建设。推荐选拔一批"百千万人才工程"国家级人选、享受国务院特殊津贴专家、省有突出贡献的中青年专家，做好国家"千人计划"和省"泰山学者海外特聘专家"创业人才的引进工作，加强高技能人才队伍建设。

（二）深化就业创业体制机制改革，推动实现更高质量的就业。一是促进就业创业机制创新。建立经济发展和扩大就业的联动机制，健全政府促进就业责任制度。全面实施政府投资和重大项目就业影响评估制度。完善更加积极的就业政策，建立正常增长的就业资金保障机制。落实扶持创业的优惠政策，启动创业型街道（乡镇）、创业型社区创建工作，推进创业孵化基地、创业园区建设。二是促进重点群体就业。实施大学生创业引领、离校未就业高校毕业生就业促进计划和"三支一扶""高校毕业生社区就业"等基层服务项目，稳定高校毕业生就业率。认真落实《关于进一步做好新形势下农民工工作的意见》，促进农民工稳定就业，提高就业质量。扎实做好城镇困难人员和退役军人就业工作。三是促进就业服务体系建设。健全城乡均等的五级公共就业创业服务体系，着力打造"半小时公共就业服务圈"。实施加强就业培训提高就业与创业能力规划，培训 100 万城乡劳动者。

（三）深化社会保障制度改革，推动建立更加公平可持续的社会保障体系。一是提高社会保障统筹水平。加快推进社保由"制度全覆盖"向"人员全覆盖"转变，确保应保尽保。坚持社会统筹和个人账户相结合的基本养老保险制度。规范企业职工基本养老保险省级统筹，逐步提高居民基本养老保险基金管理层次，推进医疗、失业、工伤、生育保险省级统筹。研究探索机关事业单位养老保险制度改革。制定企业职工养老保险和居民养老保险转移接续办法。出台统筹城乡居民医保制度的指导意见，启动制度整合。建立城镇居民大病保险制度。完善预防、补偿、康复"三位一体"的工伤保险制度体系。推进城乡最低生活保障制度统筹发展。二是提高社会保障待遇水平。调整企业退休人员养老金。职工和居民基本医疗保险住院政策范围内医疗费报销比例分别提高达到 75% 以上和 70% 以上。调整失业保险金标准和工伤人员待遇标准。强化社会保障管理服务，到 2014年底社会保障卡持卡人数达到 4200 万。建立健全与消费支出挂钩的五保供养标准自然增长机制。三是提高社会养老服务水平。积极应对人口老龄化，大力发展老年服务产业，加快社会养老服务体系建设，加大敬老院建设和改造力度，社会养老服务机构床位数达到 49 万张。

（四）深化文化体制机制改革，推动文化大发展大繁荣。一是加快文化体制机制改革。按照政企分开、政事分开原则，完善文化管理体制。建立健全现代文化市场体系。推动已转制文化企业建立现代企业制度，鼓励文化企业兼并重组，加大对转企改制院团的扶持力度。二是加快现代公共文化服务体系建设。以整体创建国家公共文化服务体系示范区为抓手，加快完善五级公共文化服务网络。推进县级两馆设施完善、乡镇综合文化站规范提升、村文化大院覆盖、农村文化小广场建设和城乡基层数字文化服务等"五大工程"。推进县级数字影院建设。举办第三届中国非物质文化遗产博览会。建立扶持艺术创作长效机制。三是加快文化产业发展。坚持以质量和效益为中心，强化规划引领、创新驱动和政策扶持，加快文化产业规模化集约化专业化发展步伐。编制实施《曲阜文化经济特区发展规划》《省会城市群经济圈文化产业发展规划》等。积极推进重点企业、重点项目、重点产业园区（基地）建设和培育。推动文化与科技、旅游等融合发展。提升优化传统文化产业，大力发展新型文化业态，培育形成山东文化产业特色品牌和新的增长点。四是加快旅游业转型升级。提升旅游公共服务质量。实施红色旅游和旅游基础设施建设规划，加强旅游咨询服务中心、旅游集散中心、旅游信息发布平台等设施建设。围绕"蓝黄两区""一圈一带"打造"仙境海岸"水浒、运河等一批旅游品牌。加快发展乡村旅游，建设一批特色鲜明、要素齐备、吸引力强的乡村旅游目的地。

（五）深化医药卫生体制改革，推动医疗卫生事业健康发展。一是统筹推进医疗保障、医疗服务、公共卫生、药品供应、监管体制综合改革。巩固完善基本药物制度，推动向规划外村卫生室、非政府办基层医疗卫生机构及二级以上医疗机构延伸。统筹推进县级公立医院综合改革，扩大县级公立医院综合改革试点范围。适当提高新农合政府补助标准。扩大保险病种范围，开展大病医疗保险。研究制定建立疾病应急救助制度的政策。继续实施县级医院、重大疾病防治设施、食品安全风险监测体系等建设规划。加大全科医生、基层卫生技术人员的培训力度。继续向城乡居民免费提供 11 大类基本公共卫生服务项目，实施国家免疫规划、重大传染病防治、农村妇女住院分娩补助等重大公共卫生项目。推进基层中医药服务能力提升工程。二是加快发展健康服务业。制定出台我省关于促进健康服务业发展的实施意见，加快医疗服务、健康管理与促进、健康保险等健康服务业发展。加强食品安全风险监测与评估，提升风险监测能力。建立全民健身公共服务标准和规范，实施农民体育健身工程 6000 个，举办第二十三届省运会和第四届山东省全民健身运动会，推动体育事业转型发展。三是强化人口和计生工作。坚持计划生育基本国策，推动实施一方是独生子女的夫妇可生育两个孩子的政策，完善利益导向政策体系，推进人口问题综合治理，促进人口长期均衡发展。

（六）深化收入分配制度改革，推动形成橄榄型分配格局。研究制定我省关于深化收入分配制度改革的实施意见。一是完善初次分配机制。制定企业职工工资倍增计划，发布 2014 年企业工资指导线和最低工资标准，完善企业工资集体协商制度。加快推进事业单位绩效工资改革。二是健全再分配机制。完善以税收、社会保障、转移支付为主要手段的再分配调节机制。建立公共资源出让收益合理共享机制。三是规范收入分配秩序。抓住影响收入水平和分配公平的重点领域，完善收入分配调控体制机制和政策体系。提高省属企业国有资本收益上交比例。

（七）深化社会治理体制改革，推动社会更加和谐有序。坚持系统治理、依法治理、综合治理和源头治理，改进社会治理方式。一是加强城乡社区建设。开展城乡和谐社区创建活动，加强社区综合服务设施建设。计划新建街道（乡镇）社区服务中心 110 个。落实农村社区布局规划，稳妥推进农村社区建设。二是加强社会组织建设。积极推进社会组织登记管理制度改革，重点培育发展行业协会商会、科技类、公益慈善类、社区服务类社会组织。建立健全政府购买公共服务机制，政府向社会力量购买 6 大类 316 项服务内容。三是加强平安山东建设。建立健全重大决策社会稳定风险评估机制。加快户籍制度改革，推进农业转移人口市民化，推进城镇基本公共服务常住人口全覆盖。以食品安全、药品安全、社会治安、交通管理、消防安全等为重点，提升基本公共安全服务水平。

五、2014 年社会发展政策措施

（一）推进计划实施。大力实施基本公共服务体系建设行动计划，按照既定的时间表、路线图和工作分工方案，认真落实 37 项重点任务和 84 个服务项目，实施 28 项保障工程，促进城乡、区域和不同群体间基本公共服务均等化。

（二）加大资金投入。完善社会事业财政预算支出正常增长机制，优化财政支出结构，提高对社会事业尤其是基本公共服务的支出规模和比重。积极筹措资金，编制一批社会事业专项建设方案。全面落实扶持政策，鼓励社会力量、民营资本、海外资本以多种形式进入社会事业各领域。

（三）完善法规体系。加强立法工作，依法规范、促进和保障各项社会事业发展。认真执行《旅游法》。加快《山东省素质教育推进条例》《山东省企业工资支付条例》立法进程。修订《山东省人口与计划生育条例》《山东省企业职工生育保险规定》。适时出台《山东省实施〈社会团体登记管理条例〉办法》。

（四）加强督导评估。研究拟定基本公共服务综合评估方案，适时对全省基本公共服务建设体系建设三年行动计划落实情况进行评估督导。创新社会发展水平综合评价机制。加强对中央和省预算内社会事业投资项目的监测检查。

2014 年医药卫生体制改革工作思路与重点

一、2013 年深化医改基本情况

（一）全民医保体系初步形成。一是基本医疗保障水平继续提高。全省职工医保、城镇居民医保参保率均达到 97% 以上，新农合参合率达到 99.9% 以上，基本实现了应保尽保。城镇居民医保和新农合人均政府补助由 240 元提高到 280元。二是新农合大病保险试行顺利。为减轻大病患者的高额医疗费用负担，我省于 2013 年 1 月 1 日启动试行了新农合大病保险，按照每人 15 元的标准列支新农合基金，在新农合报销的基础上，通过引入商业保险机构，对 20 类重大疾病患者再给予补偿。截止 12 月底，累计为 58.62 万人次补偿医疗费用 8.57 亿元，实际补偿比达到了 68.29%，在新农合实际补偿的基础上又提高了 14.32 个百分点。三是启动城镇居民医保和新农合制度整合工作。省政府印发了《山东省人民政府关于建立居民基本医疗保险制度的意见》，开展整合城镇居民基本医保和新农合相关工作。

（二）基层医改成果进一步巩固。一是国家基本药物制度全面实施。在实现全省政府办基层医疗卫生机构和省统一规划村卫生室基本药物制度全覆盖的基础上，一批非政府办基层医疗卫生机构和省统一规划外的村卫生室也实施了基本药物制度，药价平均降幅达 42.66%。二是第二轮基层医疗卫生机构基本药物省级集中采购顺利开展。采购实行集中招标、集中议价和直接挂网三种方式，执行全省统一价格（含配送费用），统一选择企业进行配送。2013 年基层医疗卫生机构累计采购基本药物 45.84 亿元，总到货率 97.3%。三是基层医疗卫生服务水平不断提升。加强基层卫生人才队伍建设，全省安排 2000 余名全科医生进行转岗培训，基本实现了为每个乡镇卫生院和城市社区卫生服务中心培养 1 名合格全科医生的目标。

（三）县级公立医院改革有序推进。一是破除"以药补医"机制。全省 30 个试点县的县级公立医院取消了药品加成，实行药品零差率销售，采取调整医疗服务价格、改革医保支付方式和落实政府投入等综合措施，群众看病就医负担不断减轻。二是试点县公立医院实行常用药品集中采购。在全国率先实施了以省为单位、量价挂钩、双信封制的常用药品集中采购，规范药品供应渠道，遴选确定了 692 种常用药品，产生了 1330 个中标产品。采购药品中标价格与我省挂网价和试点医院实际销售价相比，分别下降了 17.25% 和 32.25%。三是积极申报第二批县级公立医院试点工作。组织开展了第二批县级公立医院综合改革试点县（市、区）申报工作，向国家推荐了第二批开展试点的 54 个县（市、区）。

（四）基本公共卫生服务均等化明显提高。继续推进基本公共卫生服务均等化，人均基本公共卫生服务经费从去年的 25 元提高到 30 元，经费标准实现了城乡统一。为城乡居民建立健康档案，规范化电子建档率达 80.7%。预防接种、儿童健康管理等 11 大类基本公共卫生服务项目全部完成计划进度，"两癌检查"叶酸发放等 7 类重大公共卫生服务项目部分超额完成国家任务。

二、2014 年深化医改面临的形势

我省启动实施医改以来的成功探索，为整个医改创出了路子，使社会各方增强了深化医改的决心和信心。扭转了医疗机构趋利的倾向，降低了人民群众的医药负担。同时，医改本身的艰巨性和复杂性，对进一步深化医改带来的影响也不容低估。一是对全面统筹要求更高。改革既要着力保基本，也要统筹考虑多层次、多元化的医疗卫生服务需求；既要坚持政府主导，也要充分调动社会的积极性和创造性；既要解决当前的突出矛盾，也要提前谋划长远制度建设；既要增强公平性可及性，也要切实提高服务提供的效率。二是破旧立新的阻力更大。医改已经进入深水区，涉及重大利益格局的深刻调整，涵盖生产、流通、医保、医疗、价格、人事制度、收入分配等多项改革，需要"啃硬骨头"。三是体制机制改革难度增加。改革不仅需要政府加大投入，更要建立运行新体制，保证制度可持续，形成长效机制。

三、2014 年深化医改工作总体思路

2014 年要继续落实好到 2020 年深化医药卫生体制改革的总体规划和"十二五"期间规划，坚持正确方向，突出重点任务，确保持续推进。要实现从打好基础向提升质量转变，重在提升质量、强化内涵。要从形成框架向制度建设转变，在巩固扩大成果的基础上，更加注重制度建设，不断解决深层次的矛盾和问题。要从试点探索向全面推进转变，在系统总结经验的基础上全面推进改革。

四、2014 年深化医改重点工作安排

（一）进一步完善基本医疗保险制度。一是加快建立居民基本医疗保险制度。整合城镇居民基本医疗保险和新型农村合作医疗职能，实现基本制度、管理体制、政策标准、支付结算、信息系统、经办服务的有机统一。二是建立我省疾病应急救助制度。制定贯彻《关于建立疾病应急救助制度的指导意见》（国办发〔2013〕15 号）的实施意见，对身份不明、无能力支付医疗费等患者，进行及时有效治疗。三是引导发展商业健康保险。完善政策措施，引入市场机制，鼓励发展与基本医疗保险相衔接的商业健康保险，向人民群众提供多样化、多层次、规范化的产品和服务，鼓励以政府购买服务的方式委托具有资质的商业保险机构开展各类医疗保险经办服务。

（二）进一步完善基本药物制度和基层运行机制。一是研究制定我省贯彻落实《国务院办公厅关于巩固完善基本药物制度和基层运行新机制的意见》（国办发〔2013〕14 号）的实施意见，巩固和完善基层综合改革成果，切实把基本药物采购配送、补偿机制、人事分配、绩效考核等政策措施落实到位、改革到位，使基层医疗卫生机构运行新机制完善定型。二是做好药品和高值医用耗材集中采购工作。按照国家统一部署，开展我省基本药物目录增补工作，完善基本药物网上省级集中采购机制。开展我省医疗卫生机构高值医用耗材集中采购工作，加强采购管理，明确采购行为，减低采购价格，减轻群众医疗费用负担。

（三）进一步深化公立医院改革。一是扩大县级公立医院综合改革试点范围。在组织申报工作的基础上，根据国家确定的我省第二批试点县（市）名单，扩大试点范围，实行分类指导。二是拓展深化城市公立医院改革试点。按照国家统一部署，围绕破除以药补医机制、创新体制机制和调动医务人员积极性等重点环

节，推进城市公立医院改革。组织开展第二批公立医院改革国家联系试点城市试点推进工作。三是加快形成多元化办医格局。鼓励社会办医，加大对社会办医在土地、投融资、财税、价格、产业政策等方面的支持力度。鼓励和支持医师多点执业，扩大购买公共服务范围，切实改善社会办医环境。加快发展健康服务业，制定贯彻落实《国务院关于促进健康服务业发展的若干意见》（国发〔2013〕40号）的实施意见，充分调动社会力量的积极性和创造性，大力引入社会资本，着力扩大供给、创新服务模式、提高消费能力，不断满足人民群众多层次、多样化的健康服务需求。

2014 年经济合作发展思路与重点

一、2013 年全省经济合作情况

2013 年全省经济合作工作以党的十八大、十八届三中全会精神为指导，全面贯彻落实国家和省促进区域协调发展的各项政策措施，多措并举，积极作为，努力增创全省开放型经济发展新优势，取得新成效。

（一）深化合作交流，增强合作成效。我省与兄弟省市省际间互访交流日益频繁，特别是高层互访进一步加强。2013 年 5 月，山西省党政代表团来我省考察访问，两省签订了战略合作指导意见，以及 4 个重点行业合作协议，深化了两省战略合作。2013 年 8 月，省政府代表团参加西藏解放 60 周年庆典和青海海北州成立 60 周年活动，签署了深化双方合作的协议。西藏、新疆、重庆、宁夏等省（区、市）先后派出省（区、市）领导带队的党政代表团，来我省访问交流，还与重庆市召开了山东、重庆对口支援和扶贫协作工作座谈会。在环渤海合作上，完成了协调推进合作发展协调小组第一次会议任务清单，提报了首批合作的重点项目以及区域合作的重点内容。我省有关部门也多次组团到广东、贵州、广西、甘肃等地考察交流。甘肃、广西、内蒙古、宁夏等地有关部门也分别到我省举办经贸洽谈和合作交流活动，取得了一批合作成果和积极成效。充分利用参加各类投资贸易洽谈会平台，积极参加经贸交流活动。省政府先后组团参加了第 17 届"西洽会"、第 14 届"西博会"，省有关部门组织参加了第 16 届"渝洽会"、第 14 届"青洽会"、第 9 届"喀交会"、第 9 届"支洽会"等重要经贸洽谈活动，组织我省大批企业参会参展、对接洽谈，签约经贸合作项目 173 个，总投资 361.2 亿元。

（二）推动产业转移，促进结构优化。遵循政府引导、市场运作的原则，从实际出发，坚持以经济合作为基础，以合作共赢为目的，通过收购、兼并、联合、参股、控股、技术入股等多种形式，我省大量产业转移项目成功合作，合作领域涉及煤电开发、家用电器、新能源、轻工化工、机械制造、建筑材料等。近年来，我省共有 2140 多家企业到省外寻求合作发展，成功开展 2570 多个合作项目，合作总金额 2180 多亿元。近 630 多家企业实现了在省外地区的产业转移与合作，在资源开发，市场开拓，企业重组，合作发展等方面迈出了实质步伐，取得了良好效果。据不完全统计，2013 年全省又有 368 个产业转移项目在各地落户，项目总投资 3610 亿元，到位资金 666 亿元。其中 50 亿元以上的项目 9 个，10 亿至 50 亿元的项目 21 个。268 个项目中，转移西部地区 156 个，占 58.2%；各项投资 1507.36 亿元，占总投资的 57.86%。淄博石嘴山工业园作为我省在省外设立的第一个产业转移园区，经过近三年的建设，已有 12 个项目开工，完成投资 5 亿元。

（三）注重招商引资，促进产业升级。2013 年，全省招商引资工作克服宏观经济形势复杂、投资者投资能力减弱和盈利预期信心不足、项目用地指标紧张等多重不利影响，通过不断强化与长三角、珠三角、京津冀等东部发达区域的交流合作，依托山东半岛蓝色经济区和黄河三角洲高效生态经济区两大发展战略以及省会城市群和西部隆起带两个新的区域发展战略所形成的新的资源优势和区域优势，注重引进发达地区的优质高效产业，取得新成效，呈现新特点。一是招商引资数量进一步增加。据不完全统计，2013 年，全省引进项目 2579 个，总投资 18454.5 亿元，其中引进省外内资 16617.8 亿元，到位资金 3555.5 亿元。国内省外资金对拉动全社会固定资产投资的作用更加明显。二是招商引资质量进一步提升。从三次产业看，现代制造业稳定增长，占总投资额的 43.4%，服务业占比进一步提升，占总投资额的 54.9%，而且大项目的比重明显提高。三是重点区域招商成果显著。从项目资金来源看，长三角、珠三角、京津冀地区仍然是我省招商引资重点区域，项目个数占到 60% 以上。四是更加注重城市品牌的塑造。在全国招商引资优惠政策、投资硬件环境方面逐步趋同的形势下，我省各市在工作中更加注重从资源、产业、人文、生态环境等独特优势出发，塑造城市品牌形象，通过优化企业生存发展环境，提高人文生活质量，吸引客商安家落户。

（四）实施西部开发，形成发展合力。为加强对西部地区对口支援工作的统一领导，2013 年省委、省政府成立了由书记、省长任组长，常务副省长、组织部长任副组长的省对口支援协作工作领导小组，全面负责对西部地区口支援工作的领导、组织和协调。建立了产业转移调度分析制度，加强对产业转移的指导。根据国家发展改革委统一部署，开展了"十二五"援藏、援疆规划中期评估和修订工作，对现有规划进行了调整和完善；贯彻落实《全国对口支援三峡库区合作规划纲要（2013－2020 年）》，启动了我省新一轮对口支援忠县规划的编制工作；贯彻落实《国务院关于对口支援青海省藏区资金安排有关问题的通知》，编制了《山东省对口支援青海省海北藏族自治州经济社会发展规划》。建立了与重庆扶贫协作"一对一"结对帮扶机制，全省 14 个市与重庆 14 个国家贫困县结成对子，对口合作。为用足用好国家及西部地区出台的各项优惠政策，最大限度地放大政策效应，还对国家及西部地区经济合作的优惠政策及重点发展领域进行了认真梳理，研究推出新措施。以上作为《关于积极参与深入实施西部大开发的实施意见》的配套措施，为全省积极参与深入实施西部大开发，进一步加强领导，增强了各方面参与实施西部大开发的积极性。

（五）加强能源合作，促进优势转化。充分利用西部地区能源、矿产资源丰富，开发利用条件成熟的优势，积极参与西部能源基地、资源深加工基地的开发建设。我省以省管大型煤炭企业为龙头，以参与西部资源开发和国家"西电东送"工程为切入点，相继在贵州、陕西、内蒙古、新疆等地投资，积极参与当地资源勘查，投资开发大型煤炭项目。山东能源集团为推进大能源、大资源、大运营、大协同"五大战略"的深化，先后与内蒙古鄂尔多斯、贵州、新疆等开发战略合作。所属新矿集团重点投资新疆伊犁和宁蒙两大煤炭基地，计划用 5 到 10 年时间建设形成 5000 万吨的煤炭生产规模，并通过实施煤制天然气等工程就地进行深加工转化。淄矿集团在陕西开发建设的年产 300 万吨亭南煤矿投产后，累计实现利税 15.3 亿元，每年为地方上交各种税款 1 亿多元。凭借我省煤炭企业特有的优质速度、安全高效的项目建设能力，淄矿陕西亭南煤矿、兖矿陕西榆树湾煤矿、枣矿贵州清镇煤矿具备当地政府列为煤炭资源开发建设的"样板工程"。兖矿集团加快推进贵州、陕西、新疆煤炭资源开发，已在三省建立了煤电化综合开发基地，配套建设煤矿、电厂、煤化工项目，累计完成投资达 71 亿元。兖矿同贵州省签订战略合作协议，投资 268 亿元，开展煤化工、煤层气利用和煤炭机械制造等项目的合作。近年来，青岛红星集团进入兖矿投资，先在贵州安顺市、铜仁地区、遵义市、黔南州投资 25 亿元，进行钡盐、锰盐等矿山采掘、化工产品生产。在安顺市镇宁县的钡盐生产基地，累计投资已达 10 亿元，创税 5.5 亿元，是世界上规模最大、品种最全、品质最高的碳酸钡生产基地。在铜仁地区大龙经济开发区的锰盐生产基地，累计投资已达 7.4 亿元，创税 2.6 亿元，是世界第三大电解二氧化锰生产基地。枣庄矿业集团先后投资 8.5 亿元建设的年产 180 万吨煤的大方县煤矿、年产 150 万吨煤的内蒙古金正泰煤矿，都创造了较好的经济社会效益。山水集团利用新疆喀什、山西吕梁石灰石资源丰富优势，先后投资 20 亿元，建设了喀什英吉沙、山西吕梁大型熟料基地，并配套建设了喀什英吉沙、疏勒、莎车、叶城、邱普湖和陕西榆林 6 个水泥粉磨站项目，初步形成水泥产能 600 万吨的能力；近几年，该企业又与喀什地区行署和陕西榆林市政府签订战略合作协议，投资 28 亿元，建成水泥产能 1000 万吨。华义工贸集团投资 30 亿元，在新疆和硕县建设方解石制粉和方解石造纸综合生产基地，已形成年方解石微分 300 万吨、造纸 60 万吨生产规模。东辰集团在新疆生产资产投资 50 亿元建设煤制甲醇、天然气制甲醇 100 万吨生产基地。大唐山东能源公司先后在青海北州和格尔木市投资 34 亿元建设风能发电和光伏电站。山东鲁能集团与陕西省合作建设的陕西榆林煤电一体化项目，与宁夏合作建设的宁夏灵州煤电一体化项目，在山西建设的河曲、王曲两个发电厂项目、新疆哈密的大型煤电基地项目，华电国际电力公司与宁夏合作建设的灵武电厂等项目都在顺利实施中，这些项目建成后将成为"西电东送"工程的重要电源基地。

二、2014 年经济合作面临的形势

随着经济全球化、市场一体化进程的不断加快，在更广领域加强区域经济合作，已成为发展趋势。综合分析国际国内形势，错综复杂的经济形势对经济合作工作提出了更高要求，也带来了新的机遇。

（一）国家统筹规划环渤海经济带，打造环渤海转型升级新引擎，有利于我省借力借势发展经济升级版。按照国家对环渤海地区大力推动改革创新，着力优化产业结构，扩大对内对外开放，加快区域合作步伐，构建区域合作发展协调机制的新要求，国务院有关部门正加紧筹备研究环渤海经济带规划，充分发挥这一中国经济最有潜力的新增长极的各方优势，把环渤海地区打造成转型升级的新引擎。我省作为环渤海重要组成部分，抓住机遇进一步融入环渤海合作发展之中，

有利于在区域经济一体化进程中提升经济水平，取得更快更好发展。

（二）转变发展方式、调整经济结构的新要求，有利于推进我省产业转移。我省一些传统优势产业向中西部地区转移，一方面可以利用中西部地区的各类资源优势，缓解我省企业经营环境趋紧的压力，另一方面可以有效推动我省产业升级，为我省转变经济发展方式，调整优化经济结构留出空间。为引导东部沿海地区产业向中西部地区有序转移，国务院下发了《关于中心部地区承接产业转移的指导意见》，在财政、金融、投资、土地等方面出台了一系列支持政策，中西部地区也制定了相应的积极承接的优惠政策，这些都为推进我省产业转移提供了有利条件。

（三）深入实施西部大开发战略，为我省发展带来新的机遇。随着西部大开发战略的深入实施，国家进一步加大了对西部地区基础设施建设、特色农业、能矿产业、装备制造业、新兴产业和旅游业等方面的投入，新上一批重大项目，从财政、税收、金融、产业、土地、价格、生态补偿、人才等方面，出台了一系列含金量很高的政策措施。我省正处于转方式调结构的关键时期，在国家宏观指导下，积极参与西部大开发，加强经济合作与交流，是我省与西部地区相互促进，共同发展的重大机遇。

（四）重点区域带动战略的深入实施，为招商引资工作开拓了新空间。黄河三角洲高效生态经济区开发和山东半岛蓝色经济区建设上升为国家战略后，我省重点经济区的开发建设逐步进入了重点产业和基础设施全面建设阶段。2013 年，我省又提出了省会城市群经济圈和西部经济隆起带两大区域发展战略，进一步拓展了经济合作领域和协同发展空间。区域发展战略的实施，加上省委、省政府提出 2014 年借承办全国工商联是一届三次执委会的机遇，开展助推全省转调创的大招商活动，为我省招商引资工作指明了新方向，提出了新要求，开拓了新领域。围绕高端、优势和特色产业开展招商引资、引智是下一步我省招商工作的重点，开拓了我省经济合作新空间，创造了开展合作新机遇。

三、2014 年工作重点

2014 年全省经济合作工作的总体要求是：以党的十八大、十八届三中全会精神为指导，按照加快建设经济文化强省要求，充分发挥经济合作在促进经济社会发展的重要作用，进一步扩大合作领域，提升合作水平，深化合作内涵，强化工作合力，努力培育开放型经济发展新优势。

（一）充分利用全国工商联十一届三次执委会在我省召开的机遇，推动全省招商引资工作再上新水平。省委、省政府提出，2014 年承办全国工商联十一届三次执委会议暨全国知名企业家助推山东转调创投资洽谈会，并以此开展面向民营企业的大招商活动。这是认真贯彻落实党的十八大、十八届三中全会和省委七次、八次全会精神，鼓励引导民间投资，通过大招商实现"凤凰涅槃""腾笼换鸟"，助推经济转型升级的重大战略举措和重大机遇，对全省的招商引资工作提出了新要求。一要按照省府统一要求和总体部署，统筹协调全省招商引资活动，加大指导协调力度。在全面总结多年来招商工作经验教训的基础上，努力创新招商工作模式，拓宽招商领域，开展一系列招商活动，力争吸引一大批好项目、大项目在我省落地，推动全省转调创。二要根据我省经济发展布局与特点，研究制定全省性的招商引资指导意见，搞好与全国知名民企的对接，重点强化对数据统计、招商产业布局、招商引资重点、项目质量把关等方面的指导。探索建立招商引资调度考核机制，进一步推动招商引资工作深入开展。三要充分发挥我省各经济区独特优势，进一步深化山东半岛蓝色经济区和黄河三角洲高效生态经济区、省会城市群经济圈、西部经济隆起带以及重点开发区、高新区等重点区域的招商引资、引智，加快高端发展要素聚集。四要转变招商观念，注重先进技术、科技人才、先进管理理念的引进，注重区域和行业间的协作与联合。在招商形式上，要立足实际，提倡点对点招商。在项目筛选和包装上，要形式多样，提倡"小轻便"。2014 年，全省招商引资到位资金同比增长 15% 以上。

（二）积极融入环渤海合作机制，促进省际合作交流深入发展。国家高度重视环渤海区域合作，正在编制发展规划，将环渤海地区打造成为带动我国经济发展新的增长极。我省作为环渤海的重要一翼，既在环渤海发展中发挥重要作用，又可在融入环渤海发展中受益。为此，必须抓住机遇，找准定位，明确重点，积极对接融入环渤海区域合作中。要突出合作重点，突出开展重大区域战略实施的合作交流；突出区域优势，深化针对性的区域双边合作；突出关键环节，力争重点领域建设走在前面，强化制造业合作，强化战略性基础设施建设，加快资源能源综合开发利用。与此同时，要充分利用环渤海区域合作市长联席会、中原经济区市长联席会、淮海经济区、大京九经济区等区域组织成员身份，积极参与周边经济区建设。认真组织落实与相关省份签署的《省际战略合作框架协议》，进一步确定责任部门、细化工作任务、明确时间进度。以推动省际协议落实为突破口，选好切入点和结合点，突出与重点省区的重点合作，切实把省际间的战略合作引向深入。要强化与中西部省份的合作，利用组团参加中西部省区各类投资贸易洽谈会等平台，积极寻求合作机会，引导企业充分利用西部大开发的大量优惠政策，进一步开拓西部市场，实施产业转移，实现东西互利。注重与经济发达区域的信息沟通与交流，进一步加强与长三角、珠三角地区的全面深入合作，向发达地区借资源、借资金、借技术、借人才、借经验，聚集高端发展要素，促进转方式调结构和产业优化升级。

（三）深入实施西部大开发，深化与中西部地区的全面合作。研究制定全省经济合作和西部大开发工作的中长期规划，加强总体工作思路和合作重点的深入探讨，站在区域战略和长远发展、互利共赢的高度和角度，找准区域特点、突出比较优势，强化与国家政策、我省转调创以及西部地区实际的定位与衔接，突出重点、突出特色，提高西部大开发的科学性、针对性和有效性。充分利用全国工商联第十一届三次执委会在我省召开之际，搞好西部地区民营企业的招商，吸引西部民企到山东投资创投业，合作发展。利用好"西洽会""西博会""渝洽会""兰洽会"等西部地区经贸展会平台，举办针对西部企业的投资兴业推介会，为西部企业到东部发展牵线搭桥，搞好服务。大力推动产业转移，研究制定深入参与西部大开发，大力推动产业转移的政策措施。要把合作开展能源综合利用、发展矿产资源开发和深加工、促进农业产业化和特色农产品加工作为工作重点，深化资源综合利用和开发整合。通过举办合作项目推介会、组织企业到西部地区对接考察，为企业提供业务指导和对接服务。总结推广淄博石嘴山工业园合作建园的经验，推动有效整合各方资源的"飞地经济"产业园区加快建设。加强重点领域合作，推动西部大开发不断取得实质进展。突出做好以下领域的工作：一是加强能源及矿产资源开发利用。结合我省经济发展对矿产资源的需求和西部地区的成矿条件，大力推动我省企业与西部地区联合建立长期稳定的资源开发基地，加强对可持续发展具有重要影响的煤炭、石油、天然气、新能源、有色金属等联合勘探开发和综合利用。鼓励有实力的省内能源企业在西部地区建设煤电一体化生产基地。二是加强基础设施建设合作。支持和鼓励技术力量雄厚、竞争实力强的企业通过各种方式积极参与西部地区交通、水利、通讯等基础设施建设。探索企业参与西部地区城市市政项目建设。鼓励企业、社会团体和个人通过租赁、承包等方式参与西部地区生态建设及后续产业开发。三是加强装备制造业和新兴产业合作。依托我省现有优势，推进与西部地区在突破核心技术、关键共性技术的合作，提高自主创新能力。大力推动我省企业在航天航空、新能源、新材料、生物医药、集成电路、软件、通信设备、数字音频视频、节能减排、环境保护等领域与西部开展广泛合作。四是加强发展服务业发展与合作。重点加强旅游合作，联合推出旅游线路，为双方人员旅游提供便利。试点双方企业和社会资本参与旅游线路、旅游市场、旅游产品等旅游资源的联合开发，构建跨区域、"无障碍"的旅游体系。

2014 年对口支援工作思路与重点

一、2013 年对口支援工作基本情况

2013 年，全省各级各部门认真贯彻落实中央和省委、省政府关于对口支援和扶贫协作工作的一系列决策部署，把做好对口支援工作作为一项重大的政治任务和义不容辞的责任，创新思路，密切配合，积极作为，全方位推进援疆、援藏、援青、对口支援三峡库区、扶贫协作重庆和对口帮扶贵州工作，取得了明显成效。全年共安排对口支援协作资金 14.167 亿元，实施援建项目 320 个；与受援地区共签订经贸合作项目 95 个，投资金额达 184.1 亿元；选派新一批援藏、援青、援疆干部，与受援省区市互派 95 名干部进行挂职交流，选派 129 名教育、卫生、农技人员赴受援地开展支教支医支农服务，为受援地培训基层干部 1200 多人次、专业技术人才 3500 多人次；积极动员全省社会各界向西藏、青海捐赠资金、物资 970 万元。

（一）强化组织领导，形成对口支援整体合力。省委、省政府高度重视对口支援和扶贫协作工作。为进一步加强组织领导，调整充实了省对口支援协作工作领导小组，把扶贫协作重庆和对口支援三峡库区工作纳入领导小组工作范围，成员单位由原来的 29 个增加到 47 个，进一步明确了各市、各部门的工作职责。第四次全国对口支援新疆工作会议召开后，我省先后召开了省委常委会议和全省对口支援新疆工作会议，传达学习中央会议精神，研究部署具体贯彻落实意见。各市、各有关部门按照省里的统一部署，各司其职，各负其责，密切协作、相互支持，形成了省市结合、部门联动、前后一致、协同推进的良好工作局面。

（二）突出工作重点，扎实推进援建项目建设。根据中央和省委、省政府的

决策部署，始终把帮助受援地区解决突出矛盾和主要问题作为援建项目选择的出发点和落脚点，坚持项目和资金向基层倾斜、向农牧民倾斜，全力抓好援建项目建设，充分发挥援建资金效益。一是突出改善民生，着力解决群众生产生活困难。把保障和改善民生作为援建工作的首要任务，大力推进城乡住房、教育卫生、公共基础设施、社会保障等项目建设。全年共实施民生项目 192 个，占援建项目总数的 70.1%，受益群众达 20 多万人。在新疆，建设安居富民房 1.84 万套，建成了 4 所寄宿制双语学校、4 个县的科技文化中心和 3 个县的疾控中心，完成了 84 个农村及社区基层组织阵地建设。其中，英吉沙县实验中学占地 240亩，建筑总面积 5.6 万平方米，可容纳学生 4000 余人，是南疆地区功能最齐全、设施最完善的现代化标准双语学校。在西藏，重点实施了农牧区村容村貌整治、日喀则市江当乡完全小学、昂仁县和聂拉木县"双语"幼儿园、人民医院重症监护室设备配置、白朗县城供排水及防洪工程等重点援建项目。白朗县成为后藏地区首个实现 24 小时全天候供水服务县，并解除了泥石流等自然灾害对县城的威胁。在青海，重点实施了惠及 1820 户的农村危房改造和 3.47 万户的直播卫星"户户通工程"，改建了海北州藏医院。在重庆，实施了贫困村整村推进、高山生态扶贫搬迁、乡村道路、中小学校舍、乡镇卫生院、移民培训就业基地等项目建设，有效解决了一批影响贫困群众生产生活的出行、就医、上学、饮水等难题。二是突出产业合作，不断增强受援地区自我发展能力。把我省产业、技术、人才优势与受援地区区位、资源、政策优势结合起来，坚持政府推动、市场引导、三产联动、多业并举，以园区建设为载体，引导社会资金特别是有实力的企业积极参与援建工作，帮助加快构建现代产业体系，增强自我发展的内生动力。加快推进受援地农业科技示范园区、工业园区和旅游园区基础设施建设，白朗县现代农业示范园、海北州高原现代生态畜牧科技示范园、喀什齐鲁生态钢城等现代化产业园区已成为拉动当地经济发展的重要引擎，也成为我省对口支援工作的重要名片。同时，依托产业园区平台，积极推动我省骨干企业和知名民营企业到受援地开展产业合作。三是突出智力帮扶，继续加大干部人才培训交流力度。按照中央组织部的统一部署，扎实做好援藏、援青、援疆干部轮换工作，实现了工作思路、援建项目和工作机制的无缝对接。根据受援地实际需要，通过双向挂职、两地培训和支教支医支农等方式，全方位推动智力援助和人才交流。着力强化就业技能培训，在喀什 4 县各援建了一所职业技能实训基地，在日喀则地区昂仁、聂拉木、南木林 3 县各建设了一处职业技能培训中心，在重庆市建设了忠县职教中心和移民就业培训基地。

（三）拓宽工作领域，深化全方位合作交流。以对口支援和扶贫协作为平台，不断深化合作内涵，在更高层次、更宽领域谋求发展，努力实现优势互补、合作共赢。一是加强高层互访。2013 年，我省先后 4 次由省级领导率团赴受援地考察指导援建工作，各市、省直部门共有 70 多批次 680 多人到受援地考察对接工作。2013 年底，新疆喀什地区、西藏日喀则地区、青海海北州和重庆市 4 地的党政代表团先后来我省考察对接对口支援协作工作。二是深化经贸合作。我省先后组团参加了第 16 届"渝洽会"、第 9 届"喀交会"、2013 年"青洽会"和第 9 届"支洽会"，并相继开展了"省管国有企业新疆行""百家鲁商新疆行"等系列经贸合作促进活动，积极引导我省企业到受援地区考察洽谈、投资兴业。山钢、山水、如意、力诺等一批大项目在受援地建成投产，成为当地骨干支柱企业。三是增进文化交流。借"十艺节"在我省举办之机，成功举办了 2013 年"喀什文化齐鲁行"系列活动和海北州民族歌舞团来鲁祝贺演出。在海北州建州 60 周年之际，我省出资策划编排了大型广场舞蹈《礼赞海北》，取得了良好的反响。

二、2014 年对口支援工作思路和重点

2014 年是全面完成"十二五"援建规划的关键一年。我们将认真贯彻党的十八大和十八届二中、三中全会精神，全面落实中央和省委、省政府关于对口支援西藏、新疆、三峡库区及扶贫开发等一系列新指示、新要求，继续按照"用政府资金保民生、用社会资金促产业、用全省资源抓培训"的总体原则，坚持高点定位、创先争优、突出重点、统筹推进，围绕打造新品牌、培育新亮点、再造新优势，推动我省对口支援工作开创新局面、再上新台阶。

（一）抓好援建项目建设，着力保障改善民生。根据中央要求和援建规划，2014 年全省需筹集对口支援西藏、新疆、青海、三峡库区、扶贫协作重庆和对口帮扶贵州援建资金 15.29 亿元。按照年度计划与对口支援总体规划相衔接、与受援地区实际需求相协调的原则，将援建资金重点用于改善受援地贫困群众的生产生活条件、支持当地社会事业发展、推进城乡基础设施建设，切实帮助解决当地群众生产生活中最直接、最现实、最急迫的问题。在与受援地和前方工作机构充分协商的基础上，研究提出今年重点援建项目的安排建议。分解落实好全年工

作任务，全面抓好援建项目建设，确保项目质量和进度，努力建成一批援建精品工程、群众满意工程。按照国家有关要求，结合援藏、援疆"十二五"规划中期评估，抓紧完成援藏、援疆规划调整和报批工作；做好三峡后续工作阶段对口支援工作规划编制工作。

（二）大力推动产业合作，努力实现互补双赢。按照省委、省政府的统一部署，本着节约、务实、高效的原则，认真组织好"渝洽会""青洽会""喀交会"等重要经贸洽谈活动，做好参会布展、项目签约、领导考察等各项工作。协调有关市和部门及早进行经贸合作项目对接，组织有意向的企业深入受援地考察洽谈，争取达成一批新的合作项目。根据受援地区的资源禀赋和产业特色，加快推进重点扶持园区基础设施配套建设，提高园区承载产业转移和发展的能力。在充分调研的基础上，研究制定支持我省企业到受援地区投资发展的政策措施，引导更多的企业到西部地区投资发展，推动企业在特色农业、资源开发、高新技术、商贸物流、文化旅游等产业领域加强合作。抓好已签约项目的跟踪服务工作，力争早投产早见效，切实发挥重大产业项目的示范引领作用。

（三）加强干部人才交流，提供人才智力保障。继续把干部人才培训、双向挂职交流作为对口支援协作的一项基础性工作来抓，进一步完善多层次、多领域的人才双向交流培养机制。充分发挥我省人才优势，在总结经验的基础上，通过"请过来""走过去"，采取集中办班，现场指导等方式，全面落实县、乡、村三级党政干部及教育、卫生、农牧业、城建、旅游专业人才培训计划，为当地培养一批专业素质高、能带动广大群众脱贫致富的基层干部和专业技术人才。根据受援地的需求，有计划地安排我省和受援地之间的干部人才挂职交流。继续选派优秀教师、医生、农技师等专业技术人员到受援地区传授技术、提供咨询、帮助工作，帮助当地群众增强就业能力和生产增收能力。开展职业技能培训合作，鼓励两地企业、专业培训机构共建劳务输出和培训基地，实施劳务精品工程，建立稳定的劳务合作关系。

（四）建立完善工作机制，推动工作深入开展。进一步加强组织领导、密切协调配合，建立健全组织有序、指挥有力的领导机制，统筹协作、高效运转的协调机制和分工明确、责权统一的管理机制。完善与受援地的联席会议制度和工程建设项目长制度，充分尊重受援地党委、政府的主体地位，调动和发挥当地干部群众在援建过程中的积极性、主动性、创造性。建立健全监督检查、稽查审计、考核奖惩等工作机制，全面监督，严格考核，真正把资金使用好，把项目建设好，把各项工作任务落实好。进一步创新对口支援工作模式，把对口支援协作工作的主战场放到受援地区，全力为受援地服好务，为前方工作服好务，为基层和企业服好务。

（五）加大工作宣传力度，营造良好工作氛围。及时宣传省委、省政府的重大决策部署，宣传全省人民对受援地各族群众的深情厚谊，深入挖掘我省对口支援协作工作特色，总结宣传我省产业合作工作和大项目带动等方面的好经验好做法，努力提高全社会对这项工作重要性和必要性的认识，营造全社会共同关心、支持和参与对口支援工作的良好氛围。

地区篇

2014 年济南市国民经济和社会发展思路

一、2013 年国民经济和社会发展计划执行情况

2013 年，面对错综复杂的国内外经济形势，全市上下认真贯彻执行中央、省市决策部署，紧紧围绕"加快科学发展，建设美丽泉城"的中心任务，坚持稳中求进的工作总基调，着力稳增长、调结构、促改革、惠民生、蓄后劲，完成了市十五届人大二次会议确定的主要目标任务，经济社会发展呈现稳中有进、稳中向好态势。初步核算，全年实现生产总值5230.2 亿元，同比增长9.6%，其中第一产业增加值284.7 亿元，增长3.9%；第二产业2053.2 亿元，增长10.1%；第三产业2892.3 亿元，增长9.7%。

（一）产业结构调整优化。三次产业增加值比例由上年的5.3：40.3：54.4 调整为5.4：39.3：55.3。区域性服务业中心建设稳步推进。实现现代服务业增加值1429.8 亿元，占服务业增加值比重达到49.4%，各类金融机构300 家，金融机构人民币存、贷款余额分别达到10808.1 亿元和7812.5 亿元，软件和信息服务业实现收入1300 亿元，增长25%，社会物流总额15225.3 亿元，增长13.2%，旅游总收入528.9 亿元，增长14.5%，会展业直接营业收入4.1 亿元，增长10.8%。推动总部经济发展，出台高技术服务业发展规划，高端服务业培育力度加大。工业转型升级步伐加快。完成规模以上工业增加值1520.5 亿元，增长11.3%，主营业务收入、利税、利润分别增长11.4%、26.3% 和40.3%。"双轮驱动"战略深入推进，培育优势特色中小工业集群24 个，淘汰压缩炼钢产能80万吨，淘汰拆除水泥熟料产能20 万吨，高新技术产业产值占规模以上工业总产值比重比年初提高1 个百分点。重汽集团走出低谷，浪潮集团、齐鲁制药等龙头企业不断壮大，华芯富创、天岳先进材料等高技术企业加速成长。农业现代化进

展明显。粮食总产 266.6 万吨，蔬菜、畜牧等产量稳步增加。累计流转农村土地 79 万亩，现代农业园区和示范乡镇分别发展到 214 个和 20 个，市级以上农业龙头企业、农民合作社、家庭农场达到 442 家、4663 家和 569 家。培育"三品一标"农产品 859 个，农产品质量抽检合格率达 98.5% 以上。

（二）发展方式积极转变。质量效益显著提高。完成地方公共财政预算收入 482.1 亿元，按可比口径增长 13.9%。税收收入比重 79.2%，同比提高 3.2 个百分点。内需支撑更加有力。完成固定资产投资 2638.3 亿元，增长 20.7%，为 2009 年以来最好水平，其中民间投资 1641.1 亿元，增长 27.2%。重点项目建设成效明显，全市 220 个重点项目完成投资 790 亿元，完成全年计划的 101.2%。工业投入力度加大，完成工业投资 806 亿元，增长 24.5%，其中技改投资 548.2 亿元，增长 22.3%，山东华云豪克能创新能力及产业化、临沃重机年产 2 万台矿山和建设机械等项目建成投产。新签约招商项目总投资 700 亿元，其中先进制造业和现代服务业比重近 80%，储备项目质量明显提高。消费需求稳步扩大，完成社会消费品零售总额 2633.9 亿元，增长 13.4%。积极争创国家电子商务示范城市，电子商务交易额达 1064 亿元，增长 29%。创新驱动作用增强。新认定国家级企业技术中心 3 家、市级创新型企业 58 家、自主创新产品 214 个，各级技术中心企业新产品销售比率达到 48.5%。节能减排和生态建设扎实推进。106 户重点用能企业实现节能 96.3 万吨标准煤，完成既有居住建筑供热计量及节能改造 101.6 万平方米，竣工太阳能光热建筑一体化应用 110 万平方米。制定全市大气污染防治行动计划（一期），基本实现城区污水不向河道直排，餐厨废弃物收运处理 BOT 工程主体完工。建设农村生活垃圾转运站 57 处，城乡垃圾处理一体化乡镇覆盖率达 95%。累计创建省级以上生态乡镇 58 个、市级文明生态村 2700 个。

（三）城镇建设有力推进。重点片区开发建设加快。西客站、汉峪、火车站北广场等片区开发建设全面展开，华山、北湖等前期工作扎实推进。济南创新谷孵化器一期开工建设，东部中央商务区初具规模，一批支撑长远发展的产城融合载体加快形成。平阴锦东新区、济阳新城区、商河温泉国际、章丘绣源河片区等加快建设，刁镇等 6 个省级示范镇累计完成投资 15.8 亿元。中心城区建成区面积达到 470.6 平方公里，全市城镇化率提高到 66%。城市功能显著提升。济南至乐陵、济南至东营高速公路加快建设，石济客运专线、长清黄河公路大桥前期工作稳步推进,济青高铁预可研编制完成,济南机场南指廊扩建完成主体工程的80%。城市轨道交通工程建设正式启动,二环西路高架桥建成通车,二环西路南延、二环南路西段、凤凰路等快速路开工建设。强化公交都市建设,新辟公交线路16条。完成济西二期供水加压站主体工程及15处供水低压片区改造,新增集中供热面积627万平方米,城市供水普及率、燃气气化率、集中供热率分别达到98.5%、98.7%和70.1%。城市形象显著改善。加快泉城特色标志区、商埠区保护开发,实施大明湖、千佛山景区改造提升工程,"天下第一泉"5A级景区建成运营,首届泉水节成功举办。水生态文明建设全面推进,田山灌区与济平干渠连通工程、玉清湖引水工程竣工,济西湿地生态环境初步形成。建成区新建绿地705万平方米,全市完成造林面积20.5万亩,森林覆盖率达到34%,创建国家森林城市30座破损山体治理完成。拆除乱搭乱建、违法违章建设39.6万平方米。

(四)区域格局加快调整。区域规划体系更加完善。城市三年建设规划、南部山区小城镇控制性详规、北跨与北部新城区发展战略研究基本完成,全市产业布局规划加快编制,中心城区新一轮控规修编工作启动。县区经济加快发展。市内四区总部经济、楼宇经济和税源型产业加快发展,历下区财政收入突破100亿元,市中区达到72.5亿元,槐荫区、天桥区均超出30亿元。完善和实施支持县域发展的差别化政策,章丘精细化工、历城现代物流、济阳食品、平阴炭素、长清压力容器、商河纺织等一批中小产业集群加快崛起。南部绿色发展迈出新步伐。柳埠镇建设改造正式开工,港西路改造完成,城乡环卫一体化11处垃圾转运站全面建成投用。建成规模化农业园区42个、4A级旅游景区6个。北跨发展进展明显。鑫茂齐鲁科技城一期、山大国家胶体材料工程技术研究中心一期等项目建成,鹊山龙湖片区控规修编与总体规划设计展开,崔寨片区开发建设加快推进。省会城市群经济圈规划建设实现突破。推动建立省会城市群经济圈联席会议三级运作机制,与聊城市签署战略合作框架协议。推动济莱协作,共同组建了工作推进机构,区域规划编制、交通同城化等积极推进。

(五)改革开放不断深化。重点领域改革加快推进。行政审批制度改革成效明显,对42个部门168项行政许可、223项行政责任事项进行梳理审查,向县(市)区下放审批权限166项,创新实施建设项目行政审批"一号通"、企业设立"一表通"模式。加大民营经济发展力度,全市民营经济市场主体达28.3万户，"三上"民营企业超过 5000 户。筹集财政资金 5.35 亿元，44 户困难国有企业帮扶解困取得初步成效。创新财政资金使用方式，实现财政资金扶持企业由无偿拨款向股权投资转变。推进"营改增"试点，为企业减负 6.3 亿元。深化要素市场改革，引入用地指标竞争分配机制，制定工业综合用地管理的意见，破解了工业项目分割转让难题，深交所与我市合作建设的全景网山东路演中心启用，驻济高校和科研单位新创办科技型企业近百家。稳妥推进农村产权改革，农村土地承包经营权确权登记颁证首批试点完成。对外开放不断扩大。出台全面深化与东南亚、日韩和港澳台地区经贸合作的意见，济南综合保税区封关验收。完成进出口总值 95.7 亿美元，同比增长 4.7%，实际到账外资 13.2 亿美元，增长 8.2%，境外直接投资中方协议投资额 5.4 亿美元。完成离岸服务外包执行额 15.1 亿美元，增长 83.9%。

（六）社会民生全面加强。城市居民人均可支配收入、农民人均纯收入分别达到 35648 元和 13248 元，同比分别增长 9.5% 和 12.4%，居民消费价格同比上涨 2.8%。新增城镇就业 18.6 万人，农业富余劳动力转移就业 7.4 万人，城镇登记失业率 2.4%，应届高校毕业生总体就业率达 84.4%，市农民工综合服务中心建成运行。各项社会保险参保人数和基金收入均创历史新高，城乡居民养老保险基础养老金提高到每人每月 70 元。全民医保体系进一步完善，平阴、章丘县级公立医院综合改革试点按计划推进。开工建设各类保障性安居工程 16370 套，向社会提供分配保障性住房 8717 套（间），降低公租房准入标准，实现外来务工人员和本地居民"同城待遇"。加快教育均衡发展，全面完成学前教育三年行动计划、中小学校舍安全工程五年规划任务和普通中小学标准化建设工程。举全市之力办好"十艺节"，建成省会文化艺术中心等一批标志性文化设施，公共文化服务体系更加健全。为民办 17 件实事全部完成。

同时，计划执行中也出现一些情况和问题。一是受宏观形势冲击以及自身结构性矛盾突出等影响，保持经济持续健康发展的难度加大，部分行业、企业生产经营困难，新增长点培育不足，进出口总值等个别指标完成不够理想。二是发展方式尚未实现根本性转变，资源要素约束加大，环境污染问题较为突出。三是科技资源优势没有得到充分发挥，还面临产学研结合不够紧密、研发成果转化不顺畅、技术产权交易市场发育相对滞后等问题。四是县域经济发展水平需进一步提升，南部绿色发展、北跨发展的基础仍比较薄弱。五是社会事业投入需要进一步加大，城乡区域群体间基本公共服务均等化任重道远，社会管理亟待创新等。

二、2014 年经济社会发展预期目标

2014 年是全面贯彻落实党的十八届三中全会精神、全面深化改革的第一年，也是实施"十二五"规划的关键一年。全球经济继续温和复苏，国内经济基本面良好，我市发展后劲逐步增强，特别是全面深化改革带来的活力释放，为经济社会发展奠定了好的基础。同时，世界经济仍处深度调整阶段，国内经济稳中向好的基础还不稳固，经济下行压力依然存在，我市经济增长、结构调整、资源环境等领域的问题仍较为突出。对此，既要正视困难更要坚定信心，远近结合，综合施策，努力巩固和发展稳中有进、稳中向好的势头。

综合考虑外部环境、运行走势和发展需要，结合"十二五"规划目标安排，提出经济社会发展的主要预期目标是：

（一）经济增长。生产总值增长 9%，农业增加值增长 4%，规模以上工业增加值增长 10%，服务业增加值增长 10%。社会消费品零售总额增长 13%，固定资产投资增长 18%，进出口总值增长 6%。实际到账外资增长 5%，招商引资增长 11%。

（二）结构效益。产业结构调整优化，现代服务业增加值占服务业增加值比重提高 1 个百分点，高新技术产业产值占规模以上工业总产值比重提高 1 个百分点。地方公共财政预算收入增长 12% 左右，税收占财政收入比重提高到 80% 左右。县域经济比重、民营经济比重均提高 1 个百分点。

（三）城市建设。新型城镇化稳步推进，城镇体系加快建设，城镇化发展质量进一步提高。综合交通体系更加完善，市政公用设施建设运营市场化水平提高，新增集中供热面积 800 万平方米，建成区绿化覆盖率力争达到 40%。

（四）生态环境。万元生产总值能耗和二氧化硫、化学需氧量、氨氮、氮氧化物、二氧化碳排放量完成省下达任务目标，环境空气质量逐步改善，污水处理率进一步提高。治理水土流失面积 120 平方公里，森林覆盖率提高到 35%。

（五）社会民生。城市居民人均可支配收入增长 10% 左右，农民人均纯收入增长 10% 以上。居民消费价格涨幅控制在 3.5% 左右。新增城镇就业 10 万人，农业富余劳动力转移就业 5.2 万人，城镇登记失业率控制在 4% 以内，人口自然增长率控制在 6‰ 以内。

三、2014 年经济社会发展工作重点

全面贯彻落实党的十八大、十八届三中全会、习近平总书记系列重要讲话精神，按照市委十届五次全会部署，坚持稳中求进工作总基调，紧紧围绕"加快科学发展，建设美丽泉城"中心任务，切实把提高发展质量和效益放在中心位置，把改革创新贯穿经济社会发展各个领域各个环节，加快转方式调结构，继续壮大实体经济，完善城市功能，提高城镇化质量，强化生态建设，着力改善民生，促进经济持续健康发展、社会和谐稳定。重点抓好以下 12 项重大工程。

（一）以优化营商环境为目标，实施改革深化工程。（1）深化行政管理体制改革。实施新一轮政府机构改革和职能转变，建立政府部门权力清单制度，提高政务公开水平，加大政府向社会力量购买服务力度。深化行政审批制度改革，再取消行政审批 30 项、审批要件 148 项、行政备案事项 27 项，加快审批权限下放，推行项目审批"两集中、两到位"，实行建设项目限时审批。完善政府投资项目决策运作机制，健全政府投资项目监管机制。（2）大力发展非公有制经济。放宽市场主体准入条件，宽进严管实施商事登记改革，开展高新区民营资本"负面清单"和综合保税区外资"负面清单"管理试点。制定非公有制企业进入水、电、气、暖、垃圾处理、出租车等特许经营领域的标准和程序，支持非公有制经济参与国有企业改制重组和参股国有资本投资项目。梳理行政事业收费项目，逐步取消公安、教育、交通等行政事业收费 33 项。深化国企改革，继续做好 44 户困难国企帮扶解困。（3）完善现代市场体系。按照国家和省部署，深化征地制度改革，建立城乡统一的建设用地市场。建立用地指标分配与征地率和供地率挂钩的激励机制，搭建全市土地指标交易平台。完善县区财政体制和奖励帮扶政策，加大财源建设支持力度。强化金融资源集聚，完善多层次资本市场，推动地方金融改革创新，构建专业化金融中介服务体系。健全技术创新市场导向机制，促进科技成果资本化、产业化，推进应用型技术研发机构市场化、企业化改革，打通成果转移转化瓶颈，推动科技与经济紧密结合。积极发展创业风险投资基金，支持各类科研主体创新创业。

（二）以增强发展动力为目标，实施内需提振工程。（1）继续实施项目建设三年行动计划。完善"济南市重点项目推进管理系统"，推进全市 220 个重点项目建设。抓好重点项目策划储备，搞好项目接续，争取更多项目进入国家和省

"总盘子"。全面总结项目建设三年行动计划成效经验，健全项目建设长效工作机制。（2）优化投资结构。加大现代农业、战略性新兴产业、高新技术、现代服务业、基础设施、社会民生、生态环保等领域投入力度，争取工业投资、现代服务业投资均增长20%左右。严把招商项目质量，加强效益综合评估，加大产业链招商、产业平台招商和引进总部、引进智力工作力度，深化与大企业大集团的合作。（3）拓宽融资渠道。发挥好创投引导基金作用，积极申报争取国家新兴产业创投计划参股我市创业投资基金，吸引社会资本投向实体经济，激发民间投资活力。建立融资项目库和中小企业库，推动银企对接合作，鼓励保险业资金参与我市重点项目建设。做好市城建集团、西城投资公司、高新控股集团及历城区国有资产运营公司企业债券发行申报，力争社会融资规模达到2500亿元。（4）努力扩大消费需求。抓好鹊山龙湖、非物质文化遗产博览园等重点项目建设，完善商贸流通设施建设布局，积极搞活夜经济，扩大本地消费和外来增量消费。培育信息消费和文化娱乐、教育培训、养老家政、医疗健康等消费热点，着力打造国家电子商务示范城市，力争电子商务交易额达到1400亿元。

（三）以增创产业发展新优势为目标，实施产业创新工程。（1）强化创新先导作用。推进国家创新型城市和国家重大新药研发大平台、量子通信研究院、千万亿次超级计算中心等重大创新平台建设。加快济南创新谷孵化器、高新区科技企业加速器等载体建设，推动成长型科技企业加快发展壮大。增强企业自主创新能力，争取新认定国家级企业创新平台2家以上，积极争取国家在宽禁带半导体领域布局建设国家工程研究中心和工程实验室。推动清华大学、华北电力大学、山东大学等著名高校研发和产业化平台建设。（2）提高工业竞争力。继续抓好51个战略性新兴产业重点项目建设，推动高性能半导体、智能电网、轨道交通装备、移动互联网等发展前景好、带动能力强的优势产业加速成长。推动浪潮集团高性能服务器研发及产业化、金麒麟公司年产2000万套刹车盘等重点项目建设，进一步壮大汽车、电子信息、机械装备等产业规模。大力发展住宅产业化，推动化解钢铁、建材等行业过剩产能，带动物联网应用产业发展。（3）壮大生产性服务业。制定促进服务业特别是生产性服务业发展的政策措施，推进汉峪金谷、西部新城会展中心、翰迪物流园二期等载体建设，加快建设全省金融资产交易中心、企业上市路演中心和金融数据中心，推动现代物流业整合提升。实施高技术服务业发展规划，培育信息服务、生物技术服务、电子商务、工业设计等高技术服务业，力争高技术服务业增加值增长 20% 左右。（4）打造总部经济高地。完善鼓励总部经济发展各项政策，优化全市总部经济发展布局。加快东部中央商务区、西部新城总部基地、滨河商务中心等载体建设，积极引进资金实力雄厚、运作模式成熟、品牌影响力大的总部经济专业化建设投资机构，有针对性地引进一批总部企业和项目。

（四）以提高城镇化质量为目标，实施城镇化提升工程。坚持以人为本、四化同步、科学布局、绿色发展、文化传承，制定全市新型城镇化发展规划，进一步增强对经济社会发展的带动作用。（1）打造产城融合载体。大力推进济南创新谷、汉峪、西客站、华山等片区规划发展，统筹小清河、玉符河、济西湿地等生态区保护，打造城市发展、产业发展和生态发展新支点。积极推动东部老工业区搬迁改造，搞好泉城特色标志区、百年商埠区保护发展，推进城中村城市化改造。提升章丘、济阳、商河、平阴城市承载功能，抓好省市示范镇建设，实施扩权强镇试点。（2）提高基础设施保障能力。推进"三网融合"，加快无线城市建设和 4G 应用，提升网络宽带化和应用智能化水平，建设智慧城市。强化规划管控，继续抓好城乡电网建设改造，争取开工 1000 千伏济南特高压输变电工程，推进腊山热源厂建设，加快市域燃气高压管网和储气设施建设。实施东区水厂、供水加压站建设和供水低压片区改造。（3）健全城镇化发展机制。研究实施差别化户口迁移政策，探索建立中心城区"积分入户"等阶梯式落户通道，全面放开县域城镇落户限制，优先解决已转移到城镇就业的农业转移人口落户问题。完善城建投融资机制，充实投融资平台资产规模，创新小城镇建设管理体制。加快市政公用事业市场化改革，建立健全政府主导、市场运作、社会参与的多元化投入机制。推进华山片区、民生大街片区等 29 个涉及保障性安居工程、旧城区改建的国有土地上房屋征收补偿项目。（4）提高城市管理水平。推动城市管理精细化、规范化和制度化，完善远程监控体系和快速反应机制。加大开放式小区、背街小巷等整治力度。

（五）以改善出行条件为目标，实施交通便捷工程。编制全市综合交通体系规划，完成城市交通综合整治三年行动计划，提高快速通行能力。（1）加快完善交通网络。市域交通，完成济南至乐陵高速公路主体工程，加快济南至东营高速公路、济南机场南指廊工程建设，开工建设石济客运专线、济南西站环到环发线、石济客专公铁两用桥、长清黄河大桥和铁路新东站，推进青兰高速济南段前期工作，规划策划济南至莱芜、泰安、聊城的快速通道。市区交通，全面开工建设城市轨道交通，推进二环西路南延、二环南路东延、二环东路南延、顺河高架南延、凤凰路等快速路建设，启动纬十二路、旅游路西段等市政道路建设整治。加快过街天桥、地下通道等立体设施建设，完善城市慢行交通系统，抓好城市绿道建设。（2）推进公交都市建设。加大财政支持力度，推进公交走廊优化、枢纽场站建设和车辆装备更新。争取开工黄岗公交立体停车场、辛西路综合客运枢纽等项目，主城区增辟公交线路 10 条以上。（3）提高交通管理科学化水平。加快重要交通节点优化，推进社区微循环改造。加强停车场建设管理，合理规划布局停车泊位。构建智能交通管理系统，提高交通运行效率。

（六）以强农惠农富农为目标，实施美丽乡村工程。坚持以工促农、以城带乡、村企联合和城乡一体，加快建设富裕、宜居、秀美、和谐、活力乡村。（1）实施产业发展强农。以都市农业为重点，着力完善提升泉城农业公园及历城、章丘、长清、济阳、商河、平阴等现代农业示范园区，打造一批生态化、集约化、多业融合型农业园区和特色基地，力争农业园区基地、现代畜牧示范园区、现代林业示范园区达到 250 家以上。以培育新型经营主体为重点，打造家庭农场、专业大户、农民合作社、产业化龙头企业各 30 家，鼓励引导工商资本投入，推动农业规模化生产、企业化经营和品牌化发展。以标准化生产为重点，强化农业面源污染、水污染治理和农产品质量监控。大力发展农村二、三产业，多渠道促进农民增收。（2）加快基础建设惠农。编制实施美丽乡村建设规划和农村新型社区布局规划，合理确定农村新型社区和保留提升村庄数量、布局和建设用地规模。加强基础设施建设，全面推进村庄环境综合整治，完善垃圾收集运输管理体系，打造一批美丽乡村建设示范村。推进新增 6 亿斤粮食产能、泉域补给区 60 万亩高标准农田、邢家渡大型灌区节水改造与续建配套、800 处"五小"水利工程、农村饮水安全及狼猫山、大站水库除险加固等工程建设。（3）推动深化改革富农。在总结试点经验基础上，争取 60% 以上的村完成农村土地承包经营权确权颁证登记，开展章丘、平阴土地承包经营权抵押贷款试点。探索建立土地承包经营权、宅基地用益物权、农民住房财产权进入市场的有效途径和交易平台，推进农村集体产权制度改革，增加农民财产性收入。

（七）以推动协调发展为目标，实施区域联动工程。落实《省会城市群经济圈发展规划》，利用好经济圈和市域两个平台、两种资源，加速优化区域发展布局。（1）推进省会城市群经济圈建设。加强与周边城市交流合作，全力落实好推进综合交通体系建设、产业协作配套、旅游业融合发展、物流业一体化发展、基础设施共建共享、区域环境同治、人才资源共享等重要事项。推进济莱协作，编制济莱空间布局规划及相关专项规划，研究制定济南至莱芜城际铁路规划建设方案及公路快速通道建设方案，促进班线客车同城化，推动通讯并网升级和广电资源整合，推进雪野湖向东部先进制造业协作区供水工程，深化政府、企业间的交流合作。（2）发展壮大县区经济。编制全市产业布局规划，制定"产业地图"，为招商引资、项目审批和推动形成县区良性互动、错位发展格局提供依据。完善重点区域规划体系，借助大企业大集团雄厚资金实力和强大项目运作能力，研究实行区域综合审批和连片开发机制，推动重点区域一次规划、分步开发。推动中心城区优化发展，完善和落实县域差别化扶持政策，力争市内四区服务业增加值增长10%以上，省级以上开发区工业增加值、固定资产投资均增长20%以上。（3）加快南部绿色发展。进一步完善规划体系，抓好柳埠等小城镇建设，健全城乡环卫一体化网络。加强与周边城市协作，培育发展养老休闲、生态旅游和生态农业，建设绿色产业基地。（4）推动北跨发展。落实好北跨战略议案办理工作方案，进一步加大北跨发展力度。加快完善规划体系，推动鑫茂齐鲁科技城二期、鹊山龙湖东方威尼斯等项目建设，加快崔寨片区开发，推动跨河交通设施规划建设。

（八）以推动绿色发展为目标，实施资源节约工程。（1）抓好节能降耗。完善主要耗能产品能耗限额和产品能耗标准，严控"两高一资"行业扩张，强化对重点用能企业的监督检查，完成节能量140万吨标准煤。加强商业、农业和居民生活领域节能降耗改造，完成绿色建筑推广500万平方米，开展低碳交通运输专项行动。加快"城市矿山"示范基地和餐厨废弃物收运和资源化体系建设，大力发展发动机、环保硒鼓、工程机械等再制造产业，确保工业固体废物综合利用率达93.5%以上。（2）提高土地节约集约利用水平。强化耕地保护，制定农村土地整治资金筹集使用和管理办法，完成土地整理复垦15万亩，新增耕地2万亩。加强土地批后监管，继续抓好批而未征、征而未供、供而未用土地清理，盘活存量土地。加强工业建设项目综合论证，提高土地节约集约利用水平。（3）强化水资源节约。落实最严格的水资源管理制度，加大用水计划管理力度，推进供水阶梯水价改革。

（九）以持续改善空气质量为目标，实施雾霾治理工程。严格实施大气污染防治行动计划，坚持标本兼治和内外联动，最大程度降低造成雾霾的内生因素和外部影响。（1）调整能源结构。制定煤炭消费总量中长期控制目标，及时预警调控煤炭消费总量增长较快的县（市）区和重点耗煤企业。编制实施工业废热利用供热方案，启动大电厂废热回收改造工程和相关供热管网、热力站建设改造，在确保供热的前提下淘汰中心城区部分小型燃煤锅炉。加大清洁能源应用力度，依据燃气规划适时增建加气站点。编制实施分布式能源发展规划，新增风电开发项目装机规模 20 万千瓦，开工建设大唐长清风电二期、重汽集团分布式光伏发电、积成电子工业园天然气分布式能源等项目。积极推进光伏地面电站项目建设，推广使用太阳能光热、光电建筑一体化、地源热泵等技术。（2）优化工业发展布局。提前完成钢铁、水泥等重点行业"十二五"落后产能淘汰任务。以东部老工业区为重点，推进绕城高速以内石化、钢铁、火电、水泥、危旧废物经营处置等已建重污染企业搬迁改造。（3）加强大气污染治理。全市所有燃煤火电机组全部配套脱硫设施，加强钢铁、石化等行业脱硫设施建设改造。推进火电、水泥等行业氮氧化物治理，强化工业烟粉尘治理。（4）加强扬尘控制。抓好城市扬尘污染综合管理和施工工地扬尘执法监管，控制道路扬尘污染，强化渣土运输管理、堆场扬尘综合治理，主城区主次道路机扫率达到 73% 以上，洒水冲刷率 97% 以上。（5）抓好机动车污染防治。推进机动车燃油品质升级，年底前全面供应国Ⅳ车用柴油，推进配套尿素加注站建设。严格新车环保准入，加快淘汰黄标车，实现境内省道黄标车禁行。积极推广节能环保和新能源汽车。（6）加强区域共治。推动大气污染区域联防联控，推动建立标准统一、横向联合、协同有序的环境监管一体化平台，联合查处环境违法行为，构建区域环境应急联动机制。

（十）以建设良好生态家园为目标，实施水系生态工程。实施国家生态城市、水生态文明市、生态园林城市、森林城市、环保模范城和卫生城市"六城联创"，努力改善人居环境。（1）推进水生态文明市建设。继续实施节水保泉，确保泉群持续喷涌。完成玉符河卧虎山水库调水工程，实施锦绣川水库至兴隆、浆水泉、孟家水库连通工程，启动济阳稍门水库工程。实施玉符河综合治理和巨野河、龙脊河等 10 条重点河道河段综合整治，加强卧虎山水库周边环境整治和"三川"水土流失治理，努力解决好城区（含县城）污水直排河道问题。抓好白云湖、玫瑰湖、济西等湿地公园建设，积极创建"中国温泉之都"。（2）加快森林城市建设。实施腊山河、北太平河、玉符河等河道绿化景观带建设，构筑北绕城高速、北大沙河等生态隔离带和防护林带，新增造林面积 20 万亩，新建完善农田林网 8 万亩，退耕还林 10 万亩。（3）加大生态修复力度。加强地质灾害防治，制定山体资源保护办法，加快华山、崮山等地质公园建设，完成卧牛山综合整治。

（十一）以培育开放型经济新优势为目标，实施开放拓展工程。（1）促进进出口平衡发展。稳定传统贸易，大力发展服务贸易，推动加工贸易由单一生产型向生产服务型转变。制定和落实相关政策，鼓励企业进口先进设备和技术，促进贸易平衡和产业升级。（2）推动引进来和走出去协调发展。加大研发中心、金融、融资租赁、养老服务等领域外资项目引进力度，创新国外贷款领域，优化利用外资结构。鼓励优势企业开展对外投资，建设境外生产、营销和资源供应基地。（3）推进开放平台建设。抓好新加坡（济南）国际科技城规划策划，加快综合保税区建设，制定航空城发展规划，充分发挥空港、综合保税区及铁路口岸功能，推动建设和积极融入中日韩经济合作示范区，着力打造济南先行示范区。（4）构建开放型经济新体制。推进检验检疫与海关之间"一次申报、一次查验、一次放行"通关模式试点。加强城市宣传推介，深化与国内外投资机构、商会、行会等的交流合作，加强与环渤海、山东半岛蓝色经济区、西部经济隆起带等城市的经济协作，完成好援藏、援疆等重点任务。

（十二）以推进基本公共服务均等化为目标，实施民生保障工程。制定实施全市基本公共服务体系建设行动计划，加大社会事业改革发展力度，完成好 15 件民生实事，使发展成果更多更公平地惠及全体人民。（1）促进就业。加强覆盖城乡的劳动就业公共服务体系建设，全面提升就业全过程公共服务能力，推进服务规范化和标准化。加强创业促进就业工作，强化就业援助，大力开发公益性岗位，全面推行劳动合同制度，深化企业工资制度改革。（2）完善社会保障体系。按要求推进企业职工基本养老保险省级统筹，进一步完善城乡居民养老保险制度，实行被征地农民养老保险先保后征。提高养老服务水平，新增养老床位 3000 张以上。推动三项基本医疗保险制度的衔接，规范完善工伤、失业、生育保险市级统筹。（3）深化医药卫生体制改革。加快建立公共卫生、医疗服务、医疗保障和药品供应保障体系，推进基层医疗卫生机构综合改革，启动实施济阳、商河县级公立医院改革试点，鼓励社会资本举办医疗机构，推动形成多元化办医格局。（4）抓好保障性住房建设。新开工各类保障性住房 3600 套，基本建成 6500 套，提供分配不少于 7000 套（间）。推动公租房、廉租房政策并轨，建立租金与实际收入挂钩机制。（5）促进教育优先发展。大力推进义务教育均衡发展，优化普通中小学布局，推进办学条件标准化建设，年内新建、改扩建农村义务教育阶段中小学食堂 50 处。加强普惠性幼儿园建设。整合职教资源，优化专业布局，推进公共实训基地建设。进一步健全家庭经济困难学生资助体系。（6）提高文化体育公共服务水平。进一步加强基层公共文化体育服务体系建设，为 600 个行政村配建更新健身器材，推进公共文化体育设施免费开放，利用好省会文化艺术中心、奥体中心等重点文化体育设施。积极申办第三届中国非物质文化遗产博览会，大力发展文化产业，推动创建全国文明城市。

四、2014 年重点项目安排

按照规模较大、梯次推进、突出重点、条件落实的原则，计划安排重点项目 220 个，总投资 4717 亿元，2014 年计划投资 1043 亿元，其中实体经济项目 136 个，总投资 2140 亿元，年度计划投资 538 亿元；城建管理项目 84 个，总投资 2577 亿元，年度计划投资 505 亿元。为搞好项目接续，同时安排重点预备项目 63 个，总投资 1754 亿元。

围绕抓好重点项目建设，进一步创新推进机制，强化全程高效服务，努力为项目建设创造良好环境。一是审批服务机制。将重点项目纳入审批绿色通道管理，实行集中审批、并联审批，按照有关规定简化审查审批程序，提供全过程免费代办服务，提高审查审批效率。二是要素保障机制。优先保障重点建设项目用地计划，切块指标分配向拟建项目数量多、开工准备实的地区倾斜。加大财政资金、政策性资金支持力度，优先向金融机构推荐争取信贷资金。优先保障重点项目配套设施需求，能源消费总量和主要污染物总量减排目标重点保障符合产业发展导向和区域发展布局的重大项目。三是问题交办机制。完善重点项目信息化调度平台，健全综合台账管理体系，对重点项目面临的资金、用地、手续办理、市政配套、拆迁等难点问题，按职责分工由相关责任部门协调办理，杜绝不符合规定的各类检查活动。四是动态调整机制。根据项目进展情况和全市经济社会发展需要，适时对重点项目进行调整，切实保证重点项目的关键作用。五是考核管理机制。制定实施年度考核细则，明确重点项目推进工作的考核范围、对象、标准等内容，列入全市科学发展考核，形成项目建设整体合力。

2014 年青岛市国民经济和社会发展思路

一、2013 年经济社会发展情况

2013 年，面对错综复杂的国内外环境，全市上下在市委、市政府的坚强领导下，认真贯彻落实党的十八大和十八届三中全会精神，以科学发展为主题，以加快转变经济发展方式为主线，扎实工作，锐意进取，经济社会发展速度、质量、效益稳步提升。

全市生产总值实现 8006.6 亿元，同比增长（以下简称增长）10%；规模以上工业增加值增长 11.3%；服务业增加值增长 10.5%；城市居民人均可支配收入、农民人均纯收入分别增长 9.6%、12.4%；居民消费价格上涨 2.5%；人口自然增长率 1.64‰。

（一）结构调整稳步推进。蓝色、高端、新兴产业保持较快发展。海洋生产总值增长 18.2%，高新技术产业产值占规模以上工业产值比重达到 39.9%，战略性新兴产业产值增长 8.6%。

农业生产形势良好。市财政投入"三农"资金 54 亿元，增长 19.2%。粮食总产量 64.5 亿斤。现代农业十大重点工程取得成效，新培育 200 家市级示范农民合作社和 87 家市级农业产业化龙头企业，开工现代农业园区 201 个，建成远洋渔船 12 艘。开工建设新型农村社区 102 个。

工业生产稳中趋升。全市规模以上工业总产值 16104.1 亿元，增长 10.6%，其中工业十条千亿级产业链产值增长 10.4%，占规模以上工业的 75.4%。475 个工业转型升级项目竣工 177 个。老城区企业搬迁项目新开工 11 户、竣工投产 7 户，累计开工在建 31 户、竣工投产 37 户。制定钢铁、造船、水泥、平板玻璃 4

个行业 24 家企业过剩产能化解方案。淘汰焦化产能 102 万吨、造纸产能 3 万吨。

服务业发展稳中有进。服务业增加值占全市生产总值比重达到 50.1%，同比提高 1.1 个百分点。高端服务业十个千千万平方米工程竣工 2217 万平方米。建设 100 个服务业重点项目，完成投资 473 亿元。本外币存款余额达到 1.14 万亿元，贷款余额达到 9642 亿元，其中支持中小微企业贷款余额 4153 亿元。新引进金融机构 15 家。获批国家级财富管理金融综合改革试验区。引进和培育总部企业、机构 109 家。服务外包离岸执行额增长 98%。旅游总收入增长 16.1%。修编发布了物业管理、家政服务、中小学营养午餐等 64 项服务业标准规范。

（二）内需拉动不断增强。投资保持较快增长。深入开展进现场、解难题、抓开工和集中专项服务活动，推动全市过亿元产业项目新开工 535 个，比上年多 153 个，竣工 290 个。204 个市级重点项目全部开工在建，竣工 65 个，完成投资 1308 亿元；84 个重点前期项目有 64 个提前开工建设。胶东国际机场选址、地铁二期建设规划获得国家批准，地铁 2 号线开工建设，地铁 3 号线、青龙高速路、青荣城际铁路等项目加快推进，铁路青岛北客站、海青铁路建成通车，重庆路、崂山路一期改造主线通车。固定资产投资完成 5027.9 亿元，增长 21.1%，其中民间投资比重达 70.6%。

消费市场有所回升。举办城市购物节、春季时尚购、内外贸企业供需对接会等消费促销活动。出台餐饮业厉行节约办法、振兴发展意见和早餐工程意见，限额以上餐饮业营业额增速较一季度回升 6.7 个百分点。建成运行覆盖全市 375 家单位的肉类蔬菜流通追溯体系。完成 15 处农贸市场建设改造。社会消费品零售总额 2904.3 亿元，增长 13.3%，较一季度提高 0.8 个百分点。

（三）重点区域加快建设。蓝色硅谷核心区，海洋国家实验室、国家深海基地、山东大学青岛校区等 18 个项目开工建设，76 万平方米孵化器、22 万平方米蓝色硅谷创业服务中心、30 万平方米人才公寓等配套公共服务设施加快建设，10 个新型社区和 18 条道路建设全面启动。

西海岸新区，体制机制不断完善，汽车整车进口口岸正式运营，董家口区域循环经济发展总体规划获得国家批复，胶南经济开发区获批国家第二批园区循环化改造示范试点。国际水产品冷链物流基地等 6 个过百亿项目开工建设。

红岛经济区，软件科技城、生物医药、工业机器人、海洋装备研发四大产业基地初具规模，吸引 100 家企业入驻。蓝湾网谷、清华启迪等 47 个产业项目加快推进，沟角社区、肖家社区旧村改造稳步推进，跨海大桥连接线东大洋段已贯通，4 条主干路网路基工程已完成。

世园会园区基本建成，主体展园展馆建设完成，全面进入试运行。大沽河综合治理七大工程进展迅速，两岸堤防全部贯通，227 公里绿色长廊加快形成。

（四）改革开放深入推进。重点改革取得新突破。出台实施全市改革三年行动计划，年初确定的 15 项年度改革任务基本完成。规范下放审批权限，实行容缺受理、容缺审查和并联审批，审批提速 34%。出台统筹城乡综合配套改革总体方案，制定全市户籍改革意见，完成农村集体土地确权登记颁证，开展土地承包经营权确权颁证，实施集体建设用地使用权等"四权"担保融资。出台小城市培育试点意见，5 个小城市培育试点有序推进。新组建青岛航空公司、青岛国际投资有限公司和胶东国际机场建设公司。"营改增"试点全面启动，试点以来累计为企业减负近 7 亿元。校长职级制改革全面实施。8 家县级公立医院综合改革试点稳步推进。

对外开放取得新成效。组织开展香港、台湾、上海等定向招商活动，实际利用内外资分别达 1216 亿元和 55.2 亿美元，分别增长 16.5% 和 20%。落实外贸扶持政策，实施国际市场开拓计划，实现董家口港口岸临时开放，全市外贸进出口总额 779.1 亿美元，增长 6.5%。鼓励企业"走出去"，落实境外重大项目和重点企业跟踪服务制度，全年对外投资增长 17%。

（五）质量效益稳步提升。财政收入量质齐升。公共财政预算收入 788.7 亿元，增长 17.7%，其中税收收入占公共财政预算收入比重达到 82.5%，同比提高 4.2 个百分点。企业效益稳步提高，规模以上工业企业利润和利税总额分别增长 21.5% 和 17.3%，同比分别提高 11.8 和 5.5 个百分点。

科技创新成效显著。哈工大青岛科技园、西安交大青岛研究院、长春应化所青岛研发基地落户并开工建设。青岛市市级创业投资引导基金规模突破 17 亿元，科技信贷风险准备金池授信额度突破 13 亿元。累计投入使用科技孵化器 320 万平方米，引进孵化企业 1900 余家。发明专利申请量和授权量分别增长 172% 和 26.5%。技术合同交易额达到 35.4 亿元，增长 39.6%。在创新型城市、新能源汽车推广应用、海水淡化产业发展、下一代互联网、智慧城市等 5 个方面获批国家试点示范。

生态环保扎实推进。环胶州湾污染综合治理完成河道清淤、污水直排口整治等 17 项重点工程。出台大气污染综合防治行动计划，完成一批燃煤锅炉工业废气治理项目，淘汰黄标车 2.08 万辆。建成 15 处万亩林场，森林覆盖率达到 39.4%。新建改建城区绿地 390 公顷，建城区绿化覆盖率达到 44.7%。大干 300 天市容环境整治行动和农村环境综合整治成效明显。对 92 家用能企业实施能耗监控和预警，在重点园区、行业、企业开展低碳示范试点。单位生产总值能耗下降 3.7% 以上。

（六）社会民生不断改善。民生投入持续增加。市财政安排民生支出 186.2 亿元，占财政支出的 64%，同比提高 4 个百分点。

就业形势和社会保障体系持续改善。新增城乡就业 43.8 万人，城镇登记失业率 2.98%。城乡居民最低保障标准分别提高 12.5% 和 14%，将新市民纳入临时救助保障范围。医疗保险政府补助标准统一提高到 300 元，建立城镇居民大额医疗补助金制度。区、市最低工资标准分别提高 11.3% 和 10.9%。新建保障性住房 1.82 万套，启动主城区危旧房改造 1.8 万户，完成农村危房改造 3813 户。

社会事业加快推进。千万平方米社会事业公共设施开工 390 万平方米，竣工 310 万平方米。实验高中、美术学校、外语学校、19 中新校区和 39 中新校区等开工建设，新建、改扩建幼儿园 200 所，实现中等职业教育学费全免。齐鲁医院青岛院区开诊，妇女儿童医院二期、市第三人民医院迁建等项目加快建设，9 个区域性医疗中心改扩建工程基本完成。新增养老床位数 5800 张。市儿童福利院、优抚医院、社会福利院改造进展顺利。成为首批国家公共文化服务体系示范区，成功举办 2013 青岛音乐节、青岛国际音乐大师班等文化艺术活动和世界杯帆船赛。

在取得一定成绩的同时，我们也清楚地认识到全市经济社会发展还面临着不少困难和挑战：一是经济回升的基础还不稳固。二是改革进入攻坚阶段。三是生态环境保护亟待加强。四是社会民生工作仍需改善。五是安全生产形势严峻。

二、2014 年经济社会发展总体要求和预期目标

2014 年是我市全面深化改革的起步之年，也是完成"十二五"规划任务的关键一年，做好全年的经济社会发展工作，对于保持经济持续健康发展和社会和谐稳定意义重大。

2014 年，国内外发展环境依然错综复杂，世界经济仍将延续缓慢复苏态势，

发达国家逐步退出量化宽松货币政策和新兴市场国家增速减缓的影响尚难估量。国内经济正处于增长速度换挡期、结构调整阵痛期和前期刺激政策消化期,经济稳中向好的基础还不稳固,下行压力依然存在,各类结构性问题和深层次矛盾依然较多。同时也应看到,我国经济发展长期向好的基本面没有变化,改革创新动力不断激发,转型升级出现积极变化,内需潜力依然巨大,仍处于大有作为的战略机遇期。我市经济保持稳定增长的基础较好,传统产业相对平稳,重点板块加快建设,城乡统筹逐步深化,社会民生持续改善,随着全面深化落实十八届三中全会精神,经济发展的内生动力将不断增强,青岛有条件、有能力抓住机遇,扎实工作,开拓创新,在全面深化改革中奋发有为。

2014 年全市经济社会发展的总体要求是:全面贯彻党的十八大和十八届二中、三中全会以及中央、省经济工作会议精神,认真落实习近平总书记视察山东时的重要讲话精神,坚持世界眼光、国际标准,发挥本土优势,把握稳中求进工作总基调,把改革创新贯穿于经济社会发展各个领域各个环节,统筹稳增长、调结构、促改革,推动经济持续健康发展、社会和谐稳定,加快建设宜居幸福的现代化国际城市。

安排 2014 年经济社会发展目标,突出转型升级、改革创新和结构调整,既积极进取,又稳妥可行,尤其为改革和转型留出空间。在实际工作中争取完成的更好一些。综上考虑,2014 年全市经济社会发展主要预期指标如下:

——经济保持平稳发展。全市生产总值预期增长 9% 左右,固定资产投资预期增长 18% 以上,社会消费品零售总额预期增长 12%,居民消费价格控制在 3.5% 左右。

——质量效益明显提升。公共财政预算收入预期增长 12% 以上;节能减排完成国家、省下达的目标任务,市区空气 PM2.5 年均浓度控制在 62 微克/立方米以下,下降 6%;亿元生产总值事故死亡人数控制在 0.05 人以内。

——对外开放不断深入。外贸进出口总额预期增长 5% 左右,实际到账外资预期达到 58 亿美元,港口吞吐量和航空旅客吞吐量分别预期增长 4% 左右和 7%。

——人民生活持续改善。城市居民人均可支配收入和农民人均纯收入分别预期增长 9% 以上和 10% 以上,城镇登记失业率控制在 4% 以内,市区集中供热普及率和污水集中处理率分别达到 80% 和 93%,食品抽验检测合格率保持 95% 以上。

三、2014 年经济社会发展重点措施

（一）全面深化改革，力争在重点领域取得突破。贯彻落实市委关于十八届三中全会精神的意见，重点围绕经济体制改革，抓好以下六方面改革：（1）发展混合所有制经济。积极开展混合所有制经济试点，争取市直权属企业实现混合所有制重要突破。加快国有资本从充分市场竞争的传统领域有序退出。将具备条件的市直企业集团逐步调整重组为国有资本投资公司。健全国有文化资产管理体制，推进国有经营性文化单位转企改制。支持非公有制经济发展，落实鼓励中小微企业发展的普惠性政策措施，制定实施非公有制企业进入特许经营领域的办法，支持非公有制企业产品和服务进入政府采购目录。（2）实行工商登记制度改革。实施主体资格与许可经营项目相分离制度，实行注册资本认缴制和宽松的市场主体经营场所登记制度，允许将同一地址作为多个市场主体的住所。（3）深化财政体制改革。全面启动预算绩效管理地方性立法，建立全口径政府预算制度，加大公共财政预算对政府性基金预算和国有资本经营预算的统筹力度，压缩"三公经费"和一般性支出。建立项目税收评估机制。完善各级政府举债科学决策机制，建立完善政府投资项目融资方案审核制度和政府债务风险监控机制。（4）加快金融改革步伐。推进国家级财富管理金融综合改革试验区建设。培育引进金融控股公司、各类法人金融机构和各类财富管理机构。培育建设区域性股权交易市场和财富管理产品交易市场。积极引导民间资本进入金融领域，支持设立民营银行、消费金融公司和财务公司，扩大外资小额贷款公司试点。（5）深化价格改革。完善主要由市场决定价格的机制，稳步推进资源性产品价格改革，完善养老、保障性住房、物业服务、教育、医疗等价格，建立居民用水、用气等阶梯价格制度。（6）加快政府职能转变。减少政府对微观事务的管理，更多发挥市场和社会组织的作用。进一步简政放权，开展审批、许可、收费"三减少"和审批、执法、交易、支付"四集中"改革。对保留的行政审批事项，减少预审和前置审批，加强事中、事后监管。调整完善市卫生、计生、会展、旅游行政管理体制，推进事业单位分类改革。逐步整合统一房屋、土地、林地、海域等登记职责。

（二）加快重点区域建设，发挥蓝色引领作用。（1）加快"一谷两区"建设。蓝色硅谷核心区，完成 10 个村庄改造和 15 条道路建设，加快国家海洋设备

质检中心等 20 个项目建设。西海岸新区，争取国家批复西海岸新区、古镇口军民融合创新示范区、青岛自由贸易港区，推进山东国际航运交易中心等 193 个项目建设。红岛经济区，推进软件科技城、蓝湾药谷、机器人产业园、海洋装备产业园、中美（青岛）科技创新园建设，加快 40 个产业项目建设，启动科技馆、青岛文化艺术中心开发建设，加快奥体中心、会展中心、青岛中学、红岛医院前期工作。（2）壮大蓝色产业规模。编制完成海洋新能源、海洋仪器仪表产业发展规划。推进 8 个市级海洋特色产业园建设，新规划建设海洋生物、海洋装备制造 2 个海洋特色园。滚动推进 140 个蓝色经济重点项目建设，争取完成投资 200 亿元。（3）加强政策扶持和引导。推进蓝色经济改革发展试点。争取国家批复蓝色硅谷规划，推动东亚海洋合作平台落户我市。制定出台扶持蓝高新龙头企业发展意见。实施海洋产业发展促进政策，奖励海洋科技领域重大突破和成就。研究蓝色领军人才"双岗双酬、多岗多酬"政策，争取获批泰山学者蓝色产业领军人才团队居全省首位。

　　（三）优化升级产业结构，推动产业向高端转型。（1）突出"减"字，化解过剩产能。按照"消化一批、转移一批、整合一批、淘汰一批"的要求，实施我市化解产能过剩工作方案，综合运用法律法规、产业政策、节能减排、安全生产、环保监管等手段，化解钢铁、水泥、平板玻璃、船舶四个行业 24 家企业产能过剩问题。（2）突出"换"字，推动企业搬迁。争取再启动老城区搬迁企业 6户，搬迁项目新开工 10 户，竣工 10 户。加快楼山北部和李村河河口两大区域工业企业环保搬迁，争取青钢环保搬迁项目一期试生产，碱业股份搬迁项目竣工，海晶化工搬迁项目一期投产。调整黄岛石化区及周边区域功能规划。（3）突出"提"字，升级传统产业。围绕工业十条千亿级产业链，推进 300 个工业转型升级项目。加大高端服务业十个千万平方米工程建设和产业培育力度；滚动推进 100 个服务业重点项目建设，争取完成投资 400 亿元；出台促进服务业发展意见，完成 48 项服务业标准规范编制；加快培育工业设计、海洋科技研发等十大服务业新兴业态，大力发展中介服务业。围绕现代农业十大重点工程，建设 100 个万亩粮油高产示范片和 100 个现代农业园区。抓好粮食安全保障能力建设，继续实施新增千亿斤粮食生产能力规划，努力促进粮食增产。（4）突出"育"字，发展十个高端产业。加快动车小镇、汽车、游艇等项目引进和建设，发展先进装备制造、海洋生物、新型环保汽车、新一代信息技术、现代物流、高端旅游、生态环保、金融、文化创意、现代农业十个高端产业。培育壮大战略性新兴产业，推动 150 个战略性新兴产业项目完成投资超过 200 亿元。（5）突出"合"字，促进产业融合。鼓励、支持、引导制造业企业分离发展服务业企业；支持海尔集团与阿里巴巴合作打造家电电商物流平台。推进智慧青岛建设，出台"两化"融合三年行动实施意见，建设"两化"融合行业公共服务平台。围绕军民融合，发展海工装备、飞行器装备、电子信息、卫星导航等军民融合产业。

（四）实施创新驱动战略，推进创新型城市建设。（1）集聚高端创新要素。加快海洋国家实验室建设，开展科技体制改革综合试点。深化与中科院战略合作，引进建设中科研发园、中科院自动化所青岛研究院。加强与国内高校合作，加快西安交大青岛研究院、哈工大青岛科技园建设，推进与清华、大连理工合作项目落地。推进与央企合作，加快中船重工青岛海洋装备研究院、中航动力非晶技术研究院等一批央企研发机构引进建设。加强国际合作，支持中乌特种船舶设计院、中泰高铁联合研究中心建设。（2）强化企业创新主体地位。加强产学研协同创新，组建 10 个产业技术创新战略联盟。实施自主创新重大专项，突破海工装备、石墨烯等战略性新兴产业领域关键技术。提升企业技术创新能力，新建 100 家企业研发中心和 50 家企业技术中心；深入实施"蓝色小巨人"计划，培育科技型中小微企业。（3）加快科技成果转化。完善青岛技术交易市场"一厅一网"[①] 建设，培育壮大科技中介服务机构和技术经纪人队伍。扩大创业投资引导资金规模，实现科技信贷风险准备金池对各区市全覆盖，完善知识产权质押融资等扶持政策。推进生物医药、深海技术装备、资源与材料化学等 10 个公共研发平台建设。（4）优化激励创新创业环境。创新财政科技资金投入方向和方式，重点支持公共研发平台、孵化器及科技成果转化。加强专利运用和保护，推进国家知识产权示范城市建设。强化标准化战略和质量强市战略。继续抓好百万人才引进行动和青岛英才 211 计划，加大项目经费、人才住房等方面优惠力度。建成中国海洋人才云中心，推动中国海洋人才市场（山东）的信息化建设。

（五）稳妥推进城镇化，促进城乡统筹发展。（1）加强城乡规划引领。实施新型城镇化发展规划，明确新型城镇化发展定位与目标。争取国家新型城镇化发展试点。推进 5 个镇小城市培育试点和省级示范镇建设。尊重农民意愿，维护群

---

① "一厅一网"，即市场服务大厅和信息网络平台。

众利益，推进新型农村社区建设。（2）加快推进人口城镇化。出台户籍准入意见及配套政策，探索实施"积分入户"等多元化户籍准入办法，全面放开建制镇和小城市落户限制。推进城乡基本公共服务均等化和社会保障一体化，健全城乡一体的学校规划建设和师资经费保障机制，逐步实现城乡低保、医保、社会救助制度统一，将符合规定条件的农民工纳入公共租赁住房保障范围。（3）建立城乡统一的建设用地市场。争取农村集体经营性建设用地流转试点。建立国有、集体、个人的土地增值收益分配机制，研究提高我市征地年产值和地上附着物、青苗补偿标准。推进土地节约集约利用，扩大国有土地有偿使用范围，减少非公益性用地划拨。稳妥推进城乡建设用地增减挂钩试点。研究建立地下空间建设用地使用权有偿使用管理办法。（4）推进农村产权改革。推进农村土地承包经营权确权登记颁证，出台土地流转扶持政策。实施农村集体资产股份制改造，落实农民对集体资产股份的相关权益。申报农民住房财产权抵押、担保、转让试点。建立健全农村产权流转交易市场体系。（5）促进产城融合发展。在推进 21 个重点经济功能区和 52 个工业集聚区的基础上，重点推进胶东国际机场临空经济区、平度新河生态化工功能区、莱西姜山先进制造业功能区、即墨龙泉汽车产业功能区等建设，加快基础设施和公共服务设施配套建设。引导新建项目和老城区企业搬迁项目向园区集聚发展，壮大家电、服装等千亿级产业集群。鼓励大企业参与小城镇开发建设。

（六）着力优化内需结构，增强发展内生动力。（1）狠抓重点项目建设。推进 200 个市级重点项目，争取全部开工建设，实现竣工或主体竣工 50 个，完成投资 1300 亿元。继续开展进现场、解难题、抓开工活动，争取过亿元产业项目新开工 600 个以上，竣工 300 个以上。加快济青高铁、青荣城际铁路、青龙高速和地铁 2 号、3 号线等重点工程建设。开工建设青连铁路、青岛港集团董家口原油码头等项目。推进胶东国际机场和配套交通设施规划建设，争取青岛至即墨、红岛至胶南城际铁路规划获得国家批复。（2）优化消费环境。重点推进世园会园区、铁路青岛北客站及地铁等区域配套商业设施建设，加快国际水产品冷链物流基地等鲜活农产品市场体系建设。组织举办国际消费电子博览会、国际啤酒节、国际帆船周、亚太经合组织贸易部长会议和高官会议，通过举办展会带动旅游、商贸等发展。培育健康、养老、信息等消费热点。加强农贸市场整治规范，推进市区新建改造 15 处农贸、批发市场。（3）开拓市场增加企业需求。依托青岛国际时装周、青岛名牌神州行等平台，帮助企业推新品、树品牌、争订单、拓市场。开展龙头企业与配套中小企业供需对接，消化本地产能。加快推进公共电商平台的规划建设。

（七）扩大对内对外开放，提升开放型经济水平。（1）保持进出口稳定增长。帮助企业通过境内外重点展会、跨国采购会、电子商务等渠道，巩固传统市场、拓展新兴市场。创新海关、检验检疫和税务服务模式，实施出口退税分类管理办法。加快发展服务贸易，积极发展跨境贸易电子商务，推进服务外包"双十两大"① 工程建设。鼓励企业加大先进技术和关键零部件进口，扩大铁矿石、天然橡胶等重要资源型商品进口，出台扶持汽车整车进口政策。（2）加大招商引资力度。建立"专业化招商、园区化发展、智能化服务"招商模式和现代招商投资促进创新机制。坚持引资、引技、引智相结合，加大国内外大企业总部、研发中心和营销中心引进力度。发展股权投资基金、产业投资基金等利用外资新方式，鼓励外资参与本市企业的改组改造、兼并重组。争取实际利用内外资分别达到1300 亿元和 58 亿美元。（3）支持企业"走出去"。帮助企业做好境外投资规模、领域、国别研究，提供准确信息服务。从通道建设、经贸合作、人文交流、海上合作等方面，积极参与国家丝绸之路经济带和 21 世纪海上丝绸之路建设。支持企业建立境外加工贸易、境外资源开发、境外农业合作和境外科技研发等四大基地。（4）积极拓展区域合作。推动成立山东半岛城市合作联盟，加强与山东半岛城市之间的协同发展，促进空间互应、产业互动、功能互补。依托新亚欧大陆桥，加强与沿黄流域开放合作。借助中日韩自贸区谈判机遇，推进山东半岛中日韩地方经济合作示范城市建设。

（八）坚持绿色循环低碳发展，建设宜居城市。（1）推进生态文明制度建设。建立环境保护监督管理责任追究体系，实行更加严格的环境保护管理制度。启动编制城市环境总体规划，严守生态保护红线，构建科学合理的生态安全格局。落实资源有偿使用、生态补偿（赔偿）制度，在水资源使用、农业面源污染、海洋生态损害等方面先行先试。（2）加强生态环境保护。深入开展环胶州湾流域污染综合治理行动，实施 150 处污水直排口整治，改建 100 公里排水管网，加快海泊河、李村河、张村河等所有过城河道治理。加强大气污染综合防治，加

---

① "双十计划"，即培育服务外包十大运营企业和十大在建项目计划；"两大工程"，即推进服务外包重点产业园区、服务外包人才培养示范工程。

大城市扬尘和燃煤锅炉废气治理力度，强化机动车污染防治，淘汰 1.5 万辆黄标车，更新 550 辆新能源公交车。实施生态文明乡村建设三年行动计划，加强农村环境综合整治。（3）打造绿色生态环境。启动编制新一轮绿地系统规划。开展城区裸露土地绿化治理，新建万亩林场 10 处，新增造林面积 11 万亩以上，规划建设浮山生态公园，创建国家生态市和国家森林城市。组织举办一届精彩、惠民、有特色、高水平的世界园艺博览会，加快世园生态新区规划建设。高质量完成大沽河综合治理工程，启动干流沿岸服务区建设，加快构建洪畅、堤固、水清、岸绿、景美的生态长廊。（4）推进低碳发展。开展国家低碳城市试点，推进碳排放权交易前期工作，研究建立并逐步推行碳排放统计、核查、报告制度。推进低碳园区、低碳企业、低碳乡镇和低碳行业试点工作。推进重点用能单位节能低碳行动，确保完成国家、省下达的节能减排任务。（5）发展循环经济。加快董家口循环经济示范区建设。加强园区循环化改造示范试点管理工作。推进国家"城市矿产"和建筑废弃物综合利用"双百工程"① 建设。办好第三届中国国际循环经济成果交易博览会。

（九）完善基本公共服务体系，切实保障改善民生。（1）增加居民就业和收入。实施更加积极的就业政策，健全城乡一体化就业服务体系，建成市级零工就业市场，建设市级家庭服务业创业广场，完成新型职业农民证书培训和农村劳动力转移证书培训各 1.5 万人，扶持创业 1 万人，全年新增城乡就业 25 万人。提高最低工资标准，同步推进企业工资指导线和工资集体协商制度，引导企业建立工资正常增长机制。（2）健全社会保障体系。实施基本公共服务体系建设行动计划，逐步统一城乡居民基本保障标准。推进城乡居民养老保险向城镇职工养老保险转移接续。建立低保老年人高龄津贴制度。实行 65 周岁以上老年人免费乘坐公交车。城乡低保标准每人每月分别提高 60 和 65 元。建立城乡统筹的基本医疗保险制度，城乡居民基本医疗保险政府补助标准提高到人均 340 元。整合全市相关资源，建立全市大救助机制。开工建设各类保障性住房 1.3 万套，启动主城区棚户区改造 7000 户，改造农村危房 3000 户。（3）促进社会事业发展。推进千万平方米社会事业公共设施建设，全年开工 300 万平方米，竣工 200 万平方米。推进山东大学青岛校区和寄宿制普通高中等现代化教育设施建设。全年新建、改扩

---

① "双百工程"，即百个资源综合利用示范工程（基地）和百家资源综合利用骨干企业。

建幼儿园 160 所，其中农村幼儿园 145 所。全市 60% 的普通中小学通过现代化学校验收。推行义务教育学校校长和教师轮岗交流制度。促进市立医院二期、青医附院东院区等医疗项目建设，加快引进国内外优质医疗资源，将胶州市、平度市和莱西市的县级公立医院纳入第二批县级公立医院改革试点，逐步扩大基本药物覆盖范围。加大全科医生培育力度，推动全科医生进社区。实施数字公共文化服务工程，加快市图书馆、市美术馆、新书城等公共文化设施建设。加快养老服务设施建设，鼓励社会力量兴办连锁化、小型化养老服务机构，新增养老床位 7200 张。推进市社会福利院、市儿童福利院、市优抚医院等建设。倡导全民健身，做好 2015 年世界休闲体育大会筹备工作。（4）改善城乡居民生活条件。加强市容环境治理，对占路经营、露天烧烤、违法养犬、户外广告等进行整治规范。开展集中清理农村垃圾行动。加强交通拥堵治理，坚持公交优先，促进城乡公交一体化，加快断头路和城区主要拥堵节点改造，加大立体停车场建设力度，推进城区智能交通系统建设。加强给排水、燃气、供热管网等设施建设，推进市政公用设施向镇村延伸。新增集中供热面积 500 万平方米。建设 23 处农村规模化供水工程。（5）强化安全生产。严格落实企业安全生产主体责任和政府安全生产监管职责，建立健全党政同责、一岗双责、齐抓共管的安全生产责任体系。深入开展安全生产大检查和化学危险品、道路交通、建筑、消防等重点行业领域专项整治工作。建立项目准入安全评价制度，加强重点区域风险评估与安全容量分析。深化安全生产应急预案和应急救援体系建设。扎实做好食品药品安全、社会治安等工作，防范和遏制各类重特大事故发生。

2014 年淄博市国民经济和社会发展思路

一、2013 年国民经济和社会发展计划执行情况

2013 年，面对发展困难增多、下行压力较大的严峻形势，淄博市牢牢把握"发展、实干"和"以项目建设为纲"的工作导向，认真贯彻落实党的十八大、十八届三中全会精神和市委各项决策部署，全力组织实施市十四届人大二次会议批准的国民经济和社会发展计划，统筹推进稳增长、调结构、促改革、惠民生等各项重点工作，全市经济社会发展呈现总体平稳、稳中有进态势。

（一）国民经济保持在合理区间运行。2013 年，全市实现地区生产总值 3801.2 亿元，同比增长 9.5%，总体保持在合理区间。农业生产形势稳定，粮食生产实现"十一连丰"。工业运行总体平稳，全市规模以上工业增加值同比增长 11.3%。服务业占比不断提高，服务业增加值占地区生产总值的比重为 39.3%，同比提高 1.8 个百分点。需求状况总体稳定，全市固定资产投资 2078.5 亿元，同比增长 20%；社会消费品零售总额 1547.1 亿元，同比增长 13.5%；外贸进出口总额 90.1 亿美元，同比下降 5.6%。地方财政收入和城乡居民收入继续提高，全市公共财政预算收入 273.1 亿元，同比增长 7.1%；城市居民人均可支配收入 31515 元，农民人均纯收入 13932 元，同比分别增长 11.8% 和 12.6%。金融运行平稳，金融机构各项人民币存款余额 3455.3 亿元，同比增长 9.1%；各项贷款余额 2329.4 亿元，同比增长 10.1%。

（二）转方式调结构迈出扎实步伐。突出重点项目带动，组织实施总投资 1370.6 亿元的 170 个市重大项目，建设项目总体开工率达到 100%，完成投资 350 亿元。大力实施"双轮驱动"，全年完成工业技改投资 850 亿元，同比增长

21.4%，占工业固定资产投资的比重达到 85%；高新技术产业产值占规模以上工业总产值的比重达到 29.6%。不断强化自主创新能力建设，成功举办新材料技术论坛系列活动，新增省级工程研究中心（实验室）3 家、企业技术中心 12 家，新认定市级研发中心 148 家。节能减排和环境保护扎实推进，实施节能改造工程项目 132 项，全面完成节能减排任务目标。招商引资成效明显，实际到位外来投资 283 亿元；其中实际利用外资 8.8 亿美元，同比增长 10.9%。

（三）区域战略带动取得积极成效。列入全国老工业基地调整改造和全国资源型城市可持续发展规划，启动实施省会城市群经济圈发展战略，出台《关于贯彻落实省会城市群经济圈发展规划的意见》。积极融入蓝黄"两区"，5 个项目列入 2013 年省重点建设和储备项目，3 家企业列入省重点企业。

（四）各项重点改革稳步推进。认真贯彻落实国家、省深化经济体制改革重点工作的意见，全面推进各项重点改革任务。制定出台《关于进一步优化营商环境的意见》，启动实施建设项目"联审代办"和"一费制"。融资平台建设进展顺利，齐鲁股权托管交易中心顺利完成公司制改造，挂牌企业达到 291 家，直接和间接融资超过 100 亿元。深化市以下财税体制改革，启动实施"营改增"试点。全面推开农村产权制度改革，全市 35% 左右的农村家庭承包土地完成确权登记颁证工作。积极稳妥推进户籍管理制度改革，促进农村人口向城镇迁移。

（五）新型城镇化建设取得积极进展。市政公用基础设施建设稳步推进，完成投资 31.67 亿元，新增、改造城市道路 115.12 公里，新增污水处理能力 2.5 万吨/日。干线公路建设积极推进，G205 改造示范工程等 6 个公路重点工程进展顺利，改造农村公路 335.6 公里。强化省、市级示范镇建设，完成固定资产投资 402 亿元，财政收入增长 30.5%。生态建设力度不断加大，全面开展国家森林城市和生态园林城市创建工作，城市绿化覆盖率达到 44.3%，森林覆盖率达到 37%。

（六）社会和民生事业全面进步。社会民生建设力度加大，民生建设支出占财政总支出的比重达到 57%。就业和社会保障能力进一步提高，全年实现城镇新增就业 13.84 万人，农村劳动力转移就业 10.25 万人，城镇登记失业率 2.72%。连续第 9 次调增企业退休人员养老金，月人均养老金达到 2043 元；城镇居民、职工大额医疗费救助基金分别提高到 18 万元和 42 万元；农村低保标准提高到每人每年 2500 元。加快推进教育均衡发展，实施了中小学办学条件标准化建设、校舍安全工程和学前教育三年行动计划。圆满完成"十艺节"我市承办的各项工作任务，统筹规划、同步推进了全市公共文化服务体系建设。人口自然增长率控制在 3‰。医药卫生体制改革继续深化，县级公立医院综合改革试点、国家基本药物制度巩固完善等工作扎实推进，基层医疗卫生基础设施建设全面加强，在全省率先完成城乡居民基本医疗保险整合工作。扎实推进保障性安居工程，保障性住房建设完成省下达任务的 126.3%。

同时，经济社会发展中还存在一些困难和问题。一是经济稳中回升的基础尚不稳固。需求增长动力依然不足，主要出口市场未有大的起色，外贸进出口形势仍较严峻。传统消费增速回落，新的消费热点不够突出。部分行业生产经营困难，处于微利薄利甚至亏损状态，效益增长、财政增收等面临的压力依然较大。二是推进转型升级的任务十分艰巨。服务业所占比重依然偏低，产业结构仍然偏重。传统产业发展的惯性较强，新增产能中传统产业占比偏高，化解过剩产能需要一个较长过程。战略性新兴产业和高新技术产业规模偏小，占比偏低。三是资源环境约束持续增强。能源结构不够合理，煤炭消耗占比偏高，SO_2、氮氧化物排放绝对量大，雾霾天气经常出现。主要河流水质稳定达标的压力仍然较大。四是体制机制障碍依然较多。市场主体活力仍显不足，资本等要素市场发育仍不充分，要素供应持续紧张，企业融资难、融资贵、融资渠道窄问题仍未有效缓解，金融风险防控形势也较为严峻。另外，在经济形势比较严峻的情况下，保障和改善民生的压力加大，就业结构性矛盾比较突出。

二、2014 年经济社会发展的总体要求和主要预期目标

2014 年是贯彻落实十八届三中全会精神的开局之年，也是实施"十二五"规划的关键一年。做好 2014 年的工作，要全面贯彻党的十八大和十八届二中、三中全会精神以及习近平总书记视察山东时的重要讲话精神，坚持稳中求进工作总基调，坚持把改革创新贯穿于经济社会发展各个领域各个环节，与时俱进地丰富完善发展实干和以项目建设为纲的工作导向，着力做好"加、减、乘"三篇文章，在持续增长中打好转方式调结构攻坚战，着力激发市场活力，提高经济发展质量和效益，着力保障和改善民生，创新社会治理，促进经济持续健康发展，社会和谐稳定。主要预期目标为：地区生产总值增长 9% 左右，固定资产投资增长 18% 左右，公共财政预算收入增长 11% 左右，社会消费品零售总额增长 13% 左

右，进出口总额增长 10% 左右，实际利用外资增长 10% 左右，城市居民人均可支配收入和农民人均纯收入均增长 10% 左右，城镇登记失业率控制在 4% 以内，人口自然增长率控制在 6.4‰ 以内，全面完成节能减排约束性目标。

三、2014 年经济社会发展的重点任务和主要措施

（一）着力深化各项改革，进一步激发市场主体活力。深入贯彻落实中央关于全面深化改革若干重大问题的决定和省、市实施意见，坚持以经济体制改革为中心，统筹推进各项重点改革。加快转变政府职能。做好"十二五"规划的中期评估和"十三五"规划编制的前期研究工作；继续深化行政体制改革，创新行政管理方式，推进简政放权，把拟县化管理、扩权强镇等各项改革措施落到实处。大力发展民营经济。落实好支持民间投资 77 条实施细则，加强市中小企业服务中心及公共技术服务平台建设，组织实施好"专精特新"中小企业培育工程，促进民营经济加快发展。推进财税体制改革。深化预算编制改革，健全预算执行监控制度；落实好国家结构性减税政策，推进"营改增"试点扩面。深化金融体制改革。积极推进齐鲁股权托管交易中心做大做强，努力打造全省性的股权交易市场和中小企业融资平台。大力加强社会征信体系建设，优化区域金融生态环境。推进土地管理制度改革。全面开展农村土地承包经营权确权登记颁证工作，建立和完善农村土地流转制度。

（二）着力推动产业转型升级，切实增强内生发展动力。集中力量做好"加、减、乘"三篇文章，通过加法推动传统产业高端化，通过减法拓展创新空间，通过乘法培植新的重大增长极，加快构筑新的产业竞争优势。一是加大工业转型升级力度。加大传统产业技术改造力度。组织实施主导产业升级改造计划，突出抓好 100 项重点技术改造项目。继续加大对"双 500 强"企业的扶持力度，促其加快发展壮大。做大做强战略性新兴产业。积极发展新材料、精细化工、新医药、新能源和节能环保、汽车及机械装备、电子信息六大比较优势产业，着力培育先进陶瓷、稀土材料、新能源汽车等 20 条高新技术产业创新链。继续淘汰落后产能。依法有序淘汰电力、建陶、冶金、水泥、造纸、印染等行业的落后产能，继续关停一批高污染、不安全的"土小"企业；推进部分传统行业企业向外转移，抓好印尼淄博工业园、石嘴山淄博工业园等一批市外、境外园区的规划建设，拓展发展空间。二是推动服务业跨越发展。围绕推动经济结构由"二三一"

向"三二一"转变，进一步完善政策，优化环境，创造优势，促进服务业加快发展，确保服务业增加值占地区生产总值的比重提高 1.5 个百分点以上。以加快建设鲁中物流"旱码头"、区域性金融中心及有影响力和知名度的旅游目的地城市为目标，大力发展金融服务、现代物流、工业设计、信息咨询、文化旅游、健康养老等服务业，落实好加快服务业发展的政策措施，突出抓好市级服务业重点项目；加快企业非主营业务剥离，力争取得新突破。三是促进农业现代化。实施粮食增产科技集成推广工程，继续推进千亿斤粮食产能规划项目建设。实施农业标准化生产基地建设提升工程，保障农产品质量安全。加强农业经营体系创新，鼓励农村合作社、农业龙头企业、家庭农场、专业大户创新发展。

（三）继续增加有效投入扩大市场消费，增强需求拉动力。继续把扩大内需作为稳增长、调结构的主要动力，努力保持投资稳定增长，积极挖掘消费潜力，不断增强经济发展后劲。一是继续增加有效投入。坚持投速、投量、投向、投效的合理统一，保持投资的稳定增长，带动结构优化和产业转型。突出抓好年度市重大项目，统筹推进服务业重点项目、工业重点项目、城建重点项目建设，保持投资的合理强度。切实把好投资准入关口，严格控制新上"两高一资"和产能过剩行业项目，优化投资结构。二是积极扩大消费需求。扎实推进收入分配制度改革，逐步提高最低工资标准。出台全市电子商务发展总体规划及配套政策，推动家政服务公共平台、农产品交易平台、网络零售配送平台等电子商务发展。继续扩大农村消费，推进肉菜追溯体系建设项目，努力实现对全市肉菜生产、加工、流通、消费等环节的全程监控。三是提高对外开放水平。积极优化外贸出口结构，提高机电、高新技术和服务贸易出口比重，增强出口竞争力。扩大先进技术、重大装备、关键零部件和战略物资进口。立足境外"三园区、两中心"项目，不断优化"走出去"海外布局，加快建设境外资源"供应基地"，重点推动宏达矿业秘鲁邦沟铁矿、金顺达澳大利亚锑矿、耀昌集团智利铁矿石开发等重点境外资源开发项目。大力发展总部经济，加快培育本土跨国公司。

（四）大力实施创新驱动发展战略，努力打造创新型城市。把创新驱动作为转型发展的强大引擎，加快科技创新、产品创新、管理创新、品牌创新、经营业态创新，全面提升核心竞争力。一是加强创新体系和平台建设。加强对国家、省、市级工程研究中心（实验室）、企业技术中心等创新平台的培育工作，促进各类创新平台科学、规范、高效运行。整合创新资源，引导技术、资金、人才等创新要素向"双 500 强"企业和 20 条高成长产业链集聚，突出企业在技术决策、研发投入、产学研合作和成果转化中的主体地位，着力培育提升一批国家级、省级企业研发中心、重点实验室、院士工作站、博士后科研工作站和产业技术创新联盟，切实增强企业创新能力。二是强化成果转化应用。实施"产学研 111 工程"，加强与本行业领域前沿的重点院校联系合作，将产学研用协同创新体系建设向纵深推进。发挥淄博高新区的辐射带动作用，着力建设好新材料等开放式创新中试基地和齐鲁科技园等孵化器，加速重大科技创新成果产业化。扶持齐鲁股权托管交易中心做大做强，更好地发挥资本市场对创新市场的推动作用。三是着力加强创新型人才队伍建设。加强高层次人才队伍建设，制定出台我市《关于支持留学人员来淄创业的意见》，吸纳集聚一批高层次创新创业人才。加大引进国外智力工作力度，认真贯彻落实引进海外优秀人才"515"计划。

（五）充分释放区域发展政策红利，推动区域经济高效发展。抓住我市列入全国老工业基地调整改造规划和省会城市群经济圈发展规划等一系列重大战略机遇和政策利好，积极开展区域合作，加大对上争取力度，为全市经济社会发展注入新动力。一是积极推进重大区域政策的争取。积极创建国家生态文明先行示范区，为老工业城市强化生态文明、加快内涵发展打造机遇和平台。做好国家滞缓衰退型老工业城市争取工作。二是积极融入"两区一圈"发展战略。围绕"蓝黄"两区和省会城市群经济圈建设专项资金安排的重点方向和投资领域，策划争取一批项目列入"两区"和省会城市群经济圈建设专项资金扶持范围。抓住省会城市群经济圈完善交通体系建设机遇，有序推进 G20 青银高速扩容、G25 长深高速高青至广饶段等重点交通项目建设。抓住创建省会城市群旅游联盟平台的契机，推动我市旅游业与省会城市群经济圈旅游业融合发展。三是推动县域经济科学发展。继续下放市级经济社会管理权限，落实区县税收增长返还和奖励政策，加大对财政困难地区发展的支持，推动"倍增板块"巩固或进入全省第一方阵，"振兴板块"尽快走上协调健康发展轨道，"跨越板块"实现大幅度位次前移。加强区县之间交流合作，探索建立区县合作平台和机制，积极探索发展"飞地经济"。完善县域科学发展综合评价及考核办法，加大考核奖惩力度，强化考核结果运用，进一步激发县域经济发展活力。

（六）积极推进城市现代化和新型城镇化，促进城乡一体化发展。一是以新区建设带动城市现代化。突出新区建设的龙头带动作用，全力实施一批新区重点建设项目，加快重要区块的规划建设进度。继续加大中心城区公用基础设施建设力度，抓好联通路东延、东四路北延、中心城区排水设施改造等市政设施建设项目。高水平构建城区间路网、绿色长廊和生态水系，增强中心城区与次中心城区、县城的有机连接。二是加强城乡交通、水利基础设施建设。继续推进 S102 济青路改建等骨干交通项目的前期工作，抓好 S332 韩莱路等一批骨干路网改造工程。继续做好轨道交通规划编制等前期工作，加快推进寿平铁路桓台段、晋豫鲁铁路沂源段建设及辛泰铁路淄博段电气化改造。三是积极推进省市级示范镇建设和发展。按照小城市的标准抓好 17 个省市级示范镇建设，加大改革创新和政策支持力度，加强示范镇产业项目和基础设施项目建设。积极稳妥地推进旧村改造和合村并居，完善农村社区公共服务功能，提升农村社区建设水平。

（七）大力加强生态建设，积极推进绿色发展。坚持国家环保模范城市、国家森林城市和国家生态园林城市"三城同创"，全面推进生态淄博建设，努力打造全国生态文明先行示范区。一是进一步加大环境保护工作力度。突出抓好大气污染防治，严格执行大气污染物排放新标准，加强对电力、钢铁、焦化、水泥四大燃煤行业的深度治理，打好重点燃煤行业综合整治、扬尘污染治理、黄标车淘汰报废、露天矿山整治四场攻坚战，在建成区划定高污染燃料禁燃区，确保全市空气质量持续改善，主要污染物 SO_2、PM10、NO_2、PM2.5 年均浓度比上年分别下降 10%、10%、15% 和 10%。加大水污染防治工作力度，抓好城镇污水处理厂和人工湿地建设改造，严禁污水直排河道，确保主要河流水质稳定达标。二是加强资源节约集约利用。实施电机效能提升、炉窑节能改造、系统节能改造及太阳能光热工程等"四大节能工程"。围绕石化、建材、冶金、纺织、装备制造、新能源、新医药等重要行业，大力推进循环经济工业体系示范模式，推动循环经济向流通、消费各环节发展，积极创建国家循环经济示范城市。全面推行清洁生产，依法实施自愿性和强制性清洁生产。三是积极开发利用新能源。合理规划项目布局，推进风能、太阳能发电等项目建设，实现我市可再生能源利用领域新的突破。加快推进中广核博山岳阳山等 3 个风电项目建设工作，加快淄博高新区 50MW 分布式光伏发电规模化应用示范区建设。四是继续加强生态建设。以创建国家环保模范城市、国家森林城市和国家生态园林城市为抓手，大力加强生态环境建设。做好主城区及周边区域水系专项规划，提升"清水润城"的层次水平。加大对水土流失、破损山体等生态脆弱区和退化区的生态保护与修复，加强农村地区生活污染、工业污染和养殖污染治理力度。

（八）统筹发展社会民生事业，促进社会和谐稳定。加快实施基本公共服务体系建设行动计划。落实创业创新和以创业带就业、以培训促就业等各项政策，完善创业就业服务体系，力争年内实现城镇新增就业 7 万人，新增农村劳动力转移就业 7 万人，高校毕业生总体就业率达到 85% 以上，城镇登记失业率控制在 4% 以内。完善覆盖城乡的社会保障体系建设，稳步提高社保、低保待遇水平，年内将城市低保标准提高到每人每月 420 元，农村低保标准提高到每人每年 2700 元。继续深化医药卫生体制改革，巩固国家基本药物制度和基层医疗卫生运行机制，完善第一批县级公立医院综合改革，开展第二批县级公立医院综合改革试点工作，健全完善城乡统一的居民基本医疗保险制度。鼓励社会力量办医，引导健康服务业加快发展。促进学前教育健康发展，启动第二期学前教育三年行动计划，继续推进义务教育均衡发展、普通高中优质特色发展和职业教育规范化建设，加快推进农村义务教育学校校舍标准化建设工程。加快文化体制改革，繁荣发展文化事业和文化产业。加强价格监测监管，构建稳控物价长效机制，稳定物价水平。全面完成食品药品监管体制改革和职能转变，建立完善市、县、乡监管机构，建立严格的食品药品全过程监管制度和责任追究制度，保障食品药品安全。进一步督促企业落实安全生产主体责任，加强隐患排查治理，遏制重特大生产安全事故发生。

2014 年枣庄市国民经济和社会发展思路

2013 年，在宏观经济形势错综复杂、经济下行压力较大的情况下，全市上下在市委正确领导下，在市人大、市政协监督指导下，围绕加快城市转型、建设"幸福新枣庄"的核心任务，以提高经济增长质量和效益为中心，坚定不移地实施城市转型战略，抢抓机遇，攻坚克难，全市经济社会发展保持了稳中有进、稳中向好的态势。

一、2013 年经济社会发展情况

（一）经济运行总体平稳，经济结构逐步向好。全市 GDP 完成 1830.6 亿元，增长 10.1%；三次产业比例调整为 8.2∶56.7∶35.1，三产占比提高 1.1 个百分点。地方财政收入完成 130.7 亿元，增长 12.3%，扣除省级下划部分可比口径增长 6.4%。粮食总产 200.9 万吨，再创历史新高。工业平稳增长，规模以上工业增加值增长 12.2%，居全省第 11 位，同比前移 2 位，利润、利税完成 191.4 亿元、367.2 亿元，分别增长 1.6% 和 6.9%；33 个工业行业实现增长，非煤产业占规模以上工业总产值的比重达到 78.1%，提高 5.2 个百分点。服务业较快发展，商贸物流、文化旅游等行业发展势头良好，全市旅游综合收入 111.6 亿元，增长 16.5%。固定资产投资完成 1238.2 亿元，增长 20.5%，居全省第 8 位，服务业投资占固定资产投资比重达到 51.3%，提高 1.2 个百分点。社会消费品零售总额实现 627 亿元，增长 13.5%，居全省第 3 位，居民消费价格指数上涨 1.8%。

（二）"三大战役"纵深推进，"四化同进"步伐加快。一是工业转型步伐加快。水泥、橡胶等传统产业重组取得突破性进展，重组效益逐步显现。精细化工、机械制造、新型建材等替代产业不断壮大，全市煤炭精深加工项目总投资达592 亿元；精细化工产品达 47 种。锂电产业园、华润三九工业园、鲁南装备制造园等新兴产业园区加快建设，高新技术产业产值占规模以上工业总产值的比重达到 17.4%，提高 1.9 个百分点。二是服务业稳步发展。台儿庄古城重建竣工，国家级文化产业园加快建设，微山湖古镇一期建成开放，我市成功创建省乡村旅游示范市。商贸物流、专业市场群发展壮大，全市物流企业达 378 家，交易额过亿元的专业市场达 35 家。跨采中心枣庄分中心、泰国世博城、天合数码城等一批高端服务业项目签约落地。三是现代农业加快发展。深化农村土地使用产权制度改革，注册成立全省首家农村产权交易中心，农村集体土地所有权确权登记发证全面完成。农业产业化进程加快，家庭农场、规模以上龙头企业分别发展到 178家和 288 家。新创建农业标准化生产基地 3.8 万亩，新认证"三品一标"农产品45 个。四是城镇化稳妥推进。全市完成城市基础设施投资 46 亿元，增长10.3%。新建、改造城市道路 86 条，新建污水管网 82 公里，新增供热面积 538万平方米。新城实验高中、龙潭公园建成启用，实验小学、妇保院新院、文体中心等城市功能性项目建设进展顺利。区（市）驻地、示范镇、新型农村社区建设稳步推进，开工建设保障性住房 1890 套，竣工 1005 套；改造农村危房 2672 户。薛城至陶庄 BRT 开通，同城化步伐加快。

（三）抢抓重大战略机遇，政策争取成效明显。省《西部经济隆起带发展规划》将我市定位为"转型升级和经济文化融合发展高地"，列入产业 12 个，园区、项目 45 个。市政府与省发改委签订了战略合作框架协议，省里将从规划编制、政策扶持、产业布局、项目建设、协作共建等方面加大支持。连续进入两个国家级规划，《全国资源型城市可持续发展规划》将资源型城市分为成长型、成熟型、衰退型和再生型四种类型，我市列为衰退型（枯竭型）城市，继续享受国家政策扶持。《全国老工业基地调整改造规划》中，我市是全省进入的两个地级市之一。向省政府提报了《关于申请进一步加大对我市城市转型扶持力度的请示》，省里正在征求部门意见，即将出台延续扶持政策。收集研究政策信息，加大工作力度，积极争取上级资金扶持。2013 年，争取国家、省城市转型及各类项目资金 13.7 亿元。

（四）项目建设扎实推进，带动能力不断增强。把项目建设作为转方式、调结构、促转型的主要抓手，完善机制，狠抓落实，各类重点项目建设稳妥推进。

2013 年，薛城污泥焚烧热电联产、国家级食品安全监测中心等 5 个项目列入省级重点项目。100 个市重点项目完成投资 372 亿元，完成年计划的 104.8%，新能源磷酸铁锂产业链、兖矿鲁化 15 万吨丁醇及 4 万吨聚甲醛、三合数控带锯床等 26 个项目竣工或试运营，联想百万吨烯烃、辰龙精密超精密数控机床、兴盟商贸城等项目建设顺利。全市亿元以上在建项目 303 个，同比增加 14 个，完成投资 775 亿元，完成年计划的 105.8%。十电 2×60 万千瓦第一台机组开工建设，十电第二台机组、八一热电、庄里水库等重大项目前期工作积极推进。

（五）"四城同创"深入开展，生态建设力度加大。加快国家森林城市创建，全面完成中心城区南部山系绿道建设、枣临高速和抱犊崮旅游大道绿化等重点工程，新增造林绿化面积 26 万亩，环城森林公园绿道总长达到 190 公里，市域森林覆盖率达到 34% 以上。启动国家园林城市创建，加快街头游园绿地、广场绿地建设，城市公园增加到 38 个。加大城乡环境卫生集中整治，推进城乡环卫一体化，通过省级卫生城市复审验收。积极争创省级文明城市。扎实推进节能降耗，关闭 30 万吨以下小煤矿 9 处、采石场 25 处、储煤场 150 处，严格控制"两高"和产能过剩行业投资，预计万元 GDP 能耗降幅完成省下达指标。落实国家、省大气污染防治行动计划，加大城市扬尘、汽车尾气、工业废气治理和秸秆禁烧力度，蓝天白云天数达到 144 天。

（六）改革开放不断深化，发展活力持续增强。加快农村改革试验区建设，新增土地合作社 492 家、流转土地 19.7 万亩、农地抵押贷款 1.9 亿元。33 家市属工业企业改革改制和社会化管理稳妥推进，市南工业区转入建设发展阶段。深化行政审批制度改革，市级行政许可事项取消、下放、调整 133 项，保留 110 项，成为省内最少的市之一。深化财税体制改革，"营改增"工作扎实开展。医药卫生体制改革扎实推进，县级公立医院综合改革试点工作进展顺利，在全省率先建成公共卫生医联体。大力开拓外贸市场，实现外贸进出口总额 12.5 亿美元，增长 10.7%；实际利用外资 1.6 亿美元，增长 11.3%。赴韩国、泰国、香港、台湾等地招商引资，组织参加西洽会、渝洽会等经济合作活动，成效显著。全市新建外来投资亿元以上项目 140 个，完成外来投资 100.7 亿元，引进日本 JFE、美国喜达屋等世界 500 强企业投资项目 10 个。

（七）社会事业较快发展，民生状况继续改善。加大民生投入，民生支出占财政总支出比重达到 52.6%。城镇居民人均可支配收入 25238 元，增长 9.9%；

农民人均纯收入 10878 元，增长 13.2%，增幅连续四年超过城镇居民。就业形势总体稳定，全市新增城镇就业 5.7 万人，转移农村劳动力 6.8 万人，城镇登记失业率为 2.5%。社会保障体系逐步完善，全市累计征缴各项社会保险费 47.9 亿元，企业退休人员养老金实现"九连增"，城乡居民基础养老金提高到 70 元，城市低保每人每月提高到 360 元，农村低保每人每年提高到 2200 元。优化教育资源配置，新建、维修校舍面积 31 万平方米，新建幼儿园 35 所。承办十艺节民乐展演，文化惠民工程稳步推进。成功举办市八运会。"平安枣庄"建设扎实推进，其他各项社会事业取得新的成效。

经济社会发展中存在的主要困难和问题：一是部分主要指标未完成计划。在国际经济低迷、国内经济下行，全国、全省经济增速普遍回落的情况下，我市GDP 一季度仅增长 8.7%，之后虽逐季回升，全年增幅位居全省第 11 位，较一季度前移 5 位，但仍低于计划 0.9 个百分点。尽管我市转型初见成效，但煤炭、水泥产业占比依然较高，受产能过剩和价格、效益下滑影响，财政增收困难，年度增幅低于计划目标。社会消费品零售额增幅虽位居全省第 3 位，但与全省及各市情况类似，均未达到计划目标。二是结构调整、转型升级的任务依然艰巨。产能过剩行业占比较大，新兴产业规模尚小，服务业贡献率偏低，三产占比远低于全国、全省平均水平，多数产业还处于价值链低端，产业层次整体不高。三是发展的质量效益仍需提升。产业集群化发展水平不高，支撑带动作用大的龙头企业集团培育还需一个较长过程，占地少、创新强、质效高的好项目偏少，资源要素集约集聚发展水平和利用效率有待提升；受成本上升、市场低迷等因素影响，部分行业效益下滑，利润空间收窄，生产经营困难。四是体制机制障碍依然存在，非公有制经济规模较小，市场配置资源要素的机制尚未完全形成，关键领域和关键环节改革仍需加快推进。五是资源环境约束持续增强，能源消费总量控制和节能减排的压力较大。六是社会民生领域还存在诸多难题，公共服务、基础设施建设还不均衡，社会保障体系还不完善，社会治理力度仍需加大等。对于这些问题和薄弱环节，必须高度重视，继续采取有效措施，逐步加以解决。

二、2014 年经济社会发展的总体要求和主要目标

2014 年是深入贯彻落实十八届三中全会精神、全面深化改革的第一年，也是完成"十二五"规划目标任务的关键一年。总体看，国内外经济环境依然错综

复杂，全球经济处于深度调整期，国内面临经济增长速度换挡期、结构调整阵痛期和前期刺激政策消化期"三期叠加"，在此背景下，国家将大力推进改革创新，释放发展的强大动力和内需的巨大潜力。我市发展面临诸多挑战，但也具备不少有利条件和发展机遇。一是接连纳入国家资源型城市可持续发展和省西部经济隆起带建设等重大战略，发展面临难得机遇；二是围绕稳增长、促转调实施的一系列改革创新举措初见成效，市场活力进一步激发，发展的内生动力增强；三是一批打基础、利长远的重大项目开工建设，积蓄了发展后劲；四是打造转型升级和经济文化融合发展高地的发展定位更加明确，项目兴市、工业强市、生态立市的发展理念更加清晰，保底线惠民生的发展目标更加坚定，这些都为我市加快转型发展提供了强有力的保障。

综合各方面因素，做好2014年的全市经济社会发展工作，必须全面贯彻落实党的十八大和十八届二中、三中全会精神，坚持稳中求进工作总基调，抢抓国家推进资源型城市可持续发展和省建设西部经济隆起带的战略机遇，坚定不移实施城市转型战略，纵深推进"三大战役"，坚持"四化同进""四城同创"，强化改革创新，突出提质增效，推动转型升级，不断改善民生，促进经济持续健康发展和社会和谐稳定。

2014年经济社会发展主要计划目标是：生产总值增长10%左右；地方财政收入增长10%左右；固定资产投资增长18%；社会消费品零售总额增长13%；外贸进出口总额增长5%；城镇居民人均可支配收入增长11%；农民人均纯收入增长12%；城镇登记失业率控制在3.8%以内；居民消费价格涨幅控制在3.5%以内；节能减排等约束性指标完成省下达任务。

我市经济总量偏小、人均水平偏低，发展中应正确处理总量、速度、结构、质效的关系，在转方式、调结构、提质效、惠民生、可持续和实实在在、没有水分的前提下，围绕实现本届市委市政府提出的目标任务，在"稳"的基础上更加突出"进"的要求，努力提速转型、加快发展，缩小与先进地区差距。

三、2014年经济社会发展的主要任务和工作重点

（一）深化改革创新，激发活力动力。将改革创新贯穿于经济社会发展各个领域各个环节，正确、准确、有序、协调推进各项改革。一是全面落实上级改革部署。对国家、省正在部署或即将部署的健全宏观调控体系、鼓励非公有制发

展、财税体制、投资体制、价格、县域经济、社会民生等诸多领域的改革，紧跟中央、省改革步伐，扎实有序稳妥推进。二是深入推进正在进行的改革。深化行政审批制度改革，落实好优化营商环境 30 条措施，再取消、下放一批行政审批事项。深化农村改革，土地合作社数量、流转土地面积、农地抵押贷款分别增长 15%、10% 和 20% 以上，农村土地承包经营权确权登记发证完成 80% 以上。深化企业改革，新启动 21 家市属工业企业改革改制，加快市南工业区建设发展。深化财税、金融体制改革，清理规范重点支出同财政收支增幅挂钩事项，扩大财政预决算、部门预决算及"三公"经费预决算公开试点范围。做大做强本地金融机构，引进更多异地金融机构落户枣庄。三是谋划好新的改革举措。准确领会十八届三中全会要求，结合我市实际，适时推出新的改革举措。

（二）推进转型升级，加快转调步伐。推动三次产业协调、融合发展，走高端高质高效和产业集群化发展路子，加快产业结构由"二三一"向"三二一"转变。一是推进工业转型振兴。（1）改造提升传统产业。巩固水泥、橡胶产业重组成果，加快推进煤炭、机床、玻璃等产业的重组步伐，提高产业集中度和竞争力。支持企业加大研发和改造投入，拉长产业链条，加快工艺升级、产品换代和效益提升。（2）培植壮大新兴产业。研究编制新能源、新医药、新装备制造等战略性新兴产业发展规划，完善激励政策，设立创业投资引导基金，积极申报国家级、省级创新平台，培育市级创新平台，加快关键核心技术研发和成果转化，继续推进产业示范园、示范基地建设。（3）加快化解过剩产能。强化能耗、环保、土地等指标约束，防止新增落后产能。推行产能等量或减量置换，引导过剩产能有序退出。二是推进服务业提档升级。（1）按照"一园三镇五点"的思路，加快环城森林公园建设，打造滨湖镇、榴园镇、北庄镇等生态旅游特色镇，提升台儿庄古城、微山湖古镇、冠世榴园、抱犊崮、熊耳山等重点景区管理营销水平，努力争创全省乡村旅游强市。（2）加快台儿庄国家文化产业园、中兴矿山公园、石榴文化博览园、聚艺谷等文化创意园区建设，打造各具特色的文化产业聚集区。（3）抓好鲁南铁水联运、国际机床市场等重点项目建设，努力培育区域性物流枢纽和商品集散中心。（4）抓好机床、锂电、食品安全等国家级检验检测平台建设，着力培育台儿庄软件和服务外包基地、鲁南信息产业园，大力发展生产性服务业。三是推进农业现代化。（1）提升农业产业化水平，重点培育祥和乳业、春藤食品等 10 大农业龙头企业。（2）发展优质高效特色农业，重点建设石榴、马铃薯等 10 大特色农业示范基地。（3）发展新型农业生产经营体系，推广"市场＋基地＋农户"模式，重点扶持滕州杏花村、豆制品基地等 10 大农产品交易市场。（4）加快农田水利工程建设，改善农业生产条件。发展有机、绿色、无公害农产品，强化质量安全监管，保障农产品有效安全供给。

（三）强化投资拉动，扩大有效需求。一是坚持"项目兴市"理念，千方百计加快市级百个重点项目和各级各类项目建设，健全项目管理机制，完善审批"绿色通道"，着力破解土地、资金等要素制约难题，力争项目早开工、早建设、早投产、早见效。重点推动十电 2×60 万千瓦机组、薛城能源循环经济产业园、跨采中心枣庄分中心、泰国世博城、汽车文化贸易产业园等项目加快建设。扎实推进十电第二台机组、八一热电、庄里水库等项目前期工作开展，争取早日开工建设。坚持"有保有压""有扶有控"，科学谋划、精心储备一批对我市发展具有较大带动作用的高端高质高效项目，以项目带投资、促转调、稳增长、提效益。二是积极扩大消费，完善城市商业功能，改造提升一批传统商业街区，引进一批高端百货、品牌连锁店，建设一批社区便利店，满足群众多样化消费需求。加快发展电子商务、连锁经营等新兴业态，抓好物联网、4G 网络等信息消费，培育一批新的消费增长点。三是加快对外开放，瞄准国内外 500 强企业，开展各类招商活动，引进一批具有较强带动力的重大项目。落实放宽外商投资准入措施，拓宽开放领域，吸引外资参与城市建设、企业重组、技术改造和旅游景点建设。实施出口基地、出口品牌、市场开拓和龙头企业培育等外贸发展提升工程，加快"走出去"步伐。

（四）用好资源要素，促进提质增效。树立质效优先的理念，进一步整合资源、集聚要素、提升效率。一是壮大园区经济。结合主体功能区规划，坚持差异定位、优势互补、特色发展，完善园区发展规划和产业布局，加大基础设施投入，引导产业、企业、项目向园区聚集。创新园区发展方式，大力发展飞地经济，鼓励园区立足现有企业、产业，加快就地转化和兼并重组，实现"腾笼换鸟"。支持枣庄高新区、滕州经济开发区创建国家级园区。二是推进要素集约高效利用。落实好以投资强度、产出效益、实现税收、带动就业为导向的考核机制，盘活土地资源，推动集约节约利用。优化发展要素配置，将有限的环境容量、能耗空间用在大项目、好项目上。强化人才智力支撑，优化激活存量人才，积极引进高技能、高层次急缺人才。三是实现借力发展。抓住用好各类政策机遇，争取更多土地、资金、能耗空间等要素资源支持我市发展。跟踪《全国资源型城市可持续发展规划》即将制定的分类指导意见和省西部经济隆起带专项规划的编制出台，争取更多产业、政策、项目纳入。做好城市转型年度绩效考核工作，力争取得好的位次。启动"十三五"规划前期研究，谋划好我市未来发展的重大战略、项目，申报纳入国家、省相关规划，争取枣庄机场列入国家"十三五"专项规划。围绕国家、省确定的重点投资领域，科学谋划筛选项目，争取更多资金支持。

（五）统筹城乡发展，提高城镇化质量。突出规划引领、基础先行、产业支撑、功能完善，扎实推进以人为本的城镇化。一是统筹城乡发展规划。结合国家即将出台的新型城镇化规划，编制好我市城镇化总体规划，以有序实现农业转移人口市民化为首要任务，优化城镇化布局和形态，提高城镇土地利用效率，建立多元化可持续的资金保障机制，一张蓝图干到底。二是统筹城乡基础设施建设。增强新城带动作用，加快实验小学、实验高中二期、市妇保院新院、市立医院新院、文体中心、双子座等功能性设施建设。提升区（市）城区人居环境，大力推进地上地下基础设施改造，整治 19 个老旧小区和 92 条背街小巷，新增集中供热面积 300 万平方米，建设一批保障性住房和绿色生态小区。推进示范镇建设，赋予示范镇更多的权限，给予更多支持，带动小城镇加快发展。抓好农村新型社区建设，新建农村社区服务中心 60 个，改造农村危房 1500 户。三是统筹城乡交通一体化。实施十大交通工程，完善中心城区路网建设，合理规划建设城市公交泊站、公共停车场、自行车及步行道等设施，优化城市公交网络，推进城市公交向镇村延伸，构建城乡互通、高速绕城、公铁水联运的综合交通体系。

（六）建设生态枣庄，打造宜居环境。一是扎实推进"四城同创"。加快实施中心城区环城绿道建设、城市绿化提升、石榴园扩建、东沙河综合治理、荒山绿化、蟠龙河湿地公园建设等重点工程，力争创建成为国家森林城市。加快城市游园、林荫道路建设，新建城区绿地 28 万平方米。深入开展城乡环境综合整治，实现城乡环卫一体化全覆盖。提升市民文明素质，力争通过省级文明城市考核验收。二是抓好节能减排。严格执行能耗前置审批和环境影响评价制度，控制好能源消费和污染物排放总量。完成重点企业脱硫脱硝治理任务，做好燃煤锅炉改造和小型煤电机组结构调整工作。三是加强环境改善和生态修复。坚持"防治用保管"并举，抓好水污染防治。加强工业废气、城市扬尘、机动车尾气综合治理，提高空气质量。严格控制露天矿山开采，加强矿山生态修复和山体植被保护，做好采矿塌陷区综合治理。

（七）发展社会事业，保障改善民生。着力解决老百姓反映强烈的民生问题，办好惠民实事。一是促进就业创业。实施更加积极的就业政策，年内新增城镇就业 4.2 万人，农村劳动力转移就业 5.6 万人。以创业促就业，重点抓好土地流转后的农民工、高校毕业生等群体创业工作。二是提升社会保障和公共服务水平。编制基本公共服务体系建设行动计划，进一步提高社会保障标准，城市低保提高到每人每月 410 元，农村低保提高到每人每年 2455 元，继续提高企业退休人员基本养老金、城乡居民医疗保险补助等标准。优化教育资源配置，加快改善农村和薄弱学校办学条件，新建、改建幼儿园 21 所。加快公立医院改革，提高城乡医疗服务水平。加快养老服务体系建设，启动市社会福利养老服务中心建设，新建、改建城市社区老年人日间照料中心 30 处、农村幸福院 60 处。推进文化设施建设，打造"15－20 分钟"城乡公共文化服务圈。落实人口目标责任制，稳定低生育水平。推进科技、体育、妇女儿童、社会救助等各项事业全面发展。三是维护社会和谐稳定。创新社会治理，强化生产安全、校园安全、交通安全、消防安全、食品药品安全，抓好社会治安综合治理，营造和谐稳定的社会环境。

2014 年东营市国民经济和社会发展思路

一、2013 年东营市经济社会发展情况

2013 年，面对复杂严峻的国内外经济环境和种种不可控因素，在省委、省政府的坚强领导下，全市上下牢牢把握"高境界、高标准、高起点、大作为"的工作总要求，紧紧围绕"转方式、调结构、扩总量、增实力、上水平"的工作大局，开拓进取，扎实工作，全市经济平稳健康发展，呈现稳中有进、稳中向好、结构优化、效益提高、民生改善的良好态势。初步核算，全年实现生产总值3250.2 亿元，比上年增长 11.2%，其中地方 2300 亿元，增长 14%。

（一）农业全面发展，工业、服务业发展较快。农业实现增加值 117.2 亿元，增长 3.5%。粮食总产量 72.3 万吨，棉花总产量 9.54 万吨，肉蛋奶总产量 59.4万吨，水产品产量 52.1 万吨。规模以上工业增加值增长 12.7%，其中地方增长18.1%。地方规模以上工业企业实现利税 1271.4 亿元、利润 929.4 亿元，分别增长 17% 和 18.6%。服务业实现增加值 874.6 亿元，增长 10.3%。全市本外币各项存款余额 2848 亿元，比年初增加 453.2 亿元；各项贷款余额 2161.3 亿元，比年初增加 349.9 亿元。

（二）内需有效扩张，外需稳定增长。投资保持较快增长，全年完成固定资产投资 2332.1 亿元，增长 20.8%，其中地方完成投资 2055.9 亿元，增长21.9%。消费保持平稳，实现社会消费品零售总额 585.6 亿元，增长 13.5%。对外经贸稳中有升，完成进出口总值 131.5 亿美元，增长 7.2%。其中进口 73.5 亿美元，增长 0.8%；出口 58 亿美元，增长 16.5%。实际到账外资 2.1 亿美元，增长 31.4%。

（三）结构调整稳步推进，发展质量继续提高。认真落实推进服务业跨越发展若干政策，开展服务业突破年活动，实施了东营港仓储物流园、东营万达广场等重大项目，服务业增加值占生产总值比重达到 26.9%，比上年提高 1.24 个百分点。实施了胜利石化总厂优化升级、利华益碳四综合利用、科瑞集团液化天然气设备等优势产业改造、先进制造业和战略性新兴产业项目 529 个，全年高新技术产业产值占规模以上工业产值比重达到 33.5%，比年初提高 1.1 个百分点。组织实施了工厂化食用菌基地、现代农业科技生态园等农业产业化项目，在全省率先出台发展家庭农场暂行规定，全市建设各类农业园区 163 个，注册登记家庭农场 112 家，建成全国最大的工厂化食用菌产业基地。全年实现公共财政预算收入 183.8 亿元，增长 15.8%，税收收入占比达 76%，比上年提高 3 个百分点。

（四）重大项目推进顺利，发展支撑进一步增强。牢牢抓住项目建设"牛鼻子"，确定 154 个全市重点建设项目，采取市级领导联系、项目集中开工、项目观摩等方式加强调度和推进。东营港十大业主码头和公共管廊带建成投用，南港池改扩建工程基本完成，东营至旅顺滚装航线复航。胜利机场新开通四条航线。德大铁路、寿平铁路建设进展顺利，黄大铁路、东营港疏港铁路获国家和省核准，淄东铁路扩能改造前期工作启动。济东高速东营段开工建设。中心城 52 个重点城建项目顺利推进，大剧院、体育馆等九大公益场馆完成主体，东城工业品市场、西城商河路商业街等片区改造基本完成。

（五）生态建设力度加大，生态环境稳定改善。金湖银河水系开挖和湿地建设基本完成，景观绿化和市政基础设施配套工程完成主体。环城生态绿化工程启动实施。加强湿地生态保护，自然保护区 10 万亩湿地修复工程全面完成。加强水气污染和城市扬尘治理，实施环保重点工程 76 项、水气污染治理项目 102 个。扎实推进节能降耗，淘汰落后产能项目 37 个，实施节能技术项目 116 个。万元生产总值能耗、化学需氧量排放量等约束性指标完成省下达任务。

（六）统筹力度不断加大，区域经济协调发展。围绕构建"一个龙头、三个增长极"的发展布局，强化推进县域科学发展、试点强镇、支持利津加快科学发展等政策的贯彻落实，突出大项目好项目、突出骨干企业培植、突出园区建设、突出科技创新，东营经济技术开发区、东营港经济开发区发展速度加快，各县区争先进位，县域经济实力进一步增强。深入推进油地军校团结发展，签署了油地共建协同发展框架协议，完善了油地联席会议制度，一批共建项目顺利推进，油地校合作共建中国石油大学胜利学院启动实施。

（七）各项改革稳步推进，创新能力不断提升。大力推进金融创新，出台了加快推进全市金融改革发展的意见，齐鲁股权东营管理中心开业，民间融资规范引导试点取得显著成效。实施未利用地开发 14.2 万亩，净增耕地 5.8 万亩。医药卫生体制改革深入推进，全市 10 家政府办公立医院全部实行药品零差率销售，城镇居民医保与新农合并轨稳定运行。科技创新平台建设得到加强，全市国家级、省级和市级创新平台数分别达到 5 家、111 家和 147 家。

（八）社会事业繁荣发展，民生保障不断增强。全年城镇居民人均可支配收入 33983 元，增长 9.8%；农民人均纯收入 13000 元，增长 13.2%。制定出台促进创业带动就业实施意见，加强创业服务平台建设，新增城镇就业 4.61 万人，新增农村劳动力转移就业 4.72 万人，城镇登记失业率为 1.97%。提高了城乡居民医保、市级大额医药费、城乡低保、农村五保等补助标准，社会保障体系进一步健全。加快发展教育事业，小班化教育试点启动实施，东营职业学院建设国家骨干高职院校工作扎实推进，中小学办学条件标准化、校舍安全等工程进展顺利。加强人口和计划生育管理，人口自然增长率为 4.01‰，低于 4.74‰ 的控制目标。文化、体育、卫生等社会事业稳步发展。稳定物价政策措施落实到位，居民消费价格（CPI）上涨 2%，控制在 3.5% 以内。创建全国文明城市取得较好成绩。黄河南展区搬迁改造等 10 项民生实事完成年度计划。

二、2014 年经济走势分析与主要发展预期目标

2014 年是全面贯彻落实党的十八届三中全会精神、全面深化改革的第一年，是实施黄蓝国家战略、"十二五"规划、推动东营新一轮发展的关键年。我市经济社会发展机遇和挑战并存。世界经济新的增长动力尚不明朗，大国货币政策、贸易投资格局、大宗商品价格变化方向存在不确定性。我国经济回升的基础还不稳固，部分行业产能过剩严重，结构性就业矛盾突出，生态环境恶化等突出问题仍未缓解。受大环境影响，我市经济下行压力依然较大，产业层次较低，结构性矛盾凸显，自主创新能力不强，资源环境压力很大，城乡发展不平衡、经济社会发展不协调等问题不同程度存在，加之国家和省将完善发展成果统计指标体系和考核评价体系，对发展理念、发展方式、经济转型等提出了更高要求，我市进一步提高发展质量效益的任务十分繁重，在新的起点上实现大发展大跨越仍面临许

多困难挑战。

同时必须看到，我市经济社会发展也面临众多良好机遇和有利条件。世界经济仍将延续缓慢复苏态势，科技创新和新兴产业不断有新的突破。我国经济长期向好的基本面没有改变，党的十八届三中全会规划了全面深化改革总体目标、路线图和时间表，极大地激发发展的内生动力和活力，释放改革红利。中央坚持稳中求进、改革创新的工作方针，继续保持宏观经济政策的连续性和稳定性，经济有望稳中向好。我省改革开放、创新驱动、区域发展三大战略深入实施，经济加快转型升级，全省经济发展环境将进一步优化。我市黄蓝国家战略和生态文明典范城市建设全面推进，市委工作会议确立了高标准的工作总要求，明确了新一轮发展的根本任务和工作大局，极大地激发了全市上下干事创业的热情。同时，我市积极应对经济下行各项政策措施的作用逐步显现，发展支撑条件进一步改善，拉动经济增长的三大需求有望保持平稳较快增长。从投资看，2014 年全市计划实施投资亿元以上项目 604 个，比上年多 52 个，总投资 5296 亿元，当年计划投资 2117 亿元，分别比上年多 1016 亿元、617 亿元。从出口看，我市出口基本面仍然较好，企业生产经营和市场未发生大的波动。随着骨干企业的成长壮大和出口市场的不断拓展，外贸有望企稳回升。从消费看，各级促进消费各项政策措施初见成效，信息、养老等新的消费增长点逐步形成。只要全市上下团结一心、锐意改革、狠抓落实，我市可望继续保持平稳较快健康的发展势头。

综合考虑各方面因素，做好 2014 年经济社会发展工作，必须以党的十八届三中全会和习近平总书记系列重要讲话精神为指导，认真贯彻中央和全省经济工作会议精神，坚持稳中求进工作总基调，以全面深化改革为统领，以"转作风，促发展；提标准，上水平"为主题，深入实施黄蓝国家战略，着力加快结构调整，着力深化改革创新，着力激发市场活力，着力改善生态环境，着力提高社会治理水平，着力保障和改善民生，着力促进社会安全稳定，切实提高经济发展的质量和效益，促进经济平稳健康发展和社会文明进步。在发展思路上，坚持"六个不动摇"，即：坚持"高境界、高标准、高起点、大作为"的工作总要求不动摇；坚持"转方式、调结构、扩总量、增实力、上水平"的工作大局不动摇；坚持"一个龙头、三个增长极"的发展布局不动摇；坚持推进工作指导转变、提升发展质量效益不动摇；坚持推进改革创新增创发展新优势不动摇；坚持统筹兼顾促进全面发展不动摇。

2014 年全市国民经济和社会发展主要预期目标是：生产总值增长 11% 左右，全社会固定资产投资增长 18%，社会消费品零售总额增长 13%，进出口总值、吸收外商直接投资保持适度增长，公共财政预算收入增长 11% 左右，城镇居民人均可支配收入增长 11% 左右，农民人均纯收入增长 12% 左右，城镇登记失业率控制在 2.4% 以内，居民消费价格涨幅控制在 3.5% 左右。主要约束性指标：万元生产总值能耗、二氧化硫排放量、化学需氧量排放量、氨氮排放量、氮氧化物排放量等指标完成省定任务，人口自然增长率控制在 8.07‰ 以内。

三、完成 2014 年经济社会发展目标的主要措施

（一）着力提高投资质量和效益。研究出台全市重点项目管理办法，坚持市领导联系重点项目制度，探索建立重点项目前期手续联审联批服务制度，推动土地、资金等建设要素向重点项目倾斜，突出抓好 78 个市级重点建设和 14 个重点推进项目。积极搭建合作平台，搞好银企对接，引导金融机构扩大信贷投放；鼓励企业采用股票上市、发行债券等方式，拓宽融资渠道。利用项目的牵引作用，突出优化投资结构，引导各类投资向战略性新兴产业、高端制造业、现代服务业、现代农业和优势产业改造等领域倾斜。落实国家和省出台的重大政策措施，鼓励社会资本以多种方式进入城市基础设施、农村建设、公共文化服务体系建设和生态环境保护等领域，促进民间投资稳定增长。

（二）着力促进转方式调结构。制定出台促进全市产业优化升级的指导意见，综合运用规划引领、产业准入、创新驱动等措施加快经济转型。一是跨越发展服务业。制定落实跨越发展服务业政策措施，加强组织协调和绩效考核，加快推进服务业四大载体和集聚区建设，全力实施非主营业务剥离，扎实推进服务业综合改革试点。加快发展现代物流，围绕石油化工、橡胶轮胎等主导产业规划建设一批特色鲜明的物流园区。加快发展文化旅游业，重点抓好景区总体规划和产品开发，策划实施一批高端文化旅游项目。加快发展金融服务业，优化金融生态环境，重点推动黄河三角洲产权交易中心、华东石油交易中心等要素市场建设。改造提升批发零售、住宿餐饮等传统服务业，培育发展文化创意、健康、养老、家政、会展等新兴服务业。二是加快推进新型工业化。引导企业利用"新装备、新技术、新工艺"改造提升化工、有色金属、橡胶轮胎等传统产业，加快发展先进制造业和战略性新兴产业。组织实施好"137"计划和"双十"工程，加快培育

骨干企业。认真落实市级领导联系重点企业和驻企联络员制度，帮助解决实际困难和问题。三是积极发展现代农业。加快实施"渤海粮仓"工程，深化粮棉菜高产创建活动，推广应用农业新技术、新品种、新工艺，加快发展畜牧、渔业、食用菌、林果、蔬菜、花卉和休闲观光农业等优势产业。鼓励引导工商资本投向农业，加快推进澳亚万头奶牛牧场等重点园区和家庭农场建设，支持东营农业高新技术产业示范区创建国家高新区。加大对农业龙头企业和农民专业合作组织的扶持和培育力度，提升农业产业化水平。加强以水利为重点的农业基础设施建设，改善农村生产生活条件。

（三）着力推进区域协调发展。按照"一个龙头，三个增长极"的发展布局，突出县域发展定位，推进县域经济特色化、特色经济产业化、产业经济集群化。广饶县，坚持以新型工业化为核心战略，统筹推进工业化、信息化、城镇化、农业现代化。东营经济技术开发区，加快高端产业集聚，建设全省重要的高新技术产业和先进制造业基地。东营港经济开发区和河口区，坚持港区城一体发展，建设现代生态化工基地、国际物流港，依托仙河镇规划建设东营港城。东营区和垦利县，着力发展石油装备制造、现代服务业和新兴产业，建设高端装备制造和现代服务业集聚区。利津县，抢抓机遇，加快赶超步伐，整体提升发展水平。加强油地军校协同共建，深入推进工作结合、资源整合，规划建设特色产业园区等合作载体，启动实施一批合作共建项目。扎实做好第八批援疆和扶贫协作酉阳工作。积极推进资源型城市可持续发展试点。

（四）着力推进新型城镇化。以人的城镇化为核心，科学编制全市新型城镇化发展规划。完善各类城市规划，高水平推进城市建设，加快实施科技馆、青少年宫等重点项目。加强城市管理和环境综合整治，加快智慧城市建设，推进实施背街小巷、老旧小区、市政设施维修改造工程。大力推进城乡一体化，强化县域中心城市建设，支持市级试点强镇、省级示范镇和国家级改革试点镇加快发展，稳妥推进新型农村社区建设，重点推进黄河南展区和城中村、乡镇驻地村拆迁改造。扎实推进基础设施建设，开工建设东营港北防波堤及两个突堤，尽快启动广利港建设；推动黄大铁路建设，争取东营港疏港铁路尽快开工，加快淄东铁路扩能改造前期工作，争取德大铁路、寿平铁路建成通车；加快推进济东高速、胜利电厂三期工程建设，做好大唐东营电厂、沿海高等级公路前期工作。

（五）着力扩大对外开放。坚持重点进出口企业联系制度、重点进出口产品监测制度，指导企业用足用好国家支持外经贸发展各项政策，适时调整发展策略，保持出口稳定增长。坚持抓大扶小，积极扶持中小外贸企业健康发展，培育新的增长点。突出对重点国家、地区和城市的招商，组织开展一系列招商引资推介活动。加快中美新能源合作产业园建设，推进设立东营综合保税区。鼓励和支持企业承揽境外工程和投资设厂，搞好境外资源合作开发、优势产能转移，拓展经济发展空间。

（六）着力加强生态建设和环境保护。加强自然生态建设，实施好沿黄生态绿化、沿海基干林带提升等绿化工程。加强湿地生态保护，搞好自然保护区湿地修复，建设 5 处省级湿地公园。加强资源节约综合利用，认真落实能耗总量控制、能源交易等机制，推进实施一批重大节能示范工程。积极发展循环经济，培育一批循环经济园区和生态工业示范园区。深入开展生态环境整治提升年行动，扎实推进水气污染综合治理。加强源头管控，严禁新上高耗能、高污染项目，遏制盲目低水平重复建设；加大小清河、东营河等省控、市控重点河流整治力度，综合采取污染防治设施改造、超标企业限产限排、车用燃油升级等措施，严控工业废气、城市扬尘、机动车尾气污染。

（七）着力加强社会建设。积极扶持创业带动就业，扎实推进高校毕业生就业，抓好农民工服务保障政策的落实。进一步提高基本养老保险、失业保险、城乡低保、农村五保等保障标准，扩大社会保障覆盖面；加强社会救助体系建设，加大保障性住房建设力度。组织实施市一中、二中、中专学校迁建，推进各级各类教育协调发展。深入实施文化惠民工程，加强文化设施建设，构筑城乡协调的公共文化服务网络。认真落实人口计生各项政策，稳定低生育水平，提高出生人口素质。加快发展体育、卫生等社会事业。深入开展全国文明城市创建工作，扎实推进"四德"工程和乡村文明建设提升年行动，提高全社会文明程度。加强和创新社会管理，健全社会管理服务体系，提高社会管理服务水平。深入推进平安东营建设，扎实开展城市公共安全提升年行动，加强社会治安突出问题整治，抓好安全生产。组织实施好缓解城区交通拥堵和停车难等民生实事。

（八）着力推动改革创新。认真落实全面深化改革各项措施，积极有序地推进重点领域和关键环节的改革。稳步推进农村综合改革，推进家庭经营、集体经营、合作经营等农业经营方式创新，扎实做好各类农村产权的确权登记和颁证工作，探索建立农村产权流转交易市场。加快金融改革，研究制定支持企业利用资本市场融资的政策措施。深入推进投资体制改革，确立企业投资主体地位，进一步破除制约民间投资瓶颈障碍；出台政府投资管理办法，提高政府投资效益，有效防范政府债务风险。加快转变政府职能，进一步简政放权，推广政府购买服务。加快未利用地开发，做好未利用地开发利用试点、城乡建设用地增减挂钩试点。深化医药卫生体制改革，继续推进公立医院改革，完善社会办医政策，逐步构建多元化办医格局。深入实施创新驱动战略，重点推动黄河三角洲可持续发展研究院、大学科技园等园区建设，围绕主导优势产业，抓好工程实验室、工程技术研究中心、企业重点实验室等创新平台建设。

2014 年烟台市国民经济和社会发展思路

一、2013 年国民经济和社会发展计划执行情况

2013 年，面对复杂严峻的国内外环境，全市上下在市委坚强领导和市人大及其常委会的监督支持下，牢牢把握主题主线和稳中求进的总基调，统筹推进稳增长、调结构、强区域、促改革、惠民生等各项工作，全市经济和社会各项事业实现平稳较快发展。

生产总值。预计完成 5613 亿元，按可比价格计算增长 10.2%，略高于计划。其中第三产业实现增加值 2116 亿元，完成占比提高 1.4 个百分点的计划目标。

公共财政预算收入。完成 437.2 亿元，可比口径增长 12.6%。

固定资产投资。预计完成 3525 亿元，增长 20.1%，略高于计划。市级重点项目进展顺利，其中，海阳核电一期工程 84 个里程碑式节点完成 47 个；青烟威荣城际铁路烟台境内开工里程占设计的 90.3%，龙烟铁路开工建设；新机场飞行区、航站楼主要工程基本完工；烟台港西港区一期工程建成试生产，龙口港疏港高速竣工通车；烟台万华工业园 MDI 一体化项目设备安装基本完成。

社会消费品零售总额。预计完成 2103 亿元，增长 13.1%。

对外经贸。预计完成外贸进出口 493 亿美元，增长 3.1%，其中出口 296 亿美元，增长 4.4%。实际使用外资完成 16 亿美元，增长 13.5%，比计划高 5.5 个百分点。

人民生活。预计城市居民人均可支配收入达到 32930 元，增长 9.6%；农民人均纯收入 14761 元，增长 11%，与计划持平。居民消费价格上涨 1.8%，城镇登记失业率 3.25%，人口自然增长率 -0.5‰，均控制在计划目标内。

节能减排。预计万元 GDP 能耗、二氧化硫、COD 和氨氮排放分别下降 3.7%、1%、3.5% 和 3.8%，氮氧化物排放与上年持平，均完成计划目标。

总的看，全市经济运行保持在合理区间。受国际经济环境、国家宏观政策和自身结构问题等因素影响，社会消费品零售总额、外贸进出口和城市居民人均可支配收入等指标没有达到年度计划目标。同时，一些长期积累的问题和矛盾仍然突出，主要是：服务业发展水平有待进一步提高，新兴产业发展亟待突破，产业结构调整任务艰巨；实现转型发展的体制机制障碍仍然突出，重点领域和关键环节改革需要加快突破；部分企业经营困难，市场主体活力不足，营商环境有待进一步改善；城乡及区域发展不平衡，资源环境约束加大；社会民生建设还存在一些薄弱环节。对于这些问题，要在今后的工作中采取有针对性措施，逐步加以解决。

二、2014 年经济社会发展指标安排

2014 年是全面贯彻落实十八届三中全会精神、全面深化改革的第一年，也是完成"十二五"规划任务的关键一年。国内外环境依然错综复杂，机遇与挑战并存。从国际看，世界经济总体处于深度调整期，将延续缓慢复苏态势。从国内看，我国正处在经济增长换档期、结构调整关键期和深化改革攻坚期，国家将坚持稳中求进、改革创新，继续实施积极的财政政策和稳健的货币政策，深入推进经济社会重点领域改革，将为我市巩固经济向好势头提供有利条件。从我市看，蓝黄"两区"建设深入推进，重点区域开发提速发力，青烟威荣城际铁路、新机场等重大基础设施将陆续投用，交通环境将实现历史性突破。去年我市出台的培育市场主体等一系列创新性政策，积极效应将进一步显现。面对新形势，要进一步解放思想、积极作为，深入推进改革创新，全力推动转型发展，切实提高质量效益，追求实实在在、没有水分、不会带来后遗症的速度，推动经济社会发展再上新台阶。

2014 年全市经济社会发展主要预期目标是：生产总值增长 9.5% 左右，其中服务业占比提高 1.4 个百分点；公共财政预算收入增长 11.5% 左右；固定资产投资增长 18%；社会消费品零售总额增长 13%；进出口和出口均增长 6% 左右；实际使用外资增长 10%；城市居民人均可支配收入和农民人均纯收入均增长 10% 左右。约束性指标：居民消费价格涨幅控制在 3.5% 左右，城镇登记失业率控制

在 3.5%以内；人口自然增长率控制在 2.4‰以内；万元 GDP 能耗、二氧化硫、COD、氨氮和氮氧化物排放分别下降 3.7%、5%、1.5%、2%和 7%。

三、完成 2014 年计划的主要措施

（一）全力推动转型升级，提高发展质量效益。突破发展现代服务业。深入落实国家、省、市有关政策和加快服务业发展的一系列意见，做大做强商贸住餐、旅游、金融、现代物流等主导产业，突破发展科技信息、商务服务、文化、医疗健康、养老和社区服务等新兴产业，加快发展教育、体育、卫生等公共服务业，构建以生产性服务业为主体、生活性服务业为基础、公共服务业为保障的产业体系。抓好以 30 个重点园区、20 条特色街区、100 户重点企业和 200 个重点项目为主体的载体培育工作，促进集聚发展，打造发展亮点。

推动工业经济转型升级。以"5510 工程""8515 工程"为抓手，强化信息化引领支撑作用，引导企业向以加工制造为基础的综合服务商转变，促进产业精细化、高端化、链条化、低碳化发展，实现规模以上工业增加值增长 10.5%以上。突出抓好 100 个投资过亿元技改项目，促进传统产业提质增效。实施 75 个投资过 3 亿元重点工业项目，培强做大骨干企业。细化完善新兴产业发展规划，打造一批特色新兴产业基地，培育壮大海工装备制造等新的城市产业名片。

加快发展特色农业。抓好 13 个国家级标准化果园、10 个国家级蔬菜标准园和一批粮油高产创建万亩示范方建设，提升优势农产品品牌优势。用足用好现有政策，积极培育农业家庭农场、专业大户、农民合作社、龙头企业等新型农业经营主体。高度重视农产品质量安全，着力抓好农业投入品监管、农业标准化生产、"三品一标"认证和产需直销对接。实施 10 座大中型水库除险加固工程，发展节水灌溉 35 万亩，建成高标准农田 20 万亩。

（二）努力扩大有效需求，激发内生增长动力。保持投资稳健增长。进一步放宽市场准入，激活民间投资，加大战略新兴产业、现代服务业等重点领域投资，完善项目节能评估审查机制，坚决遏制"两高"和产能过剩行业扩张，进一步优化投资结构。抓好年度计划投资 1524 亿元的 200 个市级重点项目建设，加快推进东岳汽车新车型等产业项目，争取城际铁路建成通车，新机场、西港区至淄博重质液体化工原料输送管道等项目建成投入使用，龙烟铁路累计完成投资 20 亿元以上，30 万吨原油码头项目获得国家核准，潍莱高铁规划获得国家批复，

启动蓬栖、龙青、文莱三条高速公路建设，机场连接线建成通车。

进一步扩大消费需求。大力改善消费环境和供给质量，激活即期需求、培育长期需求。落实鼓励消费的各项政策，支持商品、服务和商业模式创新，加快发展电子商务、连锁经营、物流配送等新兴业态。培育繁荣城市商圈和中央商务区，加快形成总部经济、商务服务楼宇群，推进建设 10 个大型商贸设施，新引进 10 个国际著名商业品牌。引导星级酒店转变营销模式，发展大众化餐饮。扶持延时营业餐饮企业，搞活夜间经济。开展"智慧旅游年"活动，大力开拓旅游市场。

加快培育市场主体。细化推进措施，打通关键节点，年内争取新增市场主体 3 万户以上，增长 11%。深化行政审批制度改革，进一步简政放权，优化审批服务，完善社会服务，创造一流的营商环境。降低创业准入门槛和注册要求，放宽经营限制，加大金融财税支持，促进中小微市场主体快速成长。加强社会信用体系建设，以政务诚信带动企业、个人和社会诚信。

（三）着力推进改革创新，充分激发市场活力。深化改革增强发展活力。深入贯彻落实中央、省、市关于全面深化改革的《决定》《意见》，正确、准确、有序、协调推进改革，切实发挥市场在资源配置中的决定性作用。完善国有资产管理体制和国有资本经营预算制度，大力发展混合所有制经济，提高国有资产运行效率。开展农村集体经济产权制度改革，推进农村土地产权确权和交易平台建设。深化户籍制度和小城镇管理体制改革，完善城镇化健康发展机制，推进城乡一体化发展。推进国家、省级综合配套改革试点，形成一批体制改革先行示范区。扩大公立医院改革试点范围，引入社会资本办医，建立城乡统筹的居民医保政策。继续推进科技、教育、文化等领域的体制机制改革。

实施创新驱动发展战略。突出科技创新平台建设，鼓励企业创建国家和省级技术创新平台，给予资金支持和项目倾斜。扶持一批创新创业示范园区，布局建设一批专业孵化器，引导县市区建设各具特色的科技企业孵化器。进一步突出企业作为投入主体、研发主体、市场主体的地位，引导企业扩大与科研院所、高校的产学研合作，积极开展协同创新。健全科技中介服务机构和知识产权服务体系，促进科技成果转化应用。切实增加科技和人才实际投入，加大高端人才引进"双百计划"推进力度，吸引高层次人才创新创业。

（四）进一步扩大对外开放，开创外经贸工作新局面。增创招商引资新优势。

落实产业行业、重要政策事项、重点合作区域、经济板块开放的任务分工，健全招商引资工作机制。强化五大支柱产业、十大产品集群招商，突破服务业开放，拓展金融商务、教育文化、医疗养老等利用外资新领域。面向世界 500 强企业、重点央企民企、科研院所和金融机构，开展点对点对接，深化与台湾鸿海集团、现代汽车、香港招商局等大企业集团合作，推动 50 多个在谈投资过亿美元项目及早落地。更加注重以招才引智带动招商引资，密切与欧美、日韩等地人才机构合作，大力引进掌握核心技术的高端人才和科研团队。

保持对外贸易平稳增长。坚持出口与进口并重，加快对外贸易向以技术、品牌、质量、服务为核心转变。积极推动国家和省级外贸转型升级专业型示范基地建设，支持加工贸易企业技术创新，提高产品附加值，实现转型升级。继续开拓欧美日韩等重点传统市场，挖掘南美、非洲等新兴市场潜力。扶持杰瑞集团、东方海洋等 100 家具有竞争优势的本土外贸企业做大做强，支持 27 个山东国际知名品牌开展国际商标注册和品牌推广，提高国际市场占有率。加快培育一批内外贸结合的专业市场平台、电子商务平台和进口促进平台，扩大重要资源能源、先进技术设备、关键零部件和适销对路消费品进口。

（五）积极推进重大战略实施，增强区域发展活力。推动东部新区领先发展。认真落实支持起步区发展政策，实行土地、资金等要素倾斜，同步推进基础设施建设和招商工作。加快金山湾区片建设，确保全年完成基础设施投入 21.7 亿元，完成"9 横 16 纵"主干路网框架建设。"海洋经济发展中心"引进落户一批科技研发、银行保险、咨询评估等机构，周边"7 横 5 纵"路网框架建设完成。落实相关产业发展规划，全力突破招商引资，全年新引进签约产业项目 20 个以上。加快滨海生态城、新能源汽车产业园等项目建设，尽快形成集聚效应。

加快重点板块崛起。加快龙口人工岛群地基处理、桥梁和附属工程建设，协调推进中关村（南山）科技产业园项目。加快莱州临港产业区建设，南北两个起步区达到"七通一平"标准。加强与青岛的合作，完善相关基础设施，抓好海阳亚沙文化旅游聚集区、莱阳南海新区建设，提升丁字湾新区发展水平。争取批复长岛为省级生态旅游度假区，完成南北长山大桥等基础设施工程。推动海洋经济转型发展。强化政策导向，引导企业、园区，向蓝色转向、向高端转型。膨胀壮大海工装备等特色产业链条，发展提升龙口现代海洋物流业聚集区等特色园区，培大育强东方海洋等骨干企业和省级以上科技创新平台，推进建设杰瑞钻井平台用连续油管等重点项目,争取海洋产业产值增长 20% 以上。做好烟台海洋产权交易中心、国家级海洋科研成果转化基地、国家海洋高技术产业基地等先行先试事项的推进落实工作。

(六)积极稳妥推进城镇化,促进城乡统筹一体化发展。做优中心城市。做好新版城市总规和分区规划修编,编制一批专项规划和区片控制性详规。抓好年度投资 575 亿元的胜利南路南延等 221 项市区城建重点项目,进一步完善城市功能。继续推进中心区 36 个城中(郊)村改造,再启动 35 个旧村改造。新建一批立交桥、过街天桥、停车场和公交站场,完善交通智能诱导系统,缓解道路拥堵状况。完善供水、供电、供热等市政设施。推进智慧城市建设。

做大县域城镇。修编完成市县城镇体系规划和 49 个镇乡总体规划。完善县域行政中心城市功能。实施"百镇建设示范行动",打造县域经济发展次中心。支持有条件的小城镇实施整体开发改造,建设一批葡萄酒、温泉、黄金等特色风情小镇。加大对栖霞、长岛的帮扶支持。

建设美丽新农村。把乡村建设与旅游开发、民俗文化传承有机结合,开展生态文明示范村和"十佳风情宜居乡村"创建,打造一批院落、村落生态宜居的新农村。完成第三批村庄环境综合整治任务,新建农村新型社区 130 个以上,改造村庄 150 个。统筹推进城乡教育、文化等公共服务均衡发展。

加强生态建设。大力推进蓝天、碧水、青山、绿地生态建设,建设生态美丽城市。继续开展烟台国家级海洋生态文明示范区创建工作,推进海洋循环可持续发展。启动国家森林城市创建工作,三年内造林 30 万亩。加快推进饮用水源地保护和 26 条重点河流流域环境综合整治,年内所有河流达到水环境功能区划要求。完善大气污染联防联控机制,加强 PM2.5 监测防控。开展百家企业节能低碳行动,加强重点行业污染治理。完成套子湾二期等 4 项污水垃圾处理工程,实现城乡生活垃圾一体化处理全覆盖。

(七)保障和改善民生,维护社会和谐稳定。做好就业和社会保障工作。实施更加积极的就业政策,扩大就业规模,提升就业质量,争取新增城镇就业 13 万人以上,农村劳动力转移就业 2.5 万人以上,高校毕业生就业率稳定在 85% 以上。提高社会保障水平,年内城乡养老保险参保 539 万人、城镇医疗保险参保 282 万人以上。创新养老服务模式,规划建设 10 个养老综合体,新建城市社区老年人日间照料中心 100 处,农村幸福院 150 处。完善社会救助体系。筹建保障房

2000 套，完成棚户区改造 1.2 万户。

繁荣文化事业。建设国家公共文化服务体系示范区，构建现代公共文化服务体系，逐步形成 15–20 分钟城乡公共文化服务圈。打造一批红色文化教育基地，以及一批传承胶东地域文化、代表烟台艺术水准的精品佳作，建设胶东文化特别是红色文化龙头城市。深入挖掘、保护、开发优秀文化遗产，做好朝阳街、奇山所城历史街区等整治和修缮工作。大力发展文化产业，力争新增 1–2 家国家或省级文化产业示范基地。

促进社会事业全面发展。全面深入实施素质教育，支持普惠性民办幼儿园发展，加快中小学校标准化建设，完成县域义务教育均衡发展阶段性目标。加强食品药品安全监管，努力打造全国最安全农产品生产城市和最安全食品城市。构建覆盖城乡的全民健身公共服务体系，备战第 23 届省运会。做好人口计生工作，大力发展老龄事业，创新双拥工作，保障妇女和未成年人权益，关心支持残疾人事业。深入推进平安烟台、法治烟台、和谐烟台"三城联创"，切实加强社会管理综合治理和安全生产工作，做好救灾减灾和应急工作。

2014 年潍坊市国民经济和社会发展思路

一、2013 年经济社会发展情况

2013 年，全市上下按照市委、市政府"四一三"战略重点和突破滨海、提升市区、开发两河的统筹发展布局，认真贯彻落实上级宏观调控政策，坚持以质量和效益为中心，全力稳增长、促转型、惠民生，经济社会保持了稳中有进、稳中向好的发展局面。累计完成地区生产总值 4420.7 亿元，同比增长 10.6%。公共财政预算收入 383.9 亿元，增长 15.6%。

（一）转型发展成效显著。一是农业生产稳定增长。粮食总产达到 475.3 万吨。新增现代农业园区 110 个。"三品一标"认证数量达到 1636 个。与省、部共建国家现代蔬菜种业创新创业基地，标准化种苗生产基地达到 18.7 万亩。中国食品谷列入第二批国家农业产业化示范基地。农田水利基本建设完成投资 34.1 亿元，新增改善灌溉面积 76.8 万亩。农村公路竣工 2923.6 公里，超额完成年度目标。二是工业经济效益提升。深入实施工业提升计划，规模以上工业增加值、利税、利润分别增长 12.6%、22.4% 和 23.3%，工业用电量 305.5 亿千瓦时，增长 11.8%。高新技术产业产值占规模以上工业总产值比重比年初提高 1.67 个百分点。全国首家 3D 打印技术创新中心基本建成。我市被命名为"中国地理信息产业示范基地"。三是服务业发展提速。深入实施服务业发展提速计划，10 大重点产业累计完成投资 1885 亿元，增长 21%；实现增加值 1690.2 亿元，增长 11.4%，占 GDP 的比重提高 1.95 个百分点。出台金融创新 33 条，银行机构存贷款增量分别居全省第 5 位和第 3 位。旅游总收入增长 14.7%，全市首个 5A 级旅游景区获批。健康产业规划、文化艺术品交易中心规划等相继出台。企业主辅分离成效显著，新增限额以上服务业企业 2151 家。开展"三招三引"，新引进各类企业事业单位总部（分支机构）359 家。我市被省政府评为服务业发展先进市。四是园区转型加快推进。14 家省级以上开发区中，12 家主要经济指标增幅高于全市 50% 以上，6 家进入全省前 30 强，10 家位次前移。市场化园区开发运营公司达到 32 家。民间资本投资创办产业园取得突破，青龙湖高新产业园入驻研发机构 14 家，正在筹建中美孵化器。综合保税区一期封关运行。高新区创建为国家新型工业化产业示范基地。

（二）内外需求协调增长。一是投资保持较快增长。累计完成投资 3430 亿元，增长 19.5%，投资总量居全省第三位。"十百千"工程完成年度任务目标。高新技术、新兴产业、现代服务业等重点领域增长较快，民间投资比重达到 82.3%。成功运行 963363 投资服务平台，为投资者提供了八大类 50 多个服务事项。全市共纳入市项目管理服务平台项目 439 个，总投资 10766 亿元。融资渠道进一步拓宽，金融机构本外币各项贷款余额比年初增加 461.5 亿元。发行企业债券 34.8 亿元，直接融资突破 150 亿元。争取中央、省预算内投资 10 亿元。二是消费需求稳步增长。实现社会消费品零售总额 1758.8 亿元，增长 13.4%。"万村千乡市场工程""放心早餐"、商业示范社区创建、家政服务中心建设等惠民工程扎实推进，成为首批国家信息消费试点市。房地产市场健康平稳，商品房销售面积增长 12%。物价涨幅稳步回落，居民消费价格累计上涨 1.6%。三是外贸进出口保持增长。完成进出口总额 161.6 亿美元，增长 7.9%。其中出口 116 亿美元，增长 5.8%；进口 45.6 亿美元，增长 13.7%。实际到账外资 8.1 亿美元，增长 5.5%。与德国弗莱辛地区签署战略合作协议，成为全国首批 12 个中欧城镇化伙伴关系合作城市之一。与韩国牙山市建立地方经济合作伙伴关系。

（三）区域、城乡统筹发展。一是突破滨海成效明显。围绕打造全市经济发展增长极、火车头和科学发展的试验区、先行区、示范区、省会城市圈出海口、济青一体化连接点、服务中日韩自贸区的重要基地，举全市之力突破滨海，39 个市直部门与滨海区对口部门联合办公，15 个县市区在滨海设立了特色产业园。完善提升了北部沿海和滨海区总体规划，编制了 10 个专项规划，制定了特色产业园区 20 条建设标准。9 个特色小镇全部完成规划设计，2 个开工建设。潍坊职业学院、山东海事学院招生，启动建设山东（潍坊）公共实训基地。重大基础设施建设取得历史性突破，潍坊港 3 个万吨级泊位正式对外开放，3 个 2 万吨级泊位新投入使用，5 万吨航道和码头开工建设。鲁辽陆海货滚甩挂运输通道项目加紧论证。潍日高速开工建设，新机场选址已经确定。二是提升市区全面启动。不断深化完善《全面深化改革大力提升市区科学发展水平的决定》，启动城市功能分区规划研究。理顺了市区财政体制，下放了一批审批管理权限。文化艺术中心全面投用。开元立交桥正式通车。齐鲁台湾城完成核心区城市设计，鲁台会展中心承办了 32 个大型展览和文化交流活动。公用事业扎实推进，中心城区改造供水一户一表 4268 户、老旧燃气管网 100 公里、管道燃气普及率超过 75%、新增供热能力 600 万平方米。被确定为首批中美低碳生态试点城市。三是开发"两河"依次展开。开展两河开发战略研究形成初步成果。编制了两河流域保护与区域开发利用总体规划。推进"两河"治理重大水利工程和生态工程建设，争取镇村污水处理设施建设无偿资金 2550 万元，防护林工程建设资金 1620 万元。四是县域经济实力持续增强。寿光、诸城进入全省县域科学发展"综合实力"前 10 位，寒亭、安丘、临朐、诸城、寿光分别比 2009 - 2011 年度"综合实力"排名上升 27、7、6、3、2 个位次。五是小城镇建设成效明显。完成小城镇建设投资 218 亿元，其中基础设施投资 60 亿元。20 个示范镇街、5 个特色镇建设成效明显。规划建设农村社区 1182 处，已建成 965 处。六是区域经济合作成效明显。加强与环渤海经济圈的交流合作，推动青潍日组团发展合作深入开展，成立了半岛 7 市战略合作联盟。对口支援工作扎实推进。

（四）改革创新取得突破。一是行政管理体制改革，将 55 个部门的审批项目压减至 193 项，精简幅度达 45.3%。打破政府部门对中介服务的垄断，引进培育高端中介服务机构 20 多家。二是农村改革，在全省率先完成农村集体建设用地和农村宅基地确权登记颁证，60% 的村庄完成了土地承包经营权确权登记颁证。全市流转土地 249 万亩，居全省前列。齐鲁农村产权交易中心获批建设，在全国率先开展订单融资试点。三是投融资体制改革，将 16 个市级政府融资平台整合改制为 8 个规范化公司，建立起"融、用、还"一体化机制。在全省率先成立了地方金融监管局和金融控股集团。市级公共资源交易平台建成运行。四是医药卫生体制改革，完成 8 家县级公立医院改革试点，组建 27 个医疗联合体。全面实施国家基本药物制度。基本医保体系、基层医疗卫生服务体系不断完善。我市被确定为社会办医（国家）联系点。五是科技创新能力增强，围绕建设"四个基地"，抓创新平台、创新联盟和创新型企业三大载体建设，新成立国家级产业技术创新战略联盟 3 家，建成国家级科技企业孵化器 4 家。潍柴动力国家工程技术研究中心通过验收，盛瑞传动国家工程技术中心启动建设，华辰生物正式获批国家地方联合工程实验室。新增国家"千人计划"2 名、省"泰山学者"10 名。我市被评为"全国科技进步先进市"。

（五）生态建设力度加大。全面启动"386"环保行动，八大战役进展顺利，污水直排整治、扬尘污染防控、重点流域治理等取得阶段性成果。已完成 178 个工业点源治理、78 家重点大气污染源在线监控系统 110 套，完成率 90% 以上。城区"蓝天白云、繁星闪烁"天数达到 150 天，列全省第 7 位，PM2.5 列全省第七，中心城区空气质量综合排名全省第六。23 条重点河流水质超过 60% 达到 V 类以上，小清河流域水质达标率 100%。推进黄标车淘汰和严重污染企业搬迁工作，成功创建为国家循环经济示范城市。万元 GDP 能耗下降 3.8%，主要污染物排放总量持续下降。完成绿化造林 35 万亩。2 处森林公园、3 处湿地公园晋升为国家级。

（六）民生品质持续提升。市政府承诺的 25 件民生实事全面完成，民生支出占公共财政支出的比重达 58.2%。实现城镇新增就业 12.49 万人，转移农村劳动力 12.38 万人，超额完成计划目标。城乡居民社会养老保险提前实现全覆盖，提高了全市最低工资标准、低保标准和五保供养标准。开工各类城市保障性安居工程 2.1 万套、建成 1.7 万套。农村集中供水覆盖率达 94.6%，率先整建制达到国家标准。新改扩建普惠性标准化幼儿园 289 所，开工建设 75 所城市义务教育学校，740 所农村小学全部达到标准化办学条件。60% 以上的基层卫生服务机构开展中医药服务。文化惠民工程深入实施，成功协办十艺节，被授予"中国画都"称号。举办了中日韩青少年运动会。公共自行车系统投入运营，办卡人数突破 12.5 万人。城镇居民人均可支配收入、农民人均纯收入分别增长 10% 和 12.5%。加强和创新社会管理，社会保持和谐稳定。

但我市经济社会发展中还存在一些问题，主要表现在：一是经济稳中回升的基础尚不牢固，新的消费增长点不够多，过度依赖投资拉动的增长不可持续，出口形势不够乐观；二是产业结构不尽合理，服务业占比低，重型工业结构调整的任务艰巨，加快转型发展压力较大；三是资源环境约束加剧，节能减排难度加大，水、土地、能源等制约发展越来越突出，生态文明建设任务十分繁重；四是改善民生任务艰巨，就业结构性矛盾比较突出，公共服务供给能力不足，社会保障体系不够完善等。

二、2014 年经济社会发展环境、总体要求和主要目标

2014 年是认真落实党的十八届三中全会精神、全面深化改革的第一年，也是实现"十二五"规划目标的攻坚之年。总体上判断，国内外经济环境依然错综复杂。世界经济仍处于深度调整期，我国正面临经济增长速度换挡期、结构调整阵痛期和前期刺激政策消化期"三期叠加"，稳增长与调结构的压力很大。同时，也应看到，我市经济社会发展具备不少新的有利支撑和发展机遇。一是国家继续实施积极的财政政策和稳健的货币政策，把提质增效升级作为宏观调控的重要目标任务，为我市巩固经济向好势头提供了有利环境。二是省里深入落实习总书记对山东工作"五个切实"和"凤凰涅槃、腾笼换鸟"的新要求，加快五个方面工作指导的重大转变，着力提高经济增长质量和效益，为我市加快转型发展提供了良好机遇。三是我市实施"突破滨海、提升市区、开发两河"的统筹发展战略，区域发展红利加速释放，将为可持续发展提供长期后劲。四是我市认真贯彻落实十八届三中全会精神，加大改革创新力度，进一步激发市场主体活力，经济增长的内生动力会持续增强。五是我市出台了一系列益当前、利长远的创新性政策，其积极效应将会逐步显现。六是我市实体经济基础扎实，产业体系比较完备，特别是随着新型城镇化进程加快，内需潜力将得到进一步挖掘，这些都有利于实现经济持续健康发展。

综合考虑各方面因素，做好 2014 年经济社会发展工作，要全面贯彻落实党的十八大和十八届二中、三中全会精神，以习近平总书记系列重要讲话和视察山东重要讲话为指引，认真贯彻落实中央和省委、省政府决策部署，坚持稳中求进工作总基调，把改革创新贯穿于经济社会发展各个领域各个环节，以提高经济发展质量和效益为中心，加快推动工作指导重大转变，着力激发市场活力，着力推动转型升级、提质增效，着力改善民生，全面推进经济建设、政治建设、文化建设、社会建设、生态文明建设和党的建设，促进经济持续健康发展和社会和谐稳定，努力实现更高层次新发展，建设富裕文明新潍坊。在工作指导上，按照转变发展方式、转变政府职能、转变工作作风"三转"的要求，牢牢把握好安全发展和生态环境"两条底线"，重点在构建现代产业体系、推动创新发展、体制机制创新、开放发展、统筹区域发展、加快构建新型城镇化体系、加强社会建设等七

个方面实现新突破。

2014 年经济社会发展的主要预期目标是：地区生产总值增长 9.5%。公共财政预算收入增长 12%。固定资产投资增长 17%。社会消费品零售总额增长 13.5%。进出口总额增长 6%，实际利用外资保持稳定增长。城镇新增就业 10 万人，农村劳动力转移就业 10 万人，城镇登记失业率控制在 3.8% 以内。城镇居民人均可支配收入和农民人均纯收入均增长 10.5%。居民消费价格涨幅控制在 3.5% 以内。人口自然增长率控制在 8.95‰ 以内。

三、2014 年经济社会发展重点及措施

（一）着力释放有效需求，促进经济平稳发展。一是注重科学投入。深入开展"项目建设提升年"活动。突出抓好 10 大重点工程、10 个重点片区、10 个重点园区、10 个重点平台和 100 个重点项目建设，加快推进中国食品谷、齐鲁台湾城、健康产业园等一批重点园区，潍日高速、济青高铁、机场迁建等一批重大基础设施，山东兰典生物科技、北汽福田山东多功能汽车厂、歌尔声学光电产业园、福田中高档卡车扩能建设、潍坊英轩重工工程机械等一批重大项目建设，确保全年固定资产投资完成 3800 亿元、增长 17% 以上。力争民间投资达到 3200 亿元以上，占全部投资的比重达到 80% 以上。拓宽投资渠道，确保金融机构各项贷款余额增长 11%，在各类股权交易市场挂牌的企业超过 20 家。加大招商引资和资本运作力度，抓住全国工商联执委会在我省召开的有利契机，包装推荐一批园区和项目，引进一批战略投资者，争取引进市外资金 1000 亿元以上。完善 "963363" 投资热线服务平台机制，提升项目科学化管理服务水平。二是着力扩大消费。大力改善消费环境，通过改善供给质量来激活消费需求，执行好带薪休假制度。编制实施社会信用体系建设规划。落实鼓励消费的各项政策，支持商业模式创新，加快发展电子商务、连锁经营、物流配送等新兴业态。大力实施"信息惠民"工程，抓好信息消费试点，开展好省里组织实施的"网络营销年"活动。创建国家电子商务示范城市，建设国家信息消费试点城市。三是努力稳定外需。深入实施以质取胜和市场多元化战略，抓好外贸转型升级示范基地和科技兴贸创新基地建设。支持有条件的企业全球布局产业链，推进境外资源开发、优势产能转移、国际研发合作和海外营销网络建设，新培育 10 个外贸转型升级示范基地、增设 50 个海外营销网点、10 家以上境外研发机构。制定服务外包产业规

划，建设服务外包产业园，争创服务外包先进城市。发挥潍坊综合保税区功能作用，加快保税港区、潍坊滨海产业园建设，积极争创自由贸易试验区。

（二）着力加大结构调整，推动产业转型升级。实施现代产业培育工程，围绕种苗产业、5 个战略性新兴产业、9 个重点服务业和部分传统优势产业，逐一完善规划，落实重点服务部门和专业招商服务团队，规划建设好重点园区，建好产业基金，加快建立起完善的产业发展服务体系。一是促进服务业跨越发展。全面落实省加快服务业发展 30 条意见，深入实施服务业提速计划，力争服务业增加值占 GDP 比重提高 2 个百分点。突出抓好总部经济、创意设计、现代物流、金融服务、健康养老、休闲旅游、信息消费、服务外包、社区服务等重点产业，建设物流、金融、信息、家政等 20 个服务平台。实施现代物流基地发展规划，统筹推进临港物流、空港物流、保税物流等物流园区建设，提升大宗商品交易市场发展水平。大力发展总部经济，加快寒亭总部基地、食品谷总部基地、文化产业总部基地等建设步伐。全面落实"金创 33 条"，加快金融市场、组织体系和支付、结算等后台服务中心建设，做优做强金融产业。加快区域性旅游集散中心建设，推进中介服务聚集区建设。二是推动工业改造升级。实施好工业提升计划，逐行业制定转型升级具体措施，不断提升产业素质和竞争力。实施新兴产业培育工程，培强做大电子信息、生物医药、节能环保、智能装备、新能源及电动汽车 5 大新兴产业，力争产值突破 1500 亿元，增长 15% 以上。强化高新区研发孵化和科技服务功能，加快培育创新型产业集群、高新技术产业基地，引领带动全市高新技术产业发展，力争高新技术产业占比每年提高 2 个百分点左右。依据产业标准、市场状况，搞好企业分类指导和服务，鼓励发展一批，改造提升一批，优化重组一批，转产迁出一批，关闭淘汰一批。实施中小微企业培育壮大工程，深入开展"一企一技术"活动，打造中小企业良好成长环境。三是加快发展现代农业。根据"三个导向"要求，以品牌农业为引领，着力突破规模化经营、标准化生产、企业化管理、社会化服务，大力发展优质高效生态安全农业，提高农业现代化水平。实施农业转调创计划，深化农村产业化经营，发展种子、种苗产业，推进农产品精深加工、农产品物流发展，延伸农业产业链。加快中国食品谷建设，打造我市食品产业转型升级的载体和平台。加强农田水利等基础设施建设，完成 10 个小农水重点县建设任务。开展粮食高产创建，确保粮食产量稳定增长。四是着力提升科技创新能力。推进科研投入成果化和科研成果产业化，增强创新驱动发展新动力。加快创新平台、创新联盟和创新型企业三大载体建设，实施孵化器提升计划，重点打造高新区新兴产业、滨海区海洋科技、经济区先进制造等特色孵化器。创新人才培养引进机制，搞好高层次创新创业人才的培养引进。成立市科技金融创新服务中心。办好全市科技成果交易洽谈会和分产业的专项对接会。筹建市技术交易服务中心。高标准建设国家知识产权示范城市。

（三）着力统筹城乡发展，提高城镇化发展水平。一是完善新型城镇化发展机制。瞄准打造百年城镇目标，出台覆盖城乡的城镇化发展规划，编制完善各专项规划，统筹推进中心城市、县城、小城市和小城镇、农村社区建设，着力构建新型城镇化体系，力争城镇化率提高 2 个百分点。二是推进农业转移人口市民化。坚持自愿、分类、有序的原则，推进城乡户籍一体化管理。建立财政转移支付同农业转移人口市民化挂钩机制，逐步实现社保、教育、医疗、住房等基本公共服务常住人口全覆盖。三是加快小城镇和农村新型社区建设。推动经济以非农产业为主、人口达到一定规模的乡村，建设新型城镇化社区。大力开展小城市、特色小城镇试点，加快提升 16 个省级示范镇和全国重点镇建设水平。继续推动生态文明乡村建设，实施村庄人居环境整治和农村危房改造，年内新开工建设农村新型社区 147 个，建成 100 个。四是统筹城乡公共设施建设。以提升城镇综合承载能力为重点，抓好城市管网建设改造，加快道路交通基础设施、污水和垃圾处理设施、城市森林等建设。突出抓好农村道路、供水、住房公共服务等设施建设，建制镇镇区污水处理率达到 70%，城乡环卫一体化覆盖率达到 90% 以上。

（四）着力突破重点区域，统筹区域均衡发展。一是举全市之力突破滨海。着力改善生态和基础设施，加快特色产业园区和特色生态小镇建设，打造新兴战略产业发展龙头。以港口、保税港区建设为龙头，推进鲁辽陆海联运滚装甩挂运输，打造渤海湾陆海联运大通道。大力发展海洋运输、临港物流、海工装备、生物医药、海洋化工等海洋特色产业，加快形成海洋产业聚集区。强化生态优先，打造天蓝地绿水清的美丽滨海。二是提升市区。围绕完善城市功能，重点发展总部经济、现代物流、科技服务、金融保险、文化教育、医疗健康等高端服务业，打造现代服务业发展高地。加快实施火车站站南广场、城隍庙、万达广场等重点片区、重点项目建设，提升城市精细化、人性化、智能化、低碳化、法治化管理水平。三是开发"两河"。按照全域统筹、重点突破、分步实施的理念，高标准、高质量编制完成总体规划、工作方案和推进计划。统筹空间规划、基础设施、生态环境、产业发展、要素配置、社会保障、生活服务、治安管理，先行开展河道生态治理和交通设施建设等基础工作，接续推进产业布局和镇村建设，打造城乡统筹发展的平台。四是推进县域科学发展。提升县城规划建设管理水平，增强集聚人口、产业和带动县域发展的功能。研究出台我市县域科学发展考核办法，重点抓好大企业带动、产业聚集、园区建设和城乡统筹，确保全市县域经济综合实力、各县市区在全省考核排序中整体前移。五是加强区域合作和对口支援。借助半岛城市群战略合作联盟，全力推动青潍一体化发展。加强与环渤海经济圈合作。做好援藏、援疆等对口支援工作。

（五）着力全面深化改革，破除体制机制障碍。一是加快转变政府职能。深化行政管理体制改革，简政放权，"把口袋里的生产力全部掏出来"，进一步改善营商环境。再造政府服务流程，规范行政运转程序，提高行政服务效能，推行地方各级政府及其工作部门权力清单制度。强化规划计划引导，启动"十三五"规划编制前期研究。加大政府向社会组织购买服务力度。健全政府资产和债务管理制度。二是着力完善现代市场体系。围绕使市场在资源配置中起决定性作用，积极推进市场化改革。深化国有资产管理体制改革，积极发展混合所有制经济。推动民间资本进入基础产业、金融服务、社会服务等方面。推进工商注册管理制度改革和市场监管体系改革，建立公平开放透明的市场规则。完善市场定价机制，健全居民电、气、水阶梯式价格制度，加快销售电价分类改革，健全促进节能减排的差别价格机制。三是深化农村体制改革。基本完成农村土地承包经营权确权登记颁证，加快农村集体资产股份制改造。创新土地承包经营权流转机制，发展土地股份合作社和土地承包经营权流转信托，土地流转率达到30%以上。建设齐鲁农村产权交易中心和县市分中心。探索建立农村土地承包经营权和宅基地有偿退出机制，试行宅基地换城镇住房。四是深化财税金融体制改革。加快财税体制改革，健全全口径政府预算体系，推进国库集中支付和政府采购制度改革。稳妥发展民间金融机构，规范发展融资性担保公司。开展县域金融创新试点。五是加快科技、教育、文化体制改革。围绕产业需求组建技术创新战略联盟，推进应用类研究院所市场化改革。深化教育综合改革，实施义务教育免试就近入学政策，加快建立现代教育制度。深化公益性文化事业单位改革，建立多层次文化产品和要素市场。六是深化医药卫生体制改革。扩大县级公立医院综合改革试点。深入实施国家基本药物制度，健全居民基本医疗保险制度。加快农村三级医疗卫生服务网络和城市社区卫生服务体系建设。完善突发公共卫生事件应急和重大疾病防控机制。积极推进社会办医（国家）联系点试点工作。

（六）着力加强生态建设，提升城市发展品质。一是狠抓大气污染防治。持续推进"386"环保行动计划，实行更加严格的区域生态管理制度。以防治PM2.5为重点，加快中小型燃煤锅炉拆改、黄标车淘汰、城市扬尘污染控制，建立应对重污染天气部门联动和应急机制，全年空气污染物浓度下降6%。二是强力推进节能减排。落实节能减排目标责任制，推进资源节约集约利用，突出抓好工业、建筑、交通、公共机构等重点领域节能工作。发展循环经济和节能环保产业，建设国家循环经济示范城市。开展创建绿色低碳城市活动，确保万元GDP能耗继续下降。三是调整优化能源结构。有序推进重点电源项目建设，提高环保、高效大型发电机组比重。积极发展光伏发电、风能、太阳能、生物质能等新型能源，规划建设电网、油气管网等重大能源工程。建立以市场导向的节能减排利益机制。四是加强水生态建设。推进重点企业实施污水处理设施再提标工程，确保水环境质量总体水平进入全省前列。加强主要河流水质监管和治污项目建设，巩固提高流域水污染防治水平。加快现代水网体系建设，开展水生态文明城市创建活动。加强生态修复和保护，按照区域开发功能定位，在南部山区和饮用水源地划定并严守生态红线，积极创建各类生态示范区，建设峡山区生态文明示范基地。

（七）着力发展社会事业，织好民生保障安全网。一是坚持教育优先。实施新一轮农村义务教育学校校舍标准化建设工程、市区中小学标准化建设提升工程，用三年左右时间，解决市区大班额问题。推进国家职业教育创新发展试验区建设，加快建设潍坊科技大学和职业教育公共实习实训基地。二是积极扩大就业。完善公共就业服务体系，健全就业失业动态监测和失业实名登记制度。实施全民创业计划，筹建潍坊创业大学，完善创业辅导体系，促进高校毕业生、城镇困难人员、农村转移劳动力就业和化解产能过剩中出现的下岗人员再就业，确保实现城乡就业"双十万"目标。三是健全社会保障机制。完善城乡低保救助制度，深入推进被征地农民社会养老保险工作，完成城乡居民基本医疗保险整合。加强社会养老服务体系建设，建设全国养老试点市。更加重视社会心理健康管理，建设"健康城市"。四是促进文化、体育、人口等事业全面发展。大力实施文化惠民工程，加快推进潍水文化生态保护实验区规划建设。加强全民健身公共服务体系建设，大力发展群众体育和竞技体育，建设市体育运动学校滨海校区。加快保障性安居工程建设。年内新开工城市各类保障房 1.9 万套。强化人口和计划生育目标责任制，稳步推进生育政策完善落实。五是创新社会治理。做好社会发展水平综合评价。创新有效预防和化解社会矛盾体制。加大食品药品安全监管力度，打造潍坊食品安全区。严格落实安全生产责任制，有效防范各类安全事故发生。深入推进平安潍坊建设，确保社会和谐稳定。

2014 年济宁市国民经济和社会发展思路

一、2013 年全市经济社会发展基本估价

2013 年，在市委、市政府的坚强领导下，全市上下按照"落实年、突破年"总要求，实施分线作战、重点突破，经济社会发展总体平稳、稳中有进，主要指标增幅高于全省平均，主要预期目标顺利完成。

（一）经济社会实现新发展。实现地区生产总值 3501.5 亿元、增长 11%；公共财政预算收入 302.2 亿元、增长 13.3%，增幅高于全省平均水平 1 个百分点；完成固定资产投资 2188 亿元、增长 23%，增幅居全省第 2 位；进出口总额 52.3 亿美元，其中出口 33.3 亿美元、增长 4.3%；社会消费品零售总额 1476 亿元、增长 13.5%；居民消费价格同比上涨 1.5%，控制在年初预期目标以内；城镇居民人均可支配收入、农民人均纯收入分别增长 9.8% 和 13.5%。

（二）结构调整见到新成效。三次产业比例调整为 12：51.1：36.9。粮食生产实现"十连增"、总产达到 115 亿斤。规模以上工业增加值同比增长 12.5%，新增规模以上工业企业 475 家，制造业增加值占比达到 57%、提高 11 个百分点。新增国家级高新技术企业 56 家，高新技术产业产值占比提高到 23.6%。服务业增加值占 GDP 的比重提高 1 个百分点；98 个先导性、基础性重大文化产业项目相继启动，接待国内外游客 4700.5 万人次，实现旅游社会总收入 392.6 亿元、增长 14.7%。节能减排扎实推进，二氧化硫减排、万元 GDP 能耗超额完成省下达任务。

（三）项目建设实现新突破。"大项目突破年"活动深入推进，新开工规模以上项目 2468 个、同比增加 126 个，其中亿元以上项目 380 个、增加 48 个；竣

工投产项目 1851 个、增加 78 个。招商引资成效显著，实际到位市外国内资金 790 亿元、增长 30.2%；新批外商投资企业 15 家，实际到账外资 8.3 亿美元、增长 7.8%。深化与省直部门战略合作，争取上级各类转移支付资金 121.4 亿元。全力对接央企合资合作，26 个央企项目落地建设。

（四）区域发展呈现新格局。启动鲁西科学发展高地规划建设，到位扶持资金 1.5 亿元、贷款贴息资金 8696 万元。县域整体实力持续增强，县域公共预算收入、固定资产投资分别增长 17% 和 23.1%，高于全省平均 4.7 个和 3.2 个百分点；2012 年全市县域经济综合实力上升到全省第 7 位、前移 6 个位次，列全省跨越发展第 1 名，10 个县市区实现跨越进位。园区经济发展提速，14 个省级经济园区销售收入、公共财政预算收入增幅均高于全省平均，兖州工业园建成千亿级园区。

（五）城市建设迈出新步伐。全市城镇化率达到 48.3%、提高 2.2 个百分点。顺利完成区划调整，中心城区提质扩容，建成区面积发展到 166.6 平方公里、人口达到 177.5 万。"三河六岸"开发提速推进，运河之星等重点项目启动实施。济宁经济技术开发区和西部运河物流园区同步建设。都市区加速融合，实施了 25 个都市区一体化项目，滨湖大道济宁至鱼台段、市区北二环、东外环南延工程建成通车，都市区城际公交全面开通、BRT 快速公交投入运营。城乡环境综合整治长效机制巩固完善，顺利通过省级卫生城复审。南水北调工程顺利实现通水，城区大气环境质量改善幅度居全省前列。

（六）民生保障取得新进步。各项民生实事全部兑现。民生投入占财政支出比重达到 56%。新增城镇就业 8.1 万人，农村劳动力转移就业 8.5 万人，城镇登记失业率控制在 3% 以内。全面完成"学前三年行动计划"，新改扩建公办幼儿园 296 所，竣工校安工程 1374 个、改造校舍 56 万平方米。新农保和城镇居民养老保险实现全覆盖，在全省率先开展了新农合大病保险工作，新农合参合率达到 99.9%。270 家定点医疗机构全面实施"先看病后付费"，受益群众 262 万人次。启动实施城区农贸市场改造工程，新改建城区农贸市场 14 处、6.5 万平方米。开工保障性安居工程 1.47 万套，新增廉租住房租赁补贴 967 户，均超额完成省年度计划任务。广播电视村村通等文化惠民工程扎实推进，妇女儿童、人口老龄、防震减灾、对口支援等各项事业全面发展。

二、2014 年经济社会发展的预期目标

2014 年是贯彻落实党的十八届三中全会精神、全面深化各项改革的第一年，也是实现"十二五"规划目标的攻坚年、显效年。全市经济社会发展的总体要求是：全面贯彻党的十八大和十八届二中、三中全会精神，以习近平总书记视察山东、视察济宁重要讲话为指引，坚持稳中求进、改革创新、争先进位，以打造鲁西科学发展高地为统领，以"提升年、显效年"为总要求，以"五大机遇"为牵动，以工业化、城镇化"两化并进"为引擎，实施系列"三年行动计划"，更大力度推进工业、城镇、县域、文化、生态"五大突破"，加快构建民生保障"十大体系"，打好转方式调结构攻坚战，做好保障和改善民生、创新社会治理大文章，促进经济持续健康发展和社会和谐稳定，为与全省同步提前全面达小康奠定坚实基础。

经济社会发展的主要预期目标为：地区生产总值增长 10% 左右；公共财政预算收入增长 12% 左右；规模以上工业增加值增长 12% 以上；固定资产投资增长 19%；社会消费品零售总额增长 13%；外贸进出口增长 6%，实际利用外资稳步增长；城镇居民人均可支配收入增长 10%，农民人均纯收入增长 11%、力争更高一些；城镇登记失业率控制在 3% 以内；居民消费价格指数涨幅控制在 3.5% 左右；全面完成省下达的节能减排约束性目标；人口自然增长率控制在 9.1‰；城镇化率提高 2 个百分点以上。

三、2014 年经济社会发展的重点

（一）提升区域综合实力，全力打造鲁西高地。深入落实省西部经济隆起带动员大会精神，强化赶超进位意识，加快打造鲁西科学发展高地。一是全力推进规划实施。分产业分行业分领域制定年度目标和工作方案，确保与省西部经济隆起带规划实施同步推进。落实好要素供应，加快推进列入省市规划的重大事项和重大项目。完善区域合作机制，在鲁西共同崛起中率先突破。二是积极对接争取政策。认真做好与省政策的配套衔接，充分利用好系列厅市合作平台，落实战略合作框架协议，争取省专项资金和投资基金，在项目、资金、土地等方面赢得更大支持。三是强化县域板块支撑。深入实施"县域经济倍增计划"，加大政策扶持力度，将部门考核与帮扶的县域、镇域发展挂钩，实现帮扶任务项目化、具体

化。发挥好县（市、区）主力军作用，善借外力、释放潜力，做强县域经济，壮大镇域经济，提升园区经济，激活民营经济，培植高效税源项目，所有县（市、区）完成三年倍增目标。

（二）提升市场有效需求，促进经济平稳增长。积极有效扩大内需，稳定外需，充分释放有效需求，促进经济持续健康增长。一是增强投资支撑作用。调整优化投资结构，引导资金重点投向社会民生、农林水利、高新技术、现代服务业等领域，加大对新一代物联网技术、节能环保、重大装备以及企业设备更新、公益性市场建设等投资支持，推动民间资本进入基础产业、金融服务、社会服务等方面，确保完成固定资产投资 2600 亿元。集中突破重点项目，继续实施"大项目突破年"活动，坚持重大项目集中开工，对县（市、区）工业项目实行单独观摩、单独考核，对重点项目推进情况进行动态排名。加快推进鲁西科学发展高地规划项目建设，继续筛选一批重大项目纳入集中调度和市级领导包保范围。加强能源体系建设，推进华能济宁热电厂项目前期工作，加快大唐邹城风电、国电泗水风电等新能源项目建设进度。二是强化消费基础作用。实施"信息惠民"工程，推进国家信息消费试点城市建设，加快建立粮食现代物流、农产品批发及冷链物流体系。优化城乡商贸网点布局，建成一批城市综合体、购物中心、商业街区和专业市场，新建、改建农贸市场 15 个。三是提高外需拉动作用。引导外资参与产业转型升级，重点突破央企、大型民企、世界 500 强企业，年内各县（市、区）至少新上 20 个亿元以上产业项目。支持青岛保税港区济宁（邹城）功能区建设，推进市综合保税区申报工作，加快建设济宁保税物流中心。支持有条件的企业境外布局产业链，加强境外重点合作园区建设。

（三）提升产业结构层次，推进经济转型升级。坚持质量同步提高、好快统筹兼顾、融合转型发展，打造济宁经济升级版。一是全力突破工业经济。以工业升级版三年行动计划为抓手，实施好四项工程：（1）千百亿产业培植工程。落实十大千亿级制造业行动任务，以特色产业和资源精深加工为突破口，着力拉长产业链、价值链和财税链，打造一批优势特色产业集群，年内新增规模以上企业200 家。（2）信息产业提升工程。放大惠普项目带动效应，提速推进北斗产业化应用示范基地、浪潮集团云计算中心、山东省物联网技术发展研究院、台联电 IC 设计等重点项目。（3）园区转型升级工程。积极支持兖州工业园、邹城开发区创建国家级开发区，济宁化工园区、联想化工园区创建省级开发区，其他省级园区实现晋档升级。规划建设东部大型工业聚集区、济宁经济技术开发区，打造工业经济新的增长极。（4）企业主体创新工程。完善企业技术创新体系，推进产学研协同创新，实施 1000 项技术创新项目，年内重点企业研发中心覆盖面达到 80%，新增省级以上研发机构 5 家，转化重大科研成果 170 项，高新技术产业产值占比提高 2 个百分点。二是加快服务业跨越发展。落实省市关于加快服务业发展的政策意见，推动服务业发展提速，年内服务业增加值占比提高 1 个百分点。（1）全面启动文化强市首善之区建设。制定实施建设规划，积极推动上升到国家战略。加快文化经济融合发展，出台曲阜文化经济特区核心区规划，实施好旅游业发展三年行动计划，搞好文化旅游资源整合开发，集中建设尼山圣境、东方文博城、兴隆文化园、水浒文化园、微山岛综合开发等一批重大项目，构筑文化经济新高地。（2）推进生产性服务业集聚发展。规划建设铁路、航运、空港等物流中心，加快推进济宁铁路物流园、粮食物流园区建设。认真落实省"金改 22 条"政策措施，加快金融集聚区建设，推动产融结合，发展民生金融，争取建立山东（济宁）普惠金融创新发展实验区，实现村镇银行县域全覆盖，提高金融服务的覆盖率和普惠性。（3）促进服务业载体建设。设立服务业和文化旅游业发展基金，完善服务业、旅游业引导资金管理办法，带动社会资本投向现代服务业。三是积极推进现代农业。坚持城乡统筹，深化农村综合改革，构建新型农业经营体系，提高农业农村发展水平。启动实施耕地质量提升计划，持续推进千亿斤粮食产能建设和粮食高产创建。集中农业政策资源，年内新培植 50 家农业产业化龙头企业。以建设济宁国家级农业科技园为契机，启动农业物联网技术应用示范工程，规划建设一批标准化生产基地、现代农业示范区。鼓励土地承包经营权通过公开市场有序流转，引导发展家庭农场、特色农业园区和现代农业公司，打造"农户家庭经营升级版"。

（四）提升优化空间布局，统筹城乡协调发展。强力实施城镇化追赶战略，构筑以中心城区为核心、都市区为主体、县城和中心镇为支撑的新型城镇体系，打造区域中心城市。一是完善新型城镇化发展机制。坚持以人的城镇化为核心，优化城镇化布局和形态，稳步推进城镇基本公共服务常住人口全覆盖。积极推进农村产权制度和征地制度改革，让产权主体共享城镇化成果。二是优化中心城区功能布局。加快修编城市总体规划，优化城市功能分区。大力拓展太白湖新区，加快石桥镇融入步伐，开工建设城市综合体和商业中心项目；促进任城区优化整合，产城一体融合发展，加快建设太白楼路、金宇路两大综合商圈，提高综合承载能力；加快兖州区融合对接，推动与主城区规划、功能、公共服务和基础设施衔接配套；着力提升济宁高新区，提速推进惠普产业园、大学科技园、创意设计中心等重点项目，打造东部高端产业聚集区；启动西部济宁经济技术开发区和物流园区规划建设，大力发展规模化临港产业，形成东西两翼均衡发展态势。三是加速都市区同城发展。推进城际间骨干路网建设，提速推进济徐高速济宁至鱼台段、滨河大道济宁至梁山段建设，开工建设西二环、北二环东延工程，启动微山湖跨湖高速前期工作。完善都市区公交和 BRT 快速公交系统，构筑都市区综合交通体系。实施泗河全域综合开发，规划建设泗河生态绿心示范区。四是统筹城乡一体发展。以建设省级示范镇为契机，抓好县城的扩容提质，增强小城镇自我发展能力，推进 18 个省级示范镇和市级中心镇建设，力争有更多小城镇进入全省全国百强镇行列。稳步推进新型农村社区建设，启动实施美丽乡村建设三年行动计划。

（五）提升绿色发展水平，加强生态文明建设。大力实施"生态突破"战略，加快落实生态建设三年行动计划，打造绿色发展高地。一是狠抓环境治理保护。巩固南水北调治污成果，完善"治用保"防控体系，对重点河流"一河一策"综合治理，确保水质全面稳定达标。做好大气污染联防联控，全面整治污染源，加强火电厂、水泥厂脱硫脱硝除尘改造，加快重污染企业"退城进园"和"集中整合"，推动车用成品油升级，落实好黄标车提前淘汰补贴办法，逐步建立应对雾霾长效机制，持续改善空气环境质量。二是切实抓好节能减排。严格落实能源消费强度和总量"双控制"，完善节能评估审查制度，实施节能降耗"双百"工程，强化重点领域节能控制，确保完成省下达的约束性指标。大力发展循环经济，建设一批绿色经济示范园区和示范企业，推行清洁生产。加快发展节能环保产业，开发推广一批节能环保关键技术和装备。坚决化解产能过剩，加快"消化一批、转移一批、整合一批、淘汰一批"，引导产能利用回归合理区间。三是加快生态工程建设。推进全市域公园化和环南四湖大生态带建设，提高森林覆盖率特别是城区和县城绿化覆盖率，新增造林 20 万亩。结合土地规划调整和采煤塌陷地治理，加强地质保护和矿区生态修复，年内治理采煤塌陷地 2 万亩，完成湿地保护修复 20 万亩。高标准实施"三河六岸"综合开发，打造滨水生态长廊。

（六）提升改革创新能力，全面增强发展活力。坚持正确、准确、有序、协调推进各项改革，力争在重要领域和关键环节取得实质性进展。一是深化投资审批制度改革。坚持权力和责任同步下放、调控和监管同步强化，继续减少行政审批事项，推行重大项目"市县两级"联合审批和"模拟审批"，努力打造一流的政务环境。二是稳妥推进土地管理制度改革。继续扩大农村土地承包经营权确权登记颁证试点范围。健全农村土地流转机制，探索建立农村土地承包经营权和宅基地使用权自愿有偿退出机制。加快农村产权交易市场建设。三是大力发展混合所有制经济。研究制定非公有制企业进入特许经营领域的具体办法。推动国有企业改革，推进产权多元化，建立以管资本为主的监管机制，提高国有资本收益上缴比例。四是深化财税体制改革。完善预算管理制度，健全全口径政府预算体系，增强公共财政的透明度。落实好国家结构性减税政策，完善一般性转移支付增长机制，提升基层政府保障能力。加强政府性债务管理，有效化解存量债务，严控政府债务风险。五是深化医药卫生体制改革。健全全民医保体系，实施医疗保险"一卡通"工程，巩固基本药物制度，稳步推进公立医院综合改革。强化新农合筹资保障能力，扩大按病种付费数量范围，提高参合农民受益水平。开展城乡居民基本医疗保险整合工作，搞好居民大病保险。加快市第一人民医院高新区分院、济宁附属医院太白湖分院和市中医院新院区建设。

（七）提升公共服务质量，努力保障改善民生。持续加大民生和社会事业投入，推进民生保障"十大体系"建设，提高公共服务资源普惠度和人民群众生活质量。一是实施更加积极的就业政策。规划建设市人力资源市场和就业创业综合服务中心。深入实施高校毕业生就业促进计划，年内新增城镇就业 5.7 万人、农村劳动力转移就业 7.2 万人。二是健全完善社会保障体系。加快推进社保"制度全覆盖"向"人员全覆盖"转变，确保应保尽保。强化社会保险一票征缴，确保应征尽征，实施"特困群体助保"工程，搞好困难群体社会救助。推进养老服务保障体系建设，努力让群众享有更高水平的社会保障。三是深化教育领域综合改革。实施优化城区中小学校布局三年行动计划，推进 30 个教育重点项目建设，实施农村义务教育学校校舍标准化建设工程，新建重建校舍 60 万平方米。继续实施农村义务教育阶段学生营养改善计划，实现农村小学营养补助全覆盖。四是加快保障性住房建设。新建公租房 4500 套，推动公共租赁住房和廉租房并轨建设，逐步将外来务工人员纳入住房保障范围，研究将农民工纳入住房公积金缴存范围的办法。五是促进文化、体育等事业全面发展。全力办好第二十三届省运会和第九届省残运会。完善覆盖城乡的公共文化服务体系，规划建设市文化艺术中心，精心打造国家级公共文化服务示范项目，提高基层文化设施条件。六是创新社会管理体制。完善社会发展水平综合评价。提高价格监测预警水平，保持物价基本稳定。强化社会治安综合治理和应急平台建设，确保经济社会和谐稳定。

2014 年泰安市国民经济和社会发展思路

一、2013 年国民经济和社会发展计划执行情况

2013 年，全市上下在省委、省政府的领导下，按照市委、市政府的统一部署，紧紧围绕"推进富民强市、建设幸福泰安"奋斗目标，以招商引资和项目建设为抓手，以增加财政收入和城乡居民收入为标准，依据市十六届人大二次会议审议批准的国民经济和社会发展计划，坚持稳中求进、稳中有为，统筹推进稳增长、调结构、促改革、惠民生各项工作，全市经济社会发展总体平稳、稳中有进、稳中向好，计划执行情况总体是好的。

（一）经济保持平稳增长，需求拉动作用较强。全年实现生产总值 2790.7 亿元，增长 10.6%。其中第一产业实现增加值 260.1 亿元，增长 3.7%；第二产业实现增加值 1367.8 亿元，增长 11.1%；第三产业实现增加值 1162.8 亿元，增长 11.3%。全市公共财政收入 168.8 亿，增长 0.2%；完成固定资产投资 1981.8 亿元，增长 20.5%；实现社会消费品零售额 1053.8 亿元，增长 13.5%；实现外贸进出口总值 24.8 亿美元，增长 15.2%。

（二）粮食生产再获丰收，农业发展持续向好。全市粮食收获面积 584.6 万亩，总产 281.3 万吨，实现"十一连丰"。全市新认证绿色食品基地 5.7 万亩，无公害农产品基地 5.4 万亩，有机食品基地 2.6 万亩，新植茶园 6200 亩。全市新上扩建规模以上农业龙头企业 16 家，农民专业合作社达到 4852 家，新建户用沼气池 5000 户，完成造林面积 20.9 万亩。全市落实各类良种补贴 4.3 亿元。完成水土保持治理面积 80 平方公里。

（三）工业生产总体平稳，运行质量不断提升。全市规模以上工业企业增加

值增长 12.5%，新增规模以上工业企业 250 家。工业效益逐步改善，全市规模以上工业企业累计实现主营业务收入 6343.5 亿元、增长 14.7%，利税 719.9 亿元、增长 6.5%，利润 448.5 亿元、增长 6.3%。金融对经济发展的保障支持作用进一步增强，全市人民币各项贷款余额 1416 亿元，比年初增加 189 亿元。

（四）转型升级稳中有进，服务业发展继续加快。服务业发展势头较好，服务业增加值占生产总值比重继续提高。全市新增重点服务业企业 186 家。文化旅游业保持良好发展势头，太阳部落、刘老根大舞台、泰山地下大裂谷等一批文化旅游项目建成运营，全市共接待境内外游客 4836 万人次，实现旅游总收入 441 亿元，分别增长 11% 和 14%。现代物流业发展迅速，电子商务等新型业态服务业蓬勃发展。企业创新能力进一步增强，全市工业在建技术改造项目 991 项，完成投资 660 亿元。全市国家级高新技术企业达到 95 家，新增发明专利授权量 260 件。节能减排扎实推进，预计可完成省下达控制目标。泰安被列为国家首批新能源示范城市，泰安高新区被列为国家首批分布式光伏发电示范区。

（五）项目建设扎实推进，区域战略全面实施。进一步完善指挥部工作体制，加大领导干部包保重点项目力度，全市 121 个市级重点项目完成投资 485.5 亿元，占年计划的 107.6%。富达幕墙节能建材基地、泰山玻纤 16 万吨池窑拉丝生产线、60 万吨 LNG 装备、新煤方舟矿用救生舱生产线、润通机械年产 35 万台汽车变速箱、60 万吨缓控释肥等项目投产运营，泰城中央商务区、速恒物流、肥城冷链物流、宁阳时代广场、海力汽配科技园、东平国际商贸港、王老吉饮料生产线等一批项目奠基开工。100 个前期推进重大项目已开工 81 个。新策划亿元以上重大项目 238 个。全市新开工境内招商引资总投资 3000 万元以上项目到位资金同比增长 16%。全年完成合同利用外资和实际利用外资分别达到 5.3 亿美元和 3.5 亿美元，分别增长 134.9% 和 106.8%。泰安列入省会城市群经济圈，宁阳县、东平县列入山东省西部经济隆起带，研究制定了贯彻落实省会城市群经济圈发展规划的实施意见和支持宁阳县东平县在西部经济隆起带中加快发展率先崛起的 16 条措施，争取全省"一圈一带"建设专项资金项目及贷款贴息项目 77 个。新泰市沂蒙革命老区参照执行国家中部地区政策、资源枯竭城市转型得到较好落实。

（六）就业形势总体平稳，社会民生得到加强。财政对民生支持力度较大，全市用于教育、社会保障和就业、医疗卫生、住房保障等民生支出达 143.5 亿元，占公共财政支出的 55.4%。就业形势稳定，就业形势稳定，全市新增就业 6.3 万人，城镇登记失业率 2.73%；新增农村劳动力转移就业 9.2 万人。社会保障能力进一步增强，预计全市各项社会保险扩面 14.2 万人次，收缴各项保险费 102 亿元，5 个险种 10 个类别的社会保险费收缴率均达 95% 以上；发放各项社会保险金 82 亿元；在全省率先建立了城镇居民大病医疗保险制度。全面完成学前教育三年行动计划，新建和改扩建幼儿园 484 处。泰安文化艺术中心建成使用。全市共开工建设各类保障性安居工程 10121 套，基本建成 8361 套；完成农房建设 4.2 万户、危房改造 1.3 万户。居民收入稳定增加，市区居民人均可支配收入 28201 元、农民人均纯收入 11547 元，分别增长 9.9% 和 13.3%。全市城乡低保和农村五保标准补助水平继续提高。

当前，我市经济回升基础仍不够牢固，制约经济运行的因素仍然不少，面临稳增长和调结构的双重压力。从长期看，结构性体制性矛盾比较突出，企业创新能力不够强，转方式调结构任务依然艰巨。从当前看，一是经济稳中回升的基础还不够牢固，经济运行存在下行压力。二是工业结构调整仍需加强，工业增长主要依赖传统产业的局面仍未改变，培强做大的任务艰巨。部分行业、部分企业经济效益下滑，困难局面短期难有大的缓解。三是传统消费行业拉动作用减弱，新的消费热点还没有形成，企业投资意愿仍不够强，扩大内需动力不足。四是资源环境约束加剧，节能减排压力加大，推进生态建设任务艰巨。五是税收增长后劲不足，财政刚性支出压力加大，收入结构性矛盾短期内难有大的改善。六是居民增收放缓，公共服务体系亟待完善，社会保障压力增大，民生领域存在一些突出问题。对此，要采取有效措施，认真加以解决。

二、2014 年经济社会发展总体要求和主要目标

2014 年是全面贯彻落实党的十八届三中全会精神、全面深化改革的第一年，是深入实施"十二五"规划的重要一年。总体上判断，我市发展环境仍然错综复杂，既具备很多有利条件，也面临不少困难和挑战。一方面，党的十八届三中全会对改革进行了全方位部署，力度深度突破以往，改革红利将进一步释放，市场对未来发展有更高的期待。国家继续实施积极的财政政策和稳健的货币政策，保持宏观政策的连续性和稳定性，坚持稳中求进工作总基调，把改革贯穿于经济社会发展各个领域各个环节，以改革促创新发展，推出一系列创新性政策措施，强

化经济发展方式转变的内生动力，为我市巩固经济向好势头提供了有利条件。市委、市政府全面落实国家宏观调控政策，既立足当前稳增长，又着眼长远抓转调，积极化解各种矛盾，主动应对各种挑战，全力抓好各项任务落实，特别是坚持不懈地推进招商引资和重点项目建设，取得了明显成效，一大批项目建成投产，后劲不断增强。据统计，在项目建设带动下，2013 年全市新增"四上"企业（规模以上工业企业、资质以内建筑业企业和房地产开发企业、限额以上批发零售住宿餐饮企业、重点服务业企业）698 家。这些企业投产运营，将进一步增强对经济增长的拉动作用，为实现全年各项任务目标、促进全市经济持续健康发展提供有力支撑。另一方面，今年世界经济仍处于缓慢复苏态势，不确定不稳定因素依然存在。国内经济结构性矛盾依然突出，回升基础尚不稳固，内需增长面临一定下行压力，化解产能过剩形势不容乐观。这些都将给我市经济持续健康发展带来严峻挑战。

综合考虑各方面的因素，做好 2014 年经济社会发展工作，必须全面贯彻落实党的十八大和十八届三中全会、经济工作会议以及省市委有关会议精神，紧紧围绕推进富民强市、建设幸福泰安奋斗目标，坚持稳中求进，改革创新，着力推动工作指导重大转变，坚决打好转方式调结构攻坚战，打好招商引资和重点项目建设质效提升战，切实做好保障和改善民生、创新社会治理大文章，提高经济增长质量和效益，加强生态环境建设，扎实推进新型城镇化，推动经济持续健康发展，社会事业全面进步。

2014 年经济社会发展的主要预期目标是：

（1）经济增长方面。生产总值增长 9.5% 左右，公共财政预算收入增长 11% 左右，固定资产投资增长 18% 左右，社会消费品零售额增长 13% 左右，外贸进出口增长 11% 左右，实际利用外资增长 20% 左右。这样安排，既考虑了与"十二五"规划目标相衔接，又兼顾了增加财政收入、资源环境承载能力、就业形势总体稳定、改善社会民生等方面的需要，也与当前经济形势相适应，有利于稳定社会预期，增强发展信心。通过适当调整预期增长目标，引导推动转型发展，真正把工作重心放到提高发展质量和效益上来。

（2）结构优化方面。服务业增加值占生产总值的比重进一步提高，高新技术产业产值占工业总产值的比重提高 1.4 个百分点以上，城镇化率达到 54.5% 左右。实现有质量、有效益、可持续的发展，根本途径是加快转变经济发展方式，关键是深化产业结构战略性调整，推进三次产业结构逐步从"二三一"向"三二一"转变，产品结构向价值链高端转变。这样安排，主要是引导各级加大服务业投入，强化创新驱动，加快构建现代产业体系，积极稳妥推进新型城镇化，不断增强产业竞争力和经济发展后劲。

（3）民生改善方面。城镇居民人均可支配收入增长 10% 左右，农民人均纯收入增长 11% 左右。城镇新增就业 5.2 万人，登记失业率控制在 3.5% 以内，新增农村劳动力转移就业 6.5 万人。人口自然增长率控制在 10.03‰ 以内。居民消费价格指数 3.5% 以内。保障和改善民生是推动科学发展、促进社会和谐的必然要求，也是加快转变经济发展方式的出发点和落脚点，必须坚持发展经济与改善民生的内在统一，把解决就业、收入分配、物价稳定、社会保障等问题放在更加重要的位置，让广大人民群众更多地分享改革发展成果。

（4）生态建设方面。全面完成省政府下达的万元生产总值能耗和二氧化碳排放、化学需氧量、二氧化硫、氮氧化物和氨氮排放量削减等节能减排任务。节能减排是生态文明建设的突破口，是转方式调结构重大而紧迫的任务。各级各部门要进一步加大投入力度，强化制度建设，形成节能减排长效机制，推动资源节约型、环境友好型社会建设不断取得新突破。

三、2014 年经济社会发展的重点及措施

（一）狠抓招商引资和项目建设不放松，保持投资对经济增长的拉动作用。一是加快推进重点项目建设。筛选确定 120 个左右市级重点项目，抓好国电泰安热电联产、康平纳数控机床、洪强健康产业园、万达城市广场等项目建设，落实重点项目建设条件和要素保障，推进项目早开工早投产，实现投资完成率、竣工率、投产率新突破，力争年内 50% 以上续建项目达到竣工投产条件。高水平策划 100 个左右经济效益好、带动能力强、能够实现财政收入和城乡居民收入"双增加"的重大项目，总投资不低于 800 亿元。筛选确定五矿科技产业园、中国矿山装备物流中心等 100 个左右前期推进重大项目，通过重点项目部门联席会、项目专题会议及市级领导包保等形式，研究解决项目推进过程中遇到的问题，落实建设条件，增强项目成熟度，力争年内具备开工建设条件的项目达到 60% 以上。认真落实市委、市政府重点项目推进制度，继续实行领导干部包保重点项目制度。落实项目审批绿色通道，加快审批步伐，提高审批效率。举办好全市重点项

目银企对接会，开展好"人才牵手"活动，组织开展"双对接"活动，努力为项目建设融通资金、引进人才、争取支持。二是增强投资的关键性作用。坚持投速、投量、投向、投效有机统一，把优化投向、提高投效作为工作重点，充分发挥政府资金的示范作用，引导资金更多地投向现代服务业、社会民生、文化建设、农林水利、高新技术产业、工业结构调整和技术改造、能源工业、交通运输体系建设等八大重点领域，抓好 104 国道泰安西线改建工程、山西中南部铁路通道、60 万吨 LNG 装备等一批重大交通能源基础设施建设。认真落实国家和省遏制产能严重过剩行业盲目扩张和淘汰过剩产能的要求，严格要素供给和投资管理，年内不再审批、核准、备案"两高"和产能过剩行业扩大产能项目，不断提高投资质量和效益。三是加大力度发展民营经济。切实抓好国家、省、市促进民营经济发展政策措施的贯彻落实，推动民间资本进入基础设施、基础产业、金融服务和教育、医疗、养老、健康等领域。认真落实支持中小微企业发展的系列措施，制定实施民营企业"倍增"计划，组织实施好"专精特新"中小企业发展规划。加快公共服务平台建设，支持小微企业品牌建设，为中小企业发展创造良好环境。四是加大招商引资力度。充分发挥各产业招商指挥部的作用，密切关注发达地区产业调整和国内外 500 强企业发展动态，有针对性地开展产业招商。切实做好园区招商，搞好各类经济园区建设，增强园区吸引力、聚集力，围绕园区产业聚集发展规划，以发展新兴产业和打造企业集群为目标大力引进项目。发挥企业招商主体作用，健全完善企业招商信息库，积极引导和帮助企业通过资产重组、增资扩股等方式加强与国内外大企业的合作。抓好在建项目，跟踪盯紧已签约项目，推进前期工作，力争招商引资项目早落地、早开工、早建成、早投产。

（二）促进农业稳定发展，保障粮食稳产增产。加快实施岱岳、肥城、宁阳、东平四个县市区全国新增千亿斤粮食生产能力规划，继续实施好粮食高产创建活动，加快建设"旱能浇、涝能排"高标准农田，力争粮食再获丰收。推进种植业结构调整，加大对有机蔬菜、设施蔬菜、泰山茶、种子等产业的支持力度，强化"三品一标"认证，新认证无公害农产品 5 万亩、绿色食品 5 万亩，新建茶园5000 亩。加快农业发展方式转变，引导农业更多地依靠科技进步、设施装备改善、劳动者素质提高，激发生产活力，增强农业综合生产能力。着力培育新型农业经营主体，重点扶持种养大户、专业合作社、农业龙头企业和农业农村社会服务组织等新型经营主体加快发展，力争发展农民专业合作社 400 家以上，新上扩建规模以上农业龙头企业 60 家。加强高效生态循环农业建设，建设户用沼气池 2000 户。持续抓好农业科技创新推广和教育培训，培植农业科技示范户 6000 户。大力发展林业产业，着力发展特色经济林、苗木花卉、木材加工、林下经济、森林旅游五大重点产业，年内完成成片造林 12 万亩，新增经济林 4 万亩。加强农业基础设施建设，继续抓好大汶河综合开发工程，实施好小型农田水利重点县、农村饮水安全、水土保持综合治理、病险水库除险加固、农村沼气等项目建设。

（三）加快推进转型升级，着力构建优质高效产业体系。一是加快发展服务业。以开展"服务业发展突破年"活动为总抓手，完善服务业工作机制，建立健全与服务业发展新形势、新要求相适应的组织领导和工作推进机制。发挥服务业引导资金"四两拨千斤"的作用，吸引更多社会资本投入服务业发展，力争服务业投资占固定资产投资的比重达到 50% 左右。推动服务业重点产业实现新突破，着力突破现代物流业，重点培植泰山物流园区、泰安快递物流园区、新泰天宝现代物流园区、岳华能源储备中心、东平现代国际物流园区等 10 大物流园区和新汶矿业集团物资供销有限责任公司、山东泰安交运集团物流中心、添亨（新加坡）实业有限公司现代物流中心等 10 大重点物流中心（企业）建设。鼓励发展养老养生服务业，优先发展科技研发、信息服务、金融服务等生产性服务业，改造提升商贸餐饮服务、医疗卫生服务等生活性服务业，积极培育电子商务、节能环保、工业设计、服务外包等新兴服务业，积极发展贯穿产前、产中、产后及农民生产生活的农村服务业。继续大力实施服务业载体培植工程，抓好重点城区、重点园区、重点企业、重点项目四大服务业载体的培育发展，着力抓好泰城 32 个服务业集聚区、10 条特色街建设，推动 30 家企业尽快膨胀规模、提升层次，加快推进奥特莱斯现代服务业项目、中青旅泰山龙曦国际旅游度假地、泰山国际金融中心、云谷互联网产业园、中富宏泰等现代服务业项目建设进度。引导和鼓励企业加快剥离非主营业务。稳定扩大消费需求，以发展商贸物流为支撑，大力培育商品交易市场，完善城乡现代流通体系，继续推进"万村千乡市场工程"，健全城乡流通网络，建设乡镇商贸中心，建立多级配送体系，提升农家店商品统一配送率；进一步推进农超对接，策划举办一批"农超对接"活动。二是加快工业转型升级。继续实施好传统产业改造升级、新兴产业加快发展、优势产业发展壮大及产业集群和特色产业聚集壮大"四大工程"。大力推进企业技术改造，切实抓好泰开核电、华鲁锻压船用卷板机制造二期工程、普瑞特食品机械、国华高端装备制造基地、岱银新宇气流纺特殊纱生产线、康平纳数控机床、山能机械成套装备再制造等一批技术改造项目建设。综合运用法律手段、产业政策、节能减排等手段，加快化解产能过剩。全面落实加快培植百亿大企业的意见，培植更多重点企业尽快成长为百亿企业。坚持走新型工业化道路，不断推动工业化和信息化融合发展。推进企业家队伍建设，为企业发展夯实管理基础。三是加快发展文化产业和旅游业。整合、挖掘泰山文化、大汶口文化、水浒文化等资源优势，充分利用现有文化旅游项目，进一步推动文化与旅游的深度融合。高质量编制《泰安市旅游业发展总体规划》，进一步完善旅游配套设施，提升旅游服务质量，打造"好客泰山人、满意在泰安"品牌。以泰山为龙头，加大"三日游"产品推广力度，加快发展乡村旅游业，抓好泰山文化产业园、泰山玉石市场、泰豪旅游文化商品城等一批文化旅游项目建设，增强发展后劲。四是加大科技创新力度。强化企业主体地位，优化配置各类科技资源，引导资金、人才、技术等创新资源向企业集聚，支持骨干企业建立省级以上企业技术中心、工程技术研究中心、重点实验室等研发平台，年内新增科技创新平台 40 个以上。加强各级创新平台管理和项目建设，重点抓好康平纳筒子纱数字化车间、宝来利来倍利素、蓝光软件数字矿山系统开发、泰丰矿业年产 600 吨高强高模聚乙烯纤维、肥城昌盛特种石墨年产 6 万吨大规格超高功率石墨电极和 2 万吨高品质石墨化阴极等项目建设管理。实施知识产权战略，培育一批核心专利技术、技术标准和知名品牌。加强创新性人才队伍建设，实施人才工作递进培养工程。加强人才公共服务平台建设，加大与高校、科研院所的联合，积极推进建设高校创业基地。加大科技研发投入力度，全市研究与试验发展投入占生产总值比重达到 2.1%。

（四）更加注重生态建设，进一步改善环境质量。一是强力推进节能减排。围绕"调结构、控新增、减存量"主攻方向，严格落实节能减排目标责任制，强化节能减排考核结果运用，全面完成省下达我市任务。强化新上项目节能评估审查，严控新上高耗能、高污染、高排放项目，坚决淘汰落后产能，集中实施一批节能重点项目，突出抓好焦化、水泥等行业产能优化和淘汰落后工作，切实抓好工业、建筑、交通、公共机构等重点领域和重点企业节能管理。二是切实加强环境保护。加强水生态文明建设，抓好东平湖、大汶河等重点流域污染防治，加快泰安第二污水处理厂、新泰市循环经济园区污水处理厂等环境基础设施建设项目。实施好泰安市大气污染防治"蓝天工程"三年行动计划，抓好 18 个火电机组烟尘治理工程，加强机动车排气管理。认真落实《泰安市重污染天气应急预案》，建立重污染天气预警机制，加强环境空气质量监测、预测能力建设。推进省级生态乡镇、生态村建设，年内新增省级以上生态乡镇 6 个、市级以上生态村 30 个。搞好人工湿地建设，加快实施柴汶河、天泽湖、康王河等一批人工湿地水质净化工程。三是集约节约利用资源。加快发展循环经济，支持循环经济示范园区建设，进一步提升发展水平。积极发展新能源，调整优化能源利用结构，组织实施好泰安新能源示范城市、泰安高新区分布式光伏发电示范区建设，组织实施一批风电、光伏发电、生物质发电等新能源发电及新能源应用项目。加快建设和完善再生资源回收利用体系，提升资源综合利用水平。科学合理安排使用用地指标，严格执行项目审查、用地承诺、分期供地等措施，深化建设用地批后监管。精心组织土地综合整治，提高节约集约用地水平。

（五）坚持深化改革扩大开放，不断增强经济长期发展后劲和活力。一是扎实有效推进各项改革。认真按照中央、省委深化改革的总体部署，加强改革的整体设计和统筹规划，及时研究推出改革新举措。推进农村改革，深化集体林权制度改革和国有林场改革，推进农业经营体制机制改革，积极构建集约化、专业化、组织化、社会化相结合的新型农业经营体系。深化国有企业改革，建立和完善现代企业制度。深化财税体制改革，重点做好"营改增"试点工作，推进企业主辅分离。推进收入分配制度改革，健全工资决定和正常增长机制，完善最低工资和工资支付保障制度，完善企业工资集体协商制度，着重保护劳动所得，努力实现劳动报酬增长和劳动生产率提高同步。继续深化医药卫生体制改革，稳步扩大县级公立医院综合改革试点。推进居民用水、用电、用气阶梯式价格改革。继续做好综合配套改革试点，推进肥城市、岱岳区满庄镇、宁阳县葛石镇、东平县彭集街道社区国家和省改革试点城、镇改革。二是进一步提高开放型经济水平。实施更加积极主动的开放战略，坚持出口与进口并重，培植壮大出口企业群体，抓好机电出口基地和农产品出口质量安全示范区建设。引导企业积极开拓国际市场，帮助优势产业企业深度开发、细分市场，努力构建多元化出口格局，不断扩大国际市场份额。积极开展进口业务，扩大先进机电设备的进口，提升制造业档次水平。进一步扩大利用外资规模，深入开展"访百家外企促增资发展"活动，做好合同利用外资项目全程服务，引导和支持现有外资企业增资扩股。努力扩大对外承包工程队伍，培育境外投资主体，新增境外企业 10 家。三是加大对内开放和融合力度。用好区域发展政策，积极推进泰安与省会城市群经济圈和西部经济隆起带城市的融合发展，组织实施好全省"一圈一带"发展规划和我市出台的实施意见，抓好享受"一圈一带"专项资金和贷款贴息的 77 个项目建设。认真做好新泰市资源枯竭型城市转型、泰安高新区海洋产业配套服务基地和泰安盐化工基地建设、新泰市沂蒙革命老区政策落实、东平县中原经济区优惠扶持政策争取等工作。按照上级要求，扎实做好新一轮对口支援新疆岳普湖县和扶贫协作重庆巫溪县各项工作，推动区域经济合作。

（六）坚持以人为本，积极稳妥推进新型城镇化。一是抓好泰城城市建设。积极推进中央商务区、洋河水系片区、历史文化轴、城中村片区、时代发展线等重点片区建设，尽快启动京沪高铁泰安站综合改造、万官大街及北延建设工程、引水入城二期、灵山大街东段建设、第四污水处理厂等工程，加快完成农大地下停车场、泰城西区供热管网"汽改水"等工程，搞好高铁新区 C 区、灵山大街中段回迁安置、四号社区、洪沟佳苑、迎胜社区等 14 个棚改项目。二是加快小城镇和农村新型社区建设。认真落实好中央城镇化工作会议精神，按照以人为本、优化布局、生态文明、传承文化的原则，以"百镇建设示范行动"为抓手，抓好国家重点镇、省级示范镇和省级中心镇以及市级重点镇建设，着力扶优扶强、重点突破、带动发展，不断提高建设水平，促进人口产业和生产要素聚集。坚持因地制宜、群众自愿、先急后缓、逐步推开的原则，扎实推进农村住房集中建设，实施农村危房改造，确保完成中央和省下达的任务。抓好新型农村社区建设，引导农村居住向城镇集中、向农村社区集中、向中心村集中。加强保障性住房建设管理，严格落实好国家、省下达我市的住房保障建设任务，年内新开工建设保障性住房 10500 套。三是统筹城乡公共基础设施建设。以提升城镇综合承载能力为重点，抓好城市管网建设改造，加快道路交通基础设施、污水和垃圾处理设施、生态园林等建设。突出抓好农村道路、供水、公共服务设施建设。加大城市环境综合治理力度，深入开展违法行为专项整治，搞好城区裸露土地整治，为群众生活创造良好环境。四是有序推进农业转移人口市民化。积极推动户籍管理制度改革，逐步实现社保、教育、医疗、住房等基本公共服务覆盖城镇常住人口。

（七）加强社会建设，进一步保障和改善民生。一是组织实施全市基本公共服务体系建设实施意见，明确发展目标、基本标准、重点任务，狠抓责任分工和工作落实。二是推动实现更高质量就业。贯彻劳动者自主就业、市场调节就业、政府促进就业和鼓励创业的方针，实施新一轮提升创业就业能力培训五年规划，年内培训 5.8 万城乡劳动者。完善扶持创业的优惠政策，统筹做好农村转移劳动力、城镇困难人员、退役军人、高校毕业生等群体就业工作，力争城镇新增就业5.2 万人。三是进一步完善社会保障制度。完善居民养老保险和职工养老保险关系接续工作机制，抓好社会保险扩面工作，努力实现应保尽保。不断提高城乡低保标准和补助水平，完善城乡医疗救助制度，健全临时救助制度，进一步规范城镇医疗大病保险制度。四是积极支持发展教育、文化、养老、人口等社会事业。继续实施文化惠民工程，打造"群众文化艺术年"品牌，坚持面向基层、服务群众，加大对基层文化产品和服务的供给，加快县级两馆（文化馆、图书馆）建设步伐。统筹发展居家养老、社区养老、机构养老服务，加快山东泰山社会福利中心建设。扎实做好人口和计划生育工作，千方百计稳定低生育水平。实施好千村体育健身工程。加快义务教育校舍标准化建设，推进泰安一中新城校区等项目建设。五是努力促进社会和谐稳定。加强和创新社会管理，做好社会矛盾隐患排查和风险评估。毫不放松地抓好"平安泰安"建设，切实抓好安全生产、食品药品监管和各项救灾减灾、应急管理工作，坚决遏制重特大安全事故发生。

2014 年威海市国民经济和社会发展思路

一、2013 年经济社会发展情况

2013 年，在省委、省政府的坚强领导下，威海市全面贯彻党的十八大和十八届二中、三中全会精神，认真落实省第十次党代会、市第十四次党代会精神，牢牢把握稳中求进的工作总基调，紧紧围绕现代化幸福威海建设，坚持生态立市、科教兴市、产业强市，着力稳增长、调结构、促改革，扎实做好各方面工作，经济社会发展稳中有进。

（一）发展质量稳步提高。坚持以科学发展为主题，加强宏观调控管理，努力追求有质量、有效益、可持续的发展。全年实现生产总值 2549.7 亿元，增长 10.8%。财税质量不断提高，实现公共财政预算收入 195.2 亿元，增长 13.4%，其中，税收收入占 85.3%，四税收入占 48.7%，同比分别提高 3.45、2.8 个百分点。内需拉动作用增强，完成固定资产投资 1923.7 亿元，增长 20.5%，其中，服务业投资占 64.1%，同比提高 4.8 个百分点；实现社会消费品零售总额 1047.3 亿元，增长 13.5%。居民收入持续增加，城镇居民人均可支配收入 31442 元，农民人均纯收入 15582 元，分别增长 9.8%、11.6%，居民消费价格涨幅控制在 1.5%。

（二）产业结构持续优化。深入实施产业强市、工业带动战略，突出技术改造和技术创新，着力推进传统产业转型和战略性新兴产业成长，实施省级战略性新兴产业项目 27 项，新增规模以上工业企业 99 家，规模以上工业增加值增长 11.7%，新认定科技型中小企业 27 家，高新技术产业产值占比达到 36.6%，提高 1.1 个百分点。促进农业提质增效、农民持续增收，新增农超对接基地 3.5 万亩、农民合作社 551 家、现代果园 6 万亩，推广测土配方施肥 157.5 万亩，粮食产量保持稳定；大力发展海洋产业，新增远洋渔船 128 艘，远洋捕捞产量增长 50%。积极培育服务业新型业态，新增大型商业设施 42 万平方米，推进旅游标准化建设，港口货物吞吐量达到 7001 万吨，金融机构存贷款余额分别增长 15.4% 和 13.4%，服务业增加值增长 12.5%，三次产业比重由 7.7∶53.4∶38.9 调整为 8∶51.5∶40.5。

（三）创新能力不断增强。坚持科教兴市，按照"出政策、搭平台、增投入"的思路，加大对企业科技创新的扶持力度，市级财政科技支出增长 30.6%。新建科技企业孵化器 10 家，创建省级以上研发平台 21 家，实施产学研合作项目 82 项，发明专利授权量预计增长 18%。启动智慧城市建设，建成云计算中心和工业设计、公共服务云平台。强化教育基础保障，新建公办及公办性质幼儿园 10 所，新增农村中小学新模式校车 273 辆，建成 4 个职业教育示范实训基地，三市一区全部通过国家义务教育发展基本均衡县验收。实施重点人才工程，新建大学生创业孵化基地 5 家，引进各类人才 2.7 万人，增长 53%。

（四）全域城市化取得突破。坚持以人的城市化为核心，以重点区域和示范镇建设为抓手，加快推进全域城市化和市域一体化。出台城市化发展纲要，在户籍管理、公共服务、住房保障等方面推出一系列政策措施，推动农业转移人口市民化。重点区域规划编制完成，实施基础设施项目 59 个、产业项目 54 个，完成投资 178 亿元。工业新区升级为国家级临港经济技术开发区。蓝色经济区建设 14 个重大事项进展顺利，4 个园区成为全省首批海洋特色产业园。实施 36 项城建重点工程，青荣城际铁路工程快速推进，江家寨立交桥、威海港国际客运中心投入使用，统一路南延工程竣工通车。扎实推进社区建设，城市社区全部建立新型组织体系。

（五）改革开放深入推进。大力简政放权，着力优化营商环境，启动建设工程项目审批模块化流程再造，推动串联审批向并联审批转变。清理行政事业性收费项目 138 项，减轻企业和社会负担 6000 万元。强化金融服务创新，新引进各类金融机构 10 家，社会融资规模达到 272.7 亿元，是上年的 2.1 倍。有序推进农村三项改革，完成土地确权登记 685 个村、集体产权制度改革 135 个村，新增土地流转面积 15.5 万亩。积极拓展对外开放新格局，成为全国首批中欧城镇化合作示范城市，与荷兰阿克马市、比利时根特市缔结友好城市关系。全年实际到账外资 9.2 亿美元,实际利用内资 554 亿元,均增长 15%。外贸进出口总额 171.2 亿美元,增长 0.2%;其中,出口 107 亿美元,增长 0.5%。

(六)生态建设力度加大。组织开展生态安全格局、城乡建设用地、公共开放空间布局等规划编制工作。健全水资源利用、海岸带管理、沙滩保护等方面的管理制度。完善大气污染联防联控工作机制,开展散流物体运输、弃土堆、燃煤小锅炉、机动车尾气等专项整治,空气质量指数保持全省首位。开展环境安全隐患排查。实施刘公岛、九龙湾等 12 个海洋整治修复项目,完成 7 条河道综合治理。成片造林 10.1 万亩。万元生产总值能耗降低 3.7%,主要污染物排放量继续下降。成功创建首批国家级海洋生态文明建设示范区,率先通过省级生态市验收,三市全部成为国家生态市。

(七)社会事业协调发展。坚持民生为重,扎扎实实为群众办实事,民生支出占财政总支出的比重达到 60.7%,27 项民生实事基本完成。强化创业就业服务,新增城镇就业 4.4 万人,转移农村劳动力 2.4 万人,城镇登记失业率控制在 1.53%。完善社会保障制度,城乡居民基础养老金标准、医疗保险待遇和最低生活保障标准都有新提高。完善社会化养老服务体系,新建养老机构 15 处,新增机构养老床位 2419 张。加强公共租赁住房建设,新增各类保障性住房 3790 套,完成 16 个旧生活区和 270 个村的环境综合整治。提高医疗卫生服务能力,创建 3 家三级甲等医院,新建农村标准化卫生室 179 处、城市社区卫生服务中心 3 处。实施文化惠民工程,完善提升 400 个农村文化大院服务功能,新建农民体育健身工程 495 处,实现村级全覆盖。圆满完成十艺节"群星奖"戏剧类比赛承办任务,被评为文化强省建设先进市。成功举办第七届国际人居节和国际长距离铁人三项赛等活动。加强平安威海建设,被评为首批全国法治城市创建先进市。健全安全生产监管制度,建立专职消防员队伍,完成全市 205 处应急避难场所建设。

同时,我市经济社会发展仍然存在一些矛盾和问题,主要表现在:产业结构不够优化,传统产业转型升级压力增大,战略性新兴产业尚未形成规模,服务业比重仍然偏低,科技创新能力不强,转方式调结构任务艰巨;部分企业经营困难,产业投资特别是制造业投资不足,消费需求增速放缓,经济企稳回升的基础还不牢固,经济运行存在下行压力;外部需求依然低迷,进出口增长乏力,贸易结构有待优化,园区的综合配套能力还不够强,对经济增长的贡献度有待提高,开放型经济发展亟须谋求新突破;部分减排工程进展缓慢,节能减排压力加大,生态环境优势需要进一步巩固和提升；民生领域的一些问题尚未妥善解决，影响社会和谐稳定的一些矛盾依然突出。

二、2014 年经济社会发展总体要求和主要目标

2014 年，是全面贯彻落实党的十八届三中全会精神、全面深化改革的第一年。总体上判断，我市经济将延续平稳向好的发展势头，但困难和挑战仍然存在，需要积极应对、妥善化解。从国际环境看，美国财政悬崖问题、美联储退出量化货币宽松政策有待观察，欧洲经济微弱复苏且不稳定，日本的增加消费税政策将对经济增长产生一定影响，多数新兴市场国家要在年内大选，或影响经济政策的稳定实施。世界经济预计将保持 3.6% 左右的增速，但不确定性因素较多。

从国内环境看，中央坚持稳中求进的工作总基调，加大改革创新力度，继续实施积极的财政政策和稳健的货币政策，重点推进保障粮食安全、产业结构调整、防控债务风险、促进区域协调发展、着力保障改善民生、扩大对外开放水平等六大重点任务，有利于缓解经济发展中存在的结构性、矛盾性问题，实现发展、改革与稳定相互协调、相互促进，预计全国经济增速保持在 7.5% 左右。

从我市发展看，面临的发展环境仍然错综复杂，消费需求不旺、外贸增长缓慢、经济结构不够优化、质量效益有待提升等问题仍然存在，但随着我市全域城市化、产业强市、重点区域开发、蓝色经济区建设和中欧、中韩合作等重大战略深入实施，特别是党的十八届三中全会召开后，国家出台一系列改革措施，将为我市经济社会发展注入强劲动力。

综合考虑各方面因素，做好 2014 年的经济社会发展工作，必须全面贯彻落实党的十八大和十八届二中、三中全会精神，以邓小平理论、"三个代表"重要思想、科学发展观为指导，牢牢把握稳中求进的工作总基调，把改革创新贯穿于经济社会发展各个领域各个环节，坚持生态立市、科教兴市、产业强市，推动工作指导重大转变，打好转方式调结构攻坚战，着力激发市场活力，努力提高经济发展质量和效益，切实保障和改善民生，提高社会治理能力，促进经济持续健康发展、社会和谐稳定，推动全域城市化、市域一体化发展，加快建设现代化幸福威海。全市经济社会发展主要预期目标为：

——经济增长：生产总值增长 10%，公共财政预算收入增长 13%，固定资产投资增长 20%，社会消费品零售总额增长 13%，外贸进出口总值增长 5%，实

际利用外资稳定增长，实际利用内资增长 15%。

——结构调整：规模以上工业增加值增长 11.5%；服务业增加值增长 11.5%，占生产总值比重提高 1 个百分点以上；高新技术产业产值比重提高 1 个百分点，全社会研发投入占生产总值的比重提高 0.1 个百分点。

——节能减排：万元生产总值能耗和化学需氧量、二氧化硫、氨氮、氮氧化物排放量完成省下达的目标任务。

——民生改善：城镇居民人均可支配收入和农民人均纯收入均增长 11%，居民消费价格涨幅控制在 3.5% 左右，城镇登记失业率控制在 2% 以内，人口自然增长率控制在 1‰以内。

三、2014 年经济社会发展重点工作

实现 2014 年的经济社会发展目标，必须紧紧围绕主题主线，以富民强市为目标，大力发展实体经济，加快推动改革创新，坚定不移扩大内需，千方百计稳定外需，着力改善社会民生，重点抓好七方面工作。

（一）推动经济转型升级。坚持产业强市，按照一产抓特色促跨越、二三产抓结构上规模的思路，着力拉长产业链条，培植优势产业集群，推动三次产业在更高层次上协调发展，产业内部结构从价值链低端向高端加快转变。

强化工业带动。实施产业集群"3＋4"发展战略，培育膨胀新信息、新医药与医疗器械、新材料及制品 3 个战略性新兴产业集群，改造提升机械制造、食品加工、运输设备、纺织服装 4 个传统优势产业集群。实施龙头企业扩张、高成长企业提升、新兴企业培育"三百工程"，推动各个行业的骨干企业加速膨胀，形成示范带动效应。推动"个转企、小升规、普升高"，新增规模以上工业企业 100 家、高新技术企业 18 家。引导企业加大技术改造力度，淘汰落后产能，化解过剩产能，提高技术装备水平，增强市场竞争力。引导骨干企业突出技术含量高的核心生产环节，将辅助生产环节向中小微企业转移，促进产业分工协作，提高产业集群度。力争工业增加值增长 11.5%。

壮大现代服务业。在巩固提升传统服务业的基础上，突出生产性服务业、信息消费产业、新型生活服务业三大板块，大力培育服务业新型业态，推动服务业结构调整和增量扩容。推动制造业向价值链前端的研发、设计、规划、品牌和后端的销售、服务、融资、营销、广告等环节延伸，催生更多的商务服务企业和衍

生产业，促进服务业与制造业良性互动。加大各类金融机构的引进力度，丰富金融市场层次和产品，稳步扩大金融业整体规模。加强临港物流园区建设，培植壮大龙头物流企业，鼓励发展第三方物流，扶持冷链物流业发展。推进国家信息消费试点城市建设，支持企业创新商业模式，发展新兴信息服务、电子商务、数字文化等信息消费产业，信息消费增长 10% 以上。完善消费鼓励政策，构建扩大消费需求长效机制，着力发展养生养老、健康服务、家庭服务、旅游、文化、体育等新型生活服务业。制定文化产业发展规划，繁荣活跃文化市场，引导扩大文化消费。深入推进旅游标准化建设，创新营销方式，加强旅游市场开发，加快旅游公共服务中心、集散中心建设，旅游总收入增长 12% 以上。力争服务业增加值增长 11.5%，占生产总值比重提高 1 个百分点以上。

促进农业提质增效。大力发展高产、优质、高效、生态、安全农业，加快农业发展方式转变，促进农业增效、农民增收。坚持和完善农村基本经营制度，大力扶持家庭农场、专业大户、农民合作社、龙头企业等新型农业经营主体，深化供销社改革，构建现代农业经营体系。完善农业技术服务体系，推广机械化保护性耕作技术，扩大智能测土配方施肥服务范围，加强酸化土壤治理，推进小型农田水利重点县项目建设，增强农业综合生产能力，稳定粮食产量。加强农业投入品管理，健全农产品质量和食品安全追溯体系，推进中韩国际食品安全示范区试点工作，争创国家农产品质量安全监管示范市。继续推进农超对接，拓宽农产品销售渠道。推动一产向二产三产延伸，提升果业、西洋参、水貂、苗木花卉等特色农业发展层次，带动关联产业发展。

大力发展海洋经济。深入推进蓝色经济区建设，着力培育现代海洋产业体系，推动渔业大市向海洋经济强市跨越。加快发展海洋生物产业，积极开发海洋生物保健品、新型海洋药物、海洋冷冻调理食品等新产品，提高海产品增值水平。推进海洋生物遗传育种中心建设，做强做优种苗产业。推进海外综合性远洋渔业基地建设。加快发展休闲渔业，建设 40 处休闲渔业示范基地。大力培育临港机械装备、海洋仪器装备等海洋装备制造业，打造专业性现代海洋装备及配套制造业基地。推动造船业优化重组、转型升级、特色发展。加快推进 16 个蓝色经济区建设重大事项，争创国家海洋高技术产业基地。

强化重点项目建设。发挥投资的关键作用，促进投资稳定增长和结构优化。组织实施 133 项市级重点项目，年内计划投资 452.1 亿元；实施 100 项重点工业项目，年内计划投资 240 亿元；实施 36 项城建重点工程，年内计划投资 265 亿元。推动青荣城际铁路建成通车，加快荣文高速、文莱高速、石烟线外移、威海机场跑道改造、威海湾港区航道扩建等项目建设。推进金线顶、九龙湾等区域整体开发改造，建成市区综合交通枢纽、刘公岛客运中心。开工建设泊于水库，推进南水北调续建配套工程建设。实施净水厂二期、经区污水处理厂搬迁改造等供排水工程。积极创新投融资方式和渠道，更多利用市场化手段推进基础设施建设，解决制约我市长远发展的瓶颈问题。

加快智慧城市建设。坚持以信息化提升工业化，推广应用工业设计云平台，为企业提供软件、技术和信息外包服务，培育以物联网、云计算为基础的智慧产业。探索建立跨境电子商务推进机制，支持专业电子商务平台建设，打造有影响力的威海企业网上集聚区。推进电子政务云平台建设，拓展公共服务云平台应用领域，实施智慧交通、智慧旅游等示范项目，让公众享受智慧服务带来的便利。

（二）支持全社会创新创业。坚持科教兴市，激励和保护各类群体的创新创业积极性，让创新创业成为发展的强力引擎。

加强创新平台建设。强化创新驱动，突出企业主体地位和市场导向作用，引导和扶持企业创新平台、公共创新平台、科技企业孵化器建设，新建省级以上企业研发平台 9 家，集聚科技创新资源。发展技术交易市场，建设科技创新综合服务平台，推动大型科学仪器开放共享。健全扶持政策和考核办法，强化科技企业孵化器功能建设，探索建立专业孵化器，新增科技孵化面积 4 万平方米。支持建立以企业为中心的产学研协同创新机制，培育产学研合作示范企业、示范基地、创新团队和创新联盟，提高产学研合作实效。

健全集聚人才机制。强化人才支撑，完善海内外高层次人才引进政策，推进高端人才交流与合作项目，新建 10 个引智成果示范推广基地，实施 68 个引智项目。实施"导师带徒"工程、专业技术人员知识更新工程和技能振兴计划，为各类人才成长提供支持。完善人才评价激励机制，促进人才顺畅流动，让各类人才都有施展才华的广阔天地。

推动科技金融结合。发挥政策导向作用，鼓励企业加大科技创新投入，力争全社会研发投入占生产总值的比重提高 0.1 个百分点。探索建立科技扶持资金"拨改投"使用方式，提高资金使用效率。设立创新投资引导基金，吸引各类社会资本投资种子期、初创期科技型企业。扩大科技支行试点范围，助推科技型小微企业快速成长。

优化创业服务。推进工商注册制度便利化，减少工商登记的前置许可事项，放宽企业名称使用、经营场所、注册资本等条件，扩大个体工商户免登记范围。加强中小微企业服务体系建设。开展"快易贷"行动，切实发挥创业小额担保贷款政策作用。推动省级创业孵化基地和大学生创业孵化基地建设，用好创业带动就业专项资金，为各类创业群体提供差异化专业服务。

实施积极的就业政策。加强就业培训和就业援助，促进以高校毕业生为重点的青年就业和农村转移劳动力、城镇困难人员、退役军人就业，新增城镇就业3.6 万人，转移农村劳动力 1.4 万人。创新劳动关系协调机制，规范劳务派遣管理，构建和谐劳动关系。健全最低工资和工资支付保障制度，完善企业工资集体协商制度，促进居民收入持续增加。

（三）全面深化改革。贯彻落实中央和省全面深化改革的统一部署，按照胆子要大、步子要稳的要求，积极有序推进改革。

理顺市场监管机制。抓住市场化这一核心，推动建设统一开放、竞争有序的市场体系。调整工商、质监、食品药品监管体制，改革企业年检制度，推动企业巡查制度向抽查制度转变。健全社会征信系统，构建中小企业信用评价和信用信息共享服务机制。

完善国有资产监管制度。以管资本为主加强国有资产监管，推进股权多元化改革，积极发展混合所有制经济。完善国有资本经营预算制度。调整理顺国有企业负责人管理体制，积极引入市场化选聘机制，健全经营业绩考核与薪酬管理制度。探索建立公益设施市场化运作模式，管好用活文化、体育等公益设施。

深化财税管理体制改革。加快构建全面规范、公开透明的预算制度，扩大财政预决算和"三公"经费公开范围。加强税收征管，严格控制非税收入增长，提高财税收入质量。深入开展"营改增"试点。推进会计集中核算向国库集中支付制度转轨。把地方政府性债务分类纳入全口径预算管理，严格政府举债程序，严控政府举债规模，严禁违规担保、过度举债、隐性举债。落实偿债准备金制度，健全债务风险预警机制，防控地方债务风险。

推动金融改革创新。推进民营银行试点工作，鼓励小额贷款公司发展，规范设立民间资本管理机构、民间融资登记服务机构。做好知识产权质押融资试点工作。加强上市后备资源培育，推动更多符合条件的企业加快上市进程。积极利用

"新三板"，拓宽科技型企业直接融资渠道。建立小微企业贷款风险补偿机制，设立资金池，缓解小微企业融资难。健全地方金融监管体制，优化金融生态环境，防范区域性、系统性金融风险。

健全城乡发展一体化体制机制。积极争取全国中小城市综合改革试点。在示范镇开展农村综合改革试点工作。积极稳妥推进农村三项改革。加强基层民主政治建设，做好村居两委换届选举工作。有序推进农业转移人口市民化，稳步实现城镇基本公共服务常住人口全覆盖。

加快生态文明制度建设。实行最严格的源头保护制度、损害赔偿制度、责任追究制度，完善环境治理和生态修复制度。强化节能节地节水、环境、技术、安全等市场准入标准，设定行业禁入线，拒绝高耗能、高污染、高风险和资源性项目落地。深化资源性产品价格改革，健全价格联动机制，完善居民生活阶梯价格制度。

推进社会事业改革创新。推行中小学校长职级制改革，建立学校间校长教师交流轮岗制度。出台初中学业水平考试改革方案。扩大职业教育学历证书与职业资格证书"双证互通"试点。统筹推进医疗保障、医疗服务、公共卫生、药品供应、监管体制综合改革，做好公立医院综合改革试点工作，完善网络化城乡基层医疗卫生服务运行机制，健全全民医保体系。探索推动图书馆、博物馆、群众艺术馆等公共服务机构组建理事会。

加快转变政府职能。以建设工程项目审批流程再造为突破口，正式推行模块化审批模式。引入竞争机制，推动行业协会、中介组织与行政机关真正脱钩。推行公开承诺制，规范公共服务单位和中介组织的服务行为，清除行政审批提速障碍。完成市县政府机构改革。积极稳妥推进事业单位分类改革。建立政府向社会力量购买服务制度，把适合采取市场化方式提供的公共服务，逐步交由社会力量承担。

（四）增创开放型经济新优势。借力中欧、中韩合作的新机遇，推动对内对外开放相互促进、引进来和走出去更好结合，谋求开放工作的新突破。

推进重点园区建设。建立中欧合作长效工作机制，全面加强与欧洲在产业、环境、科技等领域的战略合作。推进中韩（威海）经济合作示范区建设，探索中韩陆海联运新机制，打造韩国食品日用品交易集散中心，搭建中韩产业合作平台、商品交易平台。加快临港经济技术开发区集约集聚发展，积极推动威海出口加工区转型升级为综合保税区，推动威海南海新区上档升级，加强各类园区配套建设和服务，提高开发层次和发展水平。

增强招商引资实效。围绕培植产业集群、拉长产业链条，有针对性地开展产业招商、定向招商，引进骨干龙头企业、核心配套项目。利用好各类招商平台，瞄准目标企业、重点区域，实行小分队招商，提高招商成功率。落实招商引资主体责任，完善外资项目事前事后评价办法，注重考核招商实效和真实投资强度。

加强对外经济贸易合作。按照巩固传统市场、拓展新兴市场、开拓国内市场的思路，组织实施"百展市场开拓计划"，办好国际食品博览会、国际渔具博览会等展会活动，促进内外贸一体化发展。指导优势企业进入联合国采购体系、优势产品进入国家援外物资采购目录。大力发展服务外包和服务贸易。推动加工贸易企业转型发展。支持企业"走出去"，设立境外研发中心、技术中心、设计中心，布局跨国产业链，提升跨国经营能力。

促进对外贸易便利化。深化通关业务改革，加快电子口岸建设，推进通关作业无纸化、区域通关等便利措施，推动关检合作，实施查验单位一个平台查验、放行模式，进一步优化通关作业流程，减少环节，降低成本，提高通关效率。

（五）促进市域一体化发展。紧紧围绕提高新型城镇化发展质量，强化重点区域带动和示范镇建设，加快推进以人为核心的城镇化。

加快重点区域开发建设。坚持"政府主导、社会参与、市场运作、城市融合"，突出产业招商和项目建设，引导各类资源向重点区域聚集，产业项目向重点区域布局，有序推进重点区域开发建设。合理布局生态生产生活空间，科学规划路网、管网，提高重点区域规划建设水平。统筹推进示范镇建设，推动县域联动发展，提升县域经济发展水平。

加强城市建设管理。强化核心区域和重点片区规划控制，做好各类规划的统筹衔接。完善城市社区网格化管理模式，扩大城市综合管理信息系统应用范围，提升城市精细化管理水平。购置290辆节能环保型公交车，扩大公交覆盖范围，改善市民乘车环境。加强城市地下管网隐患排查与治理，确保安全运行。加强老洋房、海草房等文化遗产保护与利用，延续城市历史文脉。

推进农村新型社区建设。强化以城带乡，促进基本公共服务均等化。编制农村新型社区布局发展规划，年内建设新型社区15个，补助建设改造农房1.2万户。完成所有村居便民服务代办点建设。加强镇村基础设施建设，实施农村规模化供水工程，铺设供热管道 31.5 公里、燃气管道 108.6 公里，改造农村公路 194 公里，建成电气化村 37 个，建设农村标准化卫生室 218 处，让农村居民享受更好的公共服务。

（六）加强生态文明建设。坚持生态立市，牢固树立保护生态环境就是保护生产力、改善生态环境就是发展生产力的理念，强化环保、安全标准硬约束，集中开展专项治理行动，严惩重罚超标排放，确保完成节能减排目标任务，促进生态生产生活"三生"共融。

开展大气污染防治行动。强化市域一体监管，健全空气质量监测网络和实时发布制度，实施重点领域节能工程，加强重点燃煤企业脱硫脱硝设施改造和运行管理，全部拆除燃煤机组脱硫旁路，整治集中供热范围内的燃煤小锅炉，治理异味超标排放企业，加强散流物体运输、弃土堆等扬尘污染治理，加快淘汰黄标车，控制机动车尾气排放，进一步提高空气质量。

开展水生态专项治理行动。严格执行用水总量控制、用水效率控制、水功能区纳污控制三条红线，严厉查处排污倒废等环境违法行为，加强农业面源污染治理，提高镇村污水集中处理能力，推进水系生态保护与修复工程，加强湿地、地下水、地热水和饮用水水源地保护，积极争创省级水生态文明城市。

开展海洋环境专项整治行动。加强海岸带执法巡查，强化海域用途管制，规范海域使用权转让出租行为，坚决制止违法违规填海，严厉查处盗挖海砂、非法养殖、乱搭乱建、违规排污等行为，实施威海湾等 13 个海域海岛海岸带生态修复项目，推进小石岛、海西头等海洋公园和海洋保护区建设，保护好宝贵的岸线、沙滩、海域和海岛。

开展土地资源清理整治行动。严格落实耕地保护目标责任，实施市级投资土地开发整理项目 14 个，新增高标准基本农田 24 万亩。扎实推进土地增减挂钩和工矿废弃地复垦调整利用，加强闲置和低效利用土地处置工作。实行差别化供地政策，节约集约利用土地。

开展城乡环境综合整治行动。坚持整治与管护并重，推进 255 个村的环境综合整治，对已完成整治的村安排管护经费补助。中心城区实施 19 个旧生活区环境综合整治工程。开展餐厨废弃物综合整治。完成 275 家规模化养殖场污染治理。加强森林防火和病虫害防治工作，大力实施绿化工程，成片造林 7.5 万亩。

（七）保障和改善民生。坚持把人民群众对美好生活的向往作为奋斗目标，切实解决好群众最关心、最直接、最现实的利益问题，努力为社会提供多样化公共服务，更好满足人民群众需求。

坚持教育优先发展。推动义务教育优质均衡发展，继续实施教育信息化三年行动计划，积极利用信息化手段扩大优质教育资源覆盖面。深入实施素质教育，启用市中小学生综合实践基地，培养学生实践能力和创新精神，标本兼治减轻学生课业负担；加强体育卫生艺术教育，为 36 所学校建设塑胶跑道和运动场地，促进学生身心健康、体魄强健。推动学前教育公益普惠发展，公办及公办性质幼儿园比例达到 67%。深化产教融合、校企合作，推进市属职业学校资源整合，规范职业教育发展。加强与驻威高校共建，推进北京交通大学威海校区、山东交通学院威海校区、威海海洋职业学院的建设与招生工作。强化校园、校舍、校车安全管理。加强师德师风建设，提高教师队伍素质。

健全社会保障体系。启动实施城乡一体的居民基本医疗保险制度，完善居民基本养老保险制度，稳妥做好被征地农民养老保障工作，提高社会保障绩效。发展老年服务产业，开工建设市社会福利中心，新建 129 个农村幸福院，新增机构养老床位 1200 张。扩大高龄津贴发放范围，提高补贴标准。加强困难群众救助工作，提高城乡居民最低生活保障标准。完善残疾人医疗保险、养老保险、居家护理等补贴政策，推进残疾人奔小康工程。改进住房公积金归集、使用、监管机制。推动公共租赁住房和廉租住房并轨运行，新建公共租赁住房 1200 套。

提高医疗卫生服务水平。完善重大疾病防控和突发公共卫生事件应急处置机制，增强急重症患者转运及急救能力。开工建设市立医院全科医生培训基地，扩建改造市妇女儿童医院。实施基层中医药服务能力提升工程。组织开展医疗市场集中整顿，加强公立医院监管。强化医德医风建设，构建和谐医患关系。健全医患纠纷第三方调解机制。适时调整生育政策，完善计划生育利益导向机制，开展计生助福行动，关怀计划生育特殊家庭。

加强公共文化服务。健全公共文化服务体系，开工建设市图书馆新馆和群众艺术馆新馆，提升"四馆一站"免费开放水平，创建省级公共文化服务示范区。办好文化惠民实事，开展"幸福威海"系列群众性文化活动，扶持国际会议中心剧院面向群众举办高水平演出，免费送戏下乡 500 场。加强公民道德建设，强化未成年人思想道德教育，广泛开展志愿服务活动。深入开展全国文明城市创建活动，扎实推进乡村文明行动。

加强公共安全保障。创新社会治理方式，完善海陆一体的平安建设工作机制。深化安全生产网格化监管，强化企业安全生产主体责任，完善安全生产专家队伍，探索建立政府购买第三方安全生产服务机制，健全隐患排查治理和安全预防控制体系，遏制重特大安全事故发生。深入开展"平安行·你我他"行动，加大事故易发路段和行车不良习惯综合整治。建立食品药品生产经营单位安全信用档案，健全最严格的覆盖全过程的监管制度，严厉打击制假售假行为，保障食品药品安全。加强高致病性禽流感等疫病防控，推进无规定动物疫病区建设。强化应急管理体系建设，加强应急教育培训和预案演练，增强突发事件应急处置和救援能力。加强社会治安综合治理，依法严密防范和惩治违法犯罪活动。健全矛盾纠纷调处化解综合机制，营造和谐稳定的社会环境。

协调发展各项社会事业。深化法治威海建设，完善法律援助、司法救助制度。健全社会组织孵化机制，培育公益慈善、社会福利、社区服务等类型的社会组织。完善公益性体育设施，推进市乒羽健身中心、城市健身慢行道建设，承办好长距离铁人三项世界锦标赛，广泛开展全民健身活动。组织好第三次全国经济普查。抓好双拥共建和优抚安置工作，加强国防动员、民兵预备役、人民防空和打击走私等工作。做好民族宗教、妇女儿童、外事、侨务、对台、仲裁、档案、史志、气象、防震减灾和对口支援工作。

2014 年日照市国民经济和社会发展思路

一、2013 年国民经济和社会发展计划执行情况

2013 年,在市委的坚强领导下,在市人大、市政协监督支持下,全市上下深入贯彻落实党的十八大、十八届三中全会和习近平总书记系列重要讲话精神,牢牢把握主题主线,积极应对经济下行压力,着力稳增长、强蓝区、调结构、促改革、惠民生、保稳定,全市经济社会实现持续健康发展,呈现出稳中有进、稳中提质的良好态势。全市实现地区生产总值 1500.16 亿元,增长 10.6%;公共财政预算收入 100.09 亿元,增长 15.5%;城镇居民人均可支配收入、农民人均纯收入分别达到 25090 元和 11304 元,增长 10% 和 12.8%。

(一)产业发展取得新成绩。一是农业生产形势良好。粮食总产 102.02 万吨,连续九年稳定在百万吨以上。肉蛋奶总产 35.54 万吨。新发展特色农业种植面积 10.6 万亩,总面积突破 140 万亩。农民专业合作社发展到 2844 家,家庭农场发展到 99 家。建成各类水利工程 1954 处,恢复扩大改善灌溉面积 34.5 万亩,发展节水灌溉面积 21 万亩。新建改建农村公路 750 公里,新增造林面积 13.7 万亩。二是工业生产稳中趋升。规模以上工业增加值增长 11.9%,主营业务收入、利润、利税分别增长 12.1%、18% 和 11.4%。汽车及零部件、钢铁、石化、浆纸印刷包装、粮油加工五大临港产业完成产值 1654.84 亿元,增长 17.2%。三是服务业平稳增长。服务业实现税收占地税收入比重达到 67.2%。港口货物吞吐量突破 3 亿吨,达到 3.18 亿吨,增长 12.1%;集装箱运量 202.66 万标箱,增长 15.9%。接待境内外游客 3153.5 万人次,实现旅游收入 210.1 亿元,分别增长 11.7% 和 14.7%。

（二）扩大内需收到新成效。一是投资持续较快增长。完成固定资产投资1069.05亿元，增长20%，民间投资占全部投资比重达到76%。200个大项目开工建设149个，超年初开工计划26个，完成投资470.3亿元，超年度计划35.3亿元，连续5年实现项目开工、完成投资"双超额"。积极对上争取更多政策、项目和资金向我市倾斜，累计争取国家和省扶持项目150个，扶持资金11.95亿元，比上年增加2.79亿元。一批事关全市长远发展、社会高度关注的重大项目取得突破性进展。日照钢铁精品基地获国家核准并举行开工仪式；日照机场可研报告获国务院、中央军委批复；山西中南部铁路通道累计完成境内计划投资的85.5%；青日连铁路优化后的可研报告和社会稳定风险评估报告上报国家发改委待批。日照至济南城际铁路列入《环渤海地区山东省城际轨道交通网补充规划》并上报国家发改委。二是消费需求稳定增长。实现社会消费品零售总额476.2亿元，增长13.4%。价格总水平总体平稳，居民消费价格指数累计上涨2.1%，低于控制目标1.4个百分点。三是信贷支持力度加大。金融机构各项贷款余额1489.45亿元，增长13.7%；信用总量达到2840亿元，增长31.4%。

（三）结构调整取得新进展。一是蓝色经济引领作用进一步增强。蓝色经济增加值增长13.5%，高于GDP增速2.9个百分点，占GDP比重提高到45.7%，比上年提高1.6个百分点。二是产业结构进一步优化。三次产业比例调整为8.7：52.3：39，服务业增加值占GDP比重提高1.2个百分点。装备制造业在规模以上工业中占比提高1.6个百分点，汽车及零部件制造业超过钢铁跃升为第一大临港产业。三是创新能力进一步提升。高新技术产业产值增长29.8%，占规模以上工业总产值比重提高1.03个百分点。成功争取2家市级工程实验室升格为省级创新平台。引进蓝色产业领军人才团队4个，全市新增高技能人才6216人。市级及以上新型工业化产业示范基地发展到11个。四是生态建设进一步加强。启动实施了饮用水源地保护等10项环保重点治理工程，全面实施了重点污染企业综合治理，水泥立窑生产线全部淘汰，关停拆除5家产能落后企业。实施了农村环境连片整治示范工程，扎实开展生态文明县（区）创建。全市风电及生物质能发电装机容量达到308.7兆瓦，占全市电力装机总容量的10%。

（四）改革开放迈出新步伐。一是农村产权制度改革扎实推进。在完成4个镇12个村试点任务基础上，全面启动了农村土地承包经营权确权登记颁证。在全省率先推行并基本完成水利工程确权划界。二是金融改革创新持续深入。积极推进金融组织体系建设，全市新增各类金融机构 15 家，累计达到 92 家。在全省率先开展了以农村信用体系建设为重点的"信用五莲"建设试点。五莲农村商业银行正式挂牌营业，莒县农村商业银行获中国银监会批准。日照大宗商品交易中心筹建正在加紧推进。25 家企业在齐鲁股权交易中心挂牌，首次成功发行 8 亿元城投类企业债。创新财政资金扶持中小企业发展方式，与日照银行等合作开展了"财政增信优惠贷"业务。三是开放型经济水平不断提高。完成进出口总值 330.4 亿美元，增长 30.6%。新增进出口实绩企业 195 家，其中过亿美元企业 36 家。实际到账外资 5.3 亿美元，境外投资达到 1.32 亿美元，分别增长 25.8% 和 44.2%。

（五）社会建设取得新进步。一是就业形势稳定。城镇新增就业 5.78 万人，新增农村劳动力转移就业 3.7 万人，城镇登记失业率控制在 2.31%，低于年度控制目标 0.69 个百分点。二是民生保障扩面提标。12 件为民实事全部兑现。改善民生支出占财政支出比重达到 60%。在全省率先将被征地农民纳入城镇职工基本养老保险范围。城镇居民医保、新农合补助标准每人每年提高到 280 元，城市和农村低保标准分别提高到每人每月 400 元、每人每年 2300 元。三是基本公共服务均等化扎实推进。出台了《日照市基本公共服务体系建设行动计划（2013－2015 年)》。大力促进义务教育均衡发展，全市 60% 以上城区学校与农村学校开展了结对帮扶，城区 26 所学校开展了联合办学，建设改造城乡学校 166 处。市人民医院通过三甲医院审核。成功承办第十届中国艺术节赛事活动，"千百重点文化工程"荣获首届山东省文化创新奖，全市"一刻钟公共文化服务圈"覆盖面达到 85% 以上。成功举办 2013 年激光雷迪尔级帆船世界锦标赛。加强养老服务体系建设，全社会累计投入养老服务设施建设资金 1.5 亿元，新增养老床位 2726 张。

总体看，2013 年全市经济社会发展计划执行情况是比较好的，但受宏观经济环境影响，地区生产总值、规模以上工业增加值、社会消费品零售总额等部分指标未能完成年初计划，经济社会发展中也还存在一些矛盾和问题，主要表现在：经济回升基础不够牢固，投资后劲不强，消费动力不足，出口形势严峻，经济下行压力明显加大；产业层次偏低，创新能力偏弱，城镇化水平不高，县域发展不平衡，转方式调结构任务艰巨；全面深化改革任务十分繁重；公共服务和社会治理领域存在薄弱环节等。

二、2014 年经济社会发展总体要求和主要目标

2014 年是深入贯彻落实党的十八届三中全会精神、全面深化改革的第一年。全市上下必须深入贯彻党的十八大、十八届三中全会和习近平总书记系列重要讲话精神，坚持稳中求进、改革创新工作基调，着力用好"蓝、红、金"国家战略机遇，着力稳增长、抓改革、调结构、强蓝区、优生态、惠民生、保稳定，着力推动经济社会率先创新优质发展，为实现"一个率先、五个日照"奋斗目标打下坚实基础。

2014 年主要预期指标为：地区生产总值增长 10.5% 左右，三次产业比例调整为 8.5∶52∶39.5，规模以上工业增加值增长 12.5% 左右，固定资产投资增长 20% 左右，社会消费品零售总额增长 13% 左右，进出口总值增长 6% 左右，公共财政预算收入增长 10% 左右，农民人均纯收入、城镇居民人均可支配收入均增长 10.5% 左右，居民消费价格指数涨幅控制在 3.5% 左右，人口自然增长率控制在 8.09‰以内。全面完成年度节能减排约束性目标。

三、2014 年经济社会发展重点及措施

（一）着力抓改革促创新，不断增强经济发展内生动力。一是稳步深化重点领域改革。扎实推进农村综合改革，做好农村土地承包经营权等确权登记颁证工作，推进农村产权交易服务体系建设，发展多种形式农民股份合作。深化财税体制改革，加快完善"全口径"政府预算体系，规范地方政府性债务管理，落实好"营改增"等财税改革措施。大力推进投资体制改革，培育和吸引多元化投资或运营主体，制定实施政府投资项目管理办法。加大金融创新力度，推动企业上市和场外挂牌，拓展山东蓝色经济区产权交易中心服务领域。巩固医改成果，进一步扩大基本药物制度实施范围，争取年内全面启动县级公立医院综合改革。二是大力实施"创新驱动"战略。健全自主创新市场导向机制，发挥大中型企业创新骨干作用，激发小微企业创新活力，引导创新要素向企业集聚。加大财政、金融对自主创新支持力度。大力推进战略性新兴产业发展，抓好汽车零部件、电子信息、工程装备、新材料等产业园区规划建设，积极创建高水平、有特色的国家级、省级创新平台。高新技术产业产值计划增长 18% 以上。加快推进中国蓝色经济引智试验区建设，用好引智政策和专项资金，大力引进高层次创业创新人

才。三是大力支持实体经济特别是小微企业发展。强化中小企业服务体系建设，实施中小企业"扩量升级"工程，抓好"专精特新""一企一技术"企业创建和"小巨人"企业培育。加大财政对小微企业支持力度，引导金融机构扩大小微企业贷款规模。

（二）着力扩内需稳外需，努力促进经济持续健康发展。一是充分发挥投资关键作用。把优化投向、提高投效作为重点，切实发挥政府投资示范带动作用，引导各类资本更多投向基础设施、自主创新、服务业、节能环保、社会民生等重点领域。集中力量抓好 100 个基础设施和工业市级大项目建设，确保年内完成投资 550.7 亿元。争取日照机场可研报告尽快获得国家发改委批复，争取开工建设青日连铁路、潍日高速、岚临高速，力争山西中南部铁路通道年底通车，加快推进石臼港区规划调整，大力实施"沭水东调"等现代水网体系建设重点工程。二是进一步增强消费基础作用。落实好促进信息、养老、健康等服务消费鼓励政策，尽快形成一批拉动力强的消费增长点。积极引导餐饮消费向大众消费转型，培育引进一批知名特色餐饮品牌。大力发展电子商务，支持商贸流通企业建设专业化、综合性电子商务平台，探索推行便利消费"一卡通"。加快各区县公益性农产品批发市场建设，进一步健全农产品现代流通体系。三是进一步提高对外开放水平。用好促进贸易便利化推动外贸稳定发展各项措施，支持企业特别是中小企业开拓国外市场。加大综合保税区申报争办力度，积极参与中日韩自贸区先行区、丝绸之路经济带、海上丝绸之路建设。大力实施科技兴贸和品牌带动战略，重点培育电子、生物医药、健身器材等出口创新和转型升级示范基地。以先进制造业、服务业利用外资为重点，深化与韩国现代、新加坡金鹰、香港华润等大企业合作。引导优势企业加快"走出去"，重点推进晨曦集团东南亚石化、昌华加拿大石油等项目，鼓励符合条件的建筑企业扩大境外工程承包。计划实际到账外资增长 6% 左右，境外投资总额 1 亿美元。

（三）着力转方式调结构，加快形成新的经济发展方式。一是努力推动临港优势产业向高端高质高效产业转型。以日照钢铁精品基地建设为头号工程，着力抓好五征集团农机零部件、亚太森博高档液体包装纸板等百项重点工业项目建设。大力推进信息化和工业化深度融合，加快"智慧日照"建设，打造物联网产业和"两化融合"示范企业，不断提升新型工业化产业示范基地建设水平。加大企业技术改造力度，力争技改投资增长 12% 左右。二是大力促进服务业增量提质。落实好加快服务业发展的若干政策，结合旧城改造和"退二进三"，科学规划建设新型商业街区、文化创意街区、城市综合体等新兴服务业载体，大力促进物流、教育、研发、文化、旅游、医疗以及商务服务等重点领域发展。落实好《降低流通费用提高流通效率综合实施方案》，进一步优化商贸流通业发展环境。社会物流总额计划增长 10%，旅游业总收入计划增长 9%。三是坚持"三个导向"发展现代农业。以解决地怎么种为导向，加快培育发展龙头企业、专业合作社、家庭农场等新型农业经营主体。以缓解地少水缺的资源环境约束为导向，实施好东港区国家级旱作农业示范基地、4 个区县小农水重点县工程、2 个区县水土保持试点县、13 处重点河道治理及拦蓄水工程等项目。以满足吃得好吃得安全为导向，进一步构建农产品质量安全体系，实施好省级现代农业示范区和农产品质量安全示范县等项目。四是切实加强生态日照建设。启动生态功能区划编制工作，开展生态补偿机制研究，争取东港区、五莲县创建为省级生态区（县）。深入开展森林城市创建工作，加快荒山、水系、路网绿化。大力推进 10 项环保重点治理工程，确保按期建成投运。加大淘汰落后产能力度，严防"两高一资"和产能过剩项目反弹，突出抓好电力、钢铁、水泥、石化、造纸等行业治污减排。

（四）着力抓重点拓空间，努力推动全域协调互动融合发展。一是增创蓝区发展新优势。大力推进日照国际海洋城和滨海新城建设，培育打造蓝色经济新增长极。提升海洋特色产业园规划建设水平，促进海洋装备制造、生物医药、现代海洋渔业及水产品精深加工、海洋运输物流、海洋文化旅游等产业发展，加快临港基础设施建设，形成海洋经济带动新优势。计划蓝色经济增加值增长 11.5%，占 GDP 比重力争提高 1 个百分点。二是开创县域经济发展新局面。进一步落实好市委、市政府推动县域科学发展、提升综合实力一揽子扶持措施和县级财力保障机制，用好沂蒙革命老区参照执行中部地区政策，优化县域经济发展环境。引导区县立足自身特色和优势，坚持招商引资和培育本土企业并举，主动对接港口优势和临港产业，提升园区建设水平，加大产业培育力度。三是加快新型城镇化进程。认真贯彻中央城镇化工作会议精神，加快编制实施我市新型城镇化规划，分类推进集中城镇化、就地城镇化、单元城镇化融合发展。抓好示范镇建设，实施好涛雒镇、城阳街道全国发展改革小城镇试点。结合实施"乡政工程"，深入开展生态文明乡村建设。深化户籍制度改革，加快农村转移人口市民化。落实好全市《基本公共服务体系建设行动计划（2013 - 2015 年）》。

（五）着力强保障惠民生，进一步提升社会建设水平。一是实施就业优先战略和更加积极的就业政策。突出抓好以高校毕业生为重点的青年就业和农村转移劳动力、城镇困难人员就业，确保城镇登记失业率控制在 3% 以内。二是进一步提高社会保障水平。深化城乡居民养老、医疗保险整合，建立城乡一体的社会保障制度。实施职工和城乡居民大病医疗保险制度，开展医疗保险支付制度改革和重大疾病医疗保障试点。健全社会养老服务体系，逐步建立普惠制高龄补贴制度。开工建设各类保障性住房 12300 套，完成 2000 户农村危房改造试点。三是推动教育事业优先发展。实施第二轮学前教育三年行动计划，新建、改扩建一批公办幼儿园。深入实施"三线推进"策略，加快推进镇域小学、县域初中、城区义务教育均衡发展。编制实施全市职业教育发展规划，加快构建现代职业教育体系。四是促进文化体育事业繁荣发展。深入实施"千百重点文化工程"，加强基层公共文化设施建设，广泛开展群众文化活动，加大文化遗产保护力度。加快发展文化产业，培植一批主业突出、实力雄厚的文化企业。实施好体育彩票公益金援建工程，提高城乡全民健身设施覆盖率。积极备战参赛 23 届省运会。五是加强和创新社会治理。加强人口目标责任制管理，努力稳定低生育水平。严格落实安全生产责任制，完善防灾减灾和应急管理体系，强化食品药品监管，加强社会治安综合治理。积极发展民政、妇女儿童、国防动员等各项事业。

2014 年莱芜市国民经济和社会发展思路

一、2013 年国民经济和社会发展计划执行情况

2013 年，全市人民在市委的正确领导下，深入贯彻十八大、十八届三中全会和习近平总书记系列重要讲话精神，全面落实"一二三四五"发展思路，经济社会总体上保持平稳发展态势，完成了 2013 年经济社会发展计划。全市实现生产总值 653.48 亿元，同比增长 10.1%；公共财政预算收入 46.76 亿元，增长 1.72%。

（一）三次产业平稳增长。着力推进现代农业示范区建设，农民合作社和家庭农场分别达到 1023 家、50 家，一产增加值增长 3.1%。设立工业企业创新发展专项资金，开展集中服务企业活动，规模以上工业增加值增长 12.54%，高于全省 1.54 个百分点。我市列入全省服务业发展先进市，服务业增加值增长 8.3%，占 GDP 的比重提高到 36.4%。

（二）三大需求基本稳定。深入开展"大项目建设提升年"活动，新建投资过亿元项目 222 个，151 个项目竣工投产；规模以上固定资产投资完成 472.63 亿元，增长 19.5%。落实扩大消费的各项政策，社会消费品零售总额完成 257.75 亿元，增长 13.02%；居民消费价格上涨 2.5%。积极应对国际市场变化，进出口总值完成 25.04 亿美元，增长 17.9%。

（三）经济运行质量提升。着力压减非税收入，税收占财政收入比重为 81.58%，按照同口径比上年提高 3.34 个点。引导企业降本增效，规模以上工业实现主营业务收入增长 14.56%，利税增长 90.01%。狠抓工业结构调整，非钢产业增加值占比达到 51.1%，提高 2.9 个百分点；高新技术产业产值占比达到

17. 39%，比年初提高 1.02 个百分点。加大中小企业扶持力度，7 家企业在齐鲁股权交易中心成功挂牌，新发展私营企业 2050 户，个体工商户 10489 户。开展"环保百日攻坚行动"，全面完成省政府下达的节能减排目标任务。

（四）济莱协作区建设开局良好。市委、市政府把济莱协作区建设作为"一号工程"，召开了全市动员大会，建立了工作机制。分别与省发改委等单位签署战略合作协议。开通了济莱城际快客，济莱高速限速提高，两市通讯即将并网升级，教育、卫生、科技、旅游等方面达成了多项协议，合作成果初步显现。

（五）城乡面貌明显变化。推进了城市重点片区和重点项目建设，140 项城建重点项目完成投资 170 多亿元，长勺路等道路改造完成。抓好了口镇、羊里两个省级示范镇和颜庄、雪野两个市级重点镇建设，221 项镇村重点项目完成投资 65 亿元。各重点园区建设力度加大，项目聚集度进一步提高。镇域实力增强，9 个镇（街道）财政收入过亿元。

（六）重点改革不断深化。推进了行政审批"两集中、两到位"改革，市级审批事项压减到 97 项，成为全省审批事项最少的市。加强政府投资项目管理，完成评审 16 项，审减资金 1671 万元。推进农村产权制度改革，入股土地面积 9.22 万亩，新增土地流转面积 2.8 万亩。启动涉农资金整合试点，整合政策 37 项，实际到位资金 4.37 亿元。全面实施新农合大病医疗保险，基层医疗卫生机构债务化解完成 97.9%。

（七）社会民生继续改善。为民办的"10 件实事"顺利推进。城镇居民人均可支配收入 29179 元，增长 9.7%；农民人均纯收入 12161 元，增长 11.7%。新增城镇就业 2.2 万人，农村劳动力转移就业 2.8 万人。基础养老金由 60 元提高到 65 元，城乡居民养老保险参保率达到 99.3%。新开工保障性住房 2644 套，开工率 100%。30 处公办幼儿园全部竣工。莱芜梆子大型现代戏《儿行千里》获"文华优秀剧目奖"。人口自然增长率控制在 1.38‰以内。其他各项社会事业也都取得新成绩。

二、2014 年经济社会发展形势

2014 年全市发展既面临严峻挑战，又面临新的机遇。从国际看，世界经济仍处于深度调整期，对我市影响将更加复杂。从国内看，国家将坚持稳中求进、改革创新，经济长期向好的基本面没有变，为我们加快转调发展提供了有利条件。

从我市看，受国内外复杂环境影响，钢铁产业形势难以明显好转，中小企业生产经营困难局面难以明显改观；随着民生建设步伐加快，财政收支矛盾将更加突出；资源环境约束持续增强；社会民生领域存在薄弱环节，推动转型升级的任务十分艰巨。更应当看到，2014 年保持经济平稳发展具备不少支撑因素。一是我市落实十八届三中全会精神，加大改革力度，经济增长的内生动力会持续增强。二是市委、市政府"一二三四五"发展思路提振了全市上下实现科学发展新跨越的信心和决心，想发展、议发展、抓发展的气氛浓厚。三是济莱协作区建设进入实质性推进阶段，我市列入《全国资源型城市可持续发展规划》，成为全市发展的重要推动力。四是企业市场竞争能力增强，高新技术和新兴产业发展势头迅猛，发展的基石更加牢固。五是经过近年的大项目建设和招商引资，许多项目进入投产运营阶段，形成新的经济增长点。综合考虑，2014 年虽然面临各种不确定因素，但发展的活力和动力将更加充足。

三、2014 年经济社会发展的总体要求和主要目标

综合考虑各方面因素，做好 2014 年经济社会发展工作必须深入贯彻党的十八大和十八届二中、三中全会精神，认真落实省委、省政府和市委的决策部署，坚持稳中求进工作总基调，把改革创新贯穿于经济社会发展各个领域各个环节，着力推动工作指导重大转变，把加快发展的立足点切实转到以提高质量效益为中心上来，积极推进转调发展、协作发展、创新发展、和谐发展，加快建设实力莱芜、活力莱芜、魅力莱芜、生态莱芜、幸福莱芜，开创经济社会发展新局面。

2014 年经济社会发展的主要预期目标是：

（一）经济平稳增长。全市生产总值增长 9.5%，规模以上固定资产投资增长 18%，社会消费品零售总额增长 13%，进出口总值增长 6%，居民消费价格涨幅控制在 3.5%。

（二）发展质量提升。公共财政预算收入增长 9%。自主创新能力提高，研发投入占 GDP 比重达到 2.4%。济莱协作区建设取得重要进展，新型城镇化有序推进，城镇化率提高 1.5 个百分点。

（三）经济结构优化。现代农业示范区建设步伐加快。新兴产业快速发展，规模以上工业增加值增长 12% 左右，非钢产业增加值占比提高 2 个百分点。服务

业增加值占比提高 1 个百分点。

（四）生态环境改善。节能减排和淘汰落后产能力度加大，主要污染物排放量继续减少，全面完成省下达的节能减排约束性目标。

（五）社会民生加强。城镇居民人均可支配收入和农民人均纯收入均增长10%。新增城镇就业 2 万人，农村劳动力转移就业 2.5 万人，城镇登记失业率控制在 3% 以内。社会保障水平稳步提高，基本公共服务均等化继续推进。完成省下达的保障性安居工程建设任务。人口自然增长率控制在 6.7‰以内。

四、2014 年经济社会发展的主要任务和工作重点

（一）更加注重深化改革，充分释放社会活力。进一步简政放权，加快公共资源交易平台建设，推动政府职能转变。推进投融资体制改革，树立"财政资金保民生、社会资金促发展"的理念，规范政府投融资平台建设，创新涉农资金整合与使用机制；大力发展地方金融机构，鼓励企业拓宽直接融资渠道，争取新增挂牌企业 8 家以上。深化农村产权制度改革，新增土地流转面积 2.5 万亩。加快构建新型农业经营体系，新发展农民联合社 3 家、家庭农场 20 家。抓好城市建设与土地收储制度改革，破解"城中村"改造难题。支持民营经济发展，创新公司登记制度，私营企业、个体工商户数量均增长 12% 以上。

（二）更加注重质量效益，推动产业结构转型升级。一是改造提升传统产业。以不锈钢深加工为重点，调整钢铁产业结构；加快机械、能源、食品加工等传统产业技术改造步伐。二是培育壮大新兴产业。编制完成《莱芜市新兴产业发展规划》，提高新材料、电子信息、新能源汽车、生物医药等产业规模和水平，推动产业结构向价值链高端转变，实现高新技术产业产值增长 25% 以上。三是加强现代农业建设。以现代农业示范区建设为抓手，发挥"三辣一麻""三黑一花"等特色产业优势，推进农业"产业化、市场化、标准化、品牌化"。四是加快服务业发展。着力打造文化旅游和现代物流两大"龙头"，抓好雪野旅游区、五矿钢铁物流园、铁路物流基地等重点园区和重点项目建设。五是扎实推进节能减排。推进环保六大攻坚战，加快淘汰落后产能步伐，抓好节能改造和污染治理重点工程建设。

（三）更加注重协作发展，推进济莱协作区建设。进一步完善融合发展机制，适时启动济莱协作区经济社会发展总体规划和重点专项规划编制工作。按照"五

个同城化"的要求，启动济莱城际铁路规划论证，争取减免或降低高速公路通行费；加快两市通讯并网升级，积极争取区号统一；济南医疗机构新农合（莱芜）定点医院达到5家；推动旅游共同发展，筹建莱芜保税物流中心，吸引驻济金融机构设立分支机构。积极争取省给予政策倾斜，利用好"一圈一带"专项资金和经济圈投资基金，加快项目建设步伐。

（四）更加注重项目质量，增强投资的关键性作用。制定大项目准入条件，重点建设新兴产业、传统产业升级改造项目，以及具有示范带动作用的现代服务业、现代农业等项目，坚决遏制"两高一剩"项目，建立项目退出转化机制，形成"推进一批、提升一批、转化一批、退出一批"的项目建设新格局。坚持领导干部包项目、联审联批、台账管理、调度观摩等推进机制，完善扶持政策，推动项目快建设、快投产、快达效，完成项目投资400亿元以上。强化考核导向，重点考核项目质量、投资强度、工程进度和投产运营等指标，确保项目考准、考真、考实。大力推进招商引资，把"引智"放在更加突出的位置，切实增强招商实效。

（五）更加注重城乡统筹，加快新型城镇化步伐。落实国家和省新型城镇化发展规划，编制我市新型城镇化发展规划。抓好城市"四大片区"改造工程、"五条水系"治理工程和"六条道路"建设，城市污水处理率达到92.5%。抓好100个村庄综合整治，加快镇村基础设施、公共服务设施等工程建设。推进水生态文明市建设，完成水土流失治理面积50平方公里。实施强镇突破带动战略，抓好中心镇、示范镇建设，培育镇域骨干企业和当家产业，推动镇域经济跨越发展。

（六）更加注重创新驱动，提高科技支撑能力。探索人才引进、评价、培养、使用、激励机制，引导人才向产业和科研一线流动。强化企业在技术创新中的主体地位，发挥科技创新引导资金的作用，支持企业自主创新、产学研合作创新、科技成果创造与转化等重点项目建设，抓好院士工作站、博士后科研工作站和企业创新平台建设，推进雪野生态软件园、高新技术产业孵化楼等创业创新载体建设，推动科研投入成果化、科研成果产业化。

（七）更加注重民生优先，促进社会和谐发展。一是扩大城乡就业。积极开展城乡"双零"家庭、就业困难人员就业援助，引导农民工就地就近就业、自谋职业和返乡创业，开展就业创业培训12500人。二是提高社会保障水平。提高城乡居民基础养老金标准和困难群体保障标准。扩大城镇医疗、工伤、失业保险覆盖面。巩固完善基本药物制度，提高新农合保障水平。加快保障性住房建设，新开工建设保障性住房 5100 套。三是发展社会事业。坚持优先发展教育，实施校车村村通工程，新创省级规范化学校 6 所。提高社区文化中心、农村文化大院规范化管理水平，培育发展文化创意产业。抓好第 23 届省运会备战参赛工作。做好精神文明、人口计生、信访仲裁、地震人防、妇女儿童、安全生产、史志档案等工作。

2014 年临沂市国民经济和社会发展思路

一、2013 年国民经济和社会发展计划执行情况

过去一年，全市上下紧紧围绕"四三二一"总体发展思路和"过四五、双翻番"、与全省同步全面建成小康社会的奋斗目标，着力构建现代产业、现代城镇和民生保障"三个体系"，着力实施"10＋6"产业推进、"1531"骨干企业培植和"1332"国际商贸名城建设"三项计划"，着力完善营商环境、要素供应和责任落实"三个机制"，经济社会持续健康发展，年初计划执行情况良好，主要任务目标顺利完成。实现生产总值 3336.8 亿元、增长 11%，固定资产投资 2431.6 亿元、增长 20.8%，社会消费品零售总额 1781 亿元、增长 13.4%，进出口总额 94.1 亿美元、增长 19.1%。

（一）产业转型升级步伐不断加快。把构建现代产业体系作为经济工作总抓手，出台加快推进"10＋6"产业计划构建现代产业体系的实施意见、加快培植骨干企业的若干意见、推进临沂商城转型升级加快建设国际商贸名城的实施方案，统筹推进三次产业协调发展，主导产业定位及培植取得好的效果。三次产业结构调整为 9.7∶47.5∶42.8，服务业增加值占比提高 1 个百分点。工业保持较快增长。规模以上工业增加值增长 16.6%，主营业务收入、利税、利润分别增长 15.2%、15.3% 和 12.3%。"10＋6"产业完成工业产值 7904.4 亿元，占全市规模以上工业产值的 92.7%。重点培植的 200 家骨干企业主营业务收入、利税、利润分别占规模以上工业的 33.6%、33% 和 31.2%，营业收入过百亿元企业达到 10 家、新增 2 家。服务业发展态势良好。服务业完成增加值 1428.6 亿元、增长 11.3%。商城国际化进程加快，临沂港投入运营，综合保税区开始筹建，商城实

现交易额 2096.2 亿元、增长 18.3%，出口 32.1 亿美元、增长 150.8%。旅游业实现总收入 413.8 亿元、增长 15.3%，新增 4A 级旅游区 4 家、蒙山旅游区成功创建为全省第 9 家国家 5A 级景区。我市连续五年被评为全省服务业发展先进市。农业生产稳健。粮食总产达到 87.8 亿斤，新建高标准农田 52 万亩，新一轮优质农产品基地品牌规划扎实推进，沂南、苍山被省政府确定为全省第二批省级现代农业示范区。

（二）经济发展质量效益明显提高。投资结构不断优化。三次产业投资结构调整为 1.3∶52.9∶45.8；高新技术产业投资占工业投资比重为 51.3%，同比提高8.5 个百分点；民间投资占总投资比重 91.7%，同比提高 3.8 个百分点。项目质量不断提高。220 个市重点项目传统工业项目投资门槛由 2 亿元提高到 4 亿元，全年完成投资 1246 亿元、增长 75.5%、占年度计划的 134%。财税质量不断提高。公共财政收入突破 200 亿元、达到 216.1 亿元、增长 16.6%，税收占比达到85.3%、居全省第 1 位；县域财政收入达到 209.4 亿元，"三年倍增计划"圆满完成，11 个县区公共财政收入超过 10 亿元，税收占比 87.7%，高于全市 2.4 个百分点。

（三）重点领域改革创新取得突破。出台 2013 年深化经济体制改革工作要点，重点领域和关键环节改革扎实推进。深化财政体制改革。出台调整和完善市对下财政体制方案，进一步理顺市以下财政分配关系，实现利益共享、风险共担、增量分成、规范统一。深化行政审批制度改革。进一步清理和取消、下放市级行政审批事项，审批事项压缩到 110 项，成为全省审批事项最少的市之一。深化农村产权制度改革。集体土地所有权确权登记发证全部完成，确权登记 1.63万平方公里。创新政府投融资机制。出台政府投资项目（市级）管理办法，建立健全政府投资项目决策和实施程序，组建城市建设投资集团，设立市政府投融资管理中心。创新金融体制机制。实行"金融先行"战略，出台促进金融深化与发展 20 条意见，市县两级地方金融监督管理局全部挂牌成立，明确了地方金融监管职责。

（四）经济发展保障机制不断健全。围绕经济社会发展，创新思路搞好土地、融资和营商环境保障。有效破解土地制约。健全节约集约用地制度体系，扎实开展城乡建设用地增减挂钩和批而未供土地有效利用工作，验收增减挂钩指标 2 万亩，有效利用批而未供土地 6.6 万亩，供地率和房屋征收拆迁规模居全省第一。

积极拓宽融资渠道。社会融资规模实现634.4亿元、增长34.7%，本外币贷款余额2531.1亿元、较年初新增372亿元，余额和新增分列全省第5位和第3位。大力优化营商环境。出台进一步优化经济发展环境的意见、建设项目审批流程运行管理暂行办法，审批时限由过去3个月压缩至22个工作日。

（五）现代城镇体系建设扎实推进。全年城镇化率达53.2%，《第一财经周刊》将我市列为全国新二线城市。中心城区建设步伐加快。编制了东风东关、体育场、南坛三期、新二中、火车站等34个片区控规和生态基础设施、道路与公共交通系统等13个专项规划，引进了万达、华润、珠宝城等高端城市综合体项目，江泉高架路、沂河路—西外环立交桥、临工大桥等重大基础设施加快推进，建成区面积和人口分别达到195平方公里和193万人。小城镇建设加快推进。完成51个县级重点镇新一轮总规修编，兰山区半程镇等12个镇入选全省"百镇建设示范行动"第二批示范镇，居全省首位。"镇（乡）镇通天然气"工程全面竣工，我市成为全国第一个实现天然气乡镇全覆盖的地级市。农村社区建设成效明显。开展了蒙山旅游区柏林镇富泉村全国村庄规划试点和22个省级示范农村新型社区规划编制工作，完成集中新建农村住房9.5万户，危房改造2万户，两区同建社区达到114个。

（六）民生保障体系建设成效明显。着眼打基础、管长远，扎实推进重大民生工作，各级财政用于民生支出达263.3亿元，占全市财政支出比重64.9%，同比提高0.6个百分点。居民收入不断提高。城镇居民人均可支配收入27511元，增长12.5%，连续10年保持两位数增长；农民人均纯收入过万元，达到10389元，增长13.6%，增幅连续四年高于城镇。就业形势保持稳定。新增城镇就业13.2万人、农村劳动力转移就业23.2万人，超额完成年度计划，城镇登记失业率1.57%。办学条件不断改善。名校进北城、中小学校舍安全改造、农村中小学"211"工程、标准化幼儿园建设等顺利实施。社会保障体系不断健全。整合新型农村社会养老保险和城镇居民社会养老保险两项制度，城乡居民养老保险参保率达到99%以上。环境治理和生态保护成效明显。出台生态文明建设规划，全市万元GDP能耗降低3.7%左右，被评为全省首个水生态文明城市，临沂经济技术开发区被确定为全省唯一国家循环化改造示范园区，成功创建国家森林城市，森林覆盖率提升到33.8%。

在肯定形势稳中有进、工作富有成效的同时，也要清醒地认识到，经济发展中还存在一些矛盾和问题。经济运行存在下行压力，随着国家和省转方式调结构力度加大，单纯依靠投入拉动经济增长的动力将进一步减弱，实现稳增长的任务艰巨。产业结构亟待优化提升，高附加值、高财税贡献产业比例较低，新兴产业发展不快，高新技术产业产值占规模以上工业比重、研发经费投入占 GDP 比重均低于全省平均水平，冶金、木业、陶瓷等落后产能比重较高。节能减排形势较为严峻，从"十二五"中期发展评估看，我市单位 GDP 能耗降幅收窄、主要污染物增量过大，节能减排压力较大。对这些问题，要加强分析研判，找准根源有针对性地加以解决。

二、2014 年经济社会发展主要目标和重点工作

2014 年全市经济社会发展的主要预期目标：生产总值增长 11% 左右，公共财政收入增长 14% 以上；固定资产投资、社会消费品零售总额、进出口总额分别增长 20%、13% 和 14% 以上；居民消费价格涨幅控制在 3% 左右；城镇登记失业率控制在 3.5% 以内；城镇居民人均可支配收入增长 11%，农民人均纯收入增长 12%；人口自然增长率、万元 GDP 能耗和主要污染物排放总量削减率等约束性指标，确保完成省政府下达的任务。

实现上述目标，需抓好八个方面的重点工作。

（一）着力推动转方式调结构。按照腾笼换鸟、凤凰涅槃的要求，以提高发展质量和效益为核心，把产业转型升级作为转调的主要内容，全力打造经济升级版。一是推进工业转型升级。按照高端高质高效发展方向，研究出台加快产业转型升级的实施方案，着力推动存量做大做强、增量招大引强。围绕"10 + 6"产业规划培植主导产业，策划支撑项目，严禁新上落后产能和高耗能、高污染项目。研究制定中心城区产业布局规划和调整的具体政策措施，对不适合主城区发展的冶炼、炼化、煤化、盐化、水泥、平板玻璃、陶瓷等重污染企业限期改造搬迁，实现腾笼换鸟，促进中心城区产业升级。全面落实"消化一批、转移一批、整合一批、淘汰一批"要求，摸清产业落后产能底数，明确淘汰落后产能门槛，分年度提出淘汰时间表、路线图。大力开展工艺装备改造行动，支持企业通过技术改造等途径引进先进工艺和高端装备，进一步延伸产业链条，促进产品升级换代，推动产业由低端向中高端发展，确保 200 家骨干企业技改投入增长 22% 以上，力争 80% 以上骨干企业主要工艺装备水平达到国内外同行业先进水平。二

是加快打造服务业新优势。坚持规划引领、集聚带动、政策助推、培植重点、绩效考核"五位一体"工作思路，打造服务业区域性中心，力争服务业增加值占比提高1个百分点以上。对商贸物流、旅游、金融、软件和信息服务、文化创意、商务服务、研发设计、教育培训、养老服务、医疗健康服务等重点产业分别制定发展规划，力求优势产业做强、新兴产业跨越。推动新兴服务业集聚发展，制定六大类现代服务业集聚区培育办法，支持园区平台等基础设施建设，支持入园企业做大规模、做强品牌，适时认定一批市级现代服务业集聚区，符合条件的园区积极推荐创建省级园区。出台进一步加快服务业发展的实施意见，进一步整合资源，加大扶持力度，产业扶持和结构调整资金一般不再投入竞争性工业领域，设立一定规模的服务业发展投资基金，支持服务业重点行业和领域。实施服务业骨干企业培植计划，确定100家服务业骨干企业实行分类重点培育。进一步健全完善反映我市服务业发展水平的统计指标体系，修订完善服务业发展绩效考核办法。三是大力发展现代农业。以提升粮食综合生产能力为目标，持续推进千亿斤粮食产能项目建设，集中打造"粮田集中连片、土地平整肥沃、灌排设施完善、抗灾能力较强、综合配套技术到位"高标准高产量示范田，确保粮食安全。加快推进岸堤水库等4座大型水库除险加固工程、14座大中型病险水闸加固工程、葛沟灌区等5个大型灌区续建配套与节水改造工程建设，改善和恢复有效灌溉面积62万亩，新建高标准农田77万亩。全面推进中部城郊都市农业区等五大优势特色农业区发展和沂河沿岸高效生态特色农业长廊、河东区省级农高区等载体建设，提升规模化、标准化、品牌化水平，打造"生态沂蒙山、优质农产品"品牌。紧紧围绕农资产业链和农产品加工、流通、销售前后两端，研究制定推动农业产业发展的政策措施，培植一批农业龙头企业，打造一批各具特色的农业产业园区。

（二）着力实施创新驱动发展。把科技创新摆在发展全局的核心位置，大力实施创新驱动发展，推动科技与产业、信息化与工业化深度融合，充分发挥政府和市场两个作用，着力抓好投入、平台、人才等关键环节，打造创新临沂品牌。一是加大创新投入力度。围绕降低单位能耗水平、提高产品科技含量、研发行业最新产品等环节，采取资金扶持、企业自主投入、市场行为融资、投资基金注入等方式，有针对性地加大投入力度，确保各方面投入与最终科研成果成正比。二是加大平台建设力度。政府引导建设一批大型仪器设备共享、创新技术产品开发、检验检测服务、科技成果转移孵化、研发和试验协作等公共创新平台，出台优惠政策支持企业重点创新平台进行主辅剥离并有效整合，建成企业共享共用的公共创新平台。围绕"10＋6"产业发展，支持有条件的重点企业建设各类创新平台开展基础性和应用性技术研究，整合资源将临沂应用科学城打造成为支撑产业发展的创新平台、服务创新创业人才的公共平台、研发投入保障的融资平台，再认定一批市级工程研究中心和工程实验室。三是加大人才引进培养力度。在产业招商过程中，更加注重引才引智，争取一批高层次人才来我市创新创业。成立跨行业、跨学科、跨领域的高层次人才联合会，为高层次人才互通信息、拓展人脉、向政府建言搭建平台。围绕"10＋6"主导产业、骨干企业培植、商贸名城建设，定期举办高级学术交流活动，促进高层次创新创业人才与国内外同行加强交流，更新创新观念，提升创新能力。强化人才培养与应用深度对接，鼓励大型企业建立企业商学院，使人才在本地有学习成长的良好环境。

（三）着力深化重点领域改革。按照中央和省、市委关于全面深化改革的总体部署，以经济体制改革为引领，用创新理念和思维推动重点领域和关键环节的改革，进一步增强发展内生动力和活力。一是注重搞好改革规划。认真研究中央《决定》和省、市委《意见》，坚持问题导向，扎实开展调研，出台 2014 年全市深化经济体制改革要点。二是加快转变政府职能。进一步简政放权，深化行政审批制度改革。大力推进工商登记制度改革，及时实行"负面清单""先照后证""企业年度报告公示"等制度。加强中介机构管理，引入竞争机制，推动行业协会、中介机构"去行政化"。三是深化农村改革。扎实推进土地承包经营权确权登记颁证工作，年底前全面完成确权登记任务。积极开展集体建设用地使用权流转，纳入城乡一体的土地交易有形市场，试点探索超占宅基地退出、超面积有偿使用机制，解决超标准占地和"一户多宅"问题。四是深化投资体制改革。抓好政府投资项目管理办法实施，进一步规范政府投资行为。完善市级政府投资项目管理系统，对市级政府投资项目实行全程管理，提高政府投资质量和效益。五是深化医药卫生体制改革。在做好费县公立医院改革的同时，加快推进第二批 6 个县公立医院改革，出台县级公立医院综合改革试点实施意见。整合城乡居民基本医疗保险，研究制定疾病应急救助制度，建立责任共担、多方联动机制。六是扎实推进重点领域改革试点。对先行先试的两型社会建设改革、国际贸易综合改革、省级服务业改革等试点领域，用创新思维和办法积极探索行之有效的路子，为全国全省提供可借鉴可示范的经验。对国家和省即将开展的各类改革试点，积极向上申报，争取获得更多先行先试权。

（四）着力增强内需拉动作用。充分发挥投资的关键作用，消费的基础作用，依靠内需实现经济持续稳定增长。一是保障投资资金来源。加快建立以政府为杠杆、企业为主体、银行业金融机构和社会资金多渠道、多层次的投融资体系，以大融资支持投资增长和经济发展。发挥银行融资主渠道作用，强化金融机构存贷比考核，稳步扩大政府性投资规模，发挥城投集团平台融资功能，引导金融机构更多服务实体经济。大力发展社会融资，提高民间融资、债券融资、上市融资、证券融资、金融租赁、集合票据、股权投资、全国中小企业股权转让系统和齐鲁股权交易中心挂牌融资等直接融资比重，以更大力度推进招商引资和利用外资。二是进一步优化投资结构。充分利用并严格落实有保有控的金融政策，围绕国家和省预算内重点投资领域，引导更多资金投向符合产业政策要求、高端高质高效的"10＋6"产业补链强链建链项目、转型升级和科技创新项目、重大民生项目，切实提高投资的质量和效益，加快推动众泰汽车、东湖新能源汽车、东忠软件科技园等一批大项目好项目建设。按照投资4亿元以上、符合"10＋6"产业计划和区域定位、保证上半年全部开工建设等要求，确定实施今年市重点项目。三是加快推进一批重大基础设施建设。抓住省政府编制综合交通运输体系中长期发展规划机遇，争取把我市规划建设全国性综合交通枢纽项目列入规划，扎实推进东外环、西外环、北疏港、临岚高速、京沪高速临沂段扩容、临沂机场改扩建、临沂火车站提升改造、鲁南铁路客运专线、临沭至连云港铁路等一批公路、铁路、航空重大基础设施项目和费县抽水蓄能电站、华润沂水风电等能源基础设施建设。四是增强消费的基础性作用。重点围绕信息消费、养老和健康等服务消费、支持4G网络建设和业务发展、扩大绿色环保产品消费、继续实施节能产品惠民工程、政府向社会购买公共服务等国家重点培育的消费点，以及消费结构调整带来的中低端消费发展包括大众餐饮业发展、电子商务发展等消费增长点，做好上下结合文章，制定具体推进措施，不断提高消费对经济增长的贡献。

（五）着力发展开放型经济。实行更加积极主动的开放战略，以建设国际商贸名城、推动商城国际化为重要抓手，进一步挖掘出口潜力点、放大比较优势、抓住关键环节，全力塑造开放型经济发展新优势。一是加快推进国际商贸名城建设。深入实施"1332"国际商贸名城建设计划，加快国际商务区建设，着力打造便捷高效的国际化贸易平台，促进商城与国际市场直接接轨。围绕建设现代化口岸，提升临沂港功能，高标准建设现代专用货站、自动化立体仓库、配送中心等设施，打造集包装规范化、装卸机械化、运输集装箱化于一体的现代化口岸。全力争取综合保税区早日获批，进一步完善综合保税区控制性详细规划，加快基础设施建设，着力引进一批大项目好项目，不断提高综合保税区建设水平，力争尽快实现封关验收。以国际贸易综合改革试点为抓手，深入落实旅游购物出口监管模式和市场采购地检验检疫等便利化政策，争取尽早列入国家级试点，确保商城出口额超过 60 亿美元。举办好第五届商博会、首届中国临沂资本交易大会。二是加快打造出口竞争新优势。深入实施以质取胜和市场多元化战略，鼓励企业加大技术创新投入，提高产品质量档次，打造国际知名品牌。支持企业注册境外商标，培育自主品牌。支持企业借助境内外展会，巩固传统市场，开拓新兴市场和自贸区市场；依托中国（临沂）跨国采购中心等平台，组织和推动临沂商城业户扩大出口；支持外贸企业开展跨境电子商务，通过互联网开拓国际市场。三是加快拓展经济合作新领域。进一步放大我市近海临港优势，围绕国际商贸名城建设，重点加强与周边港口的联系，提升腹地效应，推进产业集聚，扩大产品出口。依托东部近海临港区域，建设功能完备、设施先进、交通便捷、物流通畅的"无水港"。以产业为支撑，以商城为依托，加强与沿海沿边城市的交流合作，积极对接、主动融入丝绸之路经济带和海上丝绸之路建设。

（六）着力构建现代城镇体系。坚持"以人为本、优化布局、生态文明、传承文化"的基本原则，推动中心城区、县城、小城镇和农村新型社区四级联动，加快建设现代城镇体系。一是做优做美中心城区。推进中心城区新一轮控规全覆盖，合理布局中心商务圈、新型工业圈和都市农业圈，加快火车站片区、北城新区国际商务区、南部生态科技城等重点片区开发建设，形成合理的生产、生活、生态空间。优化城市交通网络，开工建设西安路祊河桥和南京路、陶然路沂河桥，推动临工大桥、江泉高架路建成通车，构筑现代城市道路体系，编制城市慢行系统专项规划，启动城市轨道交通规划研究，提升城市综合承载能力。优化市政基础设施，推动"四供两排"工程建设，年新增供热能力 1000 万平方米，日供水 18.6 万吨，污水处理能力突破 50 万吨。美化生态环境，搞好休闲公园建设、河道沟渠治理、特色休闲街打造、生态片林和经济林营造"五个一"建设。美化生活环境，构建"无缝隙、全覆盖、全天候"城市管理网络，加强市容环境整治；综合整治城区大气污染，全面提升城区空气质量达标天数。实施城市添彩工程，加快推动华润中心、万达广场、东方珠宝城等一批高端城市综合体建设，改善提升城市形象和品位。二是推进县城规划建设。支持各县因地制宜搞好县城规划建设，推进控制性详细规划全覆盖。坚持旧城改造和新城开发并重，着力推进以提升城市功能为重点的基础设施建设，大力发展以现代服务业为主的城市经济，促进企业向园区集聚和农村人口就近转移，打造各具特色的现代化城市。三是加快小城镇和农村社区建设。集中扶持市级优先发展重点镇、省级示范镇扩容提质，打造县域经济副中心。坚持农村社区和产业园区"两区同建"，按照"宜农则农、宜工则工、宜商则商、宜游则游"原则，积极发展壮大特色优势产业，逐步实现居住在社区、就业在园区和就地就近城镇化。四是促进区域协调发展。制定实施新一轮县域经济发展计划，创新政策扶持，完善考核机制，以县域经济新发展带动市域经济新跨越。着力推进中心城市核心经济板块、东陇海临港经济板块、南部临郯苍邻边经济板块、西北部高效生态经济板块协调发展，支撑我市在西部经济隆起带中加快隆起。

（七）着力强化生态文明建设。以"生态临沂"建设为目标，狠抓环境治理和生态保护，加强源头治理，强化大气污染防治，实现经济社会可持续发展。一是抓好生态环境保护。启动沂蒙山区生态补偿机制试验区建设，探索建立生态补偿制度，开展排污权交易试点，探索建立区域性碳排放权交易市场，积极创建国家生态文明建设示范区，打造沂蒙山区绿色生态屏障。巩固提升国家森林城市创建成果，实施60万亩环城林带提升工程，在主城区形成高效生态环城林集中片区。推进生态文明乡村建设，加大城乡环境综合整治，深入开展沂蒙"美丽乡村"创建活动。以迎接淮河流域水污染治理核查为抓手，对照水质考核21项检测指标，进一步提高污水处理水平、严格排放标准，确保重点流域水质全部达标。二是大力推进节能降耗。完善节能评估和审查制度，推动工业、建筑等重点领域节能，从投资源头严格控制新上"两高一资"项目。对现有六大高耗能行业实行分类整治，对企业实施煤改气、兼并重组、新上环保设施及使用、退出高耗能行业等给予相应扶持，不断提高循环经济水平。加快建立以生态文明建设为核心指标的考核评价体系，确保万元 GDP 能耗等指标持续下降。三是加快大气污染防治。严格按照国家、京津唐地区和省政府大气污染防治计划要求，落实省政府与我市签订的大气污染防治目标责任书，继续实施大气污染防治会战制度，研究制定我市具体行动计划和推进措施。严格落实重污染天气监测预警和应急处置方案，遇有严重污染天气强制要求大气重点排放企业采取限产或停产措施，对城区各类扬尘污染、燃煤锅炉、农村秸秆焚烧等加大综合整治力度，对未取得绿色环保标志的机动车禁止在划定限行区域内通行。

（八）着力保障和改善民生。按照"守住底线、突出重点、完善制度、引导舆论"的基本思路，全力解决群众最关心、最直接、最现实的问题，让广大群众切实分享发展改革成果。一是推进基本公共服务体系建设。按照国家和省促进基本公共服务均等化要求，编制实施我市基本公共服务体系建设行动计划，建立基本公共服务财政支出稳定增长机制，提高就业、收入分配、社会保障、公益性社会事业等领域的保障能力和均等化水平。启动信息惠民工程建设，编制信息惠民工程国家示范城市规划，推动教育、医疗等优质资源共享。二是实施更加积极的就业政策。继续实施全民创业三年行动计划，推动实现各类重点群体高质量就业，实现新增城镇就业 8.5 万人、农村劳动力转移就业 15.5 万人。三是抓好保障性安居工程建设。搞好规划布局、积极争取上级指标、协调落实资金土地等建设条件，加快保障性住房建设和棚户区改造，新建经济适用房 2000 套、公租房 5000 套，棚户区改造 2.1 万户。推进 146 个国有土地上旧城改建项目，其中城区 74 个、县区 72 个，征收房屋面积 1295.7 万平方米，其中住宅 892.8 万平方米，涉及居民 6.1 万户。四是实施一批重大民生项目。围绕群众当前最关心的民生问题，着力在基层就业和社会保障、农村初中校舍改造、农村学前教育、中等职业教育、基层医疗卫生机构服务设施、体育公共服务设施、社会养老服务体系等领域策划包装一批民生项目，积极争取国家和省给予支持，推进民生事业不断改善。五是健全社情民意沟通机制。办好 12345 热线，健全"一号对外、集中受理、分类处置、统一协调、各方联动、限时办结"机制，保证市民诉求事事有回音、件件有着落，打造具有临沂特色、全国领先的政府公共服务品牌。

2014 年德州市国民经济和社会发展思路

一、2013 年国民经济和社会发展情况

（一）经济发展平稳较快。实现地区生产总值 2460.6 亿元，按可比价格计算，同比增长 11.2%；经济结构不断优化，三产占比提高 1.1 个百分点，达到 36%；规模以上工业增加值按可比价格计算同比增长 14.3%。质量效益稳步提升，公共财政预算收入 150 亿元，同比增长 15.7%，税收占公共财政预算收入比重达到 77.9%，同比提高 4.7 个百分点；规模以上工业企业利税 878.8 亿元，同比增长 18.5%。需求拉动基本平稳，全社会固定资产投资 1686.6 亿元，同比增长 20.9%；社会消费品零售总额 991 亿元，同比增长 13.6%；实际利用外资 2.1 亿美元，完成进出口总额 35.38 亿美元，同比增长 30.2%。居民收入稳步提高，城镇居民人均可支配收入 24812 元，农民人均纯收入 10876 元，分别同比增长 10.6% 和 13.3%；居民消费价格同比上涨 1.9%，城镇登记失业率 3% 左右，均控制在计划目标之内。县域经济发展较快，2 个县（区）公共财政预算收入过 20 亿元，7 个县（市、区）主体四税收入增幅超过 25%，5 个县（市、区）提前完成县域经济"三年倍增"计划。

（二）产业结构不断优化。农业发展态势良好，全年粮食生产实现"十一连增"，总产达到 166.5 亿斤；农业结构调整步伐加快，新增蔬菜面积 20 万亩、食用菌面积 387 万平方米，新建提升标准化规模养殖场区 283 个，农业龙头企业发展到 1280 家；新型农业经营体系建设加快，农产品质量安全水平显著提高，农业科技支撑能力日益增强。工业素质进一步提升，骨干企业培植有序展开，制定出台大企业、科技成长型企业培植工作实施意见，有力促进了企业规模膨胀，全

年主营业务收入过百亿元的企业 2 家、过 50 亿元的 14 家；105 个市级重点项目完成投资 612 亿元，54 个项目竣工投产；大力实施现代产业人才支撑计划，新增一批高新技术企业、工程技术研究中心、科技孵化器，预计高新技术产业产值占规模以上工业总产值的比重达到 25.4%。服务业发展势头良好，出台了总体发展规划和政策意见，万达广场、齐河黄河生态旅游文化大观园等一批新的增长点加快形成，现代物流、文化旅游、电子商务、金融服务等新兴业态发展迅速。

（三）城乡统筹实现突破。中心城区建设成效显著，6 大类、68 个城建项目完成投资 208 亿元；其中，"两河四岸"滨河路基本建成，形成了贯通城市南北的交通大动脉；城市综合体和大社区建设进度加快，数字化管理水平全面提升，防汛和供水、供气、供热保障能力进一步增强。城镇体系建设逐步完善，全面启动现代城镇体系规划编研工作，12 个示范镇启动建设项目 135 个，完成投资 8.5 亿元；8 个镇入选第二批百个省级示范镇；新建续建规模以上新型农村社区 314 个，建设 1000 亩以上农业产业园区 373 个。重大交通基础项目建设取得新进展，德大、邯济铁路和济乐、德商高速加快建设，石济客专正式开工，济齐黄河大桥完成前期筹备工作，省道 315 和 248 改建完成，新建改造农村公路 800 公里。生态环境持续改善，三年大绿化任务完成 80%，森林覆盖率达到 33%，成功创建国家园林城市，海河迎查工作扎实推进，全面启动蓝天工程和"黄标车"淘汰工作，完成全年 GDP 降耗和主要污染物总量减排任务。

（四）改革开放不断深化。"一圈一带"战略全面启动，出台了实施意见和责任分工，生态科技城、综合保税区、省级职业教育创新发展示范区、新型城镇化试点、省级数据备份中心建设等工作取得初步成果。重点领域改革加速推进。营商环境持续优化，取消行政审批事项 109 项，下放 34 项，保留 88 项，精简幅度达到 68%，成为全省行政审批事项最少的市之一；深化财税体制改革，进一步理顺了市以下财政分配关系，"营改增"改革试点顺利推进；稳妥推进政府机构改革，医药卫生体制改革继续深化。招商引资取得新进展，开展招商引资百日会战，深入对接央企强企，成功举办北京、上海、天津、广州合作恳谈会，组团赴美国、香港、台湾等地招商，全市签约项目 759 个，542 个重大招商项目开工建设。金融支撑能力进一步增强，引进设立民生银行、青岛银行等各类金融机构 63 家，新增贷款 335 亿元，不良贷款率大幅下降；新增间接上市和挂牌企业 26 家，直接融资 202 亿元；成功举办第三届资本交易大会。

（五）社会民生持续改善。民生十件实事完成年度任务，一批热点难点问题得到有效解决。重点民生领域财政支出165.6亿元，占财政总支出的比重达到61.9%，增长13.8%。城乡就业稳步推进，全年新增城镇就业7.3万人、农村劳动力转移就业10.5万人，均超额完成年度计划；大力推行"四单"培训新模式，创业带动就业活动深入开展。社会保障能力进一步增强，新农合大病医疗保险全面启动，企业退休人员工资实现"九连涨"，城乡低保、五保供养、孤儿基本补贴标准进一步提高，社会养老服务体系建设加快，保障性安居工程建设任务提前超额完成。城乡学校办学条件进一步改善，开工建设农村中小学校舍标准化项目150个，启动德州二中扩建工程和德州学院东扩工程。农村饮水安全工程、南水北调德州段主体工程、大屯水库向城区供水工程顺利完成，城区实现黄河水、长江水双水源保障，成为全国第一个实现整建制城乡供水一体化的地级市。重点文化设施建设进展顺利，圆满完成"十艺节"和第十二届全运会各项任务，市、县、乡、村四级公共文化服务设施实现全覆盖。

在肯定成绩的同时，应该清醒地看到，我市还存在一些问题和不足，主要是经济结构不够优、自主创新能力不够强的问题仍没有根本扭转，转方式调结构任务艰巨；社会民生领域仍存在薄弱环节，城乡、区域、经济社会发展不平衡的问题比较突出。对这些问题，需要有针对性地加大工作力度，认真加以解决。

二、2014 年主要预期目标

2014 年经济社会发展的总体要求是：深入贯彻落实党的十八大和十八届三中全会精神，坚持稳中求进、进中求好、好中求快，把改革创新贯穿经济社会发展各个领域、各个环节，积极推动工作指导重大转变，努力提高经济发展质量和效益，强力突破产业发展、城市建设、城乡统筹、民生改善、生态建设五大重点，促进经济持续健康发展、社会和谐稳定，推动幸福德州建设取得新进展。

主要指标计划安排为：

——经济发展：地区生产总值增长10.5%左右；粮食产量825万吨；规模以上工业增加值增长12%；固定资产投资增长18%；社会消费品零售总额增长13%；进出口总额增长6%；居民消费价格涨幅控制在3.5%左右。

——结构效益：公共财政预算收入增长13%左右；服务业增加值占GDP比重提高1.5个百分点；高新技术产业产值占规模以上工业总产值比重提高1个百

分点；城镇化率达到 49%。

——社会民生：人口自然增长率控制在 10.09‰以内；城镇居民人均可支配收入增长 11%，农民人均纯收入增长 13%；城镇登记失业率控制在 3.5% 以内。

——生态环境：全面完成年度节能减排目标。

三、2014 年经济社会发展的主要任务和措施

（一）全面深化改革，汇聚发展新动力。深入落实我市全面深化改革意见，力争在重要领域和关键环节取得更大突破。继续深化审批制度改革，进一步简政放权，推行行政审批、收费清单式管理，不断改善营商环境。加快金融改革创新，推进金融商务区规划建设，力争半数以上农村信用社改制成农村商业银行。深化农村改革，全面开展土地承包经营权确权登记工作，推进农民宅基地、林地等农村集体产权制度改革；进一步改革征地制度，提高农民在土地增值收益中的分配比例；争取开展全国新型城镇化改革试点，积极有序推进"两区同建"。深化财税体制改革，强化预算硬约束，加强预算绩效管理；推动市县两级财政预决算、部门预决算及"三公"经费预决算向社会全面公开；加快建立政府性债务预警机制。深化医药卫生体制改革，扩大县级公立医院改革试点范围，探索实施医联体建设，鼓励社会资本办医，发展医养结合健康服务业。有序推进事业单位分类改革，年底前基本完成从事生产经营活动事业单位转为企业或社会组织；推进居民用水、用电、用气阶梯式价格制度，深化药品、医疗、教育等公用公益事业价格改革。

（二）优化产业结构，力促经济新跨越。倾力培育十大产业集群。按照有利于做大做强骨干企业、有利于促进产业规模质量效益持续提升、有利于提高区域经济竞争力、有利于绿色循环低碳发展的原则，集中发展新能源与节能环保、生物技术、新材料、电子信息四大新兴产业集群，农副产品（食品）深加工、装备制造、绿色化工、纺织服装四大优势产业集群，以及商贸科技金融、文化体育旅游两大类现代服务业集群，打造一批特色鲜明的"板块经济"。

深入推进重点企业培植。推动 60 家骨干企业规模加速膨胀，增强 55 家科技成长型企业创新能力，力争新增主营业务收入过 100 亿元的企业 3 家。加快中小微企业创新发展，全面落实各项政策，加强融资担保、创业辅导、信息咨询等服务体系建设，新增"四上"企业 1700 家，推动创新创业群体快速壮大。

强化重大项目带动。加大帮扶力度，确保重大产业项目及时开工、按时竣工，抓好 100 个市级重点项目建设；大力促进装备升级改造，实施 388 个重点工业项目。

推动服务业发展提质增效。做优做特南部生态服务功能区等 15 个重点园区，做精做活董子文化街等 20 条特色街区，培大培强德百、扒鸡集团、黑马等 30 家服务业重点企业，争取开展全省农村社区服务业综合改革试点。完善金融服务体系，开展"企业股份制改造推进年"活动，年底前上市后备企业全部完成股改；加快推进企业上市和"新三板"挂牌。新设立各类金融机构 60 家以上，其中，引进商业银行 3 家以上，实现村镇银行县域全覆盖。提升第四届资本交易大会规格层次。确保全年新增贷款 385 亿元，直接融资 220 亿元；不良贷款率降到 3%以下。

（三）推进农业现代化，再造发展新优势。保障粮食安全。实施整建制粮食高产创建，持续推进千亿斤粮食产能建设，建设 100 万亩粮食增产模式攻关示范区，集中连片抓好 26 万亩高标准农田建设。继续实施百万亩玉米免费统一供种和"玉米千亩吨粮"高产模式攻关项目，探索开展小麦百万亩高产模式攻关项目，力争全年粮食总产稳定在 825 万吨左右。

构建新型农业经营体系。提高规模化经营水平，推进产业链延伸工程，健全产前服务支撑体系，大力发展农产品精深加工和仓储物流产业，完善流通链条和市场布局。新建 20 个优质安全蔬菜产业园区，发展标准化规模养殖场 200 家以上。新增土地流转面积 50 万亩，新发展农村家庭农场 150 个，农民合作社 500 家。

发展优质安全农产品。健全农产品质量安全、农业生态安全、农业标准化和动植物疫情防控体系，强化农业用药安全管理，扩大农产品例行监测范围、品种。加大"三品一标"认证工作力度，加强证后管理，完善退出机制。

积极推进新农村建设。开工建设农村新型社区 40 个，每个县（市、区）建成 3 - 5 处万亩以上的大型现代农业园区，每个乡镇建成 2 处 500 亩以上的特色农业园区。加快新型农村城镇化和土地资源节约集约利用两大试验区建设。加快农业基础设施建设，治理县乡村沟渠 773 条 3968 公里；启动马颊河、徒骇河治理，抓好南水北调续建配套工程。

（四）构建现代城镇体系，启动发展新引擎。推进以人为本的新型城镇化，力争年末城镇化率达到49%。

中心城区提质扩容。高标准规划建设生态科技城、外滩商务带和南部生态片区，打造科学发展新的增长极；加快实施总投资约171.2亿元的6类70余项城建项目；结合文明城市创建，实施治堵保畅工程、治违打非工程、治脏清污工程和治乱塑景工程，改善市容市貌，建设宜居城市；争取陵县撤县设区，引导平原、武城、宁津与中心城区同步协调发展。加快中心城区工业企业退城进园步伐，积极引导各县（市）企业向产业园区集中，更加科学合理地调整城市功能分区。

（五）加快开放创新，注入发展新活力。全面推进"一圈一带"建设。做好重大事项向上争取工作，协调落实好要素供应，加快推进一批重点板块开发建设、加快实施一批重大试点事项、加快培育一批产业基地和特色园区、加快推进一批重要事项、加快建设一批重点工程。

纵深推进"南融北接"。加快融入省会都市圈，争取齐河、禹城、临邑享受济莱协作区有关优惠政策；积极融入首都经济圈、国家环渤海经济圈，争创开放发展新优势。

全力推动招商选资。围绕十大产业集群，突出京津冀、长三角、珠三角和港台等重点区域，主动吸引和承接产业转移，加快引进央企国资、优质民资、高端外资，抓好美国科泰克、奥特莱斯、广药集团等项目跟踪落实，争取尽快落地。力争全年引进落地过10亿元项目中心城区20个以上，每个县（市）5个以上。

加强科技创新能力建设。建设创新型人才开发体系，深入实施海外高层次人才引进、专业技术人才知识更新、高技能人才振兴等人才工程。加快孵化基地和科技园区等创新平台建设，引导每个县（市、区）建成1处科技创新创业园（科技企业孵化器、加速器）和1处高新技术产业园，新增省级创新平台10家，市级创新平台60家。

（六）保障改善民生，提升幸福德州新水平。继续加大民生投入，落实惠民政策，在群众普遍关注的教育、医疗、文化、就业、社保、交通、市政、居住、弱势群体救助等领域，集中力量办好一批年度民生实事，促进公共服务均等化。

着力提升教育水平。围绕优化教育资源，新建、改扩建中小学项目80个、幼儿园100所，新增中小学学位3万个，优先补充乡村教师力量，缓解人口密集区入学难、班额大问题。围绕提升教育质量，采取引进名校、整体搬迁等方式，推动优质教育资源均衡布局；继续推进德州二中扩建和德州学院东扩；开工建设德州高级师范学校、德州职业技术学院二期工程和市职业教育公共实训中心，全面推进省级职业教育创新发展试验区建设。

积极促进城乡就业。实施全民大培训工程，大规模开展免费式、普惠性技能培训，全年就业培训 5 万人，创业培训 5000 人；实施全民大创业计划，扶持创业 1 万人以上；确保新增城镇就业 6.5 万人，农村劳动力转移就业 8 万人。

进一步完善社会保障体系。完善医疗、养老、失业保险市级统筹制度，搞好居民大病保险，加快农村和社区卫生服务体系建设。完成城镇居民基本医疗保险和新型农村合作医疗并轨，基本实现城乡居民养老保险、医疗保险人员全覆盖。推进城乡低保提标扩面，城市低保标准每人每月提高 40 元，农村低保每人每年提高 200 元。加快社会养老服务体系建设，新建、改造养老床位 9000 张。

深层次推进社会治理。健全重大决策社会风险评估机制，加强信访工作，开工建设市群众来访中心。创新推行网格化管理模式，深入开展平安创建活动。健全完善隐患排查治理和安全防控体系，坚决遏制重特大安全生产事故。加强政府专职消防队伍建设。

加快保障性住房及配套建设。推动公租房、廉租房并轨，开工保障性安居工程 26288 套，争取全市改造棚户区 22552 户，新建农房 5 万户以上，缓解低收入群体住房困难。

（七）建设生态文明，开启美丽德州新篇章。构建全域大绿网。抓好沿河绿道、生态廊道、环城绿带、农田林网建设，完成三年大绿化任务，造林 25 万亩、总植树 3000 万株，森林覆盖率达到 35%。完善城市绿地，高标准完成"两河四岸"景观绿化，改造提升大型公园、广场绿地 20 处。

强力实施蓝天工程。推进大气污染源达标工程建设，完成重点燃煤企业烟尘脱硫脱硝设施提标改造，加强对机动车污染监管，加快淘汰污染严重的老旧车、"黄标车"，加强 PM2.5 监测和治理。

打赢海河迎查攻坚战。实施"千亩湿地行动"，健全递进式治污体系，确保主河流断面水质稳定达到地表水 V 类标准。实现城镇污水处理厂出水进湿地处理率达到 100%，城镇污水处理再生水利用率达到 40% 以上，县城污泥无害化处理处置率达到 30% 以上，中心城区达到 70% 以上。

狠抓减排工程。重点推进污水处理厂"新扩改"工程；积极推进乡镇社区污水集中处理设施建设，确保年底前全部发挥减排效益；推进 12 个城镇污水处理厂实施再生水利用工程。实施严格的环境准入标准，严禁新上不符合国家产业政策和环保准入条件的项目，加快淘汰落后产能。实施节能科技提效工程和重点用能企业分级管理，控制能源消费总量。严格国土管理，提高土地节约集约利用水平。

2014 年聊城市国民经济和社会发展思路

一、2013 年国民经济和社会发展情况

2013 年，全市上下认真贯彻落实党的十八大、十八届三中全会精神，按照市委十二届四次全会的总体部署，以"东融西借，跨越赶超，建设冀鲁豫三省交界科学发展先行区"为目标，转轨提速、狠抓落实，突出重点、突破难点，着力推动转型升级，各项工作取得了显著成效，许多方面实现了新突破，跨上了新台阶，完成了年初制定的各项目标，在全国、全省经济下行压力较大的情况下，全市经济社会呈现又好又快、竞相发展的良好态势。预计全市生产总值完成 2400 亿元，增长 10%。其中一、二、三产业分别增长 3.5%、12%、11%。实现社会消费品零售总额 820 亿元，增长 13%。居民消费价格上涨 2%，比预期调控目标低 1.5 个百分点。城镇居民可支配收入 26450 元，增长 11.5%；农民人均纯收入 10030 元，增长 13%。三年攻坚战第一战役打得好、旗开得胜。

（一）跨越赶超势头强劲，综合实力进一步提升。一是发展速度明显加快。多项主要经济指标创近年来最好水平，生产总值、公共财政预算收入、固定资产投资、规模以上工业增加值等 8 项主要指标增幅均高于全省平均水平。有 2 项指标在全省位次前移，"进二争三"核心指标公共财政预算收入总量完成 135.6 亿元，超额完成三年翻番阶段性目标，成功超过一个市，增长 19.9%，增幅居全省第一位。服务业增加值预计完成 845 亿元，前移一个位次。二是两个比重同步提高。财政收入占 GDP 比重达到 5.7%，比上年提高 0.6 个百分点。税收占财政收入的比重达到 74.5%，比上年提高 7.5 个百分点。

（二）转型升级深入推进，发展质量进一步提高。一是现代农业发展加快。

粮食总产 115.7 亿斤；瓜菜菌产量 1554 万吨，继续位居全省第一位；肉蛋奶总产量达到 235 万吨。新增规模以上农业龙头企业 50 家；新增"三品一标"认证个数 221 个，比上年翻了一番，其中绿色食品新增 119 个，增幅居全省第一位。二是工业调整积极推进。预计工业增加值增长 12%，实现主营业务收入 8100 亿元，利税 800 亿元，利润 550 亿元，分别增长 17%、18%、16%。预计新增规模以上工业企业 252 家。工业为地方财政贡献税收 40 亿元。三是服务业发展势头良好。预计服务业增加值增长 11%，服务业占 GDP 比重达到 34.7%，提高 2.1个百分点，创历史新高。服务业为地方财政贡献税收 56.6 亿元，增长 37.3%；服务业吸纳新增就业人员 5.1 万人，增长 51%。四是高新技术产业发展加快。预计高新技术产业产值 1600 亿元，增长 20%，占规模以上工业比重达到 21.6%，比上年提高 2 个百分点。新增国家级高新技术企业 8 家，新增国家级创新平台 5家，省级创新平台 13 家。五是市场主体大幅增加。预计民营经济市场主体达到16.9 万户，增长 22%，增幅居全省第 2 位。六是对外经贸持续增长。对外贸易跨入全国百强市行列。预计完成进出口总额 62 亿美元，增长 10.2%；实际到账外资达到 1.6 亿美元，增长 41.5%。

（三）投资力度明显加大，发展后劲进一步增强。预计全市规模以上固定资产投资完成 1600 亿元，增长 21%；其中工业、服务业、高新技术产业分别完成投资 1020 亿元、490 亿元和 200 亿元，分别增长 17%、35%、51%。一是重点项目进展顺利。200 个重点项目完成投资 985 亿元，超额完成年度投资计划目标，有 79 个项目建成投产。二是企业二次创业热情高涨。谋划二次创业项目 1600个，总投资 2778 亿元，其中 10 亿元以上的项目有 35 个。三是招商引资效果显著。预计全市招商引资到位资金 720 亿元，增长 43%，引进世界 500 强、国内百强、上市公司、行业龙头及高科技企业 56 家。

（四）基础设施快速推进，城乡面貌进一步改善。一是城镇化建设进入跨越发展期。全市完成住房和城乡建设投资达到 921.6 亿元，是上年的 3 倍多。拆迁面积达到 1672 万平方米，在全省列第 1 位。市城区实施了 23 个城建重点项目，新建改建主次干道和背街小巷 105 条，环城水系、环城道路、环城林带、环城花带、环城高速等"五环聊城"建设扎实推进。设立了经济技术开发区、高新技术开发区与江北水城旅游度假区，形成了一城四区竞相发展的格局。新启动 174 个农村新型社区建设，改造农村危房 1.5 万户，数量列全省第 1 位。二是重大交通基础设施项目进展顺利。邯济铁路扩能改造聊城段新线建成通车。德商高速聊城段已完成投资 13.5 亿元。济聊一级公路项目征地拆迁工作已全面展开。青兰高速公路聊城段项目已上报国家发改委。军民合用机场、济聊城际铁路、聊泰铁路、京九高铁等重大交通项目均取得重大进展。

（五）要素瓶颈逐步破解，发展环境进一步优化。一是抓住了政策叠加机遇。"一区一圈一带"战略实施取得明显成效，有 82 个重点建设项目列入山东西部隆起带发展规划，占到项目总数的 1/5。全年共争取资金 157.6 亿元，增长 33.2%；对接省会济南取得实质性进展，"一体化"发展加快推进。二是保障了建设用地。全市报批土地面积 4.9 万亩，居全省第 2 位，增长 140%；土地增减挂可完成拆旧面积 1.5 万亩，复耕 9169.8 亩，超额完成 1 万亩的挖潜目标任务，居全省第 1 位。三是加大了金融支持。全社会融资额 239 亿元，新引进商业银行 3 家，本外币各项存款余额 1902 亿元，贷款余额 1430 亿元，比年初分别增加 214 亿元、140 亿元。全市直接融资额达到 32.9 亿元，增长 132%。四是转变了政府职能。市级审批事项由 367 项精简到 96 项，率先成为全省行政审批项目最少的市。

（六）统筹经济社会发展，社会民生进一步改善。全市财政用于民生支出占比达到 68.7%。一是实现了就业稳步增长。预计全市城镇新增就业 6.2 万人，超额完成年度任务。城镇登记失业率控制在 3.15%。二是教文体卫事业健康发展。全市新建 135 个乡镇（街道）中心幼儿园，实施农村中小学校舍安全工程 106 个。聊城高级财经职业学校、聊城高级工程职业学校新校区建成使用。新增国家重点文物保护单位 4 处，市民活动中心等重点工程进展顺利。成功举办了全市第二届运动会，在全国第十二届运动会上取得佳绩。市人民医院、市中医院顺利通过了三级甲等综合医院评审，县级公立医院综合改革试点成为全省亮点，城镇医疗保险和新农合政府补助标准达到 280 元/人。三是社会保障体系进一步健全。开工建设养老机构 29 处，新增床位 5520 张。城市低保标准每人每月提高到 310-350 元，农村低保标准由每人每年 1800 元提高到 2200 元。全市开工各类保障性安居工程 21231 套，建成 12760 套，超额完成了省政府下达的任务。

2013 年，全市经济社会发展取得了显著成绩，完成了市第十六届人大二次会议确定的目标任务。这是市委、市政府带领全市上下抢抓机遇、奋力拼搏，转轨提速、狠抓落实的结果，是各级人大充分发挥监督支持作用的结果，也是各级政协参政议政建言献策的结果。但是，我们还应该看到，我市经济社会发展过程中仍然存在一些不容忽视的问题，主要是经济总量需进一步扩大，投资力度需进一步加大，产业结构需进一步调整优化，创新活力需进一步增强，节能减排仍存在较大压力等。对这些问题，需要在今后工作中高度重视，认真研究对策，着力加以解决。

二、2014 年经济社会发展思路

2014 年聊城市经济社会发展的主要预期目标是：全市生产总值增长 10%，公共财政预算收入增长 15%，固定资产投资增长 21%，社会消费品零售总额增长 13.5%，实际到账外资增长 10%，进出口总额增长 11%，城镇居民人均可支配收入增长 12%、农民人均纯收入增长 13%，居民消费价格涨幅控制在 3.5% 以内，城镇化率达到 45%，城镇登记失业率、人口自然增长率和万元生产总值能耗等指标全面完成省下达的任务。

做好 2014 年的经济社会发展工作，必须深入学习和贯彻落实党的十八大和十八届三中全会精神，按照市委十二届四次、五次全会的部署要求，坚持稳中求进、改革创新，深入实施"八大富民兴聊战略"，着力打好重点项目建设、产业转型升级、深化改革开放、加快城镇化、保障和改善民生五场硬仗，坚决打好东融西借、跨越赶超攻坚战第二战役，努力实现全市经济又好又快发展和社会和谐稳定。重点做好以下八项工作：

（一）加大高效投入，在拉动经济持续增长上迈出新步伐。毫不动摇地把项目投入作为拉动经济社会发展的主要手段。一是全力实施重点项目建设。继续实行领导帮包、月调度、季通报制度，扎实做好重点项目观摩工作，营造全市上下齐心协力抓项目的浓厚氛围。集中力量抓好信发集团铝电升级改造、泉林秸秆综合利用、农产品物流交易中心项目等 200 个重点项目建设，力争全市重点项目年度投资完成 1160 亿元。二是切实优化投资结构。积极引导投资向战略性新兴产业项目倾斜，向服务业重点领域倾斜，向农业产业化龙头企业倾斜。确保战略性新兴产业项目个数占到重点工业项目的 30% 以上。服务业投资增幅高于全社会固定资产投资增幅 12 个百分点。三是继续抓好招商引资。梳理 100 个承接能力强、发展潜力大的招商载体项目，着力在引进央企、名企和世界 500 强企业上有较大突破。继续抓好各类园区建设，把开发区、工业园区打造成承接产业转移的重要载体。力争全年完成招商引资 840 亿元。四是加快交通基础设施建设。加快德商高速聊城段建设；力争济聊城际铁路、聊泰铁路、青兰高速、莘县至南乐高速、济聊一级公路开工建设；加快推进聊城军民合用机场、德郓高速聊城段、聊城至石家庄铁路、徒骇河通航等重大项目前期工作。突出抓好中心城区与县市、县市之间干线公路改造提升工程，加强农村公路建设和养护管理，新建改建农村公路 1000 公里。

（二）转方式调结构，在实现经济提质增效上迈出新步伐。坚持扩总量与转调创相统一，大力调整产业结构，推动产业转型升级。一是推进现代农业发展。实施"农业龙头带动"战略，努力打造全国最大的精致农业示范基地，实现农业增加值 281 亿元，增长 4%。①促进粮食安全高产。着力抓好农田水利基础设施建设，重点抓好南水北调平原水库建设，提高农业抗风险能力。继续抓好千亿斤粮食产能规划项目建设，落实高产示范田 100 万亩，加快建设吨粮市。②加快发展特色农业。以打造"绿色农产品之都"为抓手，大力实施农产品品牌战略，全市新增"三品一标"认证个数 100 个，新增基地面积 40 万亩。蔬菜总产达到1550 万吨；肉蛋奶总产达到 254 万吨；水产品总产达到 8.2 万吨。③加快构建新型农业经营体系。新增规模以上龙头企业 80 家，产值突破 1000 亿元。以聊城农产品物流交易中心为龙头，重点培育年交易额 2 亿元以上的 10 家农产品批发市场。加快农业专业大户、家庭农场、联户经营、农民专业合作社发展，建立健全新型农村合作体系。二是加快工业转型升级。大力实施"万亿工业"战略，突出抓好企业"二次创业"。规模以上工业增加值增长 13%。①扩大工业总量。深入实施"百千万"工程，重点抓好山东信莱生物科技园、泉林秸秆综合利用、华祥盐化工基地、赛雅轻纺创业产业园等 4 个百亿项目，三年内使百亿企业达到 10家，铜及铜加工、铝及铝加工、食品、纺织四大产业总产值分别完成 1000 亿元以上，全市规模以上工业主营业务收入突破"万亿"大关。②加大科技创新和技术改造投入力度。努力扩大阿胶、电缆、纸制品、轴承等优势产业装备水平和产品档次，提高市场占有率。着力拉伸金属加工、化工、造纸、纺织、食品等行业产业链条，提高精深加工产品、高附加值产品比重。建立一批以企业为主体、产学研紧密结合的产业技术创新战略联盟和成果转化服务平台。2014 年，高新技术产业产值达到 2000 亿元，增长 20%，占规模以上工业总产值比重提高 2 个百分点。全年技术改造投资增长 17%。③加快培育战略性新兴产业。将新能源汽车和生物制药作为产业发展的主攻方向，以五大民营特色产业为重点，引导企业向产业链的上下游延伸，培育建设一批特色产业村、镇和产业集群，尽快形成三五个在全省乃至全国有一定影响的战略性新兴产业园区。三是促进服务业跨越发展。加快实施"服务业倍增"战略，确保服务业增加值达到 1000 亿元，占全市生产总值比重提高 2 个百分点。①着力打造龙头景点，形成系统的景区体系。以马颊河林海度假区、东昌古郡游憩区、凤凰绿岛养生休闲区、黄河天音风情区建设为龙头，加快中华水上古城、运河文化大码头等重点项目建设，打造具有吸引力和震撼力的旅游综合体。加快乡村旅游发展，着力打造"水浒人家""运河人家"等乡村旅游产品。全力打响聊城"水文化之旅"特色旅游品牌。全年旅游总人数达到 1650 万人次，增长 10%；实现旅游总收入 120 亿元，增长 15%。②着力建设现代商贸物流体系。以 6 个交易额过百亿元的物流园区和批发市场建设为主抓手，加快聊城保税物流区、公共物流信息中心、红星美凯龙商贸城、特色街区等项目建设，促进千千佳物流、百货大楼等商贸物流企业进一步做大做强。③积极发展其他服务业。抓好"金融集聚区"发展规划，积极引进各大银行、证券、保险等金融机构入驻我市。鼓励发展信息、研发、商务、软件、动漫、医疗、教育、养老、社区服务等新型服务业态，促进全市服务业发展和升级。④扎实做好非核心业务剥离和"个转企"工作，2014 年确保完成"个转企"1000家。

（三）推进新型城镇化，在提高城镇化水平上迈出新步伐。一是加快实施中心城区"拓展工程"。完成城市总体规划和聊茌东大三角规划修编工作。加快"五环聊城"和城区道路建设。稳步推进棚户区拆迁改造，完成拆迁面积 800 万平方米。确保市民活动中心等 8 个项目全面完成。二是加快实施县（市）城区"提升工程"。突出区位、产业、人文、河湖水系等发展优势，重点支持各县市城区新上一批生态湿地、绿地公园，推进路网、供排水网、供热网和绿化、亮化、美化改造提升工程。三是加快实施小城镇"突破工程"。以 22 个省、市级示范镇为重点，加快形成一批商贸带动型、工业带动型、旅游带动型和交通带动型的特色小城镇。四是加快实施农村新型社区"千区工程"。新建农村新型社区 150 个，让 30 万农民搬入新居。将人口超过 3000 人、70% 以上从业人员从事二三产业的农村社区纳入城镇管理。

（四）加强生态建设，在提升可持续发展水平上迈出新步伐。大力实施"生态水城"战略，加快建设美丽聊城。一是抓好节能减排工作。严格实施固定资产投资项目节能评估和审查。抓好聊城经济技术开发区、高唐工业园区等 2 个园区的循环化改造。加大小火电机组、钢铁、水泥等落后产能淘汰力度。大力倡导绿色出行，中心城区更换新能源公交车 100 部。二是抓好水系完善利用工程。搞好东昌湖、铃铛湖的景观提升和南湖、莲湖的开发建设；抓好京杭运河、徒骇河等八河的开发建设，实现湖河水系连通，形成聊城市区"四湖八河"的水系风光。三是抓好生态修复工程。加快马颊河、古漯河、九洲洼等湿地的治理和保护。加强东昌湖、黄河故道森林公园、林场等重点区域的生态保护。全面抓好城市绿化、道路绿化和农田林网建设，林木绿化率达到 37.5%。

（五）深化各项改革，在挖掘经济社会发展的内生动力上迈出新步伐。深入贯彻落实中央全面深化改革的决策部署，把改革贯穿于经济社会发展各个领域。一是搞好农村改革。积极推动土地流转，在现有农村土地承包经营权登记颁证工作试点的基础上，进一步扩大试点范围，使土地流转面积达到 100 万亩。探索土地承包经营权进入市场的途径，推动农村产权制度改革。二是推进金融改革。用好政府出台的奖励政策，加快企业境内外上市等直接融资步伐。引导民间融资健康发展，推进设立民间借贷登记服务中心和民间资本管理公司。加快推进农联社银行化改革进程。引导符合条件的大型企业集团组建财务公司，提高资金运营能力。三是完善财税改革。深化"营改增"改革，加快构建全面规范、公开透明的预算管理制度。四是深入推进国企改革。积极推动国有企业对外合资合作，鼓励国有资本、集体资本和非公有资本交叉持股，发展混合所有制经济。积极推进中通集团、鑫亚公司等对外合资合作，加快昌润超硬材料、华建装备和鑫亚公司上市步伐。

（六）扩大对外开放，在拓展发展空间上迈出新步伐。一是扎实推进"东融西借"。以全面对接融入省会济南为重点，以一体化发展为方向，加快推进聊茌东大三角规划建设，努力打造成为面向济南的转调创高端产业集聚区和"四化协调"综合改革试验区。以济聊城际铁路、郑济客专等重大交通设施为纽带，深入推进与中原经济区各市在能源资源、经济贸易、文化旅游等领域的交流合作。二是坚持扩大对外开放。立足有色金属、化工、服装、新能源汽车等优势产业，引导祥光、信发等企业，调整优化出口商品结构，大力开拓国际市场。确保全市完成进出口 70 亿美元，增长 11%。突出抓好阳谷电缆光电信息产业园、鲁西化工增资等重点利用外资项目，实际到账外资完成 1.9 亿美元，增长 10%。做好 20 家企业上市资源储备工作，尽快突破境外上市。继续支持信发集团、祥光铜业、冠丰种业等企业以南美、非洲为重点市场开发资源，建立境外工业园区和加工基地。鼓励企业将产业链前端加工制造环节转移到境外。实现境外投资 1.5 亿美元，增长 20%。

（七）强化要素支撑，在民营经济发展上迈出新步伐。一是突破资金瓶颈。继续深化银企合作，抓好新引进银行的落地工作。积极发展村镇银行、社区银行等小型金融机构，力争新增小额贷款公司 3 家。抓好市、县两级"政府背景融资担保公司"建设，切实解决中小企业融资难问题。二是突破土地瓶颈。盘活工矿废弃地 1 万亩，力争完成增减挂钩 1 万亩，确保省下达我市新增建设用地指标 5000 亩以上。三是突破人才瓶颈。加大高端人才引进力度，鼓励企业聘请知名专家担任企业技术顾问或项目带头人，确保全年新增各类高技能人才 3200 人以上。四是突破民营经济发展。加大市场主体培育力度，确保个体工商户和私营企业户数新增 3 万户以上。加快民营企业转型升级，深入开展"一企一中心"、中小微企业创新服务等活动，增强企业自主创新能力和市场竞争力。

（八）改善社会民生，在提高城乡居民生活水平上迈出新步伐。切实抓好民生实事。一是就业方面。进一步完善公共就业创业服务体系，确保全市实现城镇新增就业 4.5 万人，新增农村劳动力转移就业 5 万人，城镇登记失业率控制在 3.7% 以内。二是教育方面。推进义务教育校舍标准化建设，新建改造校舍 35 万平方米。新建 1 处国家级示范性中学生实践基地和 1 所市直实验幼儿园。开展校园周边环境整治，加强校车安全管理，建设平安和谐校园。三是卫生方面。以建设省级区域医疗中心为重点，加快市县乡村四级医疗卫生机构建设，鼓励和支持社会资本办医，不断完善城乡医疗卫生服务体系。四是文化方面。确保市民活动中心全面建成并投入使用，启动市图书馆建设。五是社会保障方面。抓好进城落户农民、被征地农民社会保障工作，大力推进事业单位参加工伤保险，进一步提高城乡低保水平。继续开展低保家庭先天性心脏病儿童免费手术、儿童福利机构残疾儿童"明天计划"等专项福利救助项目。六是保障性安居工程方面。扎实做好安置房建设，力争完成安置房 6.6 万套。扩大保障房建设规模，开工建设 3.8 万套保障性住房，基本完成 9500 套建设任务。

2014 年滨州市国民经济和社会发展思路

一、2013 年国民经济和社会发展情况

2013 年，面对错综复杂的经济形势，全市上下在市委的坚强领导下，积极抢抓"两区一圈"开发建设机遇，坚持稳中求进的总基调，扎实推进各项工作，经济社会发展稳中有进、稳中向好、稳中提质。预计全年实现地区生产总值 2100 亿元，增长 9.5%；公共财政预算收入 170.09 亿元，增长 6.05%；规模以上工业增加值增长 12%，较好地完成了年度计划目标。

（一）结构调整实现新突破。农业生产稳步增长，全市粮食总产达 266 万吨，实现丰产丰收；沿黄生态高效现代农业示范区建设扎实推进，建成各类农产品基地 112 个，生态农业示范园区 26 个；黄河三角洲（滨州）国家农业科技园区基础设施、项目建设等取得明显进展；农业产业化经营加快发展，新增市级以上农业企业 34 家，总数达到 335 家，其中国家级、省级重点龙头企业分别达到 4 家和 61 家；新建农产品标准化基地 20 万亩，总面积达到 230 万亩；新认证农产品"三品一标"47 个，总数达到 363 个。工业经济提质提效，预计全年规模以上工业企业主营业务收入、利税、利润分别达到 7000 亿元、440 亿元、280 亿元，分别增长 16%、9% 和 9%；高新技术产业产值占规模以上工业比重达到 24.5%，同比提高 0.3 个百分点；累计实施投资过千万元工业项目 370 个；新增国家级企业技术中心 1 家，总数达到 4 家；36 家企业与知名高校、科研院所共建研发中心，600 多家企业与高校、科研院所建立了长期技术合作。服务业发展逐步加快，纳入产业链管理的 200 个重点项目完成投资 225.9 亿元，完成年度计划的 103.1%；金融市场平稳运行，预计金融机构本外币存款余额 1927 亿元，增长

13.5%；金融机构本外币贷款余额 1692 亿元，增长 12.5%。

（二）扩大内需取得新成效。固定资产投资健康平稳增长，预计全年完成固定资产投资 1530 亿元，增长 21%；工业技术改造完成投资 530 亿元，增长 10%。6 个省重点项目、57 个市重点项目进展顺利，完成投资 23.9 亿元、178.7 亿元，分别完成年度投资计划的 102.3% 和 103.2%。重点建设工程扎实推进，滨州港实现试通航，济滨东高速公路开工建设，德龙烟铁路滨州段开始铺轨，大唐滨州 2×35 万千瓦热电联产项目获得国家发改委正式核准；黄大铁路、寿平铁路、滨港铁路二期前期工作进展顺利；无棣至莱州公路滨州段、埕口（鲁冀界）至沾化高速公路、长深高速高青至广饶段工程前期工作加快推进；黄河五路改造全面完工，秦皇河湿地旅游景区建成开放，数字滨州二期工程全面完成，顺利通过创建国家园林城市专家组考核验收。消费市场平稳增长，全年实现社会消费品零售总额 657 亿元，增长 12.9%；物价水平保持稳定，居民消费价格预计上涨 1%。

（三）区域发展呈现新亮点。"黄蓝"两区开发深入推进，国家《规划》及实施意见中涉及的 150 项重要事项、重大政策和重点项目扎实推进，53 个项目获 2.3 亿元省"黄蓝"两区建设专项资金支持，惠民县李庄镇绳网特色产业园和滨州工业园区轻纺特色产业园被列入省重点支持园区。积极融入省会城市群经济圈，与省发改委签订了省会城市群经济圈战略合作框架协议，与圈内各市进行了全面对接。北部沿海开发强力推进，北海经济开发区规划建设了 1 个千亿元级的新材料、1 个五百亿元级的冶金建材和 3 个百亿元级的油盐化工、临港物流、粮油加工产业特色产业园区；水、电、路、讯等基础配套工程逐步完善，建成主干路网 182 公里、桥梁 15 座，北海水库一期工程正常供水运营，第一供热中心建成投运。县域经济加快发展，邹平县连续十年入围全国"百强县"、列第 17 位；惠民辛店、阳信河流、博兴陈户、邹平魏桥、邹平韩店 5 个镇入围省"百镇建设示范行动"第二批示范镇，省级示范镇总数达到 10 个。

（四）改革开放增添新动力。深入推进重点领域改革，实行行政审批"三集中、两到位"模式，将市级行政许可项目精简至 91 项，成为全省市级行政许可事项最少的市之一。创新出台政府购买公共服务、投资项目代建制等意见，启动"营改增"试点，实施了食品药品管理体制改革，试行海域使用权"直通车"制度。继续深化医药卫生体制改革，职工医保、城镇居民医保和新农合三项基本医保参保率超过99%，无棣县在全省率先实行参保城乡居民卫生院住院起付线以上全报销；邹平县作为全国首批县级公立医院综合改革试点县，3家县级医院取消药品加成；全市103处政府办基层医疗机构和1343处省市规划的村卫生室实施了基本药物制度。外贸进出口保持快速增长，预计全年实现进出口总额80亿美元，同比增长27%；其中，出口、进口分别为35亿美元、45亿美元，分别增长23.7%和30%。7家企业分别在齐鲁股权交易中心、天津股权交易所、深圳前海股权交易所成功挂牌；5支企业债券融资54亿元。帮扶协作重庆奉节县深入推进，对口支援青海省祁连县进展顺利。

（五）社会民生结出新硕果。就业和社会保障机制不断完善，全市城镇新增就业7.2万人，城镇登记失业率控制在2.44%。全市城镇基本养老保险、医疗保险、失业保险、工伤保险、生育保险参保人数分别达到59.6万人、96.6万人、35万人、39.15万人和23.3万人。城乡居民收入较快增长，城镇居民人均可支配收入、农民人均纯收入达到28236元、11353元，分别增长9.4%和13%，完成年度计划目标。中小学校舍安全工程深入推进，争取校舍维修改造及校舍安全工程中央、省资金7560万元。学前教育三年行动计划扎实开展，争取中央、省学前教育专项资金4338万元。义务教育经费保障机制规范运行，累计拨付各级义务教育经费保障机制改革专项资金3.4亿元。圆满完成了十艺节工作任务，文化设施建设进展顺利。妇女儿童、民族宗教、残疾人、计生、档案、老龄、慈善和群团工作等各项事业蓬勃发展。

二、2014年国民经济和社会发展主要计划目标

2014年，国民经济和社会发展工作总体要求是：全面贯彻党的十八大和十八届二中、三中全会精神，坚持稳中求进的工作总基调，牢牢把握加快"两区一圈"建设机遇，落实"六个更加注重"发展理念，突出优化结构，提升效益；突出项目建设，增强后劲；突出以人为本，关注民生；突出环境保护，生态优先；突出改革创新，激发活力，攻坚克难，扎实苦干，努力实现"加快科学发展，增进民生福祉"的目标。

根据全省、全市经济工作会议精神，在全面分析今年面临的宏观经济形势和我市实际基础上，本着实事求是、加快发展的原则，经过综合分析平衡，初步确定今年的主要预期目标是：地区生产总值增长9.5%左右，规模以上工业增加值

增长 11% 左右，固定资产投资增长 18% 左右，公共财政预算收入增长 10% 左右，社会消费品零售总额增长 12% 左右，外贸进出口总额增长 8% 左右，城镇居民人均可支配收入增长 10% 左右，农民人均纯收入增长 11% 左右，居民消费价格指数控制在 3.0% 左右，城镇登记失业率控制在 3.3% 以内，人口自然增长率控制在 9.4‰ 以内；万元 GDP 能耗下降 3.7% 以上，化学需氧量、氨氮、二氧化硫、氮氧化物排放量均下降 3%。

三、2014 年经济社会发展主要任务和措施

2014 年，是全面贯彻落实党的十八届三中全会精神、全面深化改革的第一年，是实施"十二五"规划至关重要的一年。做好今年经济社会发展各项工作，对于落实中央和省、市各项决策部署，推动滨州科学发展、追赶超越，具有十分重要的意义。

（一）扩内需稳外需，推动持续发展。一是增强投资拉动能力。围绕纺织、化工、机械、食品等重点行业，组织论证一批产业转型升级项目，确保常年动态储备各类项目 1000 个以上。加快省、市重点项目和 701 个投资 5000 万元以上重大项目建设，拉动全市投资扩规模、提质量，确保全年固定资产投资增长 18% 以上。指导、帮助企业解决生产、协作、资金链等问题，鼓励企业扩大有效投资。密切关注重大政策调整，有效破解投资项目土地指标、信贷等因素制约。创新重点项目管理推进机制，继续实施"月调度、季通报"制度，争取"用海管理与用地管理衔接试点"政策，全力推进项目建设进度。二是提升消费基础作用。积极落实国家和省扩大居民消费的一系列政策措施，扩大养老、家政服务、医疗保健、休闲文化及节能产品、信息服务等消费，尽快形成一批拉动力强的消费增长点，确保实现社会消费品零售总额增长 12% 以上。策划组织"好品滨州""滨州产品网上行"等系列活动，继续组织"农超对接"，以营销模式创新巩固和扩大市场份额，增强企业市场开拓能力。继续加强价格监管，重点抓好教育收费、医疗收费和药品价格等领域监管，营造良好的消费环境。三是大力开拓国内外市场。推动对外贸易转型升级，支持企业实施品牌战略，使用跨境贸易人民币结算、出口信用保险等政策，培育出口竞争新优势。鼓励企业"走出去"参与国际分工和竞争，支持重点企业开展境外资本运营，提升企业跨国经营水平和国际竞争力。培植壮大出口主体，支持中小微企业快速发展，力争进出口额过亿元企

业达到 15 家，新增有出口实绩企业 100 家以上。创新招商引资方式，推动重大招商活动开展和成效落实，确保利用外资 3.7 亿美元。

（二）转方式调结构，推动转型发展。一是大力发展高效生态农业。加快国家农业科技园区和 91 家市级示范园区建设，推进沿黄生态高效农业示范区申报国家级园区。加快农业标准化基地建设，年内新增标准化基地 20 万亩，新认证"三品" 20 个，初步搭建起现代农业示范区框架。培育农业龙头企业，推动龙头企业与农户建立利益联结机制，力争市级以上农业企业发展到 350 家。大力实施"粮安工程""种子工程""科技兴渔工程"和"渤海粮仓"科技示范工程，推进农机农艺融合，提升农业科技保障水平。加快推进农村土地经营权确权颁证工作，加强土地流转管理服务，开展家庭农场指导服务工作，积极培育新型经营主体，力争土地流转总面积达到 80 万亩以上、认定家庭农场示范场 20 个以上、农民合作社覆盖到每一个行政村。二是加快推进工业经济结构调整。围绕传统产业转型升级，明确产业调整的方向、目标和路径，培植产业优势。大力支持新能源、新材料等产业加速发展，促进各类要素向战略性新兴产业聚集。实行重点技改项目"绿色通行证"制度，在土地、贷款等方面优先保障，加快推进企业技术改造。实施高新技术产品培育工程、高新技术企业成长工程、高新区"双带工程"，推动高新技术产业发展，力争高新技术企业突破 100 家。三是积极壮大现代服务业规模。坚持生产性服务业和生活性服务业协同并进，深入实施服务业提速计划，推动服务业发展提速、比重提高、结构提升，确保服务业投资增长 20% 以上。科学布局物流园区、旅游服务区、商务区、生活区，有计划地推进服务业载体建设。鼓励支持规模以上服务业企业加快管理创新、服务创新和产品创新，促进规模化、品牌化、网络化经营。有计划、有重点地推进二三产剥离，支持发展科技研发、信息咨询、会展策划、服务外包等专业公司，形成新的经济增长点。加快推进信息、物流、金融等现代服务业发展，发展信息服务、中介服务、社区服务和文化产业等行业，培育以信息技术为支撑的新兴服务业。

（三）抓重点带全局，推动协调发展。一是积极稳妥推进城镇化进程。明确示范镇建设功能定位和主导产业，推动形成"一镇一品"的特色发展格局。制定小城镇建设考核办法，实施差异化考核，加快中心镇、示范镇建设步伐。积极对上争取，确保 11 个全国重点镇和 5 个新增省级示范镇申报成功。多方筹集建设资金，引导社会资本和企业参与，加快推进农村社区建设、农村公路"三通"、农村环境综合治理等工作。加大农民教育培训力度，落实农民工就业创业扶持政策，加快农村劳动力转移步伐。二是提升城乡基础设施承载能力。突出基础支撑，重点抓好德龙烟铁路、黄大铁路滨州段、济滨东高速、埕口（鲁冀界）至沾化高速公路、大唐滨州热电联产项目、城东热力项目建设，积极推动滨港铁路二期工程、济青城际高铁、沿海高等级公路、国电博兴 2×100 万千瓦项目、华能沾化 2×100 万千瓦项目、润峰电力光伏项目等项目前期工作，规划长深高速公路高青至广饶段，积极推进滨惠大道等国省道建设。加快滨州港建设，推动一类开放口岸申报工作，着手启动 10 万吨级以上深水航道和深水泊位工程。加快推进"气化滨州"建设，积极协调建设中石化济青复线滨州支线，力争将"泰青威线"连入沧淄线进行反输，增强供气保障能力。加快城区路网、绿地、水系建设改造，提高城市管理水平。三是加快推进区域协调步伐。发挥"两区一圈"区位优势，做好配套政策对接和项目、资金争取工作。实施沿海突破战略，加快北部沿海产业开发，支持北海新区、无棣、沾化快速崛起。深入实施"突破阳信惠民"战略，继续加大对 25 个乡镇和重点项目的帮扶指导，推动两县经济社会快速发展。扎实做好重庆奉节县、青海祁连县的对口帮扶，力争帮扶工作走在全省前列。

（四）重改革促创新，推动内涵发展。一是深化重点领域改革。推进行政体制改革，深入优化营商环境，最大限度清理减少行政审批事项、前置条件，压减审批时限、提升审批效能。制定完善下放审批事项监管措施，抓好管理和服务方式配套改革。完善重大项目社会风险评估机制，积极推行政府投资项目代建制，实行投资、建设、管理职能分离。深化拓展公共服务购买制，逐步扩大购买范围。推进财税体制改革，理顺财政分配关系，健全财力与事权相匹配的财政体制。完善税源控管体系，不断提高税收占比。加强财政收支管理，深化部门预算、国库集中收付、政府采购和收支两条线改革。完善政府融资平台公司化管理机制，提高运营效率。继续深化医药卫生体制改革，适时启动第二批县级公立医院改革。总结无棣县乡镇卫生院住院"起付线以上全报销"经验，先行试点，逐步推开。统筹推进基层医疗卫生服务体系、重大公共卫生项目、非公立医疗机构等配套改革。二是创新投融资机制。加大金融改革创新，加快农信社改革，大力开展金融产品创新，有序推进民间资本进入金融领域和实体经济，健全地方金融监管体制。构建普惠金融体系，有序吸纳辖外金融机构，积极发展村镇银行、创投公司、农村资金互助社等地方金融机构，不断拓宽保险服务领域。稳步推进多种形式的社会融资，加大对民营、小微企业信贷投放力度，完善扩大"过桥资金"规模。积极推进企业上市，力争实现 1 家企业首发上市，4 家上市公司实现再融资，8 家企业股权挂牌，3 支债券获准发行，融资总额突破 60 亿元。密切监测信贷资金风险安全，提升防范金融风险能力。拓展用地空间，推进城乡建设用地增减挂钩试点，加大存量土地挖潜力度。研究制定"飞地"经济政策，加快推进北部沿海"飞地"实验区建设和未利用地开发进度。三是增强科技创新能力。提升企业自主创新能力，继续推进"十大科技创新平台"建设，推动 27 家市级工程实验室和研究中心的建设、升级，年内力争新增 6 家省级企业技术中心。拓展科技创新发展空间，全面深化与以色列的农业科技合作，推进与中科院、清华大学、复旦大学的合作交流。实施创新驱动战略，鼓励企业开展产学研合作，推进软件产业园、电子信息产业园、物联网产业基地建设，加快两化融合进程。

（五）强保障惠民生，推动和谐发展。一是积极促进高质量就业。实施更加积极的就业政策，全面做好高校毕业生、农村转移劳动力、城镇困难人员、退役军人等各类群体就业，通过财政扶持、减免税费、就业信贷等措施，降低创业就业门槛。全年实现城镇新增就业 3.5 万人，城镇登记失业率控制在 3.3% 以内。二是稳步提高社会保障水平。扩大社会保险覆盖面，抓好断保人员社会保险关系接续服务，启动实施社会保险"一票征缴"。建立居民基本养老保险征缴管理工作奖补机制，建设养老保险转移接续异地交换平台。全面落实生育保险和城镇职工、城镇居民医疗保险市级统筹。提高最低工资和社会救助标准，持续改善低收入者和困难家庭生活。三是加快教育卫生建设。加快学校标准化建设，组织实施学前教育提升工程、教师队伍"三名"工程，完善校车日常管理机制。免除义务教育阶段学生杂费和所有中等职业教育学生学费。深入推进素质教育，加快构建现代职业教育体系。构建食品药品统一监管新机制，全力抓好食品药品放心工程、母婴健康工程和全民健康教育行动，切实保障人民群众身体健康。四是大力发展社会事业。加快推进文化建设，确保 11 个县级图书馆、文化馆达到国家二级馆以上建设标准。认真落实国家房地产市场调控政策，扩大经济适用房、廉租住房、公共租赁住房建设规模。抓好各项稳定工作，全面推进"法治滨州"、"平安滨州"建设，提高社会治理水平。继续做好妇女儿童、民族宗教、残疾人保障、计生、档案、老龄、慈善和群团等工作，不断推动社会事业健康发展。

2014 年菏泽市国民经济和社会发展思路

一、2013 年经济社会发展基本情况

2013 年，面对国内外复杂多变的经济社会形势，全市上下紧紧围绕打造区域科学发展高地，认真实施西部经济隆起带和中原经济区规划，科学研判形势，积极应对挑战，及时化解矛盾，确保了全市经济社会平稳较快发展。全市实现地区生产总值 2050 亿元，同比增长 12%。

（一）农业形势总体良好。全市粮食总产达到 134.6 亿斤，同比增长 5.4%，实现"十连增"。巨野宝源湖、定陶刘楼、东明洪源等 10 座水库开工建设；标准化生产基地发展到 320 万亩，新增 20 万亩；农作物耕种收综合机械化水平达到 83%，同比提高 1 个百分点。规模以上农业龙头企业发展到 1405 家，农民专业合作社发展到 9857 个，50 多万农户成为合作社社员。

（二）工业经济运行平稳。全市规模以上工业企业达到 2650 家，比年初新增 245 家；实现工业增加值同比增长 17.8%；实现主营业务收入 5413.7 亿元，增长 18.1%；实现利税 730 亿元，增长 17.8%。能源化工、生物医药、机电设备制造、农副产品加工四大工业主导产业实现主营业务收入 4916.2 亿元，增长 18.1%。主营业务收入过 50 亿元的企业达到 7 家，东明石化、玉皇化工两家企业进入中国 500 强。工业用电量完成 101 亿千瓦时，增长 19.5%。高新技术产业产值占规模以上工业比重达到 30%，同比提高 1 个百分点。

（三）投资规模持续扩大。全市规模以上固定资产投资完成 810.8 亿元，同比增长 23.1%。在建亿元以上项目达到 455 个，完成投资 620 亿元。招商引资落地亿元以上项目 220 个，过 10 亿元的项目 53 个。8 个省重点项目完成投资 41 亿元，100 个市重点项目完成投资 380 亿元，均超额完成年度计划。菏泽机场被列

入国家民航发展规划，齐鲁工业大学菏泽校区正在筹建，途经菏泽的铁路客运专线已列入省规划；火车站提升改造工程基本完成站场改造，新站房主体正在施工，已恢复办理客运业务。

（四）服务业发展趋好。全市实现服务业增加值 681.5 亿元，同比增长 12.5%，占地区生产总值的比重为 33.2%，同比提高 1.2 个百分点。社会消费品零售总额完成 1016.3 亿元，同比增长 13.7%；商贸物流业实现交易额突破 2000 亿元，增长 14%。全市完成进出口总额 29.7 亿美元，其中出口 17.5 亿美元，增长 14.5%。

（五）财政金融稳步增长。全市公共财政预算收入完成 159.3 亿元，同比增长 6.3%。其中税收收入完成 123.5 亿元，占公共财政预算收入的比重达到 77.6%，同比提高 1.4 个百分点；主体税种完成 70.4 亿元，占税收收入的比重达到 57%，同比提高 5.9 个百分点。12 月末，全市各项存款余额 1918.9 亿元，比年初增加 310.9 亿元；各项贷款余额 1230.8 亿元，比年初增加 168.4 亿元。

（六）保障水平显著提高。全市城镇居民人均可支配收入达到 21236 元，同比增长 11%；农民人均纯收入实现 9309 元，同比增长 13.7%。全市新增城镇就业 10.1 万人、农村劳动力转移就业 24.5 万人、社会参保 18.1 万人次。新建城区中小学 12 所、幼儿园 262 所。新增集中供热覆盖面积 320 万平方米，开工建设保障房 1.15 万套，改造农村危房 1.72 万户。市区新增公交线路 6 条、新能源公交车 110 辆。医药卫生体制等改革深入推进，10 项基本公共卫生服务项目全面实施。安全生产持续稳定，社会矛盾化解扎实有效。

二、2014 年面临的形势及主要预期目标

2014 年国内外经济形势依然复杂，不确定和不稳定因素仍然较多，我们既面临严峻挑战、又面临新的机遇。从国际看，世界经济进入深度转型调整期，经济形势错综复杂、充满变数。特别是美国量化宽松政策退出、世界贸易格局变化、跨国直接投资流向、大宗商品价格波动等焦点问题走势不明，对我国和我市的经济发展影响较大。从国内看，我国经济已经到了必须在发展中加快提质增效升级的重要时期，支撑经济发展的因素已经发生深刻变化，客观上要求增速"换挡"、经济循环和运行质量不断提升。从我市看，尽管我市经济得到了较快发展，但经济总量偏小、产业结构不优、自主创新能力弱、城乡居民收入低、城镇化建

设滞后和社会保障能力差等问题仍较突出。

在看到困难的同时，更要看到加快发展面临的有利条件。《中共中央关于全面深化改革若干重大问题的决定》出台，积极推进城镇化进程，加快释放改革红利、内需潜力、创新活力等。同时，随着支持菏泽打造科学发展高地 20 条意见、西部经济隆起带发展规划和中原经济区规划的深入实施，政策叠加效应更加明显。特别是我市先后出台了主导产业发展规划、加快服务业发展的意见和扶持百强企业加快发展的意见等政策措施，将为骨干企业规模膨胀、园区承载能力提升、主导产业壮大注入活力。

今年是贯彻落实党的十八届三中全会精神、全面深化改革的开局之年，也是深入实施"十二五"规划的关键一年。做好今年的经济社会发展工作，要深入贯彻落实党的十八大、十八届三中全会和习近平总书记视察山东及菏泽重要讲话精神，准确把握中央和省经济工作会议新要求，坚持稳中求进工作总基调，立足经济欠发达实际，以科学发展观为指导，以全面深化改革为动力，以提高经济发展质量和效益为中心，以招商引资和项目建设为抓手，大力实施"双轮驱动"战略，全力加快"转调创"步伐，着力培植"五大主导产业"，大力加强生态文明建设，积极保障改善民生，促进经济社会科学发展、加快发展。

2014 年经济社会发展的主要预期目标是：

（一）经济增长。全市地区生产总值增长 10%，公共财政预算收入增长 7%，规模以上固定资产投资增长 16%，规模以上工业增加值增长 15%，社会消费品零售总额增长 12%，进出口总额增长 15%。这样安排，既考虑了国内外经济环境仍十分复杂，又考虑了扩大就业、改善民生、缓解资源环境压力等方面的需要，还考虑了我市欠发达的实际。更重要的是为"转调创"留足空间，引导各方面把更多精力放在转方式、调结构、增创发展新优势上来，确保取得实实在在的增长。

（二）质量效益。高新技术产业产值占规模以上工业比重同比提高 1 个百分点。城乡居民人均可支配收入增长 10%。加快推进"城市拓展提升"战略，力争城镇化率提高 1.5 个百分点。

（三）生态环境。牢固树立"绿水青山"就是"金山银山"的发展理念，完善政策体系，强化制度建设，加大投入力度，构建节能减排长效机制，确保完成省下达任务。

（四）社会民生。不断拓展就业渠道，城镇登记失业率控制在 4% 以内。社会保障体系不断完善，基本公共服务均等化继续推进。考虑到取消生育间隔和允许单独二胎政策，人口自然增长率控制在 9.3‰ 以内。

上述目标中，节能减排、人口增长等指标是约束性的，必须确保完成；地区生产总值等指标是预期性，主要体现政府导向，依靠市场主体的自主行为实现。

三、2014 年经济社会发展主要任务和重点

（一）着力推进重点项目建设。充分发挥重点项目在转型升级、基础保障、民生改善等方面的支撑作用，推进产业结构优化和转型升级。一是搞好项目储备。加强投资机会研究，积极与高等院校、科研院所合作，结合产业特色，前瞻性地策划筛选高新技术、生态环保、民生工程等方面的项目，力争全年储备生产性项目 600 亿元以上。二是加快项目建设。集中人力、物力和财力等生产要素，加大向大项目的倾斜力度。对山东威肯叉车、三仪制药和丁苯橡胶等一批结转的大项目，尤其是欧龙汽配、己内酰胺和大蒜生物医药等一批计划竣工投产的大项目，逐一拉出单子，制定路线图，列出时间表，并责任到人，确保按时竣工投产；对和裕电力设备制造、新世纪企业孵化区、鲁西铁路物流配送中心等计划开工的大项目，按照缺什么补什么原则，尽快落实资金、土地和环境容量等建设条件，确保早日开工建设。围绕能源化工、生物医药、商贸物流等主导产业，选择 100 个有代表性的大项目，其中竣工投产类 60 个，续建类 40 个，作为市重点项目积极推进，力争全年规模以上固定资产投资完成 940 亿元。三是促进招商引资。策划论证储备 100 个对外招商项目，采取以商招商、敲门招商和集中招商等方式，紧盯世界 500 强、中国 500 强、行业排名前三位的企业，根据"五大主导产业"选择招商目标，实行市领导包县区、包产业，联系全国工商联、区域行业商会建立联系制度，长期跟踪，重点突破，力争引进大集团 10 家以上。四是完善推进机制。继续坚持大项目建设责任制，对每个市重点项目实行市、县区两级包保责任制，并从项目储备，一直到竣工投产，实行全程日常考核；同时，坚持一季度一录像、一季度一对比、一季度一通报等方式，全力推进重点项目建设。同时，加快推进菏泽机场、德商高速鄄菏段、坚强智能电网等工程建设，竭力推进洙水河航道通航和曲阜东经菏泽至兰考铁路客运专线前期工作，努力构建现代综合交通运输体系。

（二）着力推进新型工业化。坚持园区化、链条化、高端化原则，积极优化存量结构，努力扩大优质增量，力争原煤产量、原油加工、发电量分别达到 1600 万吨、820 万吨和 180 亿千瓦时；规模以上工业实现主营业务收入达到 6320 亿元，增长 16%；工业利税总额达到 830 亿元以上。一是大力发展战略性新兴产业。重点围绕新医药、新能源、新材料和高端机电制造等产业，坚持技术引进和自主创新相结合，重点抓好方明高性能尼龙 6 装置、道中道生物科技制药和鲁能电缆稀土高铁铝合金电缆等一批项目建设，力争全市战略性新兴产业实现主营业务收入达到 1260 亿元，增长 17% 以上。二是改造提升传统产业。围绕化工、纺织、食品等产业，积极争取国家、省重点产业振兴和技术改造专项资金，实施一批科技重大项目，完善一批产业链条，淘汰落后产能，大力支持洪业化工、百隆纺织、中粮艾地盟等企业采用高新技术改造传统工艺装备，力争完成技改投资 276 亿元，增长 15% 以上。三是积极发展主导产业。依托东明石化、步长制药、成武达驰等骨干企业，加大研发力度，推动信息技术向产品设计研发、制造、市场流通等领域渗透，突出抓好万福矿井、超高压换流变压器、玉皇液化气综合利用等一批项目建设，努力推进能源化工、生物医药、机电设备制造、农副产品加工等主导产业优化升级，确保其实现主营业务收入 5800 亿元，增长 17% 以上。四是着力培育骨干企业。集中优势资源，注重内涵发展，努力推进玉皇化工、睿鹰制药、呈祥电工电气等企业规模膨胀、效益提升，突出抓好尧舜牡丹产业园、恒泰环保设备、九为医药孵化器等一批项目建设，力争 48 户企业主营业务收入过 10 亿元。五是提升园区承载能力。认真落实促进园区发展的意见，大力推进园区基础设施建设，切实提升信息网络、污染集中治理、公共服务平台等水平，积极引导产业、企业、项目向园区集中，力争 14 个工业园区实现主营业务收入 4700 亿元，增长 16% 以上。

（三）着力推进城乡协调发展。以人的城镇化为核心，推动城乡产业融合，统筹城乡发展，促进城乡共同繁荣，力争城镇化率达到 43% 以上。一是提升中心城区承载能力。强化规划引领，明确产业定位，积极促进牡丹区、市经济开发区、高新区协调发展、错位发展。加快推进菏泽火车站、丹阳立交桥和便民市场等工程建设；统筹推进城市更新、老城改造和综合开发，努力提升城市品位。二是实施县域发展提升战略。各县区在搞好基础设施建设的同时，加快实施发展提升战略，重点培育 2-3 个主导产业，引导项目进入相应园区，促进产业集聚、集约、集群发展。

深入落实促进"飞地"经济发展意见，支持市经济开发区和高新区发展，并积极推动创建国家级园区。三是加快推进镇域经济发展。通过政策推动、市场运作和各方参与，发展主导产业、特色产业和优势产业，重点推进沙土镇、庄寨镇和浮岗镇等17 个省级示范镇和 30 个市级重点镇建设，建设一批工业主导型、商贸带动型和旅游服务型等类型的小城镇。依法扩权强镇，加快户籍制度改革，着力提高吸纳人口转移、吸引产业集聚能力。在切实保障农民合法权益前提下，优化村庄布局，加快建设农村新型社区，着力推动生产生活方式转变。

（四）着力推进服务业发展。坚持市场化、产业化、社会化发展方向，努力促进服务业繁荣发展，力争服务业增加值完成 780 亿元以上，占地区生产总值的比重提高 1 个百分点；服务业从业人员占全社会从业人员的比重达到 40% 以上。一是做大做强商贸物流业。积极推进"一核两轴四区多中心"总体布局的实施，突出抓好 10 大物流园区、10 大专业批发市场和 10 大城市综合体建设，着力抓好毅德新城、青岛保税港区菏泽功能区和汽车文化产业园等一批项目建设；积极整合现有物流资源，构建规范有序的第三方物流市场体系，确保商贸物流业交易额实现 2300 亿元以上。二是大力发展文化旅游业。突出"花城、水邑、林海"特色，切实搞好水浒文化、黄河风光和红色经典等旅游线路建设，加快推进牡丹旅游景区、浮龙湖旅游景区和黄河故道湿地旅游景区等 10 大旅游景区建设，突出抓好市文化艺术馆、定陶汉文化园和东明玉皇生态乡村旅游等项目建设，加快打造"牡丹之都、好汉之乡"精品旅游品牌，确保旅游总收入达到 90 亿元以上。三是提升发展现代服务业。深化农村信用社改革步伐，不断增强金融服务功能。突出金融信贷创新，积极引进市外金融机构；加强政银企合作，积极抓好城投债、企业债发行工作；力争全市信用总量新增 340 亿元。着力做大牡丹文化旅游节、林产品交易会、农交会等品牌节会，积极发展科技研发、信息咨询和社区服务等，力争现代服务业增加值占服务业增加值的比重提高 2 个百分点。同时，充分发挥服务业引导资金的作用，全力促进服务业"四大载体"建设，力争 20 个重点服务业城区税收占全部工商税收的比重提高 2 个百分点，10 个重点服务业园区交易额增长 15% 以上，30 个重点服务业企业营业收入增长 15% 以上，50 个重点服务业项目完成投资 37 亿元以上。

（五）着力推进农业优化升级。以实施农业产业链延伸、品牌特色农业发展、农业生产经济体制创新"三大工程"为抓手，完善农业产业体系，提高综合生产能力。一是保持粮食生产稳定。全面实施国家新增千亿斤粮食产能规划，加快农业综合开发、小农水重点县、土地复垦整理等工程建设，搞好中低产田改造、农用节水灌溉和土壤改良提质等示范工程，加快高标准良田建设，整建制推进粮食高产创建，力争粮食总产达到 135 亿斤以上。二是加快农业结构调整。重点抓好畜牧、林业和蔬菜等特色产业提升，突出抓好油用牡丹、芦笋和中药材生产等特色基地建设，力争"三品一标"认证达到 240 个以上，新增标准化生产基地 50万亩、牡丹 25 万亩。大力开展生猪、奶牛规模饲养场建设，继续发展林下养殖，力争新增标准化养殖示范场区 110 个。三是延伸农业产业链条。农业前端重点抓好种业、化肥、农药等农资产业链，着力促进市农科院育种、金正大化肥等不断扩大生产规模、提升产品质量；农业后端重点抓好农产品精深加工，突出抓好银香伟业、绿源食品、巨鑫源食品等龙头企业发展，加快形成与二、三产业融合发展的现代农业产业体系，力争市级以上龙头企业达到 362 家，新增 20 家。四是搞好水利设施建设。加快推进刘楼、九女、吉山河等 13 座平原水库建设，积极推进洙赵新河、万福河、郓巨河等骨干河道治理，突出抓好闫潭、谢寨等灌区续建配套和节水改造，力争引送黄河水 11 亿立方米。五是促进农业规模经营。把深化农业机制改革作为发展现代农业的着力点，努力搭建农村土地流转服务平台，鼓励和支持土地资源向专业大户、家庭农场、农民合作社流转，发展多种形式规模经营，努力提高耕地产出效益和农业抗风险能力，确保新增市级以上示范合作社 100 家。

（六）着力推进创新驱动发展。坚持把增强科技创新能力作为转变发展方式、推动经济体制改革的中心环节，全力推进机制建设、体制完善和资源整合，确保新增高新技术企业 20 家，高新技术产业产值占规模以上工业比重达到 31%。一是完善体制机制。把推进体制机制创新作为提升自主创新能力的切入点，实行支持自主创新的财税、金融和政府采购等政策，建立和完善激励创新制度，鼓励原始创新、集成创新、引进消化吸收再创新。充分发挥市场对技术研发方向、路线选择、要素价格、各类创新要素配置的导向作用，健全技术创新市场导向机制。二是加大投入力度。建立健全以政府投入为引导，企业投入为主体，银行贷款为支撑，民间资本、引进外资为补充的多元化创新投入体系，力争研发投入占地区生产总值的比重达到 1.1%。三是强化平台建设。构建以企业为主体、产学研用相结合的创新平台，积极推进企业和科研院所共建工程实验室、工程研发中心、企业技术中心。围绕主导产业发展，探索建设生物医药科技发展中心、机电设备制造产业研究院、牡丹产业研究院等重大创新平台，力争建设各类科技平台 5 家以上。四是强化人才支撑。大力实施人才强市战略，积极引进高层次创新创业领军人才，支持拥有自主知识产权和核心技术的高层次人才来我市创业。推进我市省级职业教育实训基地等建设，切实加大高技能人才培训力度。加强企业家队伍建设，积极参与实施国家"千人计划"和省"泰山学者"建设工程，力争引进泰山学者、国家"千人计划"等高层次人才 3 人。

（七）着力推进生态文明建设。把生态文明建设放在更加突出地位，坚持"绿色发展、循环发展、低碳发展"，全力建设美丽菏泽。一是加强生态建设。围绕构建生态安全屏障，加快实施水系造林绿化、湿地保护修复、水土保持等工程，重点抓好黄河故道、黄河滩区、赵王河等湿地保护，突出抓好河道水系绿化以及国省道等干线公路绿化和城乡绿化工程，加快形成生态林网、经济林网和绿色保护带。二是强化节能降耗。实行高耗能、高排放项目审批联席会议制度，从源头上控制项目准入。根据国家产业政策和淘汰落后产能目录，列出淘汰落后清单，制订限期淘汰计划，强化督导督查，确保限期关停淘汰。积极推进锅炉改造、余热余压利用、电机系统节能等 10 大节能工程建设，确保节能 35 万吨标煤，万元地区生产总值能耗下降 3.7%。三是严格污染防治。对全市主要河流继续实施"河长"制，加大对污水直排口整治力度，定期监测，确保 3 条主要河流出境断面水质稳定达标。完善"治、用、保、防、控"治污体系，认真落实国家、省大气污染防治行动计划，加大扬尘、工业废气、机动车尾气、秸秆焚烧等治理力度，鼓励煤改气、煤改电、煤改热，不断增加蓝天白云天数。同时，大力支持和引导企业发展循环经济，高效利用水、土地、能源和原材料。突出抓好30 个循环经济重点项目建设，努力提高环境质量。

（八）着力推进改革扩大开放。进一步解放思想，坚决推进改革扩大开放，为发展提供强大动力。一是研究出台政策。贯彻落实中央全面深化改革若干重大问题的决定，研究出台我市深化经济体制改革的意见，确保各项改革有效推进。二是促进非公有制经济健康发展。出台支持非公有制经济发展政策，鼓励非公有制企业通过采取 BOT、TOT、特许经营等方式参与金融保险、城市基础设施建设、国有企业改革等领域，鼓励有条件的非公有制企业建立现代企业制度，支持非公有制经济做大做强，激发非公有制经济活力和创造力；建设县级中小企业公共服务平台 3 处。三是稳步推进医药卫生体制改革。启动实施城镇居民基本医疗保险和新型农村合作医疗并轨，完善个人账户制度，建立健全多缴多得激励机制，确保参保人权益。积极推进县级公立医院改革试点，鼓励支持社会资本进入医疗市场，逐步形成多元化办医格局。四是积极扩大对外开放。按照市外就是外的思想，提供优质服务，有序放开相关领域外资准入限制；积极推进东明石化等企业进口原油的资质认证，着力推进出口基地及示范区建设，鼓励佳农果蔬等企业扩大产品出口，确保全市进出口总额达到 36.8 亿美元，其中出口 20.24 亿美元，进口 16.56 亿美元。牢固树立"经营周边"理念，充分利用好中原经济区、西部经济隆起带和大京九协作带等合作平台，深化互利合作，推动共赢发展。

（九）着力推进和谐社会建设。按照"社会政策要托底"的要求，尽力而为，量力而行，大力推进民生工程建设。一是积极促进社会就业。探索建立经济发展和扩大就业的联动机制，抓好各种形式的就业前培训，强化公共就业服务，重点做好高校毕业生、就业困难人员和农村劳动力转移等帮扶工作，力争全市新增城镇就业 9 万人、农村劳动力转移就业 18 万人。二是努力提高保障水平。规范完善企业养老保险市级统筹，建立健全最低生活保障、就业困难群体就业援助、重特大疾病救助等制度，努力扩大社会保障覆盖面。三是着力发展卫生事业。加快推进市二院、市中医医院和市传染病医院等改扩建项目建设，积极促进曹县、鄄城、东明等县级医院迁建工程实施。四是大力促进教育均等化。积极构建利用信息化手段扩大优质教育资源覆盖面的有效机制，逐步缩小县区、城乡、校际差距，促进教育公平。完善职业教育体系，创建 2 - 3 所省级规范化职教中心。加快齐鲁工业大学菏泽校区建设步伐，力争今年招生。加大城区学校建设力度，力争新建城区学校 14 所，新建幼儿园 200 所，逐步解决"大班额"问题。五是尽力发展文化事业。建立健全现代文化市场体系，鼓励各类市场主体公平竞争、优胜劣汰，提高文化产业规模化、集约化、专业化水平。构建现代公共文化服务体系，推动文化惠民项目与群众文化需求有效对接，力争新建农村文化大院 350 家。六是全力搞好扶贫开发。完善产业扶贫、专项扶贫和社会扶贫等实施方案，搞好教育、水利和交通等公共服务设施，加大对贫困群体的救助工作，力争 30 万人实现脱贫。七是加强社会管理与创新。健全社会风险评估机制和应急管理体制，提升维护社会长期稳定和化解社会公共危机的能力。强化安全生产，深入开展食品药品安全专项整治，畅通群众诉求渠道，推进"平安菏泽"建设。

图书在版编目(CIP)数据

2014年山东省国民经济和社会发展报告／张务锋主编.—济南:山东人民出版社,2014.5
ISBN 978-7-209-08470-3

Ⅰ.①2… Ⅱ.①张… Ⅲ.①区域经济发展—研究报告—山东省—2014 ②社会发展—研究报告—山东省—2014 Ⅳ.①F127.52

中国版本图书馆CIP数据核字(2014)第088542号

责任编辑:于宏明

2014年山东省国民经济和社会发展报告

张务锋　主编

山东出版传媒股份有限公司
山东人民出版社出版发行

社　　址:济南市经九路胜利大街39号　邮　编:250001
网　　址:http://www.sd-book.com.cn
发行部:(0531)82098027 82098028
新华书店经销
山东临沂新华印刷物流集团印装

规　格　16开(169mm×239mm)
印　张　20.25
字　数　330千字
版　次　2014年5月第1版
印　次　2014年5月第1次
ISBN 978-7-209-08470-3
定　价　36.00元

如有质量问题,请与印刷单位联系调换。(0539)2925888